中国革命根据地票据研究

（1927—1949）

◎何伟福 著

人民出版社

目　　录

绪　论

一、革命根据地及根据地票据

从 1921 年中国共产党成立到 1949 年 10 月 1 日中华人民共和国宣告成立，中国共产党领导全国各族人民与国内外敌人展开了 28 年的浴血奋战，终于取得了新民主主义革命的胜利。这场旷日持久的革命分为四个历史阶段：第一个历史阶段是党的创立和大革命时期；第二个历史阶段是土地革命时期，从 1927 年 8 月 1 日我党领导的南昌起义开始，至 1937 年 6 月日军全面侵华战争爆发前夕止；第三个历史阶段是抗日战争时期，从 1937 年 7 月抗日战争爆发开始，至 1945 年 8 月抗战胜利止；第四个历史阶段是解放战争时期，从 1945 年 9 月我党领导的解放战争开始，至 1949 年 9 月解放战争胜利止。在土地革命时期、抗日战争时期、解放战争时期，中国共产党领导并建立了许多块革命根据地。

革命根据地"是游击战争赖以执行自己的战略任务，达到保存和发展自己、消灭和驱逐敌人之目的的战略基地。没有这种战略基地，一切战略任务的执行和战争目的的实现就失掉了依托"①。1936 年，毛泽东在《中国革命战争的战略问题》一文中总结土地革命战争经验时最早提出"革命根据地"这一概念。中国革命根据地不仅是一个地理范

---

① 《毛泽东选集》第二卷，人民出版社 1991 年版，第 418 页。

畴，而且是一个政治范畴，同时还是一个历史范畴。[①] 从地理范畴来说，中国革命根据地是指中国共产党领导的革命武装所开辟的由人民政权组织管理的地区；从政治范畴来说，是指在中国共产党领导下革命武装斗争、土地革命与革命政权相结合的产物，党内最早称之为"工农武装割据"，是由当时的政治经济形势及环境造成的。在当时中国这样一个半殖民地半封建的社会，在敌众我寡、敌强我弱、白色恐怖笼罩的恶劣环境下，只有依托革命根据地才能使革命武装斗争取得胜利；从历史范畴来看，革命根据地经历了三个历史时期，即前面所述土地革命、抗日战争和解放战争三个不同时期。在不同的历史时期，随着革命斗争中心工作的不同，根据地的称谓都不相同，如土地革命时期称为农村革命根据地或苏区，抗日战争时期称为抗日根据地，解放战争时期称为解放区。

无论是在土地革命战争时期，还是在抗日战争、解放战争时期，国内外敌人为了消灭中国共产党领导的革命根据地政权及其人民军队，在对革命根据地进行军事"围剿"的同时，也对革命根据地实行经济封锁。敌人残酷的军事"围剿"和严密的经济封锁，给根据地的经济、我党领导的人民军队（红军、八路军、新四军、解放军）的给养和人民群众的生产生活造成了极大困难。以根据地为依托进行的各项革命斗争，必须要有相应的经济基础作保障，才能打破国内外敌人的封锁，发展根据地经济和改善军民生活，筹集资金，支援革命战争。因此，党领导各根据地军民在进行武装斗争的同时，十分重视革命根据地的经济建设，并制定了一系列相应的经济政策和措施。各革命根据地发行的苏维埃米票、饭票、粮票、革命战争公债及建设公债、救国公债、借谷证、股票、纸币、税票、柴草票、马料票等各种票据，我们称之为"根据地票据"，就是当时采取的经济措施之一。"根据地票据"为发展革命根据地农业、工业（包括军事工业）生产，活跃市场，改善根据地军

---

① 许树信：《中国革命根据地货币史纲》，中国金融出版社 2008 年版，第 1 页。

民生活，打破敌人的军事围剿和经济封锁，巩固和发展根据地革命政权作出了重要贡献。

二、革命根据地票据研究现状

对于革命根据地票据的研究，可以说最早从土地革命时期就开始了。当时以毛泽东同志为代表的中国共产党人发表了许多关于根据地经济建设问题的调查报告或文章，这些调查报告或文章都直接或间接地与根据地票据（如股票）有关。如毛泽东同志1933年11月写了著名的《长冈乡调查》一文，主要论述了农村革命根据地政治、经济问题，是土地革命战争时期比较早的研究根据地经济问题的文章。关于经济问题，主要论述了长冈乡农村的劳动互助合作、犁牛合作社、公债推销、合作社运动等问题。[①] 在同年同月，毛泽东还写了另一篇著名的调查报告《才溪乡调查》，该报告在对才溪乡的劳动互助合作社、消费合作社、粮食合作社、经济公债等情况进行详细调查，掌握十分丰富、具体的第一手资料的基础上，进行客观分析和研究，总结出一些宝贵经验[②]，为根据地广大农村合作社的发展和经济公债的推销以及根据地经济的发展指明了方向。毛泽东同志在上述两篇著名的调查报告中研究的合作社问题，直接涉及革命根据地特殊股票——合作社股票和根据地公债。寿昌在《关于合作社》一文中，对根据地合作社的性质、地位、作用、重要性、任务，如何发展农村合作社、如何集股，党如何加强对合作社的领导等进行了探讨。[③] 洛甫在《苏维埃政府怎样为粮食问题的解决而斗争》中，详细地讨论了湘鄂西、闽赣、赣东北根据地发展粮

---

① 《长冈乡调查》，《毛泽东农村调查文集》，人民出版社1982年版，第309—316页。
② 《才溪乡调查》，《毛泽东农村调查文集》，人民出版社1982年版，第342—353页。
③ 寿昌：《关于合作社》，《革命根据地经济史料选编》（上册），江西人民出版社1986年版，第122—131页。

食合作社、生产与贩卖合作社、发动农民集股等问题。① 毛泽民在《陕甘苏维埃区域的经济建设》中，对陕甘宁边区发展较好的合作社企业进行了总结，指出这些合作社不仅按时分红，而且社员均发了股票。② 毛泽东1933年8月在中央革命根据地南部十七县经济建设大会上所作的报告《必须注意经济工作》全面论述了革命战争与经济建设的辩证关系，提出了党在农村革命根据地进行经济建设的理论与政策，特别强调没有正确的领导方式和工作方法，要迅速地开展经济战线上的运动是不可能的。提出在组织上动员群众发展合作社、推销经济建设公债，动员的方式不能是官僚主义和强迫命令。③ 毛泽东1942年在陕甘宁边区高干会上所作的报告《经济问题与财政问题》是一部全面论述边区经济与财政关系的论著，提出了"发展经济，保障供给"这一边区经济与财政工作的总方针，专门论述了农村合作社的发展问题，特别是推广延安南区合作社的办社经验，南区合作社社员入社，"不一定要用现金入股，它允许人民用公债券、储蓄票入股，以扩大股金"；"当群众要求入股无钱时，它号召群众可用一切有价实物入股，如粮食、牲畜、鸡蛋、柴草等等"，它实行"民办官助"，坚持公私两利的方针，作为沟通政府与人民经济的桥梁。指出"南区合作社式的道路，就是边区合作社事业的道路；发展南区合作社式的合作运动，就是发展边区人民经济的重要工作之一"④。同时，这篇论著还研究了边区发展公私合办手工业合作社的问题，为边区合作社事业的发展指明了道路。1943年10月，毛泽东在陕甘宁边区高干会上作了《论合作社》的报告，全面论

---

① 洛甫：《苏维埃政府怎样为粮食问题的解决而斗争》，《革命根据地经济史料选编》（上册），江西人民出版社1986年版，第89—100页。

② 毛泽民：《陕甘苏维埃区域的经济建设》，《革命根据地经济史料选编》（上册），江西人民出版社1986年版，第183—186页。

③ 毛泽东：《必须注意经济工作》，《毛泽东选集》第一卷，人民出版社1991年版，第124页。

④ 毛泽东：《经济问题与财政问题》，《毛泽东同志论经济问题与财政问题》，中国人民解放军政治学院训练部图书资料馆编印，1960年，第89—109页。

述了革命根据地合作社的性质和发展合作社的重大意义，为根据地合作
事业的发展进一步指明了方向。此外，吴亮平《目前苏维埃合作运动
的状况和我们的任务》、《合作社怎样工作》，邓子恢《发展粮食合作社
运动来巩固苏区经济》，彭真《晋察冀边区的各种具体政策及党的建
设》等著作，还有毛泽东与项英等人共同签署发布的《合作社暂行组
织条例》、中央国民经济部颁布的《生产合作社标准章程》、《消费合作
社标准章程》、《信用合作社标准章程》、临时中央政府《发行革命战争
短期公债条例》、华中抗日根据地《华中合作社政策》以及当时中央在
根据地创办的《红色中华》、边区的《解放日报》等报刊发表的大量研
究性文章和新闻报道。这些论著及文章中，许多都具有很重要的史料价
值和史学价值，为我们研究根据地合作社股票和公债、粮票等票据提供
了第一手资料和可供借鉴的研究方法。

　　新中国成立以来对革命根据地票据的研究，从总体上来说是相当薄
弱的，不论是资料整理还是研究成果都很少。在资料整理方面，财政部
财政科学研究所、国债金融司合编的《中国革命根据地债券文物集》
是第一部全面反映土地革命时期、抗战时期和解放战争时期革命根据地
公债的资料，填补了这一研究领域的空白，涉及各根据地发行革命战争
公债、经济建设公债、军粮公债、借谷公债、赈灾公债、土地公债、粮
草公债、赔偿战时人民损失公债的有关条例、决定、指示等，这部文物
集不仅收录了各根据地发行的各种公债券，还收录了大量的临时钱粮借
据和粮食柴草票证等各种有价证券。虽然涉及根据地票据的资料很少，
但经济史资料中零零星星散见一些与票据相关的史料。如中国社会科学
院经济研究所中国现代经济史组编的《革命根据地经济史料选编》上、
中、下册，包括土地革命时期、抗日战争时期和解放战争时期；革命根
据地财政经济史组编的《革命根据地财政经济史长编》（土地革命时
期）；史敬棠等编的《中国农业合作化运动史料》；陕甘宁边区财政经
济史编写组、陕西省档案馆合编的《抗日战争时期陕甘宁边区财政经
济史料摘编》共9编，包括总论、农业、工业、商业贸易、金融、财

政、互助合作、生产自给、人民生活；湖南省财政厅编的《湘赣革命根据地财政经济史料摘编》；江苏省财政厅、江苏省档案馆、财政经济史编写组合编的《华中抗日根据地财政经济史料选编》共五卷，是一部反映华中抗日根据地经济史的大型资料；魏宏运主编的《抗日战争时期晋察冀边区财政经济史资料选编》（1—4 册）、《抗日战争时期晋冀鲁豫边区财政经济史料选编》（上、下）两大部近 700 万字的资料集；晋绥边区财政经济史编写组、山西省档案馆合编的《晋绥边区财政经济史资料选编》共 5 编，分总论、农业、工业、财政、金融贸易；延安地区供销合作社、延安市供销合作社联合社编的《南区合作社史料选》等，此外，还有魏宏运主编的《晋察冀抗日根据地财政经济史稿》、财政部财政科学研究所编的《抗日根据地的财政经济》、赵效民主编的《中国革命根据地经济史（1927—1937）》、李占才主编的《中国新民主主义经济史》、黄正林著的《陕甘宁边区社会经济史（1937—1945）》等，这些资料或论著中包含一些与合作社股票、公债、粮票、米票等有关的少量史料，为本书的写作提供了重要的参考资料。

有关革命根据地票据研究方面的成果也很少。已有的研究成果，一方面只是在研究中国老股票或老证券中，用很少的篇幅很简单地介绍根据地票据。如席建清等主编的《中国老股票》，其中收录了叶世昌先生的文章《革命根据地的合作社和集股的银行》，介绍了土地革命时期我党领导的农村合作社和集股银行，认为建立和发展合作社，一直是中国共产党农村经济工作的一个重要方面。① 郑振龙等《中国证券发展简史》对革命根据地发行的公债分三个时期（土地革命时期、抗日战争时期、解放战争时期）进行了论述，认为革命根据地在财政困难时期发行过一定数量的公债，以筹集革命战争军费和经济建设费用，发行的债券数量虽然少，但是有信誉保证的；并认为，1931 年湘鄂西工农民

---

① 席建清等：《中国老股票》，复旦大学出版社 1999 年版，第 216—217 页。

主政府发行的水利借券，是根据地最早的公债。①

　　另一方面，已有的成果仅是票据文物收藏方面的研究成果，如洪荣昌编的《红色票证：中华苏维埃共和国票证文物收藏集锦》，主要是从收藏的方面对土地革命时期我党发行的苏维埃粮票、米票、公债券、借谷证、期票、股票、税票等进行收集整理，以展示各种类型的票证图片为主。② 于小川的《老证券》，于捷、仇振川的《股票收藏》，主要也是从收藏的角度对"红色证券"和根据地的特殊股票——"合作社股票"进行了研究和图录。于小川认为，根据地发行"红色证券"的目的，有的是为了支援革命战争，有的是为了发展根据地经济建设事业和赈济灾荒，还有的是为了实现当时中国共产党的一些特定政策。③ 于捷、仇振川对革命根据地的三种形式的合作社即供销合作社、信用合作社、消费合作社的作用进行了简述，并对合作社商业及"合作社股票"作了概括。④ 中国人民银行金融研究所、财政部财政科学研究所合编的《中国革命根据地货币》（下册），在附录中收录了一些革命根据地发行的公债、粮餐票、苏维埃银行股票和信用合作社股票图片；孙林祥编著的《中国粮票珍品鉴赏》虽然主要是从收藏、鉴赏的视角介绍新中国成立后特别是计划经济时期的粮油票证，但在"附录二"中专门介绍了革命政权辖区内，即革命根据地内发行的粮票，其文字资料和票证图谱互为佐证，对研究革命根据地的粮食票证史也有一定的参考价值。

　　研究根据地票据的论文同样很少。为数不多的研究论文涉及根据地的粮票、米票、饭票、合作社股票、公债券等方面的内容。雷玲认为，革命根据地米票的发行，对当时根据地的革命斗争、经济建设和后勤保障工作起到了极其重要的作用。第一，它保证了部队的粮食供给；第二，壮大了红军队伍；第三，推动了苏区的节省运动；第四，建立了良

---

① 郑振龙等：《中国证券发展简史》，经济科学出版社 2000 年版，第 36 页。
② 洪荣昌：《红色票据：中华苏维埃共和国票据文物收藏集锦》，解放军出版社 2009 年版。
③ 于小川：《老证券》，辽宁画报出版社 2002 年版，第 52 页。
④ 于捷、仇振川：《股票收藏》，百花文艺出版社 2001 年版，第 64—66 页。

好的粮食供应和流通渠道；第五，对粮食集中统一管理、合理进行调拨等方面起到了积极作用。[①] 汤勤福认为，红军饭票是1934年起开始使用的，在赣东北根据地，从革命开始到1934年之前一直没有使用饭票，实际使用时间仅数月。根据地群众持红军饭票可到各级财政部兑换铜元，也可抵交土地税，还可到苏维埃商店购买商品，但不能在社会上流通。据汤勤福研究，在苏区某些地区还出现了类似红军饭票的竹券，既可当饭票用还可以抵交土地税，是一种特殊的有价证券。[②]

合作社股票是革命根据地一种特殊的股票。于捷、仇振川认为，根据地合作社主要有三种形式：供销合作社、信用合作社、消费合作社。合作社商业的形式有两种，一是消费合作社，是苏区最普遍的合作社组织；二是粮食合作社。抗日战争时期，合作社商业有了很大发展，解放战争时期，合作社商业在农村城镇普遍建立起来。[③] 由于农业是根据地经济的主要部门，受到学者关注相对比较多，因此，与农业合作社有关的合作社股票自然也受到学者们更多的关注。闫庆生、黄正林认为，抗日战争时期陕甘宁边区的合作社事业得到了巨大发展。这一时期边区合作社事业可分为两个阶段：一是边区创办合作社的探索阶段，二是合作社事业蓬勃发展，由单一向多类型、综合性发展阶段。他们指出，陕甘宁边区合作社在抗日战争中具有十分重要的历史地位：第一，合作社发展了边区经济，为夺取抗战胜利创造了物质条件；第二，合作社不仅改善了群众生活，还教育了广大群众，提高了群众拥军优属、救济难民的思想觉悟；第三，合作社经济是边区公营经济的助手。[④] 马冀的《抗战时期陕甘宁根据地农业合作社的绩效分析》，对农业合作社的政治、经济、文化绩效进行了研究，认为合作化运动是中共创新地利用乡村互助合作生产的传统，以合作社为契机，全方位推进乡村社会政治、经济、

---

① 雷玲："浅析中央苏区发行米票的历史背景及其作用"，《四川文物》2001年第2期。
② 汤勤福："闽浙赣根据地的有价证券研究"，《福建论坛》（文史哲版）1997年第5期。
③ 于捷、仇振川：《股票收藏》，百花文艺出版社2001年版，第64—65页。
④ 闫庆生、黄正林："论陕甘宁抗日根据地的合作社"，《甘肃理论学刊》1998年第6期。

文化等方面的变革，以实现中共政权对边区乡村社会的控制。① 涉及合作社股票的还有黄爱军的《安徽抗日根据地合作经济发展述论》、《华中抗日根据地手工业合作社的地位和作用》、王卫红的《抗日根据地合作社：历史功绩及经验启示》、邵英彪的《根据地合作社在抗日战争中的历史作用》、王俊斌的《抗日战争时期的合作农场》、徐志勇的《我国最早的农村信用合作社：黄冈县农民协会信用合作社探源》、王文举的《我国革命根据地和解放区的农民专业合作社》、钟廷豪的《解放战争时期华北解放区的合作社商业》等。

银行或信用社股票是革命根据地票据的重要组成部分，有少数几个学者关注这一研究领域。周重礼认为，1933年闽浙赣省苏维埃银行发行了银行股票，是红色政权发行股票的第一次尝试。② 罗红认为，闽西工农银行发行的股票是中共有史以来发行最早的股票，因为当时的条件还不可能形成正规的证券交易市场，这些股票更多的还是债券的性质。中共在此后还建立了湘赣省工农银行、闽浙赣苏维埃银行等比较规范的股份制金融机构，这些银行都较为成功地向社会发行了股票。③ 汤勤福认为，从赣东北特区贫民银行开始，到闽浙赣省苏银行为止，赣东北根据地先后印制四次股票，正式发行过三次。④

公债的研究是革命根据地票据研究的一个主要领域。郑振龙认为，根据地最早的公债是湘鄂西工农民主政府发行的水利借券，这种水利借券与借据性质相同，能够出售但不能购买货物。在土地革命时期，临时中央政府发行过三次公债，分为革命战争公债和经济建设公债两类；其他根据地也发行过地区性公债，分为货币公债、实物公债、期票和凭票四种，最重要的是实物公债。抗日战争时期，皖江等革命根据地为适应

---

① 马冀："抗战时期陕甘宁根据地农业合作社的绩效分析"，《江西社会科学》2008年第2期。

② 周重礼："闽浙赣省苏区'红色股票'"，《湖北档案》2003年第10期。

③ 罗红："红色根据地发行的股票和债券"，《文史杂志》1998年第4期。

④ 汤勤福："闽浙赣根据地的有价证券研究"，《福建论坛》（文史哲版）1997年第5期。

当时的环境，灵活运用财政票证手段筹集军政费用，发行了代价券、本票、公债券、田赋借券、公粮券、公草券、民防券等，这些票证都可抵交公粮或税款。并对解放战争时期东北解放区发行的公债、潮梅、东北江人民行政委员会 1949 年胜利公债、闽粤赣边区军粮公债的发行情况作了论述。[1] 刘庆礼的《中华苏维埃共和国经济建设公债券考略》主要对临时中央政府 1933 年发行的经济建设公债券实物票证进行了介绍，并对发行经济建设公债的背景、发行目的、推销和认购情况、推销公债券的政策措施进行了论述；认为苏区政府发行公债，是当时依靠群众力量来解决经济建设中的资金问题的唯一的和可能的方法。[2] 唐启炎的《中央革命根据地公债问题述评》对中央革命根据地发行公债的目的、发行公债的规定、公债推销完成情况进行了论述。认为公债的发行是中央获得必要资金的来源之一；根据地当时的情况通过发行公债来弥补战时经费的不足，缓解财政压力，打破敌人的经济封锁，创建合作社经济，对根据地的经济建设发挥了很大的作用，其中也出现了一些问题，但基本上是符合当时的具体实情的。[3] 张启安的《浅议中央苏区所发行的三次公债》论述了土地革命时期中央苏区发行的三次公债，认为第一次发行的公债基本上没有达到政府向公众借贷的目的；第二次公债的发行，确实缓解了苏区政府捉襟见肘的财政状况。由于财政窘迫而开展的"退还公债、不要还本运动"，这也实在是迫于无奈，这样做一方面支持了苏区政府的财政工作，但也在客观上对苏区政府的金融信用产生了负作用；第三次公债采取了"分年偿还"的原则，但借贷期限规定为七年，未免过长，失之偏颇。第三次公债实际上变成为筹集军粮。[4]毛武军、毛赛蓉的《湘赣省革命战争公债券考略》考察了湘赣革命根

---

① 郑振龙等：《中国证券发展简史》，经济科学出版社 2000 年版，第 36—41 页。

② 刘庆礼："中华苏维埃共和国经济建设公债券考略"，《文物春秋》2009 年第 5 期。

③ 唐启炎："中央革命根据地公债问题述评"，《重庆科技学院学报》（社会科学版）2008 年第 3 期。

④ 张启安："浅议中央苏区所发行的三次公债"，《人文杂志》2001 年第 3 期。

据地的发展、公债券发行的历史背景、发行公债的原因、公债券的具体发行情况。他们认为，湘赣省革命根据地发行了两期革命战争公债，第一期公债发行顺利。第二期公债虽然只完成了推销任务的 82.5%，但还是有力地支持了革命战争和根据地后期经济发展，相对减少了财政性货币的发行，对稳定币值、抑制物价发挥了重大作用。① 潘国旗认为，抗日根据地发行的公债具有新民主主义的性质和战时公债的一些特点：第一，从公债持有人面额的货币单位看，有 14 种公债是以法币作为公债面额单位的，除此之外的 8 种则以各抗日根据地发行的货币和银元作为公债面额单位。第二，各抗日根据地发行的公债，绝大部分是由根据地各阶层群众认购的。公债的发行大都采取政治动员的方式进行，因此公债按债券面额十足发行，没有任何折扣，而且公债的利率较低，甚至有的是无息发行的。第三，在各抗日根据地发行的公债中还有少数是实物公债，在抗战后期法币迅速贬值的情况下，起了保护持券人利益的作用。第四，从根据地公债的偿还来看，各抗日民主政府采取了极为认真负责的态度，大都已清偿完毕。总之，抗日根据地发行的公债具有种类较多，名称不一，公债面额、单位各异，用途、利率、偿还期限等也各不相同的特点。这种差异性较大的特点，能较好地因时、因地制宜地解决各根据地所面临的财政困难。②

　　综上所述，虽然有学者关注革命根据地票据，也有一些零星的研究论文，但从总体上来说，关于革命根据地票据的研究，无论是研究者数量还是研究成果都很少，还尚未见到一部研究中国革命根据地票据的专著，足见中国革命根据地票据研究是相当薄弱的。因此，笔者在已有研究和相关史料的基础上，对根据地票据问题进行尝试性的研究，本书就是我对根据地票据研究的阶段性成果。本书的出版希望能弥补当前中国革命根据票据研究薄弱的遗憾。

---

① 毛武军、毛赛蓉："湘赣省革命战争公债券考略"，《中国钱币》2006 年第 3 期。
② 潘国旗："抗战时期革命根据地公债述论"，《抗日战争研究》2006 年第 1 期。

　　需要说明的是，本书所研究的根据地票据不包括纸币，即除纸币以外的其他票据，包括根据地粮票、米票、饭票、借谷证、革命战争公债及建设公债、救国公债、合作社股票、银行股票、柴草票、马料票等各种票据。由于对中国革命根据地票据的系统研究是一项创新性较强的系统工程，而且对根据地经济史的研究需要广博的知识和理论来支撑，凭我个人的学力和资质要完成这一工作，难度相当大，对我来说是一个极大的挑战。因此，书中谬误在所难免，希望得到行家们的批评指正。

第一章　革命根据地票据产生的
社会经济政治状况

第一节　革命根据地票据产生的社会背景

　　1911 年的辛亥革命，是具有划时代意义的资产阶级民主革命，它虽然推翻了满清王朝的统治，结束了中国 2000 多年的封建帝制和专制统治，但是辛亥革命的成果先是被袁世凯窃取，推行黑暗的独裁统治；随后，代表封建地主、官僚资本主义和帝国主义势力的北洋军阀接替了对中国的统治，中国社会处于封建割据和军阀混战的局面。在广大农村，自给自足的自然经济基础在外国资本主义的冲击下被破坏了，但是"封建剥削制度的根基——地主阶级对农民的剥削，不但依旧保持着，而且同买办资本和高利贷资本的剥削结合在一起，在中国的社会经济生活中，占着显然的优势"①。同时，厘金、苛捐杂税等名目繁多的封建地主和官僚资本的剥削压迫，不仅使农业生产下降、大片土地荒芜，农民生活日益困苦，严重束缚农业经济的发展，而且也阻碍了中国近代新式产业的发展。在城市，官僚买办资本在帝国主义侵略势力的庇护和扶

---

① 《毛泽东选集》第二卷，人民出版社 1991 年版，第 630 页。

植下，大搞军事工业、金融业和商业，实行垄断专利，不仅加紧对中国工人阶级和其他劳动人民的经济掠夺和压迫，而且严重阻碍和破坏社会生产力的发展，成为扼杀中国民族工业的一个重要因素。

帝国主义、封建主义和官僚买办资本主义是压在中国人民头上的三座大山。在它们的剥削和压迫下，城市中民族工商业的生产、经营十分困难，甚至破产倒闭。在农村，土地荒芜面积不断增加，农村经济凋敝，农业生产萎缩，农业人口日愈减少，广大农民甚至无法维持简单再生产。在这种政治经济和社会环境下，必然会爆发剧烈的阶级斗争和轰轰烈烈的革命运动，以打破半殖民地半封建的生产关系，解放被束缚的生产力，建立适应生产力发展要求的新生产关系。1921 年 7 月，中国共产党成立，领导广大人民大力开展政治、经济斗争，特别是大规模开展工人运动，掀起全国第一次工人运动高潮。1923 年二七惨案，工人运动进入低潮。1924 年，中国国民党召开了第一次全国代表大会，按照孙中山提出的三大政策（"联俄、联共、扶助农工"）精神，国共两党实现了第一次合作，不仅使工人农民运动合法化，而且加快了中国反帝反封建的国民革命的步伐。1926—1927 年，国民革命军举行了以北洋军阀为打击对象的北伐战争，北伐军节节胜利，革命势力横扫到长江流域及黄河流域大部，给帝国主义和北洋军阀以沉重打击，严重动摇了帝国主义和北洋军阀在中国的统治，又一次掀起了工农群众革命运动的高潮。广东、湖南、湖北、江西和河南等省，凡北伐军所经之处，农民运动大规模迅速扩展。如湖南省，到 1926 年 11 月，建立了农民协会组织的县达到 54 个，农会会员多达 107 万人，到 2007 年 1 月会员猛增到 200 万人；湖北省的农民协会会员大约有 20 万人，江西省有农民协会会员 5 万多人。① 在湘赣边界，特别是永新、宁冈、茶陵等县，轰轰烈烈的群众性革命运动更是一浪高过一浪，这些地方不仅建立了农民协会，还建立了中共领导下的农民自己的武装。当北伐军攻克遂川后，在

---

① 许树信：《中国革命根据地货币史纲》，中国金融出版社 2008 年版，第 11 页。

中共遂川特支的领导下，全县几个月内建立了基础工会组织 20 余个，发展工会会员上千人，各区各乡都建立了农民协会组织，入会农民达 20000 余户。[①] 在这些打倒了土豪劣绅、地主政权的地方，"地主权力既倒，农会便成了唯一的权力机关，真正办到了人们所谓'一切权力归农会'。……一切事情，农会的人不到场，便不能解决。"[②] 农民协会已成为一种准政权组织，农民协会辖区已呈现出革命根据地的雏形。不仅如此，上述省份还相继召开了各省的农民代表大会，有的省大会还提出了农民要求解决土地的问题，这标志着农民群众革命运动进入了一个崭新的发展阶段。[③]

正当国民革命即将在全国取得胜利时，以蒋介石为首的国民党反动派背弃孙中山先生提出的"联俄、联共、扶助农工"三大政策，于 1927 年 4 月发动"四一二反革命政变"，大规模地进行"清党"、"反共"，大肆屠杀共产党人和革命的工农群众，轰轰烈烈的国共合作的第一次大革命失败了。

大革命失败后，中国共产党从血的教训中认识到武装斗争的重要性，八七会议确定了我党实行武装起义和开展土地革命的总方针，并决定在革命基础和群众基础较好的南方四省（广东、湖南、湖北和江西）举行起义。自"八一南昌起义"开始，中国共产党领导工农武装群众先后发动多次武装起义，创建了包括井冈山革命根据地、海陆丰革命根据地、中央革命根据地、鄂豫皖根据地、闽浙赣根据地、湘鄂赣根据地、陕北和陕甘根据地、湘鄂西根据地、广西左右江根据地、广东东江根据地、琼崖根据地等在内的十多个革命根据地。各个革命根据地建立起来后，都建立起革命政权或称苏维埃政权，建立了我党领导下的革命武装部队，并根据党的八七会议精神，领导农民群众开展打土豪、分田

---

① 张泰城、刘家桂：《井冈山革命根据地经济建设史》，江西出版集团、江西人民出版社 2007 年版，第 17—18 页。

② 《毛泽东选集》第一卷，人民出版社 1991 年版，第 14 页。

③ 许树信：《中国革命根据地货币史纲》，中国金融出版社 2008 年版，第 11—12 页。

地的土地革命运动，极大地打击了国民党反动派的嚣张气焰，鼓舞了工农革命群众的斗志。

第二节　革命根据地票据产生的经济背景

一、国民党对革命根据地的严密封锁

在中国共产党领导下，工农革命群众创建的各革命根据地给国民党反动势力以沉重打击。为了消灭新生的根据地革命政权，南京国民政府以数倍甚至数十倍于工农红军的兵力，在对共产党领导的革命根据地发动五次军事"围剿"的同时，还颁布封锁禁令，对各根据地实行严密的经济封锁。正如毛泽东同志1934年1月在《我们的经济政策》一文中指出的："帝国主义和国民党的目的，在于破坏红色区域，破坏正在前进的红色区域的经济建设工作，破坏已经得到解放的千百万工农民众的福利。因此他们不但组织了武装力量进行军事上的'围剿'，而且在经济上实行残酷的封锁政策。"

为了加强对革命根据地的经济封锁，蒋介石曾多次发布训令，要求各地采取种种措施实行有效封锁。特别是对中央革命根据地的经济封锁，蒋介石格外重视，他告诫各地军政长官："凡是我们上下各级官兵，尤其是各主管长官，如参谋长，格外要负责监督检查执行，必须做到使敌'无粒米勺水之接济，无蚍蜉蚁蚁之通报'的程度，所以，要紧的地方，无论隘路碉卡围寨岔路，如果有点怀疑封锁不严密的地方，我们一定想种种办法去检查防范；监督指导的事情，全靠我们高级长官严厉、切实去办，凡紧要之处，一定亲自出马，不好委一个参谋或其他什么闲杂人员去代办，那是有害无利的！还有江西这个地方的水路四通八达，仅在陆路上设碉楼关卡等，还不足以尽封锁之能事；所以格外要严密封锁水口，或各河沿岸，绝对禁止任何船只到匪区附近，或者泊在匪区旁边，特别是要防他夜间偷渡。"①

国民党政府还专门召开会议，研究对革命根据地进行经济封锁的问题。如1930年，由武汉行营主任何应钦主持召开湘鄂赣三省"绥靖"会议，提出《严防"匪共"在武汉密购枪弹案》②，具体有五条措施，防止向革命根据地运送枪支武器。针对国民党的军事"围剿"和经济封锁，我党领导根据地军民和白区地下党与国民党进行了针锋相对的斗争，动员白区进步商人和民众对根据地进行物资接济。对此，蒋介石于1933年11月向闽粤赣三省政府发出训令称："匪区食盐缺乏，恐慌异常，一般嗜利愚民，多由粤闽赣边境、梅县、双长岭、会昌等处偷运……若不严密防范，影响滋大，除电粤、闽两省政府外，合函令仰该省府于毗连之各边境，及梅县、双长岭、会昌等处，特别严密封锁。"③凡武器弹药、钢铁、白铅、硝磺、电料、卫生材料等军用物资，以及粮食、食盐、布匹、汽油、煤油及其他日用品，一律禁止运往苏区。1932年8月20日，闽粤赣边区"剿匪"总司令部颁布《封锁"匪区"纲要》，规定凡军用品以及日用品，严禁输入苏区；也严禁苏区输出物资；唯苏区人民携带物资"出逃"，经严格盘查后，才准放行。从苏区出来的人不得再入苏区，出入苏区的邮电一律扣留。凡是违反封锁纲要者，严加惩处："主犯者枪毙；放纵者枪毙。"④

国民党反动派把对苏区的封锁作为消灭红军和使苏区自行崩溃的重要战略。杨克敏曾这样记述井冈山革命根据地所受到的严密封锁："敌人对付我们最厉害的办法就是政治经济封锁，一里以内红白势力分界处，严密警戒，不能越雷池一步。我们要处在敌人四方包围的形势之

① 成圣昌："赤区经济恐慌横断面的暴露"，《前途杂志》1934年第2卷第6号，转引自舒龙、谢一彪：《中央苏区贸易史》，中国社会科学出版社2009年版，第2—3页。
② "何应钦呈送湘鄂赣绥靖会议决议案"，《江西党史资料》第17辑，1990年，第188页。
③ "国民政府军事委员会委员长南昌行营训令"，《赣州市党史资料汇编》，1989年，第591页。
④ 舒龙、谢一彪：《中央苏区贸易史》，中国社会科学出版社2009年版，第6页。

下。敌人不但有正式的军队，还有保安队，还有反动民团，还有反动农民与被压迫农民所组织的民兵团、挨户团等，层层布哨，密密网罗，要单身通过或少数武装通过这个包围是极困难的事。越境侦渡，发觉了，必无幸免，农民罹此难者不计其数。"① 在各根据地周围的白区，国民党对居民的物资买卖实行严密控制，控制的物品包括食盐、布匹、煤油、钢铁和药品等，防止这些物资流入根据地。比如，国民党政府在邻近根据地的封锁区，设立专门机构实行"计口授盐"，对食盐的销量进行严格控制。据《申报月刊》1934 年第三卷第 3 号报道，居民购盐，"每人每天，只许购买 3 钱，五口之家，得购 1 两 5 钱，余类推，但购时必须凭证，失证请求补发，手续甚繁。离赤区稍远之地，或可通融，一次购备 3 日之用。"② 据《革命根据地经济史料选编》记载，国民党反革命政府看到我们苏区不产盐、布及其他工业品，所以除加紧军事进攻以外，还加强对日常必需品特别是盐的供给的封锁，企图建立纵深260 公里的封锁网，在苏区周围设立食盐公卖局，限制每人每天只买盐 3、4 钱，每月不得超过 1 斤，把群众的粮食搜掠到反动派的堡垒里去。帝国主义、国民党企图以这样毒辣的封锁政策，来破坏苏区的经济生活。③

在闽浙赣苏区，国民党也像对其他苏区一样实行严密的经济封锁，据记载："当时敌人对苏区是采取严密封锁政策的，凡是苏区所缺乏的东西如食盐、布匹、西药等，一概封锁。"④ 据《中共赣东北省委通知》（第六十一号）记载，"在全国革命运动急速的高涨，中国苏维埃与红军在坚决开展红军胜利进攻中，已开始击破帝国主义国民党四次的"围剿"，取得了空前伟大的胜利。这一胜利，更使'围剿'的组织者世界帝国主义与国民党地主资产阶级的统治更加动摇与崩溃。在这种形

---

① 杨克敏：《关于湘赣边苏区情况的综合报告》，《井冈山革命根据地》（上册），中共党史资料出版社1987 年版，第246 页。

② 舒龙、谢一彪：《中央苏区贸易史》，中国社会科学出版社2009 年版，第10 页。

③ 《革命根据地经济史料选编》（上册），江西人民出版社1986 年版，第158 页。

④ 陈直斋：《铅山县河南特区的革命斗争》，《回忆闽浙皖赣苏区》，江西人民出版社1983 年版，第360 页。

势下，帝国主义国民党为了要维持垂死的统治，除用大批的白军和飞机炸弹向苏区红军进攻外，并采用经济封锁政策，加紧对苏区经济的封锁，特别是食盐一项封锁得更为厉害，企图使苏区发生食盐恐慌，增加苏区内工农群众生活上的痛苦。"① 国民党还在根据地邻近区域层层设立关卡，检查来往行人，发现有人携带禁运物资输入根据地，立即抓起来，或者杀头或者坐牢，导致根据地物资十分匮乏，经济十分困难。

二、根据地经济的严重困难

国民党反动派的军事"围剿"和经济封锁，致使我根据地军民生活异常艰苦，根据地经济十分困难。毛泽东同志在《中国的红色政权为什么能够存在?》一文中，曾指出井冈山革命根据地因敌人的经济封锁而面临的困难，他说："一年以来，边界政权割据的地区，因为敌人的严密封锁，食盐、布匹、药材等日用必需品，无时不在十分缺乏和十分昂贵之中，因此引起工农小资产阶级群众和红军士兵群众的生活的不安，有时真是到了极度。"② 杨克敏曾这样记述红军的艰苦生活："红军中的生活与经济是非常之艰难的，拥有数千之众，每个月至少要一万五千元作伙食费，米还是由当地筹办的。经济的来源全靠打土豪。附近各县如宁冈、永新、茶陵、遂川，土豪都打尽了，再要打就须远一点去。要远一点去，就必须与敌人硬拼一次才通得过，所以打一次土豪就必须大的部队出发。红军中的薪饷早就废除了，只有饭吃，有钱的时候发一、二块钱的零用钱。最近两个月，不仅零用钱不发，草鞋费也没有发，伙食费也减少了。最近两月来，每天每人只发伙食三分，四分油，四分盐，米一斤四两，三分钱一天的小菜钱，只买得一斤南瓜。洗衣、剃头、穿草鞋、吃烟的零用钱没有发了。所以，最近以来，士兵生活特

---

① 江西省档案馆编：《闽浙赣革命根据地史料选编》（下），江西人民出版社 1983 年版，第 108 页。

② 《毛泽东选集》第一卷，人民出版社 1991 版，第 53 页。

别苦（不论士兵、官长以及地方工作的也是一样）。去年冬天，棉衣问题几乎无法解决，后来在遂川买得几千斤棉花，抢得一点布，才勉强解决了。所以近来士兵生活感觉不安，当时有一句口号'打倒资本家，天天吃南瓜'，可以概见士兵的情形。"[1] 国民党的经济封锁政策对苏区军民的经济生活有极大影响，"特别是食盐，我们费了很大力，有时一块钱只能买到四两。甚至只能买到二两。食盐现在对我们来说并不稀奇，但是，当时由于国民党采取严格的封锁政策，苏区人民吃不上盐，部队也吃不上食盐，只好用醋和辣椒代替，盐对我们就成了十分珍贵的东西。"[2] 在闽浙赣苏区，敌人对食盐的封锁造成了严重的后果。据记载，"最近赣东北苏区因敌人对苏区食盐的封锁，苏区食盐已发生了严重的恐慌（如弋阳贵溪横峰葛源等地），使群众生活上感到痛苦。"[3]

国民党反动派对革命根据地的军事进攻特别是经济封锁，使根据地的经济出现了严重的困难，主要表现在三个方面：

（一）根据地商业的萧条

井冈山革命根据地，由于国民党反动派"厉行经济封锁政策，货物、金融彼此不能流通，生息困难，坐之待毙，需用缺乏，供不应求。年年农民的丝、木、茶油、米、花生等生产品不能运出卖钱，而需用食盐、棉花、布匹等日用必需品，亦无法取得，生息停滞，有溃败而不可收拾之势——这是割据区域内的情形。而曾经割据了而复失去了的，或邻近井冈山的各县，如茶陵、永新、遂川、莲花等县，一则都是经过红军的征发过了的，加之接近井冈，反军时常屯集数团之众，饷薪需索担负甚重，军事影响生产顿减……商业亦甚少起色，所以经济的崩溃成了

---

[1] 杨克敏：《关于湘赣边苏区情况的综合报告》，《革命根据地经济史料选编》（上册），江西人民出版社 1986 年版，第 37 页。

[2] 陈直斋：《铅山县河南特区的革命斗争》，《回忆闽浙皖赣苏区》，江西人民出版社 1983 年版，第 360 页。

[3] 江西省档案馆编：《闽浙赣革命根据地史料选编》（下），江西人民出版社 1983 年版，第 108 页。

一个无法挽救的僵局"①。敌人的经济封锁使井冈山革命根据地与外界的贸易往来完全断绝。在湘赣革命根据地，据甘泗淇记载，"在经济方面，敌人实行封锁政策。这时候的物质供给异常困难。湘赣苏区的粮食本来是丰足的，但由于敌人把不少平原地带占据了，粮食的来源就受到限制。这个时候我们的东西不能输出，白区的东西不能进入，商业贸易基本停止了。这给我们带来了不少困难。最困难的是没盐吃，常常一个礼拜吃不到盐。"②在赣西南苏区，由于"经济封锁，农产品不能流通，加以土豪劣绅将现金转走，赤色区域的腹地没有土劣可打，耗费其巨，均感困难"③。由于敌人的经济封锁，"使赣西南的大批出产如谷、米、杉木、竹、茶油、桐油、纸、木器（赣州），仁凤山的钨矿等不能出口，外货亦不能进来"，"赣西南的商业是由衰败定向破产的形势，商店倒闭的很多"④。在中央苏区，一方面，由于敌人的经济封锁愈加严密，另一方面，由于共产党受"左"倾思想的影响，对私营商业采取了过"左"的政策，诸如没收商店、焚烧帐簿、禁止白区商人到根据地做生意等等，造成商品不能流通，商业日渐衰落，最后陷于停顿。

（二）根据地工业品与农产品价格剪刀差问题严重

什么是剪刀差？据《中共闽西特委通告第七号》（1929年9月30日）记载："近来赤色区域中，尤其是龙岩社会，发生了很严重的经济问题。一方面农产品飞快的降价（米价大池每元四斗多，古田二斗多，虎岗三斗多，北三、四区二斗，龙门、龙岩一斗五六，肉价各地多系五

---

① 杨克敏：《关于湘赣边苏区情况的综合报告》，《革命根据地经济史料选编》（上册），江西人民出版社1986年版，第36页。

② 甘泗淇：《回忆红六军团在湘赣苏区》，《回忆湘赣苏区》，江西人民出版社1986年版，第80页。

③ 《赣西南苏区的经济困难问题》，《革命根据地经济史料选编》（上册），江西人民出版社1986年版，第51页。

④ 士奇：《赣西南苏维埃区域的经济状况及经济政策》，《革命根据地经济史料选编》（上册），江西人民出版社1986年版，第55页。

两，鸡蛋等等都是跌价）；另一方面城市工业品反而涨价（尤其是盐、糖、洋油等涨得快），工人工资更一般的提高（岩城一般提高四成，农村间也提高二成）。这样农产品与工业品的价格相差太远，恰如剪刀口一样，越张越开，这便是所谓剪刀（差）现象。这种现象目前已在闽西开始形成了，是我们必须解决，而且值得研究的问题。"① 由于国民党反动派对根据地疯狂的军事"围剿"和严密的经济封锁，使根据地与敌占区之间的贸易往来受到阻碍，根据地出产的许多农产品如烟叶、油纸、木材、谷米等不能运出去，而敌占区的工业品如洋油、食盐、布匹等也无法输入根据地；加之不法商人也乘机进行投机活动，压低农产品价格，抬高工业品价格；也由于我们自己对私营商业政策执行得不恰当等原因，致使根据地内出现了"工业品特贵，农产品特贱"的现象，主要工业品比革命前涨价100%—150%，主要农产品则跌价60%左右，工农业产品剪刀差现象极其严重。

在井冈山革命根据地，由于敌人的经济封锁，物价"加速度的飞涨，生活程度最高处如大小五井，肉要一元钱四斤，鸡要一串二百钱一斤，小菜如萝卜、南瓜、青菜之类，要一百钱一斤，米比较便宜，也要三元大洋籴一石，盐一元钱只买得四斤或二斤不等，茶油一元钱六斤多，布匹、棉花及日用必需品有由小贩自邻县偷贩过来者，因为供不应求之故，价钱的昂贵，等于上海的物价。因为经济的如此崩溃，经济恐慌到了如此程度，一般民众感觉到非常的痛苦，而找不到出路。所以富农多反水，中农动摇，贫农不安，农村中革命战线问题发生了严重的危机。"② 在中央革命根据地，剪刀差现象也十分严重。欧阳钦1931年9月3日在《关于中央苏维埃区域报告》中记载："这一时期的苏区经济完全是被敌人封锁，工业品很少能输入苏区。因此苏区的工业品非常缺乏，但食盐以及一些日常用的毛巾、牙刷、牙粉、火柴、纸烟、袜子等

---

① 《革命根据地经济史料选编》（上册），江西人民出版社1986年版，第38页。
② 杨克敏：《关于湘赣边苏区情况的综合报告》，《革命根据地经济史料选编》（上册），江西人民出版社1986年版，第36页。

仍有卖,但价钱要比上海贵一倍。苏区内的出产,如谷米、纸张、茶油等不易输出,那边的米价颇贱,大约只大洋二元半一担。在我们红色腹地的商业,过去因为策略的错误,以及 AB 团的故意破坏,以致市场(破败)不堪了。"① 在闽西革命根据地,"农村生产品价格低落,而且销售不出去,同时,市场冷落,工人失业而造成社会经济的恐慌。"由于"农民分了田地,谷子要比以前多,但因经济不能流通,因之尽量将米粜出,而造成米价低落(上杭以前每元只买得米十七斤,现在可买二十七斤,龙岩则更为低落)。过去苏维埃曾经禁止米价降低,但一般农民仍是暗中减价出售,这是证明苏维埃在消极方面来限制是没有作用的,因为农民一切油、柴、杂用,总要靠拿粜米的钱来维持。"由于闽西根据地"与白色区域交通不甚方便,农村的输出品售不出去。如连城之纸、杉木,永定之条丝烟";"交通不方便,也就影响到市场来,外货难于输入,土货无法输出,市场买卖当然就要冷落下去,工业品日益涨价。"② 据《湘鄂赣省工农兵苏维埃政府鄂东南办事处通知第 8 号》记载,在湘鄂赣苏区,"在目前正在与反动统治阶级作残酷战争的时候,反动统治阶级不遗余力地大烧、大杀、欺骗来进攻苏区与红军以外,更施行其经济封锁,断绝赤白交通。最近一年来,苏维埃区域的确感受到物资上的困难,时常缺乏洋油、食盐、布匹、药材等日常必需品,同时苏区的生产品,如夏布、纸、碗、炮竹、红茶等,也不能转运去出售,苏区内的金融,亦发生困难。我们为要克服这种困难,冲破敌人的封锁政策,就要实行苏区的经济计划,以发展苏区的经济。"③ 各根据地采取各种经济政策及措施,以消除剪刀差现象。

在革命根据地建立前,工业品价格比较便宜,农产品价格比较贵。在革命根据建立后,情形则相反,工业品涨价,农产品跌价。比如在赣

---

① 《革命根据地经济史料选编》(上册),江西人民出版社 1986 年版,第 311 页。
② 《谢运康巡视员报告》,《革命根据地经济史料选编》(上册),江西人民出版社 1986 年版,第 42 页。
③ 《革命根据地经济史料选编》(上册),江西人民出版社 1986 年版,第 312 页。

西南革命根据地，"在当时的商业品与农产品价值的对比，普遍说来，未革命前，商业品比农产品要低一倍，农产品要高一倍。"革命后，情况刚好相反，"农产品价格大低廉，商业品则突涨。凡属农村暴动胜利，建立了政权的地方，谷价、油价，以及一切农产物都大大减价，商业品则渐次提高起来，甚至比以前涨了一倍，农产品则低了一倍。"①在革命前，商品价格虽然较便宜，农产品较高，但痛苦的农民还是多得很。因为农产物大半是地主、富农"积谷居奇"，"廉进贵出"，农民叫苦连天，喊"百物昂贵"。根据地革命政权建立后，农民群众虽然得到解放，但因为"剪刀（差）现象"发生，所以在生活上仍感到很大的困难。各种物品价格对比如下：②

赣西南外来日用品价格表

货名	数量	革命前价格	革命后价格
盐	每斤	铜元 500 余文	铜元 1 串 200 文
煤油	每瓶	银元 2 元以上	银元 5—6 元
海带	每斤	铜元 1000 文以下	铜元 1 串 600 文
碱	每斤	铜元 400 余文	铜元 700—800 文
竹布	每尺	银元 2 元	银元 4 元
火柴	每盒	铜元 10—20 文	铜元 20 文

赣西南农副土特产品价格表

货名	数量	革命前价格	革命后价格
谷	每担	银元 2.5 元	铜元 1 串 800 文
米	每担	银元 5 元多	银元 1.5—2 元
茶油	每斤	铜元 800—1000 文	铜元 500 文
猪肉	每斤	铜元 600 文	铜元 360 文
木	每 1 两码	铜元 14—15 贯	铜元 10 贯以下

各革命根据地的农产品价格大幅度跌价，而工业品涨价，形成极大的剪刀差，正如 1932 年 8 月 21 日《中央政府人民委员会训令第 7 号》

---

① 《革命根据地经济史料选编》（上册），江西人民出版社 1986 年版，第 54—56 页。
② 舒龙、谢一彪：《中央苏区贸易史》，中国社会科学出版社 2009 年版，第 29 页。

指出的："目前苏维埃区域，在帝国主义、国民党采用经济封锁政策之下，形成极严重的剪刀差现象，一方面外来工业品，如布匹、洋油、洋火、食盐等减少输入，价格日见高涨；另一方面内地农产品，如纸、木、豆、烟叶、夏布、粮食等销不出去，价格大跌特跌，因此农民只靠耕田为生，很难找到别种副业收入，所以，收获时，需要种种用钱，而又借不到，只有便宜出粜米谷，因而酿成到处惊人的跌价，如江西之万太、干县、永丰、公略等县跌到六七毛钱以下，实际上连农民耕种土地的成本都要蚀了一大半。"①

　　工农产品之所以出现剪刀差现象，是因为工业品涨价而农产品跌价造成的。工业品之所以会涨价，是因为各革命根据地经济以农业为主，工业很少，但对工业品的需求量较大。一方面，工人工资提高，工业品成本上涨，中间商人借机大幅度提高工业品价格以从中获利；另一方面，国民党军队对各根据地疯狂的军事"围剿"和严密的经济封锁，商人不敢也不能大肆将货物输入或输出根据地，苏区与白区之间的贸易几乎中断，根据地工业品供不应求，所以工业品价格飞涨。为什么农产品会跌价呢？有多方面的原因，主要是以下几个方面：（1）在红色政权建立之初，由于受"左"倾盲动主义思想的影响，对私营商业采取没收商店、没收商人财产、焚烧帐簿、债券，"乱烧乱杀"的过"左"行为，禁止国统区商人到根据地做贸易往来，商品不能流通，根据地与白区贸易中断。（2）高利债务一律不还，有些农村更取消一切债务；同时，拥有财产的地主土豪多数又被杀的杀，跑的跑，"资本藏匿不出"，因此乡村中借贷、金融流通完全停滞。旧的借贷关系被破坏，新的借贷关系尚未建立起来，由于商品流通中货币资金缺乏，农民在收获时节无钱发放工资，或者无钱购买生产生活日用品，"结果只有贱卖粮食，以资救济"。（3）抗租斗争胜利，农民不必交纳地租，人人粮食有余。但农民要购买日用生活品，如食盐、布匹、洋油以及增添或更新农

---

① 《革命根据地经济史料选编》（上册），江西人民出版社 1986 年版，第 315 页。

具等都需要钱，农民们只好将粮食便宜出售。（4）由于敌人对根据地疯狂的军事"围剿"，老百姓大都怕谷子被敌人抢去或被火烧掉，出于对眼前利益的判断和对未来价值的预期，所以贱卖米粮，求得现金比较稳妥，这在当时也不失为农民群众的一种理性选择。因此米粮市场便形成供过于求，卖粮者多而买粮者少，米价因此而跌落。（5）各根据地之间或根据地内部各处粮食不能调节，有的地方产粮多，有的地方产粮少，以致米价高低各处不同。①

这种外来工业品价格高，本地农副产品价格低的剪刀差现象，实质上是对农民的剥削，严重损害了根据地农民的利益，使农民困苦。《中共闽西特委通告第七号》指出："这种剪刀（差）现象实际上仍是剥削农民。农民以多量农产品，只换得少量工业品。比如做一件衫裤，要洋布一丈二尺，以二毛钱一尺的洋布计算，要去小洋两元四角，若拿两元四角钱到大池可买米一石以上，可知大池农民粜出一石米，才买得一件衫裤布料，这是何等滑稽的一回事。"据记载："农民耕一石谷田，自犁耙播种耕耘以至收获前后，要耗费四天人工，另肥粪要费人工一天，共是五天，只收得实谷八斗，做米四斗，是每工只得米八升。现在就大池计算，每天工钱要小洋一元二毛，照大池米价可得米五斗，这五斗米农民要做下六天工夫才可得到，是大池农民做了六天工夫，只收回一天价值。这还可说是大池特别情形，即就别处而论，以上杭北三、四、五区米价每元二斗，工价五毛推算，农民做了五天工夫只得回四天价值。再以岩城米价一斗六升，工价一元二角推算，农民做了五天工夫只得回二天价值。这种剥削简直比任何方法还要利害。农民受了这种剥削必然要穷困下来。"② 赣西南"商业素来不发达，限于一种地方性的。主要的输入是工业品（如煤油、棉纱、布匹、火柴、染料、钢铁、广货，

---

① 参见《中共闽西特委通告第七号》，《革命根据地经济史料选编》（上册），江西人民出版社1986年版，第40页。

② 《中共闽西特委通告第七号》，《革命根据地经济史料选编》（上册），江西人民出版社1986年版，第38—39页。

以及食盐等）。货物的价格近年来日渐飞涨，因为物价的昂贵，农村经济的破产，所以，群众的购买力非常低弱”，"赣西南工农群众的贫困，农村经济破产是非常急剧的"①。因此，在赣西南苏区，经济呈枯滞的状态，外来的必需品，如盐、布、煤油等物时常有被敌人封锁的危险。据记载：由于工业品价格高，"苏区的食盐起了一时的恐慌，这种情形容易引起商人、富农的投机取巧，货物居奇，以至食盐价格有时涨至每斤一千六百文。"② 由于工业品物价高，必然导致农民购买力日益削弱。农民既然无力购买工业品，结果必然是商场冷落，百货滞销，工业萎缩，工人失业日益增多，而形成整个社会经济衰落。

（三）根据地粮食短缺

各革命根据地创立后，都进行了土地革命，农民群众基本上都分得自己的土地。根据地大多是产粮区。因此，农民中只有少数农户购买粮食，超过一半以上有余粮出售。由于敌人铁桶般的经济封锁，根据地商业衰落，几近停滞，粮食等农产品无法出售。农民在收获季节需要开工钱给帮工的人，还要购买食盐、油、布等日用品，这些都需要钱。由于旧的金融、借贷体系被破坏，新的金融、借贷体系没有建立起来，农民手里没有钱，也无处借到。农民没有办法解决钱的问题，只好忍痛将米谷低价出售，于是就造成粮食市场供大于求，粮食价格大幅度跌落。粮食跌价对苏区经济有很大的影响，邓子恢1932年8月30日在《发展粮食合作社运动来巩固苏区经济》一文中曾指出："收获时米价大跌特跌，是两三年来苏区内的普遍现象，最利害的是那些余米之地，如江西之赣县、万太、公略、永丰等县，现时每担谷子跌到二吊钱以下，扣大洋还不够一块钱，福建永定之虎岗与龙岩之大小池等地也跌到每块钱三

---

① 《赣西南的（综合）工作报告》，《革命根据地经济史料选编》（上册），江西人民出版社1986年版，第77页。
② 《赣西南的（综合）工作报告》，《革命根据地经济史料选编》（上册），江西人民出版社1986年版，第78页。

斗零，扣算大洋每担谷子只得一块多钱，这种惊人的跌价，实在对苏区经济有很大的妨害。"① 因为粮价太低，农民们生产粮食的劳动只得到部分补偿，或者说得不到完全回报，比如"农民做了五天工夫只得回二天价值"。农民的劳动所得，甚至不能完全补偿其投入的成本，而出现亏本的现象。史料记载："据一般的估计，每担谷子并肥料要做七天人工，就照公略来说，以每天一毛钱工钱一毛钱伙食计算，每担谷子要一块四毛钱成本，而现在粜出值价还不够一块钱，农民每担谷子要蚀本五六毛钱，而到了青黄不接之秋，却又吃了贵米的亏（普通都比收获时贵两三倍），这样农民自然要受很大的损失，同时也就要影响到整个苏区经济的发展。"②

"谷贱伤农"。粮食价格不仅与工业品相比太低贱，就是与当时的工价相比也是十分低贱的，农民太吃亏。由于种粮食收入太低不划算，农民从比较利益出发，宁愿选择做工也不愿意种粮食，因此，根据地大片田地荒芜，造成农业之衰落。如闽西苏区，"农民终年劳苦，结果依旧得不到生活上的必需品，同时与人工、与米价相差太远，农民吃亏太大，结果使农民怠工。大池即有这个现象，据他们说，雇一工人只收获湿谷两石，做米一石，而工价（每工一元二角，菜食二角，若一元四角每天买米四斗）要去米五斗六升，自己反得不到一半。这样，农民便情愿把田禾抛弃不收。另一方面，雇工者做一工人可得米五斗多，六工可得米三石四斗，便够一年粮食。如此，农民更不愿领田耕种。这些奇妙的现象，不独大池如此，别的地方也同样。"③ 邓子恢曾指出：由于粮食价格比工钱相差太大，"促成荒田的生长。因为耕田要蚀本，有些地方工钱超过与米价的对比，农民耕田划算不过，倒不如出去找工

---

① 《革命根据地经济史料选编》（上册），江西人民出版社 1986 年版，第 321 页。

② 邓子恢：《发展粮食合作社运动来巩固苏区经济》，《革命根据地经济史料选编》（上册），江西人民出版社 1986 年版，第 321 页。

③ 《中共闽西特委通告第七号》，《革命根据地经济史料选编》（上册），江西人民出版社 1986 年版，第 39 页。

做，赚钱来籴米，还更好些。比如，前年秋收时龙岩大池之米价一块钱四斗，而工钱却每天高到一块银元，因此农民做十天功夫可籴四十斗米，便已够一年粮食，这样农民当然不愿意多耕田，所以结果便促成荒田现象之发展。今年江西荒田之生长，虽然是受战争影响，劳动力与耕牛、农具之缺乏，但米谷跌价也确是主要原因之一。"①

在赣西南根据地，1930 年一担谷的价格下跌到和一斤盐的价格差不多，只值边洋 6 角，因此，农民有田不愿耕种的现象时常发生。② 由于米价太低贱，严重挫伤了根据地农民种粮的积极性，种粮食不如外出打工。因此，许多地方田地荒芜。这是"谷贱伤农"的结果。而这一结果又成为青黄不接时期或来年发生饥荒、粮荒的原因。"民以食为天"，由于很多地方农民不愿种粮食，但对粮食的需求不会减少，粮食市场供不应求；加之，有些根据地粮食又遭到国民党匪军的抢劫，导致革命根据地米价飞涨、有钱无米买、到处闹粮荒的严重后果。《临时中央政府人民委员会命令第 39 号》指出："边区地方，敌人抢劫，发生米荒。红军驻地、医院近旁，粮食更缺。"③ 在闽西苏区，"苏区粮食又遭团匪、军阀的抢劫，损失颇大……对于保藏粮食的工作做得不好，许多地方许多（被）敌人抢去。"④

根据地许多地方粮食短缺、粮价飞涨，主要是由于敌人的经济封锁，苏区与白区之间的贸易受阻，苏区的粮食运不出去，白区的工业品又无法运到苏区，造成工农产品剪刀差，粮食价格下跌；根据地粮食价格低贱，又引致"谷贱伤农"，农民不愿种粮食，大片田地无人耕种，最终导致粮食市场供不应求，粮食严重缺乏，粮价暴涨。所以，造成根据地粮食供应紧张、粮价昂贵的最终原因是苏区与国民党统治区之间贸

---

① 《革命根据地经济史料选编》（上册），江西人民出版社 1986 年版，第 321 页。
② 赵效民：《中国革命根据地经济史（1927—1937）》，广东人民出版社 1983 年版，第 195 页。
③ 《革命根据地经济史料选编》（上册），江西人民出版社 1986 年版，第 326 页。
④ 《闽西苏维埃政府经济委员会扩大会议决议案》，《革命根据地经济史料选编》（上册），江西人民出版社 1986 年版，第 70 页。

易不通，此外，各根据地之间或根据地内部之间最初阻碍粮食流通的现象也时有发生，这也是造成根据地粮价高涨的又一原因。为什么在苏区也阻碍粮食流通？主要有三个原因，第一，在粮食不足的地方，当地民众唯恐本地粮食流出多，留在本地的粮食少，将来要吃贵米。第二，粮食有余的民众，想留到后头，待青黄不接粮食价格高涨时再出售，便可得高价。第三，富农、奸商操纵谋利，甚至故意捣乱，破坏革命战争。于是，各地政府不加考察，就实行禁阻起来，根据地内部粮食流通受阻。有资料记载："查苏区之内，粮食情形不同，有些地方多余，有些地方缺少。"在这种情况下，"苏区各县，许多地方禁运谷米，甲县乙县，划成界限。许多地方发生粮荒、米价飞涨，有钱无市米，这是十分严重的现象。"①

（四）根据地食盐极度匮乏

由于敌人严密的经济封锁，各根据地食盐、布匹、药品等物资奇缺，尤其是食盐极度匮乏，根据地军民常常没有盐吃，红军医院甚至将少有的食盐当作给伤员消毒、清洗伤口的"贵重药品"。在最困难时，连给伤员伤口消毒的食盐也没有。在井冈山革命根据地，红军的生活是非常艰苦的，"经常没有菜吃，有时即使吃到了一点菜，也是一没有盐，二没有油。"② 为了解决食盐严重短缺问题，各地纷纷想办法，如"将那些老式的泥墙和土砖墙的房子最下面三四尺高的老墙脚用土砖去换下来熬硝、熬盐，硝用来解决制造子弹和手榴弹的火药，盐用来解决人民群众的吃盐困难问题。"③ 赖春风在《毛委员领导我们建立红色圩场》一文中回忆道："在敌人实行经济封锁时，只能用无盐煮的竹笋干

---

① 《临时中央政府人民委员会命令第 39 号》，《革命根据地经济史料选编》（上册），江西人民出版社 1986 年版，第 326 页。
② 谭冠三：《在我记忆中的井冈山斗争》，《井冈山革命根据地》（下），中共党史资料出版社 1987 年版，第 498 页。
③ 李国斌：《回忆九龙山的战斗生活》，《井冈山革命根据地》（下），中共党史资料出版社 1987 年版，第 491 页。

和野菜来充饥了……当时红军医院收了一个叫袁明贤的伤员，本来伤势不重，只需做个简单的手术，可那时不仅没有麻药，连消毒用的食盐水都找不到，致使伤口发炎，伤势恶化，抢救无效而死亡。"① 据记载，红四军师长张子清在战斗中腿部中弹负伤，因为缺医少药，医疗条件差，子弹头没有及时取出。张子清师长把战友带给他的一小包消毒的食盐留给了更需要它的战友，因缺少盐水代替消毒水，伤口大面积发炎感染无法医治，献出了自己年轻的生命。许多红军伤员像张子清一样因缺乏食盐水消毒伤口，造成伤口大面积溃烂而牺牲。②

在湘鄂赣革命根据地，食盐非常短缺，军民也常常没盐吃。因此，《湘鄂赣省工农兵苏维埃政府鄂东南办事处通知第9号》指出："鄂东南苏区群众有好多三四个月没有吃盐的，因为群众买不到盐，真是一个很深重的问题。各级政府要特别注意解决此一困难。近日有一部分群众运猪、油到白区去贩卖，转运盐布进来，这是很正确的办法。并且群众可以相当地提高肉的价格，使群众能换多些盐。因为我们没有肉吃，没有油吃，这不要紧；没有盐吃，就要苦了，没有布做衣服也是冷得苦。同时猪、油是苏区出产品，苏维埃应准许群众运输出去，转运必需品——盐、布等进来，这样才是代表群众的利益。"③ 在有些时候，通过做商人的工作从国民党统治区运输一点盐到根据地，但数量很少而且价格非常昂贵，按当时16两一斤的秤计价，最贵时每块银元只可以购买4两盐。"按当时的谷价2元一担计算，需要2担谷才能买到1斤盐。"④ 为了解决根据地军民的食盐问题，根据地党组织和苏维埃政府除采取各种政策鼓励中小商人秘密从国统区运进食盐外，还广泛发动根据地军民动手熬硝盐，并建立了一些硝盐厂。当年的红军战士王耀南在

① 《井冈山革命根据地（下）》，中共党史资料出版社1987年版，第504—505页。
② 舒龙、谢一彪：《中央苏区贸易史》，中国社会科学出版社2009年版，第40页。
③ 《革命根据地经济史料选编》（上册），江西人民出版社1986年版，第314页。
④ 张泰城、刘家桂：《井冈山革命根据地经济建设史》，江西出版集团、江西人民出版社2007年版，第33页。

《艰苦奋斗在井冈山上》一文中回忆说：除了用老土墙来熬硝盐外，"有时还把尿桶底上长期积起来的白硝刮下来，用水一泡来熬硝盐。因为尿桶底上的白硝含盐量较多。硝盐熬出来以后，上面是硝，下面是盐。就是这样的盐，在南瓜汤里放进一点，味道就算很好了。"① 为了解决食盐问题，闽浙赣革命根据地苏维埃政府号召根据地军民"男女老少齐上阵，人人动手找硝，家家自己熬盐。各县办有小规模的硝盐厂，熬出的硝盐虽然质量差了一些，但总算是解决了军民的食盐问题。"② 闽浙赣根据地1934年初成立熬硝盐厂1335个，相当程度地解决了根据地群众的食盐问题。据江西7个县的不完全统计，中央革命根据地有熬盐厂581个；兴国县1934年熬盐厂发展到312个。③ 由于各革命根据地建立大量熬盐厂，很大程度上缓解了根据地因缺盐而引起的恐慌，部分地解决了根据地军民食盐缺乏的问题。也由于长期食用硝盐，根据地军民的身体健康受到一定影响，因为不少人因食用硝盐而中毒。因此，解决根据地食盐问题，就成为根据地一项重要而紧迫的任务。

① 张泰城、刘家桂：《井冈山革命根据地经济建设史》，江西出版集团、江西人民出版社2007年版，第34页。
② 方志纯：《回首当年》，江西人民出版社1987年版，第87页。
③ 李占才、张黎：《中国新民主主义经济史》，安徽人民出版社1989年版，第108页。

第二章　根据地经济建设的措施

第一节　根据地发展经济举措概述

一、共产党对根据地经济建设重要性的认识

革命根据地创建之初，工农红军的给养来源主要有三个方面：第一，没收封建地主、土豪劣绅、官僚和军阀的财产。第二，靠占领新的区域或打败国民党军队缴获所得。第三，在根据地内征收土地税和商业税。随着革命根据地的扩大和土地革命的不断深入，靠打土豪来解决红军的供给有很大困难。因为，一是在革命根据地内部，地主土豪、官僚军阀都基本上被打完了，已经没有财产没收了。二是攻打敌占区和国民党军队来获取给养也不容易，根据地周围的县城都加强了防备，不易攻占；周围农村的土豪劣绅由于惧怕苏区革命武装的进攻，早已将其财产匿藏起来或转移到安全地方，开辟新区打土豪也不容易获得粮饷和财物；而进攻根据地的国民党军队也吸取过去的教训，不会随身携带多余的军饷物资。三是革命根据地的经济状况不好，起初是由于过"左"的经济政策，加上敌人严密的经济封锁，革命根据地军民生活生产极为困难，经济问题十分严重，在根据地征税也遇到许多客观困难。正是严峻的经济现实问题，使共产党把根据地

经济建设提到重要的议事日程，中国共产党认识到根据地经济建设的重要性。

（一）经济建设是我党领导人民取得革命战争胜利的根本保障

由于革命根据地处于国民党白色政权的四面包围之中，不断的军事"围剿"和严密的经济封锁，让中共认识到不发展根据地经济就无法进行革命战争，就不能取得革命战争的胜利。因此，党内对经济建设这个问题的认识基本上是一致的，即根据地经济建设，直接关系到革命战争能否取得胜利。针对根据地发生的工农产品价格剪刀差问题，1929 年 9 月 30 日，《中共闽西特委通告第七号》指出：根据地发生了严重的经济问题，剪刀差这种现象"是我们必须解决，而且值得研究的问题"。如果不能解决这些问题，"便不能根本解决工农群众的生活问题，而使社会经济向前发展。这样，新政权的基础便更无稳固可能。所以，调剂剪刀（差）现象，应用剪刀（差）政策是目前党在苏维埃区域中的主要任务，每个党员都要研究了解剪刀（差）现象的发生与结果，和讨论剪刀（差）政策的意义，而努力执行。"[①] 1930 年 12 月 7 日，《湘鄂西苏维埃》社论号召根据地军民加快经济建设，强调指出："经济问题，在苏维埃区域，（毫）无疑义是主要的严重问题，若不设法具体解决，苏维埃区域惟不能扩大，并且难以巩固。"[②] 1932 年 10 月 23 日，《红色中华》社论第 37 期号召全苏区工农劳苦群众，为了取得新的革命胜利，为着自己的阶级利益，"只有加倍的努力，充实和扩大革命战争的核心动力的'军事的财政经济'，以适应前线的需要，使前线不感觉到一颗米，一文钱的缺乏，这就是后方革命工农劳苦群众的当前的日常的阶级义务。"1933 年，毛泽东同志在《必须注意经济工作》一文中开篇就指出："革命战争的激烈发展，要求我们动员群众，立即开展经

[①] 《革命根据地经济史料选编》（上册），江西人民出版社 1986 年版，第 38—40 页。
[②] 《革命根据地经济史料选编》（上册），江西人民出版社 1986 年版，第 62 页。

济战线上的运动，进行各项必要和可能的经济建设事业。"为什么要进行经济建设？因为我们的一切工作，都应当为着革命战争的胜利，为着争取物质上的条件去保障红军的给养和供给；为着改善人民群众的生活，由此更加激发人民群众参加革命战争的积极性；为着在经济战线上把广大人民群众组织起来，并且教育他们，使战争得到新的群众力量；为着从经济建设去巩固工人和农民的联盟，去巩固工农民主专政，去加强无产阶级的领导。"为着这一切，就需要进行经济方面的建设工作。这是每个革命工作人员必须认识清楚的……只有开展经济战线方面的工作，发展红色区域的经济，才能使革命战争得到相当的物质基础，才能顺利地开展我们军事上的进攻。"① 中共中央《关于在粉碎敌人四次围剿的决战前面党的紧急任务》中提出"集中一切经济力量，为了战争"的口号，指出："增加土地生产力，是取得革命战争胜利的必要条件。"② 1933 年 8 月 15 日《中央苏区南部十七县经济建设大会的决议》号召全苏区的劳苦群众，"团结在党与苏维埃中央政府的正确领导之下，大规模地开展经济建设，保障革命战争的物质需要，这是非常重要的"③。党内对革命根据地经济建设重要性的认识基本上是达成共识的。

（二）要改善根据地群众生活必须开展经济建设

由于敌人的军事"围剿"和经济封锁，根据地内农副产品运不出去，白区所生产的工业品无法运到苏区来，工农业产品出现剪刀差现象，工业品价格高昂，农产品价格低贱，根据地人民群众生活困难，生活状况急剧恶化。要取得革命战争的胜利，必须改善人民生活，以赢得广大人民群众的有力支持。因此，毛泽东在 1934 年 1 月 22 日至 2 月 1日在江西瑞金召开的第二次全国工农兵代表大会上指出："我们对于广大群众的切身利益问题，群众的生活问题，就一点也不能疏忽，一点也

---

①　《毛泽东选集》第一卷，人民出版社 1991 年版，第 122 页。
②　李占才、张黎：《中国新民主主义经济史》，安徽人民出版社 1989 年版，第 47 页。
③　《革命根据地经济史料选编》（上册），江西人民出版社 1986 年版，第 141 页。

不能看轻。因为革命战争是群众的战争，只有动员群众才能进行战争，只有依靠群众才能进行战争。"毛泽东强调："我们是革命战争的领导者、组织者，我们又是群众生活的领导者、组织者。组织革命战争，改良群众生活，这是我们的两大任务。"① 1934 年 1 月，毛泽东在《中华苏维埃共和国中央执行委员会与人民委员会对第二次全国苏维埃代表大会的报告》中指出："为着冲破敌人封锁，抵制奸商操纵，保证革命战争的需要，改良苏区民众的生活，苏维埃必须有计划地进行各种必要的与可能的经济建设。"②

二、根据地发展经济重大举措概述

土地革命初期，由于根据地党和苏维埃政府将主要精力和工作重点放在根据地的建立上，对根据地经济建设没有足够的重视。随着土地革命的开展，农民分得了自己的田地，解放了生产力，调动了广大农民的生产积极性，农业生产得到较快的发展。但是，由于受"左"倾盲动主义思想的影响，工商业受到很大的削弱和破坏。革命根据地的扩大和土地革命的深入，为根据地经济建设提供了有利条件，由于根据地长期处于国民党政权的包围中，敌人的军事围剿和经济封锁的加剧，使根据地经济建设面临严重问题，如工商业凋零、工业品短缺且价格高昂、部分地区发生粮食饥荒、工农业产品价格剪刀差等问题。根据地党和苏维埃政府对这些问题极其重视，采取了相应措施，使根据地经济建设取得一定成绩。

（一）恢复和发展农业生产的举措

1. 互助合作运动的开展

根据地土地革命的深入开展，调动了广大农民的生产积极性，极大

---

① 《毛泽东选集》第一卷，人民出版社 1991 年版，第 139 页。
② 李占才、张黎：《中国新民主主义经济史》，安徽人民出版社 1989 年版，第 47—48 页。

地推动着农业生产的发展。但是，由于国民党反动派对根据地的反复围剿和对根据地人民的残酷屠杀和掠夺，根据地广大青壮年为了保卫土地革命的胜利成果，纷纷响应党和政府号召，踊跃参加红军。因此，根据地许多地方劳动力严重不足。

同时，许多地方耕牛也不足。中华苏维埃临时中央政府颁布的《关于组织犁牛合作社的训令》剖析了耕牛短缺的原因："现在苏区中雇农、贫农的耕牛、农具甚为缺乏，其所以缺乏的原因：第一，因为帝国主义、国民党屡次向苏区进攻，尤其是在前年三次战争时，许多地方被敌人摧残，耕牛被敌人杀了很多，农具被敌人焚烧破坏，农民吃了大亏。第二，各县有些奸商，故意宰杀耕牛，同时地主、富农、奸商又把苏区的耕牛大批的运出白色区域出卖。第三，过去许多地方政府，在没收豪绅地主的耕牛、农具以及富农多余的耕牛、农具没有很好地分配，甚至不分给雇农、贫农，而拿来出卖。至于那些分给了雇农、贫农的，又没有合作社的组织，以致无人管理，把耕牛、农具弄死、弄坏了许多。因有以上三种原因，所以苏区内一般耕牛、农具感觉缺乏，特别是雇农、贫农缺乏得更加厉害。结果，造成生产品减少，荒田增多，谷价高涨，大大增加了贫苦工农的困难。"① 根据地劳动力和耕牛严重不足，导致农民不能按时耕种，影响了农业生产的发展。

解决根据地劳动力不足的问题，最有效的是开展互助合作运动，即按照自愿互利的原则，把农民组织起来，劳动力有余之家帮助劳动力不足之家；一乡之中，劳动力有余之村，帮助劳动力不足之村；优先为红军家属开展互助。这种劳动互助组织最早在闽西根据地的上杭县才溪乡组建，开始叫耕田队，后来发展成为劳动互助社。在赣西南、湘鄂赣革命根据地，也建立了劳动互助合作组织。后来，大多数革命根据地都建立了劳动互助合作组织，这种互助组织对互助合作的

---

① 《中央土地部关于组织犁牛合作社的训令》，《革命根据地经济史料选编》（上册），江西人民出版社 1986 年版，第 242 页。

范围、条件和报酬等作了明确规定。通过劳动互助合作运动，一定程度上克服了根据地由于劳动力不足给农业生产带来的困难，推动了农业生产的发展。如才溪乡组织耕田队和劳动合作社后，"粮食产量超过暴动前的10%"①。

为了解决耕牛不足的问题，根据地党和苏维埃政府采取了各种办法，如鼓励农民饲养耕牛；提倡耕牛互助和允许租牛，在湘鄂西根据地，苏维埃政府设立了"公共犁牛站"，湘鄂赣根据地设立了"牲畜农具经理处"；禁止耕牛外流和随意宰杀耕牛的行为；组织耕牛合作社等。1933年3月3日，《中央土地部关于组织犁牛站的办法》指出了建立犁牛站的作用和意义："去年因为耕牛、农具不够，荒了许多田，少了许多米谷、杂粮的收入，今年党和政府应该领导缺乏耕牛、农具的基本农民群众，组织犁牛站，补救耕牛、农具的不足，以便于扩大耕地面积。"② 该《办法》对组建犁牛站的原则、办法，耕牛和农具的管理、归属，以及入站的条件和互助合作事宜作了明确规定。1933年4月13日，中央土地部颁布的《关于组织犁牛合作社的训令》强调："为要解决群众的困难，争取群众的利益，就要发展耕牛运动，消灭荒田，扩大耕地面积，完成今年增加二成收获的计划，以充裕苏区群众的粮食。在这里首先就要解决耕牛、农具缺乏的困难问题。最好办法，是组织犁牛合作社。"③ 闽西苏维埃政府规定：（一）各地不得肆意屠杀耕牛；（二）老牛、恶牛、肥牛、废牛、伤牛等才准宰杀；（三）宰杀要到政府报告，并须加以限制；（四）白色区的牛，准予入境，并须使牛贩设法购买，赤色区内的牛，禁止贩卖至白色区域。④ 1930年11月25日，湘鄂赣根据地平江县苏维埃政府发布通告，规定："各区乡、各村，禁

---

① 李占才、张黎：《中国新民主主义经济史》，安徽人民出版社1989年版，第85页。
② 《革命根据地经济史料选编》（上册），江西人民出版社1986年版，第240页。
③ 《革命根据地经济史料选编》（上册），江西人民出版社1986年版，第242页。
④ 《闽西苏维埃政府通告新编第3号》，《革命根据地经济史料选编》（上册），江西人民出版社1986年版，第210页。

止宰牛，卖牛出境。"①

　　自 1931 年"一苏大"召开之后，农业生产互助合作运动蓬勃发展。1933 年春，中华苏维埃临时中央政府为了指导农业生产互助合作运动的广泛开展，先后颁布了《劳动互助组织纲要》、《关于组织犁牛合作社的训令》等文告，有力地推动了互助合作运动的开展。1934 年 1 月"二苏大"召开以后，在苏维埃政府的大力提倡下，农业生产互助合作运动又掀起了一个高潮。以江西的兴国县为例，1934 年 2 月，建立劳动互助社 318 个，加入互助社的社员有 15615 人；两个月后，劳动互助社增加到 1206 个，社员人数发展到 22118 人，分别增长 279% 和 41.6%。犁牛合作社发展也非常快，"1934 年上半年，瑞金、兴国、长汀、西江 4 县共有犁牛合作社 459 个，有相当数量的股金与耕牛。"② 根据地农业生产互助合作运动的开展，有力地促进了农业生产的发展和农业的增产增收，对革命战争起到了极大的支援作用。

　　1933 年 1 月，中华苏维埃临时中央政府颁发布告，确定根据地农作物种植的方针："第一是米谷，第二是杂粮（番薯、豆子、花生、麦子、高粱等），第三是蔬菜，第四是棉花，第五是竹木，第六是木梓，第七是烟叶，第八是牲畜（猪、羊、鸡、鸭等），这些生产，一半是人民的粮食，一半是工业原料，是发展苏区经济的基础。"③ 为了发展根据地的农业生产，以支援革命战争，根据地党和苏维埃政府采取了一些促进农业生产的措施，除大力发展农业互助合作运动外，还动员根据地军民大力开垦荒地、兴修农田水利、精耕细作、开办农事试验场，推广先进农业技术等等。

　　2. 开垦荒田荒地

　　由于国民党的疯狂"围剿"所造成的破坏以及根据地劳动力和耕

---

①《平江县工农兵苏维埃政府通告第 22 号》，《革命根据地经济史料选编》（上册），江西人民出版社 1986 年版，第 213 页。
②李占才、张黎：《中国新民主主义经济史》，安徽人民出版社 1989 年版，第 87 页。
③《革命根据地经济史料选编》（上册），江西人民出版社 1986 年版，第 231 页。

牛的缺乏，根据地原来已经分配给农户的田地已有部分抛荒。为了支援革命战争和改善根据地军民的生活，靠提高现有耕地的生产力来增加农产品的产量是不够的，必须通过开垦荒田荒地才能大量增加农业产量。《中华苏维埃共和国临时中央政府土地人民委员部训令第2号》明确提出："开垦荒田、荒地，这是增加土地生产的重要工作。荒田少的地方，今年要完全垦出；荒田多的地方，至少要垦出一半。"[①] 1933年2月25日，中华苏维埃临时中央政府颁发了《开垦荒地荒田办法》；1933年5月25日，中央土地人民委员部颁布第8号训令《发布开荒规则，指示开荒动员方法》，对垦荒的办法和要求、具体政策、开垦荒地的使用年限、免税标准等都作了明确规定。经过努力，根据地垦荒运动取得了显著成绩，不仅耕地面积增加，也增加了粮食产量。以闽浙赣革命根据地为例，1933年该根据地共开垦荒地30000多亩，增收了十几万担谷子。

3. 兴修农田水利

水利是农业的命脉。根据地党和苏维埃政府非常重视兴修农田水利。1933年4月22日，苏维埃临时中央政府在《关于夏耕运动大纲》中发出指示，要求各根据地加快农田水利建设："水坡、水圳、水塘，不但要修理旧的，还要开筑新的。缺水地方要在高地开挖水塘，水车未修理好的要继续修好。沿河地方要设置筒车。水是稻田的命脉，无水则人工、肥料都成白费，区、乡政府要组织水利委员会去领导全区、全乡水利的开发。"[②] 特别是1933年中央苏区南部十七县经济建设大会以后，各地掀起了兴修农田水利的热潮。在苏区党和政府的领导下，广大群众踊跃参加水利建设，根据地水利建设事业取得明显成绩，主要是增加了农田的灌溉面积。"据瑞金县9个区的统计，土地总数为341745担田，兴修水利后，能得到灌溉的土地有319938担田，占土地总数

---

① 《革命根据地经济史料选编》（上册），江西人民出版社1986年版，第235页。
② 《中央土地人民委员部关于夏耕运动大纲》，《革命根据地经济史料选编》（上册），江西人民出版社1986年版，第254页。

的 94%。"①

4. 增施肥料，改良土壤，精耕细作

为了增加粮食产量，根据地政府号召广大人民群众因地制宜，广辟肥源，多积肥料，改良酸性土壤。1933 年 2 月 1 日，《中华苏维埃共和国临时中央政府土地人民委员部训令第 2 号》号召人民："要增加肥料。除各种肥粪、石灰以外，要尽量割草、铲草皮，或挑塘泥去肥田，要发动每个男人多铲 30 斤草皮，多挑 30 担塘泥，发动童子团每人多捡 100 斤狗尿下田，经常下石灰的地方，要马上以区为单位，组织石灰合作社，计划多烧石灰。为贮藏肥料，必须解决屎缸问题。"临时中央政府还要求组织群众对田地进行精耕细作，指出："要发展土地生产，首先就要增加米、谷收获，我们要在今年做到每担谷田比去年平均多收两斗谷子，就是说要比去年多两成收获。要增加人工，要发动群众在耕种过程中多犁田，多耘田，多铲田草，每丘田至少要犁耙两次，耘三次，要做到田里无一寸草。"② 根据地广大农民响应苏维埃政府的号召，努力积肥并精耕细作，如中央革命根据地在 1934 年春耕运动中，施肥的数量比 1933 年增加 10%—20%，少数地区增加 30%。施肥数量的增加，用石灰改良酸性土壤，并进行精耕细作，提高了粮食的产量。

5. 开办农业试验场，推广先进农业技术

中华苏维埃临时中央政府号召各根据地开办农业试验场，积累作物种植经验和技术，以便向全苏区推广。中央革命根据地在瑞金开办了农事试验场，在中央土地部直接领导之下，该试验场 1933 年 9 月即开始工作。瑞金农事试验场内设场长一人，下分为保管，田园、家畜、山林、水利四科。农事试验场的主要任务是"搜集植棉种稻的经验，以供给全苏区"。具体职责就是将种稻子、麦子、油菜、棉花等农产物

---

① 李占才、张黎：《中国新民主主义经济史》，安徽人民出版社 1989 年版，第 90 页。

② 《春耕计划》，《革命根据地经济史料选编》（上册），江西人民出版社 1986 年版，第 233—234 页。

时，采用各种不同的土质、肥料、培种、植法、时间、气候等条件进行试验；改良种子，分析土质，把种植、培养、防害、施肥等方法及其结果，分期作成报告，供给中央土地部，以指导各地。中央土地部"责成农事试验场各负责同志，以后要切实负起他的供给各地农业上的经验与智识的作用来"①。1934 年 1 月，中华苏维埃临时中央政府颁布《关于苏维埃经济建设的决议》，明确指出："苏维埃政府更应创办农业试验场、畜牧场，教育农民群众以消灭害虫，防止水旱、灾荒的初步科学知识，以增加农产品的收获。"② 农业试验场的开办，使各根据地广泛改良农作物的品种、推广种稻植棉等种植技术，培养大批农业适用技术人才，为增加粮食产量、支援革命战争起了重大作用。

（二）解决工农业产品价格剪刀差及粮食等问题的举措

根据地工业品奇缺且价格昂贵、农产品价格低廉的剪刀差，以及部分地区粮食短缺等问题，引起了各根据地党和苏维埃政府的高度重视。1929 年 9 月 30 日，中共闽西特委专门发出了《关于剪刀差问题》的通告，指出："调剂剪刀（差）现象是苏维埃当前急务"，剪刀差"是我们必须解决，值得研究的问题……所以，调剂剪刀（差）现象，应用剪刀（差）政策是目前党在苏维埃区域中的主要任务。"③ "在苏区生产方面，是比分田以前发展了，主要的生产品是粮食。现在农产品价格很低落，在今年二、三月间，每担谷子价钱仅二吊文，到现在涨到四千多文。因为赤白对立的严重，苏区许多农产品不能输出（如竹、木、茶油、纸张等），都完全积累起来，群众感觉现金缺乏的困难。目前工业品价格亦涨，农产品价格低落成为苏区经济剪刀差现象。所以确定正确

---

① 《农事试验场的初步工作》，《革命根据地经济史料选编》（上册），江西人民出版社 1986 年版，第 273 页。

② 《关于苏维埃经济建设的决议》，《革命根据地经济史料选编》（上册），江西人民出版社 1986 年版，第 166 页。

③ 《中共闽西特委通告第七号》，《革命根据地经济史料选编》（上册），江西人民出版社 1986 年版，第 38、40 页。

的经济策略，战胜敌人的经济封锁，恢复苏区商业，便是苏维埃的重要任务。"① 为了有效解决这些经济问题，各根据地党和苏维埃政府群策群力，采取了多种多样的措施。

1. 成立粮食调剂局

为了解决谷贱伤农，避免粮食收获季节跌价、青黄不接时涨价的问题，闽西根据地苏维埃政府于 1930 年 6 月率先成立了粮食调剂局。通过对粮食的调剂保持粮食市场供需大致平衡，达到稳定粮食价格的目的，以期使根据地群众不再受贱卖或贵买粮食之苦。闽西根据地粮食调剂局的做法是：新粮上市后，粮食调剂局以高出市场价三分之一的价格向农民收买米谷，"使米价不致过分低落，以救济贫农"，"用谷仓储藏起来"；到青黄不接时，再以当时市价的九五折卖给农民，"其粜余之谷，可运到米贵地方出售"，所赚款项，备作基金，"是为弥补耗蚀及费用之需"②。通过用这种办法对粮食进行调剂，根据地农民得到了好处，粮食调剂局又不至于赔钱。调剂局购粮食的资金，开始向富农之家筹借，此项借款一年后归还，利息最高不得超过百分之五；后来由苏维埃银行向粮食调剂局发放贷款解决。粮食调剂局的快速发展和卓有成效的工作，对维持根据地粮食价格的稳定，解决根据地军民的生活问题发挥了积极的作用。

2. 成立合作社，减少流通环节，减轻中间商人的剥削

为了缩小工农业产品价格剪刀差，根据地党和苏维埃政府组织农民成立各种形式的合作社，尽量减少中间环节和商人的剥削。《中共闽西特委通告第七号》号召："在县区政府经济委员会有计划地向群众宣传，并帮助奖励群众创造合作社，如生产合作社、消费合作社、信用合

---

① 《赣西南的（综合）工作报告》（1931 年 9 月 20 日），《革命根据地经济史料选编》（上册），江西人民出版社 1986 年版，第 78 页。

② 《闽西苏维埃政府布告第 15 号》，《革命根据地经济史料选编》（上册），江西人民出版社 1986 年版，第 304 页。

作社等，使农民卖米、买货不为商人所剥削，而农村贮藏资本得以收集，使金融流通。"① 闽西革命根据地上杭才溪区是一个模范区，于1929 年 11 月创办了合作社，全区有 32 个消费合作社，布匹合作社 2个，粮食合作社 1 个，药材合作社 3 个，共有股金 2531 元。② 此后，各根据地消费合作社的发展非常快。如闽西根据地永定县，到 1931 年 4月，消费合作社发展到 57 个，共有基金 5445 元。③ 1931 年 2 月 25 日，赣东北特委报告：赣东北根据地经济委员会帮助建立了赣东北消费合作社，各县设县社，区设支社，乡设分社，社员发展到万余人。④ 1931 年夏季前，湘鄂西根据地消费合作社已发展到 130 个。⑤ 1933 年 12 月 17日，中央根据地消费合作社取得了很大成绩，消费合作社社员增加到15 万人。⑥ 各地苏维埃政府对合作社大力支持和帮助，比如，消费合作社可以获得如下优惠政策：一是合作社免向政府缴纳所得税；二是合作社有向工农银行借贷优先权；三是合作社有向苏维埃工厂及商店购货之优先权⑦；四是合作社有向政府廉价承办没收来的财产的优先权；五是合作社的货物运输、业务经营等，政府予以帮助和保护。消费合作社的主要工作职责，就是以合理的价格向农民销售工业品和收购农副产品；消费合作社的社员可以优先购买、廉价购买商品。

除开办消费合作社外，有的地方还开办县乡小银行和生产合作社来缩小剪刀差问题。1929 年 9 月 30 日，中共闽西特委发出通告，要求：

① 《革命根据地经济史料选编》（上册），江西人民出版社 1986 年版，第 40—41 页。
② 寿昌：《关于合作社》，《革命根据地经济史料选编》（上册），江西人民出版社 1986 年版，第 126—127 页。
③ 《闽西苏维埃政府经济委员会扩大会议决议案》，《革命根据地经济史料选编》（上册），江西人民出版社 1986 年版，第 69 页。
④ 《赣东北特委报告》，《革命根据地经济史料选编》（上册），江西人民出版社 1986 年版，第 65 页。
⑤ 赵效民：《革命根据地经济史》，广东人民出版社 1983 年版，第 199 页。
⑥ 《中央苏区消费合作社大会决议》，《革命根据地经济史料选编》（上册），江西人民出版社 1986 年版，第 344 页。
⑦ 《闽西苏维埃政府通告第 3 号》，《革命根据地经济史料选编》（上册），江西人民出版社 1986 年版，第 307 页。

"由县政府设法开办农民银行，区政府设立借贷所，办理低利借与农民，使农民不致告贷无门而贱卖粮食。其银行，借贷所基金，则由打土豪款拨出一部分，并召集私人股金或向私人告贷，积资而成。"① 闽西根据地苏维埃政府号召各地："开办农村合作社，开办小银行。开办生产合作社，由苏维埃出本钱，叫工人来工作。"② 通过以上途径和方法，一定程度上缩小了剪刀差，减轻了工农群众的生活困难。

3. 开展对外贸易，进口工业品和出口农产品

国民党反动派对根据地实行严密的经济封锁，苏区与白区之间贸易不通，是造成根据地工业品价格猛涨、农产品价格下跌和剪刀差扩大的重要原因。为了粉碎敌人的经济封锁，各根据地通过建立各种形式的外贸机构，积极开展对外贸易，通过商人和边界群众，将根据地的农产品和手工业品运往白区，从白区换回根据地军民需要的食盐、油和布匹等各种工业品。赣东北根据地苏维埃政府 1930 年在沿信江各县设立对外贸易处，其主要职责是疏通苏区与白区间的贸易往来和物资交流。1930年中共中央为了加强与闽西、赣西南苏区的联系，在闽西革命根据地的永定县建立了"武装通讯社"，并同时在闽西根据地各县设立了分支机构。"武装通讯社"主要职责有两项：一是武装护送党和政府重要文件及过往重要人员；二是运输根据地军需民用物资。1931 年 12 月 15 日，湘鄂赣省工农兵苏维埃政府鄂东南办事处发布《各县组织转运局》的通知，"决定各县处一律组织转运局，以进行转运工作"③。此外，湘赣根据地莲花县等地还建立了赤白贸易交换所，通过白区的商贩与苏区的农民直接面对面进行商品交换，出售根据地的农产品，换回根据地所需要的洋油、食盐、布匹等工业品。

---

① 《中共闽西特委通告第七号》，《革命根据地经济史料选编》（上册），江西人民出版社1986 年版，第 40 页。

② 《谢运康巡视员报告》，《革命根据地经济史料选编》（上册），江西人民出版社 1986 年版，第 43 页。

③ 《革命根据地经济史料选编》（上册），江西人民出版社 1986 年版，第 312 页。

4. 保护和鼓励私营商业

根据地建立之初，在许多地方因受"左"倾盲动主义思想影响，曾有没收商人财产、"乱烧乱杀"的过"左"行为，给根据地商业带来了极大的负面影响。1929 年后，根据中共中央保护中小商人的指示，各地苏维埃政府制定了对商人和商业实行保护的政策，鼓励苏区商人到白区推销农产品并采购工业品，并对他们实行诸多优惠政策包括必要时的武装护送。同时，欢迎白区商人来苏区贸易，并能享受低税率政策。如湘鄂西根据地 1930 年 11 月作如下规定：资本 500 元以下者不抽税，500—5000 元者按 5% 抽税；5000—10000 元者抽税 7.5%；10000 元以上者抽税 10%；10 万元以上者抽税 20%。① 这样的税收政策对商人显然是有利的，极大地促进了根据地商业的发展。

第二节　成立粮食调剂局

由于国民党反动派对革命根据地疯狂的军事"围剿"和经济封锁，苏区与敌占区之间的贸易往来严重受阻甚至中断，加上商人富农的投机操纵，导致革命根据地工业品价格高涨、农产品价格下跌的剪刀差。特别是米价涨跌起伏不定，在"收获季节时米价大跌特跌"，引起谷贱伤农的现象，农民不愿意种粮食；结果，"青黄不接时发生粮食缺乏，米价飞涨"，不少地方发生粮荒或经济恐慌，对根据地经济、革命战争以及红色政权的巩固产生了极大的妨害。根据地苏维埃政府开始时曾采取行政命令的方式强制禁止粮食价格跌落，但是这一行政命令是违反经济规律的，结果事与愿违，完全无效。因此，解决粮食问题就成为各根据

---

① 赵效民：《革命根据地经济史》，广东人民出版社 1983 年版，第 207 页。

地经济建设的第一要务。

一、粮食调剂局和粮食部的建立

早在 1930 年 3 月 25 日，闽西苏维埃第一次工农兵代表大会上通过
的《经济政策决议案》① 就对"调节粮食之产销"作出了严格的规定，
包括：（1）禁止用米做酒、做粉干；（2）禁止米粮输出至白色区域，
但可在赤色区域流通；各地政府不得限制米价；（3）粮食缺少的地方，
组织办米合作社，向白色区域买米，米多的地方，要组织贩卖合作社，
运米到别处销售，政府要对办米合作社进行帮助；（4）各级政府经常
召集米商、米贩开会，讨论买米办法，并帮助其进行，予以保护，等
等。为了解决谷贱伤农的问题，1930 年 6 月，闽西革命根据地苏维埃
政府发出《关于组织粮食调剂局问题》的布告，要求各地成立粮食调
剂局，并指出："粮食调剂局的成立，是发展闽西社会经济的重要出
路，是目前急需进行的特殊需要工作。"② 于是，闽西根据地苏维埃政
府率先成立了粮食调剂局并在所辖各县、区设立粮食调剂分局和支局，
以保障调剂根据地军民的粮食供给。到 1931 年 4 月，仅永定县就开办
了 34 个粮食调剂局。随后，不少根据地苏维埃政府效仿闽西苏维埃政
府的做法，纷纷组建粮食调剂局，以对根据地的粮食进行调剂。

1931 年，中央革命根据地大部分地区粮食丰收，增产一至两成，
个别地区也有歉收的情况。但是，由于对粮食的管理和调剂的经验不
足，没有十分重视粮食的储备和组织调剂，也没有注意控制粮食出口，
结果导致 1932 年个别地方发生夏季粮荒。为了解决粮食短缺问题，苏
维埃临时中央政府曾采取了一些补救措施。如 1932 年 8 月，中华苏维
埃共和国临时中央政府人民委员会发布了《发展粮食合作社运动问题》

---

① 《革命根据地经济史料选编》（上册），江西人民出版社 1986 年版，第 49 页。
② 罗福林："中央苏区粮食干部队伍建设"，《中国粮食经济》2001 年第 11 期。

的训令第 7 号，号召各地成立粮食合作社，同奸商富农斗争。1933 年初，因受 1932 年部分地区粮食歉收影响，奸商和富农囤积居奇，乘机抬高粮价，加之国民党反动派又开始了对中央革命根据地第四次"围剿"，红军兵力已发展到 10 万人，需要更多的粮食，以致在中央革命根据地许多地方发生粮荒。针对这一严重问题，1933 年 2 月 26 日，临时中央政府人民委员会召开会议，一方面，研究了举行借谷运动，筹集足够的军粮供给红军；另一方面，决定成立粮食调剂局。1933 年 3 月 4 日，临时中央政府人民委员会颁发了《为调节民食接济军粮》第 39 号命令，决定成立粮食调剂局，明确规定了粮食调剂局与粮食合作社的关系，指出："中央政府已决定粮食调剂的计划，设立了粮食调剂局，各地政府应领导群众，快快组织粮食合作社，在粮食调剂局的领导帮助下，努力进行。办米之外，还要办盐，以抵制富农、奸商的积藏操纵，以防备国民党的严厉封领，以调节各地的民食，以接济前方的军粮。"①1933 年 4 月 28 日，中华苏维埃共和国临时中央政府人民委员会发布训令第 10 号，决定成立中央国民经济部，下设粮食调剂局等机构；省县两级也要成立国民经济部，内设相应的粮食调剂局等机构。到 1933 年 5 月份，各地基本建立了粮食调剂局。

1933 年 8 月 15 日，中华苏维埃临时中央政府在《中央苏区南部十七县经济建设大会的决议》中，对粮食问题作了三点要求：一是没有粮食调剂局的县份，县苏主席团、国民经济部要立即找出适当的人才筹备粮食调剂局的工作，至九月十五日每县建立起一个粮食调剂局，每一大的圩场有一个粮食调剂支局。二是各县应以最大力量在每乡建立起一个起码有三百社员百元股金的粮食合作社，九月十五日以前收齐股金开始营业。三是各县应建立的谷仓及各乡粮食合作社的谷仓，在八月底要

---

① 《为调节民食接济军粮》，《革命根据地经济史料选编》（上册），江西人民出版社 1986 年版，第 327 页。

一律建立（或修理）好。① 中央苏区南部十七县经济建设大会的推动下，根据地的粮食调剂局有了较快发展。为了加强对粮食工作的统筹管理，更好地全面调控根据地的粮食供求，保证红军的基本给养，中华苏维埃临时中央政府在 1934 年 1 月 21 日至 2 月 2 日召开的第二次全国苏维埃代表大会上，决定成立粮食委员部，粮食调剂局由国民经济部划归粮食部领导，由陈潭秋出任第一任委员。各级苏维埃政府组建相应的粮食部，"在省县二级设立了粮食部，区设粮食科，乡设粮食委员"，实行分级负责，归口中央粮食部领导。中央粮食部成立后，主要担负领导根据地粮食的征收与保管、分配等工作任务，组织各根据地进行了三次大规模的粮食征收活动，为粉碎敌人的进攻和保障根据地军民的生产生活作出了重要贡献。

二、粮食调剂局与粮食合作社的关系

1933 年 7 月 14 日，中央国民经济部对粮食调剂局与粮食合作社的关系作出详细的规定：

"一、粮食调剂局系调剂苏区粮食，保证红军及政府给养，并帮助改善工农生活的国家机关。而粮食合作社则是广大工农群众抵制奸商、富农剥削，改善自己生活的群众经济组织。

二、粮食调剂局与粮食合作社，虽然性质各不相同，组织系统各不相混，可是他们在工作上应该发生最密切的关系，粮食合作社可以说是粮食调剂局的群众基础的组织，经过粮食合作社，调剂局可与群众发生密切的联系。

三、粮食合作社与各县粮食调剂分局或支局发生关系。

四、粮食调剂局与粮食合作社的关系如下：

---

① 《中央苏区南部十七县经济建设大会的决议》，《革命根据地经济史料选编》（上册），江西人民出版社 1986 年版，第 142—143 页。

（一）粮食调剂局向粮食合作社购买政府及红军所需要的粮食，在新谷上市时，要使谷价不致跌得太低，在青黄不接的时期，要使谷价不致涨得太高。

（二）区乡二级政府及其他工作人员，所需要粮食，可用粮食调剂局所发的领米证向粮食合作社领取。最后，由粮食合作社向粮食调剂局支钱。

（三）粮食调剂局应帮助粮食合作社来获取农民所必需的其他粮食（粮食，可能系商品之误——编者注）的供给（如盐等）。

（四）在粮食合作社非常急迫地需要现款时，调剂局可设法帮助借款，反之，在调剂局急需时，亦可向粮食合作社暂时借用，迅速归还之。

（五）粮食调剂局应经过粮食合作社来帮助农业生产的发展，设法供给农民以必需的肥料如石灰、种子和农具等。

（六）粮食合作社应该帮助粮食调剂局来运输粮食（如帮助政府发动运输粮食的夫子等），在未设运输站的地方，该地粮食合作社在必要时，应该为粮食调剂局执行运输站的工作。

（七）在粮食调剂局建有谷仓的地方，粮食合作社应共同帮助调剂局的谷仓的管理。

五、只有在粮食合作社普遍发展，粮食调剂局与粮食合作社发生密切关系的条件之后，调剂局才能很好的起他调剂政府红军及群众粮食的作用，同时也只有在调剂局的领导与帮助之下，粮食合作社才能得到很好的发展与巩固，各级粮食调剂局与粮食合作社，应该根据上述几点，切实执行。"[1]

由于苏区党和政府的领导和号召，根据地都建立了相应的粮食调剂局，苏维埃临时中央政府设粮食调剂总局，省设粮食调剂局，县设分

---

[1] 《中央国民经济人民委员部关于粮食调剂局与粮食合作社的关系》，《革命根据地经济史料选编》（上册），江西人民出版社1986年版，第334—335页。

局，每个区和重要的圩场设粮食调剂支局。1934 年 3 月在突击征集粮食运动中，当时毛泽覃同志写了一篇文章，强调要重视粮食调剂局的工作，文章指出："和粮食合作社同样重要意义的是建立粮食调剂局的问题，这种组织过去和现在在调剂粮食上起了重大作用，是一种国家经济组织，有许多县区还没有建立的，在建立了的地方也不大健全，在粮食突击运动中，经过粮食部与粮食调剂总局建立与健全各县的局与各中心区的支局，同样是为着革命战争的给养，改善群众生活的重大工作。"[①] 之后，粮食调剂局又有进一步的发展。粮食调剂局和粮食合作社的建立，为解决根据地军需民食，发挥了极大的作用。

三、粮食调剂局的工作职责、任务

1933 年 4 月 28 日颁发的《中华苏维埃共和国各级国民经济部暂行组织纲要》对粮食调剂局的工作职责和任务作了明确规定："粮食调剂局，管理粮食的采采运输及仓库存储等事宜，使粮食有合理的分配，以适应红军、政府机关及全体国民的需要。"[②] 因此，粮食调剂局的具体工作任务主要是：一方面，通过购买、销售、调剂、存储等业务，打击奸商富农的囤积居奇、暗中操纵，平抑粮价，保障根据地粮食的供需平衡；另一方面，根据苏区军民的需要，组织粮食出口，以换回根据地所急需的食盐、洋油、药材及布匹等日用工业品，供给军用民需，粉碎国民党反动派的经济封锁。

（一）调剂粮食，平抑粮食价格，打击奸商投机

为打破国民党反动派的经济封锁，苏维埃临时中央政府赋予粮食调

---

① 毛泽覃：《为全部完成粮食突击计划而斗争》，《革命根据地财政经济史长编》（下），1978 年，第 901 页。

② 《中华苏维埃共和国各级国民经济部暂行组织纲要》，《革命根据地财政经济史长编》（下），1978 年，第 901—902 页。

剂局的重任是："除办米之外，还要办盐……以抵制富农奸商的屯积操纵，以防备国民党的严厉封锁，以调节各地的民食，以接济前方的军粮。"具体做法有季节调剂、地区调剂。所谓季节调剂，就是在秋收后新粮上市时，以高于市场的价格从农民手里收购粮食，将粮食贮存起来，等到次年青黄不接或春夏粮荒时，以低于市场的价格卖给群众，红军家属有优先购买权。地区调剂，就是将粮食从有余的地区，运到缺粮食的地区销售。用这种办法打击奸商，平抑粮价，解决谷贱伤农和农民吃贵米的问题，保护农业生产，稳定了粮食市场秩序，调动了根据地农民种粮积极性。

（二）有计划地组织粮食出口

粮食是革命根据地的最大宗商品，有计划地出口粮食，从国民党统治区换回根据地军民必需的工业品和现金，是粮食调剂局的重要任务。据记载，1933年秋季，根据地粮食获得丰收，"中央苏区的粮食，有三百万担可以出口，这一出口可以分成三部分。第一，国家自己出口，第二，粮食合作社，第三，私人资本。"[1] 其中，国家自己出口约120万担，由粮食调剂局收集起来，交对外贸易局与白区商人进行出口交易。中央苏区粮食商品流转量按折算的货币计算，每月达20万元以上。

（三）保管和储备粮食

为了确保红军的作战及根据地人民的粮食供给，必须储备大批粮食。因此，储备保管粮食，是粮食调剂局的一项重要工作任务。

1933年秋季粮食获丰收，为了保证来年春夏粮食供给，要求"粮食调剂局计划储藏二十五万担（土地税内拨至二十五万担），建立能够储藏二十五万担的谷仓"。第一，建造谷仓，每个乡要修建至少容纳三

---

[1]《怎样进行粮食收集与调剂的运动》，1933年7月，《革命根据地财政经济史长编》（下），1978年，第922页。

百石谷子的谷仓一处，每区要建谷仓数处，粮仓要建在接近圩场交通便利之处；第二，健全粮食管理制度，同粮食保管中的严重失职、贪污盗窃现象斗争；第三，建立谷仓管理委员会，制定谷仓管理规则；第四，抓紧运输，及时组织粮食入库。

（四）收集粮食

"民以食为天"。根据地军民要战胜国民党反动派的军事围剿和经济封锁，首先就必须解决吃饭问题。因此，收集粮食就成为粮食调剂局最重要的一项工作。在当时，粮食收集工作有重要的战略意义和现实意义：

"（一）我们工农红军需要充分的粮食给养，如果红军一方面作战，他一方面又时时忙于收买粮食（而且有时吃不够），那么红军的战斗力必致受到妨碍，所以充分粮食的供给，是保证红军战斗力的重要工作之一，现在民族革命战争一天天的发展，红军一天天的扩大，我们对于红军粮食的供给，应该努力使之有保证。

（二）我们苏区粮食的出产是很丰富的。我们粮食虽多，但我们需要的工业品（如布、洋油、火柴及盐等）则需要由外面输入，现在敌人采用经济封锁的办法，我们应该用全力打破这种经济封锁，用我们苏区所余的物品，来交换我们所缺少的物品，在我们所能输出的物品中，最主要的是粮食（其余如烟、纸、木材及钨砂等，出口较少）。我们粮食很好的收集与出口，是采取苏区工农群众所需要的工业品之最重要的方法。

（三）随着我们苏区的发展和革命战争的扩大，苏维埃政权的财政上的支出，也一天天地增加起来，苏维埃中央政府已决定今年土地税收纳谷子。我们把所收得的粮食，大部分用来出口，从这上面，我们政府可以得到大批的进款，同时，商人在获得苏维埃政府许可的条件下，也可以出口粮食。从粮食出口上，苏维埃更加以得到大批关税的收入，政府粮食的出口与关税的征收，可使苏维埃政府得到现金输入，来巩固苏区的金融。

（四）在新谷上市的时候，农民急需钱用（买日用工业品，付收获时的短工工资等），于是把粮食大批出卖，奸商富农乘机操纵，狂跌价格，譬如在万太、公略、赣县一带，甚至跌到每担只得五角钱。奸商富农以极低廉的价格收买囤积，待来年价格高涨时出售，等到次年青黄不接时，粮食的价格飞腾（譬如在瑞金汀州高涨到每担米二十余元），贫苦的农民，缺乏粮食，不得不以极高的价值，籴进粮食，这是投机商人与富农对于农民的残酷剥削。在这价格狂跌与飞腾的过程中，吃亏的首先是苏维埃政府及农民群众。我们为着进一步改良农民生活，就需要对于粮食的价格有适当的调剂。

所以粮食收集运动的成功，对于红军供养的保证、工业品的获得，财政收入的增加，农民生活进一步的改善，都有非常密切的关系。"①

收集粮食的途径主要有两种：一是通过市场购买的形式，这主要是在收获季节进行；二是在根据地群众中发动节省粮食运动，动员广大群众节省粮食卖给粮食调剂局，这主要是在青黄不接无粮可购时进行。收集粮食所需要的资金，过去主要是采取向富农借款的办法，来年再偿还给富农。这种办法筹集的资金有限，而且往往容易侵犯中农的利益，引起中农恐慌。土地革命后期，粮食调剂局收集粮食所需资金，主要靠各级苏维埃政府财政拨款。1933年3月，粮食调剂局在收集粮食的过程中面临两大难题：第一是正值青黄不接时节，农民手中的粮食本来就少，几乎没有余粮，粮食市场供不应求，粮食调剂局即使有资金也无法买到粮食；第二是购买粮食需要现金，尤其是秋收后大批新粮食上市，需要大批现金才能完成粮食购买任务，粮食调剂局财力不足。为解决上述两大难题，各级苏维埃政府采取了一些行之有效的应对措施：

第一，广泛动员宣传，发动根据地广大人民群众节省粮食卖给调剂局。1933年5月20日，国民经济部颁发训令第1号，号召各根据地国民经济部发动群众节省粮食，指出："粮食一项尤为重要，不独关系红

① 《怎样进行粮食收集与调剂的运动》，《革命根据地财政经济史长编》（下），1978年，第902—903页。

军的给养，且直接影响工农劳苦群众的日常生活。目前粮食缺乏，谷价飞涨，有些地方已经发生夏荒。我们为要解决这个问题，除由粮食调剂局分向各县区乡米谷比较多的地方采买外，各县国民经济部应即提出主席团召开区乡代表大会，……热烈讨论在最近两个月内每人要设法节省谷子一斗。卖给粮食调剂局的问题，要从各方面去鼓励群众，说服他们，使他们了解这是帮助战争。"① 训令要求，各根据地之间开展竞赛的办法，"造成群众节省谷子卖给粮食调剂局的热烈情绪"，以便粮食调剂局能很顺利地完成粮食收集任务。

1933 年 6 月，江西省委号召各地节省粮食，支援红军和根据地军民，要求："大家将多的粮食甚至节省一点粮食卖给粮食调剂局，以接济红军和城市的工人贫民，经过粮食调剂局的作用来压制富农奸商的操纵！"② 江西省委还要求各地发动群众，从自身的实际出发，对节省粮食卖给调剂局做到心中有数，强调指出："经过群众的讨论来决定可以卖多少担谷子给粮食调剂局，卖多少担谷子给本乡的粮食合作社，节省多少粮食准备接济明年缺乏粮食的群众和困难的红军家属，卖出和节省的数目，要根据每乡每村每家收获的实际情形来决定。"③ 在苏区党和政府的领导下，在群众中开展的节省粮食卖给粮食调剂局的运动得到积极的响应，如兴国、会昌、瑞金等地 "节省大批的粮食去帮助红军……这些都充分地表现出广大群众拥护革命的热忱。"④

第二，采取一些非常措施。为了克服粮食收集的困难，也为了筹集足够的经济建设资金和革命战争经费，克服财政困难，根据地苏维埃政府采取了一系列非常措施。主要包括以下几项：一是开展收集粮食突击

---

① 《红色中华》第 81 期，1933 年 5 月 20 日，《革命根据地财政经济史长编》（下），1978 年，第 904 页。

② 《怎样解决粮食问题》，《省委通讯》第 1 期，《革命根据地财政经济史长编》（下），1978 年，第 905 页。

③ 《省委通讯》第 3 期，1933 年 6 月 9 日，《革命根据地财政经济史长编》（下），1978 年，第 905 页。

④ 《各地群众节省粮食的热忱》，《红色中华》，1934 年 4 月 24 日。

运动，以农业税、公债形式突击购粮；二是向群众借粮；三是发行建设公债，从财政上支持粮食调剂局收集粮食。

四、粮食调剂局的作用

实践证明，在苏区党和苏维埃政府的领导下，粮食调剂局在调剂苏区粮食，平抑粮食价格，打击奸商，维护市场稳定，调节民食军用，保证红军供应，支持反"围剿"革命战争，调动根据地人民生产积极性等方面发挥了显著作用，作出了极大的贡献。以中央革命根据地为例，1933 年，"根据地十二个粮食调剂分局（还有四个分局未有确切报告）在四、五、六三个月中，他们能有四十万元的商品周转，并得到盈余一万元。粮食调剂总局，从四月到八月的五个月中，有二十七万元的商品流转，并得到七千余元的盈余。这就是说，在我们中央苏区内，每月已经有了二十万元的粮食的商品流转，是经过了我们国家调剂的机关，自然这一数量在我们苏区全部粮食的商品流转中，还占据极小的地位。但是，调剂局的这一工作对于粮食价格的调剂与政府的红军的给养的解决，是起了相当的作用，这是毫无疑义的。"[1] 在稳定粮食价格方面，粮食调剂局所起的作用也十分显著。1933 年春荒时期，中央粮食调剂总局出售的粮食价格比市场价格便宜 60%，粮食调剂分局出售的粮食价格比市价便宜 30%，"起了相当的调剂作用"[2]。由于粮食调剂局对粮食市场供求的调节作用，1933 年秋收新谷上市后，粮食价格有了相当的提高。据记载："在谷价素称低廉的区域（如公略、万太）每担谷子的最低价格只跌到一元七八角，而且还是短时期的，很快就到二三元以上。现在一般的价格，每担谷子大多是在三元以上，像去年那样一元大洋能买二担至三担谷的现象在今年是没有看到。这上面固然有其他的原

---

① 吴亮平：《经济建设的初步总结》，《革命根据地经济史料选编》（上册），江西人民出版社 1986 年版，第 156—157 页。

② 《中央审查国家企业会计的初步结论》，《红色中华》第 169 期，1934 年 3 月 27 日。

因（如公债的发行、土地税收谷、农民不轻易出卖粮食、纸币跌价等），但是粮食调剂局的调剂的作用，也是其中重要原因之一。"①

又如瑞金米价，在1933年青黄不接时，粮价上涨到一元只能买米4升，并且有继续上涨的趋势。中央粮食调剂总局随即从兴国买来一批大米，以低于市场的价格出售，一元钱6升，红军家属可优先购买，这一调剂措施立即见效，市场粮价立刻回落，由原来的一元钱4升跌至一元钱5升都没人购买。于是，"一般操纵粮价的奸商，再也不敢横行了！昨日米市，粮食调剂局卖出每块钱六升半，红校粮食合作社卖出每块钱六升，市场上米价每块钱五升半，瑞金城市劳苦群众，在这解决粮食问题中得到了深刻教训，可见苏维埃政府完全是为工农谋利益的。"②

总之，在苏区党和苏维埃临时中央政府的领导下，粮食调剂局在支援革命战争，保障红军的军粮供给和根据地人民群众的生活，粉碎敌人的经济封锁，打击奸商的投机倒把中，确实发挥了重要作用。

第三节　成立国民经济部

一、国民经济部的成立

为了打破敌人的经济封锁，发展对外贸易，解决根据地经济严重困难的问题，1933年2月26日，中华苏维埃共和国临时中央政府发布了《为打破敌人对苏区的经济封锁告群众书》，深刻分析了革命根据地的经济形势和苏维埃政权面临的一系列困难，文章指出："帝国主义、国

---

① 吴亮平：《经济建设的初步总结》，《革命根据地经济史料选编》（上册），江西人民出版社1986年版，第157页。

② 《红色中华》第93期，1933年7月11日。

民党军阀不但用了五六十万白军向我中央苏区大举进攻，到处烧杀抢掠，使我们边区民众鸡犬不宁，而且在经济上封锁我们，使我们苏区的土产，竹、木、烟、纸、夏布、粮食等不得出口，使我们的日用品，食盐、药材、布匹、洋油等不得进口，想这样来使我们经济破产，使我们苦死病死，来推翻我们工农群众以鲜血换来的苏维埃政权，来夺去我们的土地、财产与一切我们所已得到的权利。"中华苏维埃共和国临时中央政府号召各根据地人民迅速行动起来，有力的出力，有钱的出钱，大力开展与白区的贸易，"要保持我们以鲜血换来的苏维埃政权，要保持我们的土地、财产与一切我们所已得的权利，要能够把我们的粮食、竹、木出口去调换油、盐、布匹，那我们必须在我们中央政府领导之下，用一切的力量帮助前方红军作战，能够当红军的到红军中去，能够挑担的做夫子去，有钱的买公债票，有谷子的借谷子给红军。为了粉碎国民党军阀的大举进攻，为了打破国民党军阀的封锁，我们必须把财力、人力集中起来，去争取前方战争的胜利，同时在后方，我们应该加紧春耕，努力帮助红军家属耕种公田，应该想出许多办法去输出我们的土产，去输入油、盐、洋布，我们应该大家集股组织消费合作社，寻找许多交通小道到白区去，有组织地去进行买卖，使敌人无法封锁我们。"① 文章要求根据地民众紧急动员起来，为打破敌人的经济封锁和军事围剿，不怕艰险，努力奋斗，夺取革命战争的胜利。

为扩大对内对外贸易，发展根据地国民经济，1933 年 2 月 26 日临时中央政府人民委员会召开了第 36 次常委会议，会议的主要议题是研究根据地的财政经济工作，会议根据当时根据地的财政经济状况，作出决议呈请中央执行委员会批准成立国民经济部，由邓子恢任国民经济部部长。1933 年 4 月 28 日，《中华苏维埃共和国临时中央政府人民委员会训令第 10 号》明确提出："提高苏区的各业生产，扩大对内对外贸易，发展苏区的国民经济，打破敌人的经济封锁，这在目前激烈发展的

---

① 《革命根据地经济史料选编》（上册），江西人民出版社 1986 年版，第 115—116 页。

国内战争环境下，有第一等重要意义。"因此中央执行委员会曾发布第十九号命令，在中央增设国民经济人民委员部，在省、县两级增设国民经济部，"要各级政府转变过去忽视经济建设的错误，迅速开展经济战线上的进攻。"临时中央政府人民委员会强调："自从帝国主义、国民党向苏区与红军举行第四次"围攻"，同时实行残酷的经济封锁以来，由于共产党与苏维埃的正确领导，红军与群众的积极进攻，我们已经得到了极大的胜利，但各级政府必须明白：我们与帝国主义、国民党的战争是长期艰苦的战争，即拿完全粉碎四次"围剿"，争取一省、数省首先胜利来说，亦尚须给与极大的努力。拿经济建设上的胜利，去改善工农群众的生活，激发群众更高的革命热忱，同时保障红军的需要，以配合整个的战争动员。这对于胜利的战争是有决定意义的。"人民委员会在第10号训令中还明确指出了国民经济部的中心工作，"各级政府必须抓住目前经济建设上几个中心工作：如农业与工业生产的发展，粮食的调剂，合作社的扩大，对外贸易处的建立，国有企业的发展等，实际地进行起来。"为了进行这些工作，人民委员会特制定各级国民经济部暂行组织纲要，在此纲要内规定，"设立国民经济部最主要的机关——设计局与调查统计局，并规定各专门行政机关——农业部、工业部、交通部、国内外贸易部等未设立以前，这些机关的行政工作，全部或一部交由国民经济部管理。"并要求各级苏维埃政府按此训令和纲要的要求，组建相应的组织机构。临时中央政府人民委员会在第10号训令中还明确划分了国民经济部的职责权限，规定："过去由财政部管辖的一些工作，如粮食调剂局、合作社、对外贸易处等，应划归国民经济部管辖。过去归教育部管辖的国家印刷厂，亦暂时划归国民经济部。过去归司法部及省、县裁判部管辖的劳动感化院，应将制造与营业的部分划归国民经济部管辖。但内务部管辖的交通银行，只将运输部划归国民经济部，其邮电、路政等项仍归内务部管辖不变更。过去省、县两级的粮食部，应归并于国民经济部的粮食科。各级国民经济部内，均应设立国民经济委员会，以为规划及建议的机关。省、县两级国民经济部机关的建立，人员的委任，均应迅速报告中央国民经济人民委员部备案，至于该管区域国民经济的计划，及具体指导的方案，亦限早日拟妥，呈候中央国民经济人民委员部核准施行。"① 按照临时中央政府人民委员会的要求及《中华苏维埃共和国临时中央政府人民委员会训令第 10 号》指示精神，各级苏维埃政府建立了国民经济部。

二、国民经济部的机构设置及工作职责②

国民经济人民委员部隶属于人民委员会，设部长、副部长各 1 名。第一任部长为邓子恢，副部长为吴亮平。后来不久，由于邓子恢身兼数职，工作太忙，国民经济部部长一职由林伯渠接任。1934 年 1 月，第二次全国苏维埃代表大会召开，吴亮平当选为第三任部长。国民经济人民委员部下设国民经济委员会，由 9—15 名委员组成，该委员会的职责主要是专门讨论国民经济发展计划。

1933 年初，国民经济人民委员部内设 5 个局：设计局、调查统计局、粮食调剂局、对外贸易局、国有企业管理局；一个委员会即合作社指导委员会；还设有总务处。到 1933 年底，上述内设机构有四大变动：一是新增设了工业局、商业局，二是粮食调剂局划归粮食部管辖，三是国有企业管理局分为国有企业局和运输管理局。各内设机构的职责权限如下：

设计局主要掌管全国工业、农业、商业、交通运输及矿业，以及其他事关国民经济发展的设计事项；调查统计局主要管理全国与工业、农业、商业、交通运输及矿业，以及其他事关国民经济发展的调查与统计事项；粮食调剂局主要管理根据地粮食的分配、运输、存储及平抑粮价；对外贸易局主要负责对外贸易事宜；国有企业局负责管理国有企业

---

① 《革命根据地经济史料选编》（上册），江西人民出版社 1986 年版，第 117—118 页。
② 参见舒龙、谢一彪：《中央苏区贸易史》，中国社会科学出版社 2009 年版，第 58—62 页。

相关事宜；合作社指导委员会主要负责指导合作社的建设、监督其营业、调节物品供需、平准物价等；工业局和商业局主要管理国有工业及商业的发展；国有企业局负责国有企业的发展，运输管理局主要负责国有企业产品及原料的运输事宜。根据地所在各省各县也成立了相应的机构，负责苏区各地国民经济的发展。

总之，根据地党和苏维埃政府为了打破敌人的经济封锁、缩小剪刀差，发展苏区经济以支援革命战争，通过组织粮食调剂局，成立国民经济部、粮食部，建立消费合作社，开展对外贸易和实行保护鼓励私营商业的政策措施，确实起到了很大的作用。此外，为了缩小工农业产品价格剪刀差，发展苏区经济，筹集足够的革命战争经费和粮食，根据地还建立了生产合作社、供销合作社、信用合作社，发行粮食票据如粮票、米票、饭票、借谷证，发行一定数目的公债、股票等。这些刺激经济的政策、措施都是为了适应战争的需要而制定的，为确保革命战争胜利发挥了巨大的作用。本书从第三章开始对革命根据地票据分别进行论述。

第三章　革命根据地公债

　　在我国新民主主义革命时期，各根据地政府以发行公债这种信用形式向根据地人民筹借钱粮，相当程度地解决了根据地财政不足的问题，它成为各革命根据地财政的重要组成部分。在革命根据地创建之初，没有稳定的财政收入来源，当时根据地的财政收入，主要取之于敌人，一是战争缴获敌人所得，二是打土豪筹款，三是向根据地人民筹借，并且打土豪筹款是土地革命初期革命根据地解决经费问题的主要手段。随着土地革命的深入，一方面，苏区内的土豪越打越少，基本打完了，国民党反动军队已经吸取以往教训，不再当红军、游击队的"运输大队长"，取之于敌人的财政来源大大减少。另一方面，"一苏大"之后，红军不断发展壮大，根据地也随之扩大，红军和根据地政府的开支大量增加。因此，必须广开财源，扩大财政收入。于是，整顿税收，奠定财政基础，发展根据地国营工商业，继续向边远地区打土豪和争取富农捐款，就成为广开财源的主要途径。由于敌人的军事进攻和经济封锁，根据地经济建设受到严重破坏，税收来源也非常有限，仅靠正常的租税收入和打土豪、向富农筹款，仍然难以满足革命战争的需要和根据地政府的财政支出。因此，每当根据地财政十分困难时，根据地人民政府往往通过发行公债的办法，来筹集革命战争经费和经济建设资金，克服财政困难。我国新民主主义革命时期人民政府发行的公债有近70种，其中，土地革命时期发行的公债有18种，抗日战争时期发行的有19种，解放

战争时期发行的有 32 种，这些种类繁多的公债为我国新民主主义革命
的胜利作出了巨大的贡献。

第一节　土地革命时期中央革命根据地
发行的公债

为了扼杀新生的人民红色政权和工农红军，自 1930 年至 1934 年，
国民党反动军队对中央革命根据地或苏区发动了五次大规模的军事
"围剿"。与此同时，国民党反动派还对各根据地进行严密的经济封锁，
加上各地奸商及反动势力对根据地金融和工商业的破坏，根据地出现了
严重的经济困难。为了筹措革命战争经费，粉碎国民党反动派的军事围
剿和经济封锁，资助合作社、粮食调剂局、对外贸易局和发展根据地经
济，度过暂时的经济困难，各根据地政府包括中央革命根据地、湘鄂西
革命根据地、湘赣革命根据地、湘鄂赣革命根据地、闽浙赣革命根据
地、闽西南革命根据地等在土地革命战争时期，曾先后发行了多种
公债。

一、发行公债的目的

（一）为了筹集革命战争经费

1930 年 11 月，蒋介石在帝国主义的支持下，任命鲁涤平为总司
令、张辉瓒为前敌总指挥，纠集十万兵力，开始对中央革命根据地发动
第一次"围剿"。与此同时，敌人也先后对鄂豫皖、湘鄂西、赣东北等
革命根据地发动了"围剿"。要粉碎国民党反动军队的军事"围剿"，
必须要有充裕的战争经费。因为，"战争不但是军事和政治的竞赛，还

是经济的竞赛。"① 如前所述，随着土地革命的深入，完全依靠以前的打土豪筹集款项以及依靠根据地正常的税收收入是无法满足革命战争的需要的。如何渡过难关，为红军作战提供足够的给养是非常重要的一件大事。因此，"中央政府为充分筹措战争经费，使得红军用其全力于决战方面，特决定一方面提高营业所得税的累进税率，重新确定土地税率，征收城镇的房租，并责成地方苏维埃政府在发展新苏区中筹款，使一切税的重担放在最有财产的阶级身上；另一方面在全苏区募集革命战争短期公债60万元，使广大工农群众在经济上来动员帮助红军，保障革命战争的经费，不受任何困难和阻碍。"② 这是因为，"发展大规模的革命战争，对红军作战经费经常供给与接济，是决定战争胜利重要条件之一，这是目前苏维埃临时中央政府发行革命战争公债的重大意义。"③

1932年6月19日，蒋介石在庐山召开军事会议，制定"攘外必先安内"的反革命方针，重新部署63万兵力，由他亲自任总司令，分左、中、右三路军，分别向湘鄂西、鄂豫皖革命根据地发动进攻，开始对我革命根据地进行第四次"围剿"。随着"左"倾路线在中央影响的扩大，同年6月27日，中共苏区中央局通过《关于争取和完成江西及其邻近省区革命首先胜利的决议》，作出了错误决定：将红军原来的三项任务即打仗、筹款和做地方工作缩小为单纯打仗一项，取消后两项任务。革命根据地采取了由苏维埃政府筹款的办法来解决战争经费问题。1932年6月，中华苏维埃共和国临时中央政府决定"向全苏区工农群众募集革命战争短期公债60万元，专为充裕革命战争的经费"④。本期发行的60万元短期公债，年息为1分，半年还本付息。

---

① 《毛泽东选集》合订本，人民出版社1964年版，第925页。

② 《中华苏维埃共和国中央执行委员会训令第14号》，《革命根据地经济史料选编》（上册），江西人民出版社1986年版，第101页。

③ 伯钊：《怎样发动群众热烈的来购买"革命公债"？》，《红色中华》第24期，1932年6月23日。

④ 《中华苏维埃共和国临时中央政府执行委员会训令执字第十三号——为发行革命战争短期公债券事》，《红色中华》第24期，1932年6月23日。

为了募集这 60 万元短期公债，号召根据地工农群众踊跃购买公债，1932 年 6 月 25 日，中华苏维埃共和国临时中央政府专门发出第 9 号布告，兹录如下：

现在革命大大的发展，革命战争在全国各方面继续获取伟大的胜利，鄂豫皖最近连获五次大胜利，而中央区消灭张贞占领漳州，湘鄂西在襄北的战争与最近消灭进攻的川军等等胜利。全国反帝运动与东北义勇军抗日战争，均在更扩大的发展，尤其是工人总同盟罢工在上海等地日益扩大，这样使得帝国主义、国民党及一切反动派，更加恐慌，极力来挽救他将要死亡的统治，集合全力来抵抗革命，特别是对苏区和红军的进攻，这个时候是革命进到与反革命决斗的时期，是革命战争进到与帝国主义全部武装作战的阶段。本政府为争取革命战争继续的伟大的胜利，粉碎帝国主义、国民党的进攻，去夺取江西及邻近省区的首先胜利，去实行以民族革命战争驱逐一切帝国主义滚出中国，使苏维埃取得全中国的胜利，现正积极动员与领导全国工农红军及各苏区工农群众，以全部力量来积极发展革命战争，实行全线的总进攻。为要保障革命战争更有力的向前发展，保障红军继续的去消灭敌人夺取江西首先胜利，必须广大工农踊跃的参加红军，加强红军的力量，同时要准备充分的战争经费与红军给养，这成为革命战争胜利的两个主要条件。现本政府为了充裕革命战争的经费，以保障革命战争的继续胜利与发展，特举行募集短期的"革命战争"公债六十万元，专为充裕战争的用费，规定以半年为归还期，到期由政府根据所定利率偿还本息，其详细办法另列条例于后。

政府发行公债，完全是为争取革命胜利，与谋工农解放，不但有利息，而且能按期偿还，能买卖、抵押、缴纳租税，与其他财产有同等之价值与信用，凡我工农劳苦群众及苏维埃境内之居民，每个人都有购买公债之义务，这是工农群众对于革命应尽的义务，大家踊跃购买公债，即是积极参加革命战争的工作。

本期发行之短期"革命战争"公债票，除以十万元在湘赣、湘鄂赣省发行外，在中央苏区共发行五十万元，分五期发行，每期十万元。从七月一日至三十日发行完毕。望我工农劳苦群众及一切居民一体明白。此布。①

上述布告后面还公布了由临时中央政府主席毛泽东和副主席项英、张国焘署名的《中华苏维埃共和国发行革命战争短期公债条例》。该公债面额分为三种：分别是"伍角"、"壹元"、"伍元"，正面印有面额及"中华苏维埃共和国临时中央政府财政人民委员部"印章和财政人民委员邓子恢名章，背面印有公债条例全文共十条。

1932年10月21日，为了给第四次反"围剿"战争准备充足的经费，中央执行委员会发布训令，决定发行第二期革命战争公债120万元。中央执行委员会在训令中强调："为更充分的保障这一次战争的完全胜利，充分准备战争的经济，特别是动员一切工农群众，更迅速完成这一准备，中央政府特再发行第二期革命战争短期公债一百二十万元，专为充裕战争的用费。"② 同时颁布了《发行第二期公债条例》，并且要求"全体群众动员与帮助，使第二期公债能比第一期更快的销售出去"③。

1932年10月23日，《红色中华》发表了题为《在新的胜利面前的财政经济问题》的社论，文章谈到公债问题时指出："最后，我们提出一个极严重的问题，就是公债券的问题。中央政府财政部发行的公债，照规定是1933年1月起收回，虽然是可以代现金来缴纳租税。但是这些执有公债券的商人，农民（尤其是富农），就因为这一点，在缴纳商业税、土地税的时候，就完全把公债券还给政府，现在虽收回的期限还有两三个月，但据财政部统计，50万公债已经差不多回来完了。这实

---

① 《革命根据地经济史料选编》（上册），江西人民出版社1986年版，第422—423页。

② 《中央执行委员会第17号训令》，《革命根据地经济史料选编》（上册），江西人民出版社1986年版，第441页。

③ 《财政人民委员部一年来工作报告》，《革命根据地经济史料选编》（上册），江西人民出版社1986年版，第114页。

在使中央财政在这两三个月中少了 50 万现金的流通,这显然是商人,农民(尤其是富农)给与中央财政的一种损失。革命的工农劳苦群众们!这怎么办呢!应当一致起来赞助中央的公债政策,再发行第二次革命战争公债,……工农劳苦群众们,战争是为得我们自己的利益,应当一致要求中央政府发行,来充实中央政府的财政,来适应前方军事的需要!"①

第二期革命战争短期公债有两种,一种是新印制的债券,这种债券的面额、种类及颜色均与第一期发行的债券相同。所不同的是在债券正面印有"第二期"和"1933 年 6 月 1 日还本付息"、"在 6 月 1 日以前不准抵缴租税"的说明,这是吸取了发行第一期债券的经验教训,防止提前兑付所设计的制度安排;本公债为单面印刷,背面未印发行本公债的条例。另一种是旧票新用,主要是为了节省印刷费用。具体做法为:在已经兑付回收的第一期"革命战争短期公债"背面加盖"中华苏维埃共和国第二期革命战争公债券"印章,再次发行。新印制的革命战争短期公债分伍角、壹圆、伍圆三种面额。

第二期革命战争短期公债发行后,得到了根据地广大人民群众的积极支持和坚决拥护,从发行之日起仅半个月,就推销了 128 万元,超出原发行计划 8 万元。为了进一步充实红军经费,支援革命战争取得胜利,在第二期革命战争短期公债的发行计划完成后,根据地不少人民群众倡议"退还二期公债不要还本",自愿地将公债券无偿地捐献给政府,不要政府还本付息。《红色中华》也号召根据地军民开展"节省每一个铜板"和"减少伙食费"的运动,群众的倡议和《红色中华》的感召立即得到根据地广大群众的热烈响应。第二期公债原定 1933 年 6 月偿还,可是还在 5 月上旬,广大群众已经退还公债券 90 余万元。②

1933 年 7 月 11 日,临时中央政府召开会议,决定发行经济建设公

---

① 《革命根据地经济史料选编》(上册),江西人民出版社 1986 年版,第 110 页。
② 《红色中华》第 188 期,1933 年 5 月 14 日。

债300万元，利息六厘，规定五年偿还，其中100万"供给革命战争经费"。1933年7月22日，中央执行委员会颁布《关于发行经济建设公债的决议》及《发行经济建设公债条例》，决定发行经济建设公债300万元，其中，100万元"作为军事费"。这次发行的经济建设公债面额分为伍角、壹元、贰元、叁元、伍元共五种。8月15日，中央苏区南部十七县经济建设大会召开，参会的各县代表认定了推销经济建设公债3536500元，并决定在八月、九月、十月内完成公债的推销任务。[①] 而实际情况是，直到1934年3月才推销完毕。

（二）抵制奸商的剥削

国民党反动派在疯狂地对革命根据地进行军事"围剿"的同时，还加紧对革命根据地的经济封锁，致使苏区的内外贸易受到严重影响，许多地方的工商业衰落，农产品无法输送出去，军民日常生产生活所需要的必需品如食盐、布匹、洋油、火柴等短缺，致使经济发生了极大困难。根据地党和苏维埃政府正确地认识到，要打破敌人的经济封锁，粉碎敌人的军事"围剿"，首先必须解决好根据地的内外贸易问题。为解决根据地内部贸易问题，根据地苏维埃临时中央政府成立了粮食调剂局，并在每个县设立一个粮食调剂分局，重要的区、圩场设立粮食调剂支局，通过购销、调存业务，打击不法奸商，平抑粮食价格，保障根据地军需民用。在对外贸易方面，通过设立对外贸易局等机构，统一管理根据地对外贸易事宜，用根据地所产的农产品换取苏区军民所需的食盐、布匹、药材和洋油等日用商品，一定程度上减轻了根据地军民的生活困难，促进了根据地经济的发展。

然而，不管是根据地内部之间的贸易还是对外贸易，都需要大量的资金做本钱。因为，粮食调剂局要在收获季节通过市场购买粮食，或在青黄不接时购买根据地群众节省下来的粮食，这需要大批的钱；而对外

---

① 《红色中华》第103期，1933年8月19日。

贸易局要组织根据地的大批农产品出口到敌占区，同时要从敌占区购买大量的日用品运到根据地，同样需要大笔的资金，于是就面临资金短缺的问题。1933 年 6 月 17 日至 21 日，临时中央政府主席毛泽东在瑞金叶坪召开瑞金、会昌、于都、胜利、博生、石城、宁化、长汀八县区以上苏维埃政府负责人查田运动大会，大会对全面开展查田运动作了安排和部署，并对筹款问题作出指示："抵制投机商人对广大群众的残酷剥削，发展整个苏区经济以抵制敌人的经济封锁，是当前重大的任务之一。为了迅速而且大规模地进行这一经济战线上的战争，需要有苏维埃与群众的伟大组织力量与大数目的资本。因此建议到中央政府请求发行经济建设公债三百万元，用粮食交付，好迅速进行这一工作。"① 1933 年 7 月 22 日，中央执行委员会作出《关于发行经济建设公债的决议》，决议指出："革命战争的猛烈发展，要求苏维埃动员一切力量有计划地进行经济建设工作，从经济建设这一方面把广大群众组织起来，普遍发展合作社，调剂粮食与一切生产品的产销，发展对外贸易，这样去打破敌人的经济封锁，抵制奸商的残酷剥削，使群众生活得到进一步的改善，使革命战争得到更加充实的物质上的力量，这是当前的重大战斗任务。为了有力地进行经济建设工作，中央执行委员会特批准瑞金、会昌、于都、胜利、博生、石城、宁化、长汀八县苏维埃工作人员查田运动大会及八县贫农团代表大会的建议，发行经济建设公债三百万元，并准购买者以粮食或金钱自由交付。"② 1933 年 7 月 22 日，中共中央组织局作出《关于收集粮食运动中的任务与动员工作的决定》，号召"各地从现在起，应该立刻开始推销三百万元苏维埃经济建设公债，因为这一公债可以用粮食来购买，所以公债的推销同时就可以起到调剂粮食价格

---

① 《八县查田运动大会所通过的结论》，转引自许毅：《中央革命根据地财政经济史长编》，人民出版社 1982 年版，第 491 页。

② 《革命根据地经济史料选编》（上册），江西人民出版社 1986 年版，第 456 页。

的作用"①。在发行的 300 万元经济建设公债中，200 万元借给粮食调剂局和对外贸易局做本钱，大大缓解了粮食调剂局和对外贸易局资金紧张的压力，有力地打击了投机商人对根据地群众的残酷剥削，保障了根据地粮价的稳定，保护了人民群众的生产积极性，同时在一定程度上使根据地急需的而又短缺的粮油、药品、食盐、布匹等物资得到缓解。

（三）资助合作社建设

推动各种合作社的发展是革命根据地经济建设的中心任务之一。这是由于国民党反动派的军事"围剿"和严密的经济封锁，使革命根据地与白区之间的贸易和物资交换几乎停滞，根据地生产的农产品很难出口到白区，而白区生产的工业品如食盐、布匹、药品和油类等无法运到根据地市场。在这种关键时期，一些奸商唯利是图，利用根据地工业品短缺、农产品和工业品价格剪刀差，乘机囤积居奇，哄抬物价，投机倒把，导致革命根据地生产生活极为不便和人民群众经济上的重大损失，也严重影响根据地经济的发展。于是，如何搞活根据地商业，促进根据地与白区之间的贸易往来，就成为根据地经济建设的重要任务之一。而合作社作为各种生产或消费的有效组织形式，是组织起来发展经济、打破敌人的经济封锁和粉碎敌人的军事"围剿"的重要一环，因为，"这种合作社，它将以提高城市居民的利益，反对资本的中间剥削，同时和私人资本的投机、提高物价作斗争"；"在农村中，合作社运动有更重要的意义。它将组织商业的，借贷的以及供给农民工具的活动，更进而处在生产者资格，把散漫的农民小生产组织起来。他供给农民以需要的货物和资金，提高土地的生产力，增加农民土地合作所得的利益。他反对和减少富农和中间人的剥削，这些剥削正是使农民无法超脱于穷困的境遇"。从生产方面来说，"合作社更将以生产者的地位组织独立的手

---

① 《中共中央组织局关于收集粮食运动中的任务与动员工作的决定》，《革命根据地经济史料选编》（上册），江西人民出版社 1986 年版，第 132 页。

工业者及手艺工人的集体化的小生产，特别是对于目前苏区的失业手艺工人。这对于反对国民党经济封锁与资本家怠工闭业，以及国民党军事的骚扰破坏有很大的意义"①。于是，根据地苏维埃政府首先从消费流通领域开展起了轰轰烈烈的合作社运动，其中，"发展得最盛的是消费合作社和粮食合作社，其次是生产合作社，信用合作社的活动刚才开始。"②

　　1933 年 7 月 22 日，中华苏维埃共和国临时中央政府中央执行委员会在《关于发行经济建设公债的决议》中规定：所发行的经济建设公债 300 万元，"除以一部分供给目前军事用费外，以最主要的部分用于发展合作社、调剂粮食及扩大对外贸易等方面。"③ 可见，临时中央政府发行的第三期建设公债中，有相当一部分是用于发展合作社的。1933 年 7 月 26 日，临时中央政府颁布的《中华苏维埃共和国发行经济建设公债条例》对发行经济建设公债的目的作出了明确规定："中央政府为发展苏区的经济建设事业，改良群众生活，充实战争力量，特发行经济建设公债，以三分之二作为发展对外贸易、调剂粮食、发展合作社及农业与工业的生产之用，以三分之一作为军事经费。"④ 这 300 万元经济建设公债的具体分配是：100 万元用来借给红军，主要用于红军作战经费；一百万元用来借给粮食调剂局及对外贸易局，作为本钱；"一百万元用于帮助合作社的发展，其中分配于粮食合作社及消费合作社的各三十万元，分配于信用合作社及生产合作社的各二十万元。"⑤

---

　　① 寿昌：《关于合作社》，《革命根据地经济史料选编》（上册），江西人民出版社 1986 年版，第 125 页。

　　② 《毛泽东选集》合订本，人民出版社 1964 年版，第 119 页。

　　③ 《中央执行委员会关于发行经济建设公债的决议》，《革命根据地经济史料选编》（上册），江西人民出版社 1986 年版，第 456 页。

　　④ 《中华苏维埃共和国发行经济建设公债条例》，《红色中华》第 96 期，1933 年 7 月 26日。

　　⑤ 吴亮平：《全体工农群众及红色战士热烈拥护并推销三百万元经济建设公债》，《红色中华》第 96 期，1933 年 7 月 26 日。

通过经济建设公债资助建立起来的合作社，如消费合作社，能以较低价格将日用工业品如食盐、布匹和油类等出售给社员，红军家属还享有优先购买权。借助于消费合作社，就可以抵制奸商的剥削，有效打破国民党反动派对根据地的经济封锁。1933年7月22日，中共中央组织局在《关于收集粮食运动中的任务与动员工作的决定》中明确指出："推销三百万经济建设公债，在每一个乡苏建立一个粮食合作社，一个消费合作社。粮食合作社，在江西要发展五十万社员，股金五十万元（每股一元），福建十万社员，股金十万元。消费合作社，在江西、福建的发展数目也是如此。"① 粮食合作社就是由一部分经济建设公债加上群众自己集股建立起来的经济组织，群众基础比较广泛。粮食合作社由于具备一定的资金，在收获季节以高于市价的价格收购粮食，储备起来，在青黄不接时以低于市场的价格将粮食投放市场，通过这种调节，使革命根据地的粮食价格趋于稳定，确保革命根据地军民打破敌人的经济封锁、克服粮食缺乏的困难，为红军作战提供物质保障。

综上所述，可以看出合作社对于革命根据地经济建设的极端重要性。1933年8月12日，江西南部十七个县经济建设工作会议在瑞金叶坪召开，毛泽东同志在会上作了报告，他指出："发展红色区域的经济，才能使革命战争得到相当的物质基础，才能顺利开展我们军事上的进攻，给敌人的'围剿'以有力的打击。"毛泽东在报告中还指出："中央政府发行三百万元经济建设公债，一百万元供给红军作战费，二百万元借给合作社、粮食调剂局、对外贸易局作本钱，我们的目的不但要发展生产，并且要使生产品出口卖得适当的价钱，又从白区用低价买得盐布进来，分配给人民群众，这样去打破敌人的封锁。"② 由于"合作社是一种群众组织，以农民群众为主要成份，他是党与农民群众的连

---

① 《中共中央组织局关于收集粮食运动中的任务与动员工作的决定》，《革命根据地经济史料选编》（上册），江西人民出版社1986年版，第132页。

② 毛泽东：《必须注意经济工作》，《毛泽东选集》，人民出版社1951年版，第113页。

锁，特别在经济一方面"。在根据地党和苏维埃政府的领导下，在根据地的经济建设工作中，合作运动是占着极重要的一环。由于有经济建设公债的资助，加上群众自愿投入的股本而组织起来的各类合作社发展非常迅速。以中央苏区为例，到1934年4月，消费、粮食和生产三种合作社总数达到12028个，股金达623156元，社员达到57265人，"这样的迅速的发展，正是证明合作社对于群众生活的亲密的关系，和群众对于合作社的信仰及拥护"①。

二、公债发行规定

各革命根据地发行的公债都有严格的条例，规定了公债发行的目的、意义、利率、还本付息的时间等。中央革命根据地所发行的公债中，最早发行的是革命战争公债，经济建设公债发行相对较晚，因此，发行在先的革命战争公债的规定对经济建设公债的发行有很大程度的影响。

1932年6月中央政府发行第一期公债，即革命战争短期公债60万元。就这60万元公债如何发行，临时中央政府于1932年6月25日发布第9号文告明确规定："专为充裕战争的用费，规定以半年为归还期"，公债"能买卖抵押交纳租税，与其他财产有同等之价值与信用"；"除以十万元在湘赣、湘鄂赣省发行外，在中央区发行五十万元，分五期发行，每期十万元，从七月一日至三十日发行完毕。"② 在该文告之后，附有临时中央政府主席毛泽东和副主席项英、张国焘签署的《中华苏维埃共和国发行革命战争短期公债条例》，《条例》共十条，对公债的名称、数目、利率、公债票面额、还本付息日期等事项作了明确规

---

① 吴亮平：《目前苏维埃合作运动的状况和我们的任务》，《革命根据地经济史料选编》（上册），江西人民出版社1986年版，第172—173页。

② 《中华苏维埃共和国临时中央政府布告第9号》，《革命根据地经济史料选编》（上册），江西人民出版社1986年版，第422—423页。

定，现抄录如下：

第一条　临时中央政府为发展革命战争起见，特募集公债以充裕战争经费，故定名为"革命战争"公债券。

第二条　本项公债定额为国币六十万元。

第三条　本项公债利率定为周年一分。

第四条　本项公债票分为如下三种：一、伍角；二、壹元；三、伍元。

第五条　本项公债规定半年还本还息，以一九三三年一月一日起，为还本息时期，届时本利同时兑换。

第六条　本项公债完全得以十足作用的完纳商业税、土地税等等国家租税，但缴纳今年税款则无利息。

第七条　本项公债准许买卖、抵押，及代其他种现款的担保品之用。

第八条　如有人故意破坏信用、破坏价格者，以破坏苏维埃与革命战争论罪。

第九条　本项公债负经售债票及还本付息，由各级政府财政机关、红军经理部、国家银行及政府所委托之各地工农银行、合作社等分别办理。

第十条　本条例自一九三二年七月一日公布施行。①

临时中央政府发行的第一期革命战争短期公债，每张公债背面都印有《中华苏维埃共和国发行革命战争短期公债条例》。在该《条例》发布后不久，中华苏维埃共和国临时中央政府执行委员会就发行革命战争短期公债问题，发布了第13号训令，规定了60万元公债的具体发行办法：（一）各地各部门、机关发行分配的数目：红军共4万元；城市商人6万元；各县共39万元；其他党团政府共1万元。这里共50万元，

---

①《中华苏维埃共和国发行革命战争短期公债条例》，《革命根据地经济史料选编》（上册），江西人民出版社1986年版，第423页。

由江西、福建两省分五期发行，每期发行 10 万元。还剩余 10 万元由湘赣、湘鄂赣两省推销。（二）由江西、福建分五期发行，共 50 万元公债的发行日期，分别定在 1932 年 7 月 1 日、5 日、10 日、15 日、20 日发出，每期发行后其款项集中的日期分别是 7 月 15 日、7 月 20 日、7 月 30 日、8 月 10 日和 8 月 15 日。（三）以上规定的款项数目与集中交款的日期，必须严格执行，不得有丝毫贻误。同时规定，"这种债券限定半年照款（数）由政府归还，另按年利一分付息。六个月满后，除还本外，每元另付半年息洋五分，并准许买卖、抵押及完纳国家租税。"训令要求各级政府立即向根据地广大民众宣传动员，"使每个工农群众都踊跃购买公债，要造成这种'不买公债券是一件革命战士的耻辱的空气'。因此，各级政府应执行以下工作：一、用宣传鼓动的方法，来鼓动群众自愿来买公债券，而不能有强迫命令的方法，但对于富农、大中商人可以责令购买。二、由区市乡召集代表会议……用革命竞赛的方法。"①

1932 年 10 月，临时中央政府发行第二期革命战争短期公债 120 万元。中华苏维埃共和国临时中央政府执行委员会为发行第二期革命战争公债，于 1932 年 10 月 21 日发布第 17 号训令称："因为革命发展，特别是苏维埃与红军的胜利，敌人正倾全力加紧布置对于中央苏区的大举进攻。中央政府除已下战争紧急动员令，来领导苏区群众去彻底粉碎敌人的大举进攻外，更迅速完成这一准备，中央政府特再发行第二期革命战争短期公债 120 万元，专为充裕战争的用费。"训令还对债款分配数目、发行和收款日期、动员群众办法作出了明确规定：

（1）债款分配数目：商家共 15 万元；福建、江西各县共 98.6 万元；红军共 6 万元；党政团体共 4000 元。

（2）此期公债分五期发行：从 1933 年 10 月 26 日开始至 12 月 1 日

---

　　①　财政部财政科学研究所、财政部国债金融司：《中国革命根据地债券文物集》，中国档案出版社 1999 年版，第 9 页。

结束（具体内容见下表）。

期　次	债款（万元）	送出日期	各地发行日期	收款日期
第一期	30.6	10 月 26 日	11 月 1 日	11 月 15 日
第二期	36	10 月 30 日	11 月 1 日	11 月 15 日
第三期	31	11 月 5 日	11 月 12 日	11 月 30 日
第四期	18.4	11 月 8 日	11 月 12 日	11 月 30 日
第五期	4	11 月 12 日	11 月 20 日	12 月 1 日

（3）动员群众：用宣传鼓动的方法，鼓动工农群众自动购买，不能用命令强迫。但对于富农、大中商人，可以事前派定，责令购买。[1]在训令后附印有《发行第二期革命战争公债条例》，《条例》共十条，对发行第二期革命战争公债的目的、意义、数目、利率、还本付息的期限等作出了明确规定。本期公债利率定为周年 1 分，还本付息期限为半年，票面额三种，分别是伍角、壹元、伍元，与第一期规定相同。第二期公债《条例》第七条，关于公债买卖、流通，第八条对公债破坏的惩处，第九条还本付息的办理事宜，也与第一期公债《条例》的第七条、第八条、第九条相同。然而，第二期公债《条例》也有与第一期不同之处，如第一期公债《条例》第六条允许"本项公债完全得以十足作用的完纳商业税、土地税等等国家租税"，即公债券可以部分充当现金流通，即使不到兑付期也可以作为有价证券抵付商业税和土地税等；第二期公债《条例》则明确规定："本项公债于满期后准予完纳一切租税，十足通用，期未满前不准抵纳租税。"[2]由于第一期公债即使不到期限也允许代现金交纳租税，导致不到规定的公债兑付期（1933年 1 月 1 日），还在当年 10 月份第一期公债已几乎提前回收完毕，根本没有起到公债的借贷作用，当然也就没有达到通过发行公债来缓解财政

---

[1] 《中央执行委员会第 17 号训令》，《革命根据地经济史料选编》（上册），江西人民出版社1986 年版，第441—443 页。

[2] 《中华苏维埃共和国发行第二期革命战争公债条例》，《革命根据地经济史料选编》（上册），江西人民出版社 1986 年版，第 445 页。

吃紧的目的。因此，第二期公债的发行吸取了第一次公债发行的经验教训，期未满前不准抵纳租税。"第二期120万元公债只在中央革命根据地发行，比第一期公债发行的范围要小，而第一期革命战争公债除在中央革命根据地发行外，还在湘赣、湘鄂赣省发行。第二期的发行方法与第一期基本相同，都是采用宣传鼓动、群众自愿认购的方法。

1933年7月11日，临时中央政府人民委员会召开第45次会议，决定发行经济建设公债300万元。7月22日，中华苏维埃共和国临时中央政府中央执行委员会发布《关于发行经济建设公债的决议》，《决议》规定：凡购买公债者，"准以粮食或金钱自由交付，除以一部分供给目前军事用费外，以最主要的部分用于发展合作社调剂粮食及扩大对外贸易等方面"①。同时，颁布了由临时中央政府主席毛泽东、副主席项英、张国焘签署的《发行经济建设公债条例》。这个条例不长，抄录如下：

中华苏维埃共和国发行经济建设公债条例

（一）中央政府为发展苏区的经济建设事业，改良群众生活，充实战争力量，特发行经济建设公债，以三分之二作为发展对外贸易、调剂粮食、发展合作社及农业与工业的生产之用，以三分之一作为军事经费。

（二）本公债定额为国币300万元。

（三）本公债利率定为周年5厘。

（四）本公债利息，从1934年10月份起，分7年支付，每元每年利息大洋5分。

（五）本公债还本，从1936年10月起，分5年偿还。第一年即1936年还全额10%；第二年即1937年还15%；第三年即1938年还20%；第四年即1939年还25%；第五年即1940年还30%。偿还办法，

---

① 《中央执行委员会关于发行经济建设公债的决议》，《革命根据地经济史料选编》（上册），江西人民出版社1986年版，第456页。

届时由财政人民委员部另行制订公布之。

（六）本公债以粮食调剂局、对外贸易局及其他国营企业所得利润为付还本息之基金。

（七）本公债准许买卖、抵押并作其他担保品之用。

（八）购买本公债者中，交谷交银听其自便。交谷者谷价照当地县政府公布之价格计算。

（九）本公债票面价额分为伍角、壹元、贰元、叁元、伍元五种。

（十）如有故意破坏本公债信用者，以破坏苏维埃经济论罪。

（十一）本公债发行事宜，由各级政府公债发行委员会负责，所收款项，送交分支库；所收谷子，则交与仓库保管委员会。

（十二）本条例自 1933 年 8 月 1 日起施行。[①]

以上条例清清楚楚地规定发行经济建设公债的目的、性质、数量、利率、还本付息的期限等等。与革命战争公债相比较，经济建设公债发行的数额要大很多，其偿还日期也比较长，条例规定：公债利息，从1934 年 10 月份起，到 1940 年 10 月，分 7 年支付，每元每年利息大洋 5 分；本公债自发行 3 年后还本，从 1936 年 10 月起至 1940 年 10 月，分5 年偿还。第一期和第二期"革命战争公债"还本付息期限都是半年，中央政府按照相应的条例规定在当时很短时间内就偿还了利息；发行经济建设公债后一年左右，即 1934 年 10 月中旬，中央红军被迫离开中央革命根据地，开始史无前例的战略转移即长征，因此，按条例规定的日期还本付息就不现实，到很长时间之后才兑现。就流通或买卖而言，第一期和第二期革命战争公债"准许买卖、抵押，及代其他种现款的担保品之用"，还可以用来完纳商业税、土地税等国家租税（或期满后完纳一切租税）；经济建设公债只规定"准许买卖、抵押并作其他担保品之用"。至于购买本公债是交谷还是交银，则听其自便；同时条例还明确规定，如果以交谷的形式购买本公债，谷价按当地县政府公布之价格

[①] 《红色中华》第 96 期，1933 年 7 月 26 日。

计算。

其他根据地革命战争公债发行规定与中央革命根据地公债发行规定相类似。下面以湘赣革命根据地发行的公债条例为例说明之。

为充裕革命战争费用，粉碎敌人的军事"围剿"和经济封锁，湘赣省苏维埃政府分别于 1933 年 1 月、7 月和 11 月，先后三次发行公债，其中第一、第二期革命战争公债是为了筹措战争经费，第三期主要是为了根据地经济建设而发行。1932 年 12 月，湘赣省苏维埃政府开始发行第一期"革命战争短期公债"8 万元，发行条例如下:[①]

一、湘赣省苏维埃政府为发展革命战争起见，特募集公债以充裕战争经费，特定名为"革命战争公债"。

二、本项公债定额国币 8 万元。

三、本项公债利率定为周年 1 分。

四、公债券分如下三种:(1) 伍角，(2) 壹元，(3) 贰元。

五、本项公债规定半年还本付息，从 1933 年 7 月 1 日起为还本还息时期。

六、本项公债完全得以十足作用的完纳商业税、土地税等国家税。但以缴纳 1933 年上半年税者，则无利息。

七、本项公债准许买卖抵押及代其他种现款的担保品之用。

八、如有人故意破坏信用、破坏价格者，以破坏苏维埃与革命战争论罪。

九、本项公债之负经售债票及还本付息者，由各级政府财政部、红军经理处、省工农银行等分别处理。

十、本条例自 1933 年 1 月 1 日公布施行。

将这个条例与临时中央政府发行的第一期革命战争短期公债条例进行比较后，我们发现，条例规定的发行公债的目的、性质、还本付息期

[①]　财政部财政科学研究所、财政部国债金融司:《中国革命根据地债券文物集》，中国档案出版社 1999 年版，第 21 页。

限、利率、流通、发售和公债款项的收集等方面与临时中央发行的第一期革命战争短期公债发行规定大致相同。如湘赣省苏维埃政府的条例规定了发行公债的目的是为了充裕革命战争经费，这与临时中央政府的规定相同。两者规定的利率都为周年1分；公债票面价值都有三种，所不同的是临时中央政府发行的是伍角、壹元、伍元，省苏政府发行的是伍角、壹元、贰元三种。本项公债还本付息的期限与中华苏维埃共和国临时中央政府发行的第一期革命战争短期公债的还本付息期限也一样，都为半年。两者都"准许买卖抵押及代其他种现款的担保品之用"；"完全得以十足作用的完纳商业税、土地税等国家租税"，但在付息期限未到时不付给利息。两者对公债的权威性规定也一样："如有人故意破坏信用、破坏价格者，以破坏苏维埃与革命战争论罪"，对公债发行发售及还本付息等事宜，都是由类似的部门或机关处理，即"由各级政府财政部、红军经理部、国家银行（省工农银行）及政府委托之各地工农银行、合作社等分别处理"。

为了粉碎国民党反动派的第四次"围剿"，1933年6月26日，中共湘赣省委决定发行第二期革命战争短期公债15万元，实际印制了20万元，期限一年，从1933年7月1日发行，1934年9月1日起开始还本付息。为讨论问题方便起见，现将湘赣省苏维埃政府发行第二期革命战争短期公债条例抄录如下：

中华苏维埃共和国湘赣省苏维埃政府
发行第二期革命战争短期公债条例

一、湘赣省苏维埃政府为发展革命战争，彻底粉碎敌人四次围剿，准备与帝国主义直接作战，争取革命战争全部胜利起见，特募集第二期公债以充裕战费，故定名第二期战争公债。

二、本项公债定额为国币15万元。

三、本项公债利率定为周年1分。

四、本项公债券分如下三种：（1）伍角，（2）壹元，（3）伍元。

五、本项公债规定还本付息，从1934年9月1日起为还本付息时期。

六、本项公债完全得以十足作用的完纳 1934 年的商业税、土地税等国家租税，但缴纳 1934 年上半年租税者，则无利息。

七、本项公债准许买卖抵押及代其他种现款的担保品之用。

八、如有人故意破坏信用、破坏价格者，以破坏苏维埃与革命战争论罪。

九、本项公债之负经售债票及还本付息者，由各级政府财政部、红军经理处等分别处理。

十、本条例自 1933 年 7 月 1 日公布施行。[①]

如果将湘赣省苏维埃政府发行的第二期革命战争公债规定与临时中央政府发行的第二期公债规定进行对比，可看出其异同点。相同点如下：首先，发行第二期革命战争公债的目的、性质相同，都是为充裕战争用费，都定名为革命战争公债。其次，利率相同，定为周年 1 分。再次，公债票额都是三种，分别为伍角、壹元、伍元。第四，两者发行条例都是十条，其中，第七、第八、第九条相同。两者"准许买卖抵押及代其他种现款的担保品之用"；对破坏公债的处罚相同；对发售债票、还本付息的办理机关也有相同的规定。不同之处：（1）发行公债的数目不同，后者数目巨大，前者数目较小。（2）还本付息的期限不同，后者为半年，前者为一年。（3）抵交租税的规定有差异，省苏的公债还本付息的期限未到时如以公债完纳租税，则不计利息；期限满后完纳商业税、土地税等国家租税，可以计利息。临时中央政府发行的第二期公债，期未满前不准抵纳租税，满期后准予完纳一切租税，十足通用。

中华苏维埃共和国湘赣省苏维埃政府发行第二期革命战争公债之后，应广大群众的要求，经临时中央政府批准，于 1933 年 11 月又补发

---

① 财政部财政科学研究所、财政部国债金融司：《中国革命根据地债券文物集》，中国档案出版社 1999 年版，第 23 页。

了 20 万元作为根据地的经济建设资金。省苏颁布了《中华苏维埃共和国湘赣省苏发行第二期革命公债条例》，对发行革命公债的目的、作用、利率等作出明确规定：为着充裕战费，经中央政府批准特发行第二期革命公债 15 万元。最近在广大群众热烈要求下，补发 20 万元，作为经济建设，以 8 万元用于发展对外贸易，8 万元用于粮食调剂，4 万元帮助合作社。公债利率为周年 5 厘。利息从 1934 年 12 月起分 6 年支付，每元每年利息大洋 5 分。本金分 3 年偿还，从 1937 年 12 月开始即第一年还 30%，还 6 万元；第二年即 1938 年还 30%，还本金 6 万元；第三年即 1939 年还 40%，8 万元。以粮食调剂局、对外贸易局及其他国营企业所得利润，为还本付息之基金。公债准许买卖、抵押，并作其他担保品之用。《条例》还规定：可交银、交谷或棉花购买本公债，稻谷、棉花价格则由当地县政府决定公布；本次公债票面价额分为伍角、壹元、伍元三种；如有故意破坏公债使用者，以破坏苏维埃经济论罪；本公债发行事宜，由各级政府公债发行委员会负责，所收款项交分支库，所收谷子棉花则交仓库保管委员会。本次公债从 1933 年 11 月开始发行。推销工作遇到预想不到的困难，进度缓慢，直到 1934 年 4 月全省还有 7 万元公债没有推销，因为根据地群众手里没有现金来购买公债。1934 年 4 月 21 日，中共湘赣省委作出《关于收集粮食的决定》，指出："全省还有七万元公债没有推销，做到四万元全部收谷子，三万收现款。"①

三、发行公债的方法

在当时的战争环境中，根据地的公债推销工作面临一定的困难。为顺利完成公债的推销任务，筹集足够的款项和粮食，根据地党和政府采

---

① 江西省档案馆选编：《湘赣革命根据地史料选编》，江西人民出版社 1984 年版。转引自陈洪模："谈湘赣苏区第二期革命公债发行量"，《南方文物》2005 年第 4 期，第 110 页。

取各种措施克服困难，基本上完成了各项公债推销任务。

（一）各级苏维埃政府高度重视公债的发行工作，成立相应机构，颁布训令或条例，推动公债按计划发行

自 1932 年 6 月临时中央政府决定发行第一期革命战争短期公债开始，各级苏维埃政府为发行公债专门发布文告、训令和条例。如 1932年 6 月 25 日，中华苏维埃共和国临时中央政府发出第 9 号文告，动员部署第一期革命战争短期公债的发行工作，并发布由临时中央政府主席毛泽东、副主席项英和张国焘签署的《发行革命战争短期公债条例》，1932 年 6 月 26 日，临时中央政府执行委员会为发行革命战争短期公债问题，专门发布了执行委员会第 13 号训令，规定了具体的发行办法。第二期、第三期公债的发行，各级苏维埃政府更加重视，通过召开各种会议，作出决议、训令、条例，推动公债发行工作的有序开展。

为顺利完成公债推销任务，根据地许多地方县、区、乡三级都成立了公债发行委员会。1933 年 9 月，临时中央政府就经济建设公债推销工作，给江西、福建、闽赣各省苏，瑞金县苏并转各级苏维埃政府的指示信指出："中央财政人民委员部给各级公债委员会的指示信，把公债最后销完日期暂缓至十二月。"[1] 信中提到"各级公债委员会"，说明各级苏维埃政府确实成立了公债发行委员会。县一级公债发行委员会由 9至 11 人组成，县苏维埃政府主席为公债发行委员会主任，县苏维埃政府经济部长、工农检察部长、财政部长及群众团体若干人为委员。区级公债发行委员会由区苏主席、财政部长、经济部长、检察部长等 7 至 9人组成，由区苏维埃政府主席任主任。乡级公债发行委员会由 5 至 7 人组成，由乡苏维埃政府主席任主任，由乡代表选出委员，深入到各村宣传动员群众，组织各村群众开展认购公债的革命竞赛。如毛泽东同志在《长冈乡调查》一文中，介绍长冈乡"公债的推销"情况，该乡"公债

---

[1] 《中央政府给各级政府的信》，《红色中华》第 113 期，1933 年 9 月 27 日。

发行委员会5人，每村另有一个主任。乡主席到县到区开会认销5千元，后又加认456元，共5456元。乡主席回来召集代表会议，由各村代表承认本村的销数。"① 由此可以判断出，长冈乡苏主席是该乡公债推销委员会主任。根据地其他各地各级苏维埃政府，也成立了相应的公债发行委员会，具体负责落实本地公债推销工作。

（二）广泛宣传鼓动，采用政治动员的方法

为了顺利完成公债的推销工作，中华苏维埃共和国临时中央政府及其执行委员会事先做了大量的准备工作，包括大范围的宣传动员。如果没有中央政府及各级苏维埃政府的思想动员工作，根据地广大民众不一定能接受"公债"这种作为新生事物的信用票据。1932年6月26日，临时中央政府执行委员会发出训令，强调宣传动员工作的重要性，指出："我们苏区在目前发行公债时，工农群众开始不易了解这一伟大意义。因此，各级政府立即向广大群众作宣传鼓动，解释公债意义与工农群众购买的义务，帮助革命战争有力发展的作用，使每个工农都踊跃地来买公债，要造成这种'不买公债是一件革命战士的耻辱的空气'。因此，各级政府应执行以下的工作：（1）用宣传鼓动的方法，来鼓动群众自愿来买公债券，切不能用命令强迫，但对于富农、大中商人可以责令购买。（2）由区、市、乡召集乡代表会议作报告，讨论推销和鼓励群众的办法，由城乡政府和代表召集商民大会，报告政府发行公债的意义与公民的义务，特别是从政治上、参加革命战争上来鼓励，使群众自动购买。……最主要的是靠我们动员与鼓动群众工作如何来决定，谁能积极去动员群众，谁就能够达到任务，必须严厉纠正过去不发动群众，专靠用命令的错误工作方式。"②

---

① 革命根据地财政经济史编写组：《革命根据地财政经济史长编》（下），1978年，第1412页。
② 《中华苏维埃共和国临时中央政府执行委员会训令执字第13号》，《红色中华》第24期，1932年6月23日。

临时中央政府对地方各级苏维埃政府在推销公债过程中可能出现或已经出现的强迫、命令购买的情况，再三从政治的高度，通过党和苏维埃政府各级文件和训令给予严厉批评和禁止，并指出强迫命令方式的重大危害性。1932年10月21日，为发行第二期革命战争公债，中华苏维埃共和国临时中央政府中央执行委员会发出第17号训令，在训令中关于如何动员群众作出指示："（一）用宣传鼓动的方法，鼓动工农群众自动购买，切不能用命令强迫，但对于富农、大中商人可以事前派定，责令购买。（二）由区、市、乡召集乡代表会议做报告讨论，推销和鼓励群众的办法，由城乡政府和代表召集选民大会，报告政府发行公债券的意义与公民的义务，特别要从政治上参加革命战争上来鼓动，使群众自动的购买。"训令还特别强调："决定公债的发行，能否按以上规定实际做到，最主要的是靠我们动员与鼓动群众工作如何来决定，谁能积极去动员群众，谁就能够达到任务，必须严厉纠正过去不发动群众，专靠用命令的错误工作方式。"因此，要求"各级政府必须根据过去经验，尽量去鼓动群众，坚决纠正过去不经过宣传鼓动而命令指派的错误行为，无论如何各处必须按期销售，如限缴款，以完成战争任务，如再发现如过去之敷衍怠工者就给以革命纪律的处罚。切切此令！"[①]

第二期革命公债发行后，由于各种原因，推销进度比预计的迟缓。为此，中央财政人民委员部于1932年11月26日发出了由财政人民委员邓子恢签署的第10号训令，指出："公债是政府向群众所借之债款，除商人、富农可以指令摊派外，其余中农、贫农以及小商人等，概须用宣传鼓动方法，劝人自动购买，绝对不准指派强迫。只有这样，才不致引起群众反感，妨碍公债之销行。这种意思在人民委员会训令中，已经三令五申。乃近闻各级政府仍有采用命令摊派方式，甚至如会昌某处尚有按照人口均摊、每人摊派六毛之事。这简直是军阀时代土豪劣绅勒派

---

① 《发行第二期革命战争公债一百二十万元——中央执行委员会第17号训令》，《革命根据地经济史料选编》（上册），江西人民出版社1986年版，第444—445页。

捐款的办法，是破坏苏维埃信仰脱离群众的办法，这等于断送群众替反革命造机会的自杀行为。"训令强调："各级政府以后对于自己阶级群众，无论如何须任人自由购买，不准再有摊派勒迫行为，违者查出严厉处分。"①

第三期经济建设公债发行工作开始后，临时中央政府中央人民委员会于1933年8月28日发布了《关于推销公债方法的训令》，明确提出："各级政府主席团及乡苏主席，必须严格防止平均摊派的错误，要晓得平均摊派是十足的官僚主义，是阻碍公债推销的极端错误办法"，其危害是："一方面使反革命分子容易造谣欺骗，另一方面不能使工农群众发扬其革命热忱。"如何做到反对平均摊派这一错误做法？"就是要鼓励群众自愿地买公债。买得多的要把他的名字及所买公债数的数目在乡苏门前出榜示众，以作模范。不肯买的，绝对不能强迫他买，要由乡苏代表、妇女代表会的代表及工会、贫农团的会员去劝他，去鼓励他买。可以要那些买了公债的去劝那些没有买公债的。可以把买得多的人，每村组织一个宣传队，去进行推销公债的宣传。"② 1933年8月20日，江西、闽赣两省北部十一县经济建设大会召开，大会对发行经济建设公债问题进行了讨论。会议特别指出，各县应该坚决反对并打击在这些工作中的强迫命令摊派的官僚主义方式，应该广泛地发动群众以经济建设的力量来帮助革命战争，粉碎帝国主义、国民党的五次"围剿"。③

对于经济建设公债推销工作，临时中央政府十分重视宣传鼓动群众的工作，坚决反对强迫命令方式。1933年9月，临时中央政府在给江西、福建、闽赣、粤赣各省苏维埃政府及各级政府的信中明确指出发动宣传群众所取得的成绩，"经济建设公债发行以来，在短时期内已取得

---

① 财政部财政科学研究所、财政部国债金融司：《中国革命根据地债券文物集》，中国档案出版社1999年版，第12页。

② 财政部财政科学研究所、财政部国债金融司：《中国革命根据地债券文物集》，中国档案出版社1999年版，第16页。

③ 《江西、闽赣两省北部十一县经济建设大会的胜利》，《红色中华》第107期，1933年9月13日。

了很大成绩，凡是动员方法好的地方，广大群众热烈起来拥护公债，如瑞金的云集区，福建的才溪区等都是好榜样。"同时，对公债推销中的错误做法提出严厉批评："在另外许多地方，却发生了严重的命令主义摊派错误。人民委员会业已发出第 16 号训令，发出布告与宣传大纲，指出充分的动员工作，是推销公债的保证，严厉反对推销公债中的命令主义。"①

1934 年 1 月 23 日，第二次全苏代表大会主席团和中国共产党中央委员会作出《关于完成推销公债征收土地税收集粮食保障红军给养的突击运动的决定》，指出：收集粮食保障红军给养，同时调剂粮食市价，发展苏区经济，是彻底粉碎敌人五次"围剿"的主要条件之一。这一粮食的来源，最大的是建设公债，其次是土地税与红军公谷。为此，要求各级党委和政府，立即调集最好的干部组织推销公债与征收土地税，集中红军公谷的突击队有步骤有计划地进行突击，限定在二月底以前完成公债谷、土地税谷和红军公谷的征收任务，并完全集中到仓库。②"要完成上述任务，必须真正依靠于广泛的群众动员，必须学习兴国水丰区、瑞金云集区、长汀红坊区的动员方式，特别是兴国长冈乡、博生七里乡的经验，必须事先组织积极分子，在群众中起领导作用，带头先买先交，必须彻底消灭过去对于推销公债的命令摊派，即不做宣传解释，便进行推销公债征收土地税的官僚主义强迫命令方式。一切消极怠工，不去动员群众，不相信群众帮助战争的热忱，只说'群众困难不能推销'、'非摊派无办法'的机会主义与官僚主义的分子，必须受到无情的打击。"③

---

① 《纠正推销公债的命令主义——中央政府给各级政府的信》，《红色中华》第 113 期，1933 年 9 月 27 日。

② 赵增延、赵刚：《中国革命根据地经济大事记（1927—1937）》，中国社会科学出版社 1988 年版，第 100—101 页。

③ 《第二次全苏代表大会主席团中国共产党中央委员会关于完成推销公债征收土地税收集粮食保障红军给养的突击运动的决定》，《革命根据地经济史料选编》（上册），江西人民出版社 1986 年版，第 459—460 页。

（三）实行群众自愿认购的原则，通过开展竞赛，层层分解落实公债推销任务

由以上所述可知，不管是中央革命根据地发行的第一、第二、第三期公债，还是其他根据地发行的各期公债，在推销过程中，根据地党和苏维埃政府通过各种会议、决定或训令再三强调，必须严格执行群众自愿认购的原则，坚决反对强迫命令或平均摊派的推销方式，"鼓励群众自愿地买公债"。同时，苏维埃政府明确指出：强迫命令"简直是军阀时代土豪劣绅勒派捐款的办法，是破坏苏维埃信仰脱离群众的办法"；"任何强迫购买，平均摊派的官僚主义的方式，都是破坏与阻碍建设公债的发行"①。中共湘赣省委于1933年1月15日发出《红军新胜利与我们的紧急工作》的指示，提出：关于推销革命公债的工作，发现有些地方如永新用摊派办法命令群众购买，这完全是脱离群众，帮助反革命。省委立即责成当地党组织以革命竞赛的办法，自动报名购买，"如有一元系摊派的或不自愿的，均须退回原主"②。

各革命根据地通过宣传鼓动的方法，鼓动工农群众自动购买公债的同时，采用各种竞赛的方法积极推销公债。1932年6月26日中华苏维埃共和国临时中央政府执行委员会，为发行革命战争短期公债发布了第13号训令，于1932年10月21日，又为发行第二期革命战争公债发布第17号训令，在这两份训令中明确提出要"用革命竞赛的方法，县与县、区与区、乡与乡、村与村、团体与团体比赛，谁购买得多，缴款得快，谁就胜利，由上一级政府，给奖旗和名誉奖"③。1933年8月28日，为发行第三期公债即经济建设公债，中央人民委员会发布了由毛泽东主席签署的《关于推销公债方法的训令》，指出："各苏区应该领导

---

① 《闽赣省革命委员会训令第29号》，《红色中华》第124期，1933年11月。
② 财政部财政科学研究所、财政部国债金融司：《中国革命根据地债券文物集》，中国档案出版社1999年版，第22页。
③ 财政部财政科学研究所、财政部国债金融司：《中国革命根据地债券文物集》，中国档案出版社1999年版，第10—11页。

各乡，订立推销公债的竞赛条约，竞赛条约上不单规定数字，还要规定不得用强迫摊派等官僚主义办法。"① 1933 年 6 月 26 日，中共湘赣党团省委作出了《关于发行第二期革命公债票的决定》指出：要"充分地运用革命的竞赛方法，团体与团体，个人与个人，乡与乡，区与区，均应用竞赛方法来实现其完成，优胜者给以奖偿"②。

1933 年 8 月 15 日，中央革命根据地苏维埃政府制定并颁布了《中央苏区南部十七县经济建设大会中的竞赛条约》，竞赛的内容包括"推销经济建设公债、发展合作社、筹款"等项目。其中，推销经济建设公债的竞赛时间为 1933 年 8 月、9 月、10 月三个月，苏区南部十七县共分四组，每一县有推销公债的竞赛数目，层层分解落实：第一组，瑞金 415000 元，兴国 450000 元，胜利 310000 元，博生 400000 元；第二组，于都 300000 元，赣县 260000 元，上杭 150000 元，长汀 300000 元；第三组，宁化 200000 元，汀东 50000 元，石城 150000 元，会昌 300000元；第四组，新泉 80000 元，寻邬 10000 元，武平 20000 元，安远40000 元，信丰 1500 元。③

在推销经济建设公债时，闽赣省总共承担推销 30 万元的任务，④这 30 万元的推销任务由省苏维埃政府分解到各县区，其中闽北分区发行 20 万元。闽北分区 20 万元经分解下达到各县、市及红军部门，"崇安九万元，铅山五万元，上铅一万元，建阳一万元，广丰七千元，浦西三千元，邵武一万元，市苏一万元，红军一万元"，并要求"应用竞赛方法来实现这一经济建设公债规定的数目，在十一月内要按数目发行出

① 财政部财政科学研究所、财政部国债金融司：《中国革命根据地债券文物集》，中国档案出版社 1999 年版，第 16 页。
② 财政部财政科学研究所、财政部国债金融司：《中国革命根据地债券文物集》，中国档案出版社 1999 年版，第 22 页。
③ 《中央苏区南部十七县经济建设大会中的竞赛条约》，《革命根据地经济史料选编》（上册），江西人民出版社 1986 年版，第 145—146 页。
④ "中华苏维埃共和国闽赣省革命委员会对全省选民工作的报告"，《斗争》第 31 期，1933年 12 月 1 日。

去三分之二"①。1933 年 7 月至 11 月，湘赣省苏维埃政府发行第二期革命公债共计 40 万元，推销办法是先将任务分解落实到各县，再由各县分解落实到各区乡，然后开展革命竞赛，由群众自愿认购。据不完全统计，各县推销的数目如下：分宜 36000 元，新峡 26000 元，吉安 40152元，安福 41310 元，茶陵 21035 元，宁冈 2000 元，萍乡 13000 元，莲花30891 元。②

除了上述宣传鼓动、政治动员和开展革命竞赛的方法推销公债外，根据地各级苏维埃政府对认购公债的先进单位和个人进行表扬，通过表扬先进，号召根据地人民向先进学习，促进公债推销工作按计划完成。1933 年 8 月 28 日，中央人民委员会在《关于推销公债方法的训令》中对中央革命根据地瑞金的云集区提出了表彰，训令指出："云集区苏对各乡的动员方法正确，对乡一级的干部有详细的说明，再由这些干部向群众作了很好的宣传，所以得到了极大的成绩，全区共认销 40700 元，不到三星期，已推销 25500 元。其中以洋溪乡的工作做得最好，该乡担任的 4600 余元，业已全数销完。云集区及洋溪乡的光荣例子，值得全苏区来学习。"③ 临时中央政府在给各地政府的信中表扬了推销公债的先进地区，指出："经济建设公债发行以来，在短期内已得到很大成绩，凡是动员方法好的地方，广大群众热烈起来拥护公债，如瑞金的云集区，福建的才溪区，红坊区等都是好榜样。"④

1933 年 9 月 30 日，吴亮平在《经济建设的初步总结》中对瑞金、才溪区等地推销公债的先进事迹提出表彰，指出："经济建设公债的推

---

① 《闽北分苏财政部训令》第 29 号，《斗争》第 28 期，1933 年 9 月 11 日。

② 湖南省财政厅编：《湘赣革命根据地财政经济史料摘编》，湖南人民出版社 1986 年版。转引自陈洪模："谈湘赣苏区第二期革命公债发行量"，《南方文物》2005 年第 4 期，第 110 页。

③ 《中央人民委员会关于推销公债方法的训令》，1933 年 8 月 28 日，转引自财政部财政科学研究所、财政部国债金融司：《中国革命根据地债券文物集》，中国档案出版社 1999 年版，第 15页。

④ 《纠正推销公债的命令主义——中央政府给各级政府的信》，《红色中华》113 期，1933年 9 月 27 日。

销，在有些地方，已经获得了很大的成绩，如在瑞金的云集区，福建的才溪区、红坊区，以及兴国、胜利的有些区。在红坊区，因为他们能够在党的领导之下，经过各种群众团体进行深入的动员，所以在五天之内就能够推销一万元。在云集区，经过深入的政治动员，不过一个多月就销去了三万三千多元。兴国杰村区的某乡，公债还未发下，该乡群众就已经热烈地把所承认的四千二百元的数目完全推销完了。在胜利县，甚至有一个贫农自愿买二十八元公债，一个中农自愿买四十元公债的光荣例子。"① 1934 年 1 月 27 日，在江西瑞金召开的第二次全国工农代表大会上毛泽东同志表扬了江西长冈乡先进事迹："长冈乡青壮年男女百个人中有八十个当红军去了，长冈乡一千五百人，推销了四千五百块钱公债，其他工作也得到很大成绩。"② 湘赣省苏维埃政府在组织推销公债工作中开展竞赛，有些地区如茶陵县竞赛工作很有成效，省苏财政部和国民经济部对此给予表扬："严塘区开展竞赛，一个晚上买公债六百三十元，超过六十元的有陈茂、谭四春，县委工作人员带头买公债八十元，县苏工作人员买公债四十元。"③

由于各级苏维埃政府采取政治宣传鼓动、群众自愿认购、革命竞赛、层层分解落实等方法推销公债，公债的发行受到根据地广大人民群众的积极响应和支持，公债认购盛况空前。正如当时文章所描述的："自从中央政府发下经济建设公债以后，全苏区卷起了购买公债的巨浪，从每一个工场、作坊和农村中，动员了千百万的群众到经济建设战线上来，创造了各种各样的新的技术，表现出革命群众的伟大力量和拥护苏维埃每一决议每一行动的热情，有力证明了我们在革命战争中有完

---

① 吴亮平：《经济建设的初步总结》，《革命根据地经济史料选编》（上册），江西人民出版社 1986 年版，第 159—160 页。

② 毛泽东：《关心群众生活，注意工作方法》，《毛泽东选集》第一卷，人民出版社 1951 年版，第 132 页。

③ 《湘赣省委关于红军新胜利与我们的紧急工作》，1933 年 1 月 15 日，转引自刘吉德、唐武云："湘赣省革命战争公债有关问题调查研究"，《中国钱币》2010 年第 1 期，第 50—51 页。

全胜利的保障。"① 例如，"黎川县仅 2 个月就完成了 4 万元经济建设公债的认购任务。"② "中央印刷局工人，自动提议最低限度是每个工人拿出半个月工资来购买公债，甚至有的愿将全月的工资全数购买。此外，中央政府工作人员及印刷局工人，又决定每日抽出伙食费一分，帮助革命战争。"③ 又如，江西军区政治部及直属队 "原定购销公债票五十元，自士兵大会由工作人员提建议，每人节省伙食尾子继续购买公债后"，实际已 "销足了二百元"④。由于各级苏维埃政府对发行公债的领导工作做得好，并如期兑现给农民群众的利息回报，所以得到各根据地工农兵群众的积极拥护和支持，以第二期革命战争公债为例，从 1932 年 11 月 1 日开始发行，仅半个月时间，"发出一百二十八万元，比原定数目超过八万余元。"⑤ 特别是经过发行第一、第二期革命公债后，到发行经济建设公债时，情况更为顺利，各根据地群众更加踊跃认购公债。据记载："经济建设公债的推销是有着顺利的条件，在未发行经济公债的时候，已得着广大群众的拥护，如瑞金的、红军学校的、马克思主义学校的，同时在八县苏维埃负责人查田运动会议上，八县贫农团会议上已经自动承认推销二百五十万左右。"⑥

（四）公债可用来完纳租税，可用钱粮交纳公债

中华苏维埃共和国临时中央政府发行的第一、第二期革命战争短期公债规定，公债可以用作代现金完纳商业税、土地税等国家租税。因此，第一期公债发行后不久，还没有到规定期限，距收回的期限还有两

---

① 《推销公债中新的努力》，《红色中华》第 109 期，1933 年 9 月 15 日。
② 江舢、陈大猷、雷建明："闽赣省的建立及其斗争"，《江西党史资料》第 13 辑，转引自刘庆礼："中华苏维埃共和国经济建设公债考略"，《文物春秋》2009 年第 5 期，第 70 页。
③ 《中央机关工作人员购买革命战争公债的热烈》，《红色中华》第 25 期，1932 年 6 月 30 日。
④ 《江西军区政治部直属队工作人员热烈购买公债、组织夏收队的情形》，《红色中华》第 30 期，1932 年 8 月 4 日。
⑤ 《江西省苏维埃报告》，《红色中华》第 42 期，1932 年 11 月 28 日。
⑥ 《发行经济建设公债条例》，《红色中华》第 96 期，1933 年 7 月 26 日。

三个月，"这些执行公债券的商人、农民（尤其是富农），就因为这一点在交纳商业税、土地税的时候，就完全把公债券还给政府。"[①] 但第二期公债的发行吸取了第一期公债发行的经验教训，规定"本项公债于满期后完纳一切租税，十足通用。期满前不准抵纳租税。"第二期革命公债发行后，进度比较迟缓，于是中央财政人民委员部于1933年4月发布第17号训令，规定农民可用二期公债票抵纳土地税和山林税。[②] 中央政府发行第三次公债的目的，除了为红军筹集军费外，另一个重要目的是解决粮食问题，因此，1933年6月17日，临时中央政府主席毛泽东在瑞金主持召开瑞金、会昌、博生、于都、胜利、石城、宁化、长汀八县以上苏维埃政府负责人查田运动大会，明确指出："为了迅速而且大规模地进行这一经济战线上的战争，需要有苏维埃与群众的伟大组织力量与大数目资本。因此，建议到中央政府请求发行经济建设公债三百万元，用粮食交付，好迅速进行这一工作。"[③] 1933年7月22日，中华苏维埃共和国临时中央政府中央执行委员会发布《关于发行经济建设公债的决议》，规定："发行经济建设公债300万元，并准购买者以粮食或金钱自由交付。"中华苏维埃共和国临时中央政府《关于发行经济建设公债条例》也有规定："购买本公债者，交谷、交银听其自便。交谷者谷价照当地县政府公布之价格计算。"[④] 为了筹集足够的粮食供给红军，1934年1月23日，临时中央政府与中共中央发出命令，各种租税及公债以收集粮食为主，"限二月底以前各县公债，须照以前承认的数目，完全报销，土地税全部征收完毕，红军公谷，扫数集中。要做到将公债谷子土地税谷，红军公谷，完全集中到仓库，将仓库收条送到县财部报帐为准。一切消极怠工，或只推销债票而不收集谷子，或收到

---

① 《在新的胜利面前财政经济问题》，转引自财政部财政科学研究所、财政部国债金融司：《中国革命根据地债券文物集》，中国档案出版社1999年版，第10页。

② 《红色中华》第71期，1933年4月21日。

③ 《八县区以上苏维埃负责人员查田运动大会所通过的结论》，《中央革命根据地财政经济史长编》，人民出版社1982年版，第491页。

④ 《红色中华》第96期，1933年7月22日。

谷子不送交仓库，不将仓库收条送县财部报帐者，概作为违反命令，应给以苏维埃纪律的制裁。土地税完全收谷了，不准折谷收钱，公债也须以收谷子为原则，使能充分保障红军给养。"① 1934 年 2 月 2 日，中央粮食人民委员部召开粮食工作会议，会议指出："谷价到处高涨，……已涨到七八元一担。应该收集的土地税和公债谷子还差着很大的数目，即在江西一省和瑞金直属县就有三十七万担谷子没有收清。"② 会议决定集中农业税、公债收买谷子，倘无特别情形不得以现款替代；在收买谷子时，一定要按照中央规定的价格，不能任意增加。会议提出要开展普遍的收集谷子的突击运动，要由中央派出特派员，领导收集粮食的突击运动，在各地组织突击队，限期（即 2 月底）完成规定数目。③

1933 年 9 月，闽赣省闽北分区为推销 20 万元经济建设公债，也曾规定"购买者无论交银交粮都能购买公债，其中交粮者可按干谷 50 斤或熟米 36 斤折合银元，以作为购买公债款项"④。1933 年 11 月，湘赣省苏维埃政府补发第二期革命公债 20 万元，规定："购买本次公债者，交银或谷、棉花，任其自便，交谷与棉花价格由当地县政府公布之。"⑤

四、对公债作用的评述

土地革命时期各根据地苏维埃政府根据当时的实际情况，通过发行公债来充裕战争军费，缓解财政压力，稳定苏区财政，打破国民党反动派对革命根据地的经济封锁，支持革命战争，创建合作社经济等非常举

---

① 《第二次全苏代表大会主席团中国共产党中央委员会关于完成推销公债征收土地税收集粮食保障红军给养的突击运动的决定》，《革命根据地经济史料选编》（上册），江西人民出版社 1986 年版，第 460 页。

② 《红色中华》第 146 期，1934 年 2 月 6 日。

③ 《红色中华》第 146 期，1934 年 2 月 6 日。

④ 刘庆礼："中华苏维埃共和国经济建设公债考略"，《文物春秋》2009 年第 5 期，第 79 页。

⑤ 《中华苏维埃共和国湘赣省苏第二期革命公债条例》，财政部财政科学研究所、财政部国债金融司：《中国革命根据地债券文物集》，中国档案出版社 1999 年版，第 24 页。

措，是中国共产党人在革命战争年代在经济建设方面的伟大尝试，对革命根据地经济建设、推动中国革命的发展发挥了巨大的作用。

（一）有效地弥补战争经费的不足，有力地支持了革命战争

从1930年10月开始，国民党反动派对革命根据地发动了疯狂的军事"围剿"。根据地军民在中国共产党和苏维埃政府的领导下奋起反抗。然而，要粉碎国民党反动派大规模的军事"围剿"，必须具备充足的战争经费。当时革命根据地筹集战争经费主要有两种办法：一是红军筹款，主要是通过打土豪筹款；二是政府通过税收来筹集款项。一方面，在土地革命初期和中期，各根据地战争经费来源主要是通过红军打土豪筹款的办法来解决。随着革命形势的发展，根据地不断扩大，红军队伍规模日益壮大，苏区的财政支出大幅度增加；同时，随着土地革命的不断深入，苏区内的土豪基本打完了，依靠红军打土豪来筹集的款项已经越来越少，要想筹措经费，红军就得去苏区以外很远的地方打土豪，所以采取红军打土豪筹款的办法成本相对较高。因此单纯依靠红军筹款的办法已渐渐不能满足反"围剿"战争的需要。另一方面，革命根据地本来就是农村经济相对落后的地区，经济发展严重滞后，农业、手工业和商业发展不足，通过征收土地税、商业税、林业税等税收收入来筹集军费也非常有限。为了更好地支援和保证革命战争经费来源，中华苏维埃共和国临时中央政府从1932年7月至1934年10月，曾先后三次发行公债，第一期发行革命战争短期公债60万元，第二期发行革命战争短期公债120万元，第三期发行经济建设公债300万元。其中，第二期革命战争短期公债发行后，各根据地实际认购超出原计划8万元。自从第二期公债发行任务超额完成后，根据地不少群众建议将公债券无偿地捐献给苏维埃政府，不再向政府领取本息，根据地兴起一场"退还公债、不要还本"的运动。这项运动最初是由中国店员手艺工人工会于1933年2月17日举行的"筹备会议"发起的，会议号召"会员退还所购买的第二期公债票给政府，不要政府还本，将这笔款项去充实

革命战争经费。当时出席会议代表，立即踊跃退还个人自己所购买的公债票，作为实现这一决议的开始，共计约有 50 元大洋。"① 1933 年 3 月 6 日，《红色中华》第 58 期又发出号召："以革命竞赛的方法立刻开始节省一个铜板，退回公债，减少伙食费的运动。"这个建议立即得到各根据地军民的热烈响应，半个月后，"退还公债像狂潮一般！""响应本报号召风起云涌般的热烈！"② 至 1933 年 5 月，"在广大群众的热烈拥护之下，已经退还了 90 余万元。"③

湘赣省苏维埃政府曾于 1933 年 1 月、7 月、11 月先后三次发行公债共计 48 万元。湘鄂赣省苏维埃政府从 1932 年 12 开始先后发行了三期公债。闽浙赣省为筹措革命战争经费和经济建设经费，也曾发行三次公债，包括闽北分苏发行经济建设公债 20 万元，为红军借谷子 15000 担，闽浙赣省苏发行的决战公债 10 万元。

上述各革命根据地发行的公债中，相当一部分是为了充实革命战争经费，弥补军费的不足。各革命根据地发行的第一、第二期公债，都是专为充裕战争的用费。第三期公债，如临时中央政府发行的经济建设公债 300 万元中，100 万元专门用作供给革命战争经费。这些公债的发行，有效地充裕了战争军费，缓解了根据地财政压力，支持了革命战争，为粉碎敌人的军事围剿作出了巨大贡献。1932 年 11 月 7 日，中华苏维埃共和国临时中央政府主席毛泽东在临时中央政府成立一周年纪念大会上，向全体选民作的报告中谈到公债问题时指出：财政上最主要的用途，是用在发展革命战争方面，并为充实革命战争的经费，发行第一次革命战争公债 60 万元，在广大工农群众拥护之下，很迅速地完成，的确对于发展革命战争给予了莫大的帮助。④

---

① 《红色中华》第 57 期，1933 年 3 月 3 日。

② 参见《红色中华》第 68 期、第 60 期，1933 年 4 月 11 日、1933 年 3 月 20 日。

③ 财政部财政科学研究所、财政部国债金融司：《中国革命根据地债券文物集》，中国档案出版社 1999 年版，第 13 页。

④ 财政部财政科学研究所、财政部国债金融司：《中国革命根据地债券文物集》，中国档案出版社 1999 年版，第 12 页。

（二）有力地支援和促进了根据地的经济建设

1933 年 7 月中华苏维埃共和国临时中央政府发行 300 万元经济建设公债，"这次发行公债与前两次公债不同，这次经济建设公债主要目的是为了发展苏区经济，建立革命战争的物质基础"①。临时中央政府用 300 万元经济建设公债中的 200 万元来大力发展对外贸易和调剂粮食，用小部分资金来发展生产合作社、消费合作社等。湘赣省苏维埃政府通过增发 20 万元革命公债作为经济建设公债，"专门拿来做经济建设事业发展生产，冲破敌人经济封锁，进一步来改善群众生活。"② 这 20 万元经济建设公债，8 万元用于发展对外贸易，8 万元用于调剂粮食，4 万元帮助合作社建设。湘赣省苏维埃政府通过发行公债，筹集资金来扩大省工农银行，实现低息借贷；帮助发展各种消费合作社和生产合作社 1000 多个；"恢复发展锅铁厂、石灰厂，创办樟脑厂及五金矿山，发展赤白贸易，整顿税收，扩大了国家财政收入。"③ 各根据地经济建设公债的推销，使得苏区出现了前所未有的群众性的经济建设热潮，有力地推动了苏区经济的发展。仅在 1933 年 8、9 两个月里，在各革命根据地建立了各种形式的生产、消费合作社共 1423 个，股金达 305000 元，建立了粮食调剂分局 5 个，输出粮食 6000 担，保障了粮食价格的稳定，调动了苏区人民群众的生产积极性，为粉碎敌人的军事"围剿"提供了一定的粮食保障。"在中央革命根据地所属的江西省、福建省和瑞金直属县集中了六十万元的公债谷，各粮食调剂分局收集公债谷约 15000 担，粮食贮存达 210000 担。在对外贸易方面，在八、九、十三个月内，

① 《关于推销三百万元经济建设公债宣传大纲》，《中央革命根据地财政经济史长编》，人民出版社 1982 年版，第 492 页。

② 《中共湘赣省委为参加苏维埃经济建设与经济动员给各级团部指示》，转引自财政部财政科学研究所、财政部国债金融司：《中国革命根据地债券文物集》，中国档案出版社 1999 年版，第 23 页。

③ 刘吉德、唐武云："湘赣省革命战争公债券有关问题调查研究"，《中国钱币》2010 年第 1 期，第 51 页。

进出口总额达 33 万元左右。"① 通过利用发行的公债募集资金，组织消费合作社，使根据地人民群众能用低价购买布匹、食盐、洋油等日用品，一定程度上缓解了革命根据地急需的棉布、药品、食盐等物资供应紧缺的状况。粮食合作社是通过公债加上群众自愿入股集资而成立的群众性经济组织，具有群众性、开放性、广泛性等特征，在收获季节，粮食合作社通过高于市场的价格收购粮食，在青黄不接时又以低于市场的价格出售粮食。粮食合作社在平抑粮价方面起到重要作用。当然，类似粮食这种消费合作社对社员和红军家属实行优惠政策，他们享受优先购买权和优惠价格。这样就确保了根据地内粮食价格常年稳定，解决了根据地缺乏粮食的大问题。在农业生产发展方面，中央革命根据地 1933 年比 1932 年增加了 15%，闽浙赣革命根据地同比增加了 20%。② 各根据地通过利用公债组织起来的生产合作社，制造了不少的犁、耙等家具和手工业用品，许多手工业也有不同程度的恢复和发展。③ 所有这些，对于保障红军的供给，发展根据地经济，一定程度改善群众生活，打破敌人的经济封锁，为粉碎国民党反动派的军事"围剿"发挥了巨大的作用。

（三）通过发行公债回笼货币，稳定币值

革命战争短期公债的发行和经济建设公债的发行，向市场抛出公债券，回收货币，相对减少了财政性货币的发行，能有效调节货币的流通量，对于稳定币值、平稳根据地物价发挥了重要作用。

（四）储备了足够的战略物资，保障红军作战供给

俗话说："兵马未动，粮草先行。"在革命战争年代，粮食、棉花是最重要的战略物资。中央革命根据地和其他革命根据地在发行各期公

---

① 《中央苏区的经济建设及经济情况》，转引自赵效民：《中国革命根据地经济史（1927—1937）》，广东人民出版社 1983 年版，第 276 页。
② 赵效民：《中国革命根据地经济史（1927—1937）》，广东人民出版社 1983 年版，第 277 页。
③ 毛泽东：《我们的经济政策》，《毛泽东选集》第一卷，人民出版社 1991 年版，第 131 页。

债时，允许根据地群众以粮食、棉花等物资折价购买公债券。如《中华苏维埃共和国发行经济建设公债条例》规定："购买本公债者，交谷、交银听其自便。交谷者谷价照当地县政府公布之价格计算。"临时中央政府发行的300万元经济建设公债中，明确指定其中100万元用来作粮食调剂局和对外贸易局的本钱，收集和调剂粮食。"因为这一公债可以用粮食来购买，所以公债的推销，同时就可以尽调剂粮食价格的作用。"同时，利用发行公债募集到足够的资金，可以交换或储备足够的物资。因为，"估计到今年的收成以及全中央苏区粮食的需要，中央苏区今年可输出三百万石谷子，苏维埃政府可输出一百二十万石，私人以及粮食合作社可输出一百八十万石，如若每石出口以四元计算，则可得到一千二百万元。除一部分拿来供给红军给养及苏维埃政府财政上的需要外，大部分可用来买进工农群众的日常必需品，以改良群众的生活。"同时，运用一部分公债资金，"粮食调剂局需要储存二十五万石谷子，粮食合作社储存三十万石谷子，以备明年之用。"①《中华苏维埃共和国湘赣省苏第二期革命公债条例》第七条规定："购买本公债者，交银、交谷、棉花听其自便，谷棉价格由当地县政府公布之。"由于各根据地群众可以用粮食或棉花来购买公债券，这样可收集较多的粮食和棉花，有效地充裕了红军作战所需的战略物资。据1934年3月22日《红色中华》报道："江西省的博生、长胜、万泰、广昌、石城、太雷、宜黄、洛口、胜利等县，截至三月十三日，收集公债谷73569担，税谷77984担，合计151553担。"其中有不少税谷也是利用公债票折价上缴的。1934年1月25日，第二次全苏代表大会主席团、中共中央《关于完成推销公债征收土地税收集粮食保障红军给养的突击运动的决定》指出："收集粮食保障红军给养，同时调剂粮食市价，发展苏区经济，是彻底粉碎敌人五次'围剿'的主要条件之一。这一粮食的来源，最

---

①　《中共中央组织局关于收集粮食运动中的任务与动员工作的决定》，《革命根据地经济史料选编》（上册），江西人民出版社1986年版，第132—133页。

大的是建设公债，其次是土地税与红军公谷。"① 1934 年 2 月，中华苏维埃临时中央政府人民委员会作出《关于粮食突击运动的决定》，作出这一决定的目的是为了确保经济建设公债推销和粮食收集任务的顺利完成。决定要求各根据地苏维埃政府必须在 1934 年 3 月 15 日前全部完成粮食收集任务。到 1934 年 3 月底，"收集粮食突击运动已经获得了很大的成绩，大多数县份一般的已经完成或快要完成。瑞金在二月底即已完成，并超过一万元公债，收集粮食在百分之九十以上，宁化、洛口、长胜、西江、石城都在三月初完成。"② 闽浙赣革命根据地 1933 年收集棉花约 5 万斤，棉花"全省不需要白区来供给了"③。这些棉花中有相当一部分是群众折价购买公债券所得。利用发行公债筹集的资金，通过粮食调剂局的调控和粮食合作社的互助行动，以及对外贸易局的交易行动，保障了红军反"围剿"战事粮食及其他物资的需要，为红军粉碎敌人的"围剿"和实现战略奠定了物资基础。

（五）公债发行中存在的问题

在土地革命战争时期，中华苏维埃共和国临时中央政府发行了三期公债，其他革命根据地也发行了不同种类的公债。从总体上来看，这些公债的发行，有效地充裕了红军作战经费，资助合作社、粮食调剂局和对外贸易局，调剂根据地粮食价格，平抑物价，推动根据地内外贸易，一定程度缓解了根据地日用必需品短缺的状况，有力地支援了根据地经济建设，为粉碎国民党的军事"围剿"、打破敌人的经济封锁，发挥了积极的作用。

然而，"公债是国家财政紧急时的一种借贷办法"④，其实质是国家

---

① 《革命根据地经济史料选编》（上册），江西人民出版社 1986 年版，第 459 页。

② 《收集粮食突击运动总结》，《红色中华》第 169 期，1934 年 3 月 31 日，转引自温时明："中央苏区时期粮食工作概况"，《中国粮食经济》2003 年第 3 期，第 45 页。

③ 《闽浙赣省的经济建设》，《红色中华》第 145 期，1934 年 1 月 19 日。

④ 《财政人民委员部一年来工作报告》，转引自财政部财政科学研究所、财政部国债金融司：《中国革命根据地债券文物集》，中国档案出版社 1999 年版，第 12 页。

向群众所借之款项。从公债的实质来看，中华苏维埃共和国临时中央政府1932年7月开始发行的第一期革命战争短期公债60万元，基本上没有达到政府向民众借贷的目的。

第一期革命战争短期公债还本付息期为半年，但由于该期公债条例第六条规定："本项公债完全得以十足作用的完纳商业税、土地税等等国家租税"①，于是，执有公债券的商人、农民，他们要缴纳税收，根据公债条例，在缴纳商业税、土地税的时候，就完全把公债券还给政府，虽然距还本付息期限还有两三个月，但发行的60万元公债已经差不多有50万元以租税形式回收了。显然，第一期公债没有起到中央政府向根据地公众借贷的应有效果，也没有达到利用发行公债缓解政府财政压力的最终目的。

第二期120万元革命战争短期公债于1932年11月1日至12月1日分五期发行完毕。由于吸取了第一期公债发行的经验教训，除规定了还本付息的期限为半年，即1933年6月1日起还本付息外，第二期公债条例第六条规定："本项公债于满期后准予完纳一切租税十足通用，期满前不准抵纳租税。"1933年2月，苏区财政正处于敌人更严厉的经济封锁和军事围剿之中，因为国民党正在加紧对各革命根据地进行第四次"围剿"，根据地军民第四次反"围剿"战斗进入第二阶段，红军所需经费日益增加，全苏区在开展节省运动，加紧筹款工作，以进一步充足战争经费。同时，中共苏区中央局于2月8日作出《关于在粉碎敌人四次"围剿"的决战前面党的紧急任务决议》，要求"最大限度地扩大与巩固主力红军，在全国各苏区创造一百万铁的红军。"② 于是，各级苏维埃政府面临更加紧迫的财政压力。在这种情况下，由当时的民间组织"中国手艺工人工会筹备会"最先发起"退还二期公债，不要还本"的

① 《中华苏维埃共和国革命战争短期公债条例》，财政部财政科学研究所、财政部国债金融司：《中国革命根据地债券文物集》，中国档案出版社1999年版，第8页。
② 赵增延、赵刚：《中国革命根据地经济大事记（1927—1937）》，中国社会科学出版社1988年版，第82页。

运动迅速在各根据地开展起来。与此同时，各根据地有不少革命群众与民间组织向苏维埃政府提议，延期一年兑付第二期公债并要求政府发行经济建设公债。据史料记载："自本报号召退还二期革命战争公债以来，在广大群众热烈拥护之下，已经退还了90余万元。虽二期公债原定6月份偿还，但一直到现在为止，群众退还公债的潮流，并未低落，本报收到此类退还消息，日有数起。为明了对这一问题的处理办法，本报记者，特往财政人民委员林伯渠同志，据谈财政部对于未退还的公债，已经充分准备款项于今年6月份照本利如数发还。但近来有不少群众与革命团体向财政部提议，为了充裕革命战争经费，必须将二期公债偿还时间再行延期，使没有退还的群众，有充分的时间来继续退还。同时，更要求将二期公债购买经济建设公债，以帮助苏维埃的经济建设。这两种提议，都充分表示出群众拥护革命战争的积极性。财政部为满足群众的热烈要求，主张：凡愿意继续退还的仍可退还，同时，凡未退还的到期公债，均可调换经济建设公债。这样使群众的要求都可得到满足，而对于充裕红军给养，也有不少帮助。"[1] 因此，原定于半年后即1933年6月1日开始还本付息的第二期公债，其偿还因此延缓一年。当然，在当时那种特殊的战争环境里，这也实在是一种无奈的选择，尽管是一种理性的抉择，它相当程度上确实缓解了苏维埃政府的财政压力。但从公债的借贷本质来看，它"客观上对苏区政府的金融信用势必产生副作用"[2]。因为公债条例明文规定半年后开始还本付息，但实际运作时却违反了条例规定，这就使苏维埃政府的财政信用打折扣了。

从临时中央政府发行的第一、第二期革命战争短期公债的利率和还贷期限来看，这两次公债的利率都"定为周年1分"，即百分之十，与当时各革命根据地民间借贷利率水平相当或稍低。1930年3月25日，闽西根据地第一次工农兵代表大会通过《借贷条例》，该条例第四章第

---

① 《红色中华》第64期，1933年5月4日。
② 张启安："浅议中央苏区所发行的三次公债"，《人文杂志》2001年第3期，第156页。

十五条对利息作出规定："以后来往利息，最高不得超过一分五厘以上"[①]，当然也包括民间借贷和根据地苏维埃银行的借贷利率最高不得超过年息 15% 这个界限。1932 年 1 月 27 日，中华苏维埃共和国临时中央政府作出《关于借贷暂行条例的决议》，后附有《借贷暂行条例》，该条例第三条规定："苏区中借贷利率，高者短期每月不得超过一分二厘，长期周年不得超过一分。最短期利息以期满付给，长期利息每周年付给一次，或分季分给，一切利息都不得利上加利。"[②] 由此我们可以推断，第一、第二期公债的利率既考虑了民间借贷利率水平，又不突破《借贷暂行条例》对利率的规定，是比较切合实际的。这两期公债的还本付息期限都为半年，这极有可能与革命根据地所处的农村环境有关，当时各革命根据地大多数都创建于敌人统治相对薄弱的农村地区，传统的农业经济受季节和气候等自然因素影响较大，全年分夏收和秋收两次收获季节，在自然经济的农业社会里，农民大多数别无其他收入来源，只有依靠农作物在夏季和秋季成熟收获时，才能卖出粮食等农作物获得收入，也只有在夏季和秋季才有能力还贷。而乡村民间借贷，也大多数在夏秋两季偿还。因此，中华苏维埃共和国临时中央政府发行第一、第二期公债，以及湘赣省等苏维埃政府发行的短期公债，在制定利率和还本付息期限等方面的思路，很可能受到民间借贷传统的影响。

从财政角度看，公债是政府财政收入的补充形式，是弥补赤字、特别是解决财政困难的有效手段。然而，在特殊的战争环境，作为苏维埃政府借贷行为，第一、第二期公债以半年作为还本付息期限未免过短，"不合公债原理，与政府财政年度不易配合"[③]。尤其是在发行公债券半年后，持有公债票的农民和商人，又将手里的公债券抵纳土地税、林业

---

① 《借贷条例》，《革命根据地经济史料选编》（上册），江西人民出版社 1986 年版，第 357 页。

② 《中华苏维埃共和国临时中央政府关于借贷暂行条例的决议》，《红色中华》第 7 期，1932 年 1 月 27 日。

③ 张启安："浅议中央苏区所发行的三次公债"，《人文杂志》2001 年第 3 期，第 156 页。

税、商业税退回给苏维埃政府。特别是第一期公债，距还本付息期限还有两三个月，就回收了50多万元。这样，苏维埃政府的战时财政困难在下一个半年仍然存在。因为在发行公债的半年里，苏维埃政府国库里有募集到的资金，但打仗打的是粮草和经费，需要消费大量的钱财，也许不到半年时间公债资金就消费完了，在接下来的半年里又到了还本付息期，收集到的土地税、商业税有很大部分是公债券，因此，过短的偿还期限不能真正解决苏维埃政府的财政困难。第一期公债的过早退回抵税，不仅没有起到发行公债的应有作用，而且使中华苏维埃共和国临时中央政府的公债印刷费成了一种无形的损失。

在发行第三期经济建设公债时，中华苏维埃共和国临时中央政府虽然对第一、第二期公债的发行进行了检讨："改正以前公债一次偿还，又偿还期太短之不合公债原理的办法。"[1] 但是，本公债从1933年8月1日开始发行，还本从1936年10月份起，分5年偿还。从发行到还本结束，期限为7年，在恶劣的战争环境，还本期限未免过长，这是一方面。另一方面，本公债利率定为周年5厘，与第一、第二期公债利率及根据地农村民间借贷利率相比，明显偏低。再加上根据地连年遭受国民党军事"围剿"和经济封锁，苏区经济建设遭到极大破坏，根据地人民群众生产生活极其困难，经济条件并不宽裕，同时，许多地方推销公债出现极其错误的"平均摊派"做法，因此，经济建设公债的推销工作较之前两次公债有较大难度。按照原定计划，要在1934年12月底完成300万元经济建设公债推销任务，但是截止到1934年12月底，江西只完成了规定任务的三分之一，福建只完成预定的五分之一，而粤赣省只完成了四分之一。[2] 1934年1月23日，中共中央和第二次全国工农兵代表大会主席团在《关于完成推销公债征收土地税收集粮食保障红军给养的突击运动的决定》中，明确指出经济建设公债发行等工作中

---

[1] 张启安："浅议中央苏区所发行的三次公债"，《人文杂志》2001年第3期，第156页。
[2] 张启安："浅议中央苏区所发行的三次公债"，《人文杂志》2001年第3期，第156页。

存在的问题："根据中央财政部报告，建设公债的发行，至今五个多月，交到仓库的谷款还不到半数；土地税的征收还不到十分之一；红军公谷也大部分未交到仓库，以致红军部队及政府机关粮食不够供给。而目前又是冬尽春初，米价日益腾贵，如公债及土地税谷子再不迅速收集，必将使红军及政府机关的粮食供给更加困难。"为此，"限定在二月底以前完成公债谷、土地税和红军谷的征收任务。"① 由于敌人对根据地的猖狂进攻，加上军事指挥上的"左"倾错误，第五次反"围剿"战争日益艰难和严酷，粮食紧缺的问题日益严重，发行第三期经济建设公债的目的由发展根据地经济建设和充裕战争经费演变为实际上以筹集军粮为主了。

第二节　土地革命时期其他根据地发行的公债

一、湘赣省苏维埃政府发行的革命战争公债

为了扭转苏区经济困难的局面，增加湘赣革命根据地财政收入，湘赣省苏维埃政府采取整顿税收，帮助发展各种合作社运动，大力发展工商业，发行革命战争公债等措施，以补充军费不足，粉碎敌人的军事"围剿"和经济封锁。1932 年至 1933 年，湘赣省革命根据地曾先后两次发行革命战争公债。1932 年 12 月，湘赣省苏维埃政府发行了第一期革命战争公债 8 万元，弥补红军作战经费的不足。湘赣省革命根据地第一期革命战争公债发行后，根据地军民踊跃认购，实际发行公债 11 万元，超过原发行计划 3 万元。

---

① 赵增延、赵刚：《中国革命根据地经济大事记（1927—1937）》，中国社会科学出版社1988 年版，第 101 页。

国民党军队对革命根据地的第四次"围剿"被粉碎后，蒋介石立即调集重兵对湘赣革命根据地进行第五次军事"围剿"，同时在经济上进行更为严密的封锁。根据地的农产品不能出口，根据地军民所需要的食盐、布匹、西药等日用品无法运进来。为粉碎敌人的第五次军事"围剿"和经济封锁，1933年8月12日，江西南部十七个县经济建设工作会议在瑞金召开，毛泽东同志在会上作了重要报告，他在报告中批评了把革命战争与经济建设对立起来的错误观点，论述了革命战争与经济建设的辩证关系，提出了我党所领导的革命根据地进行经济建设的理论与政策。毛泽东在报告中指出：只有"发展红色区域的经济，才能使革命战争得到相当的物质基础，才能顺利开展我们军事上的进攻，给敌人的'围剿'以有力打击"。"中央政府发行三百万元经济建设公债，一百万元供给红军作战费，二百万元借给合作社、粮食调剂局、对外贸易局作为本钱，我们的目的不但要发展生产，并且要使生产品出口卖得适当价钱，又从白区用低价买得盐布进来，分配给人民群众，这样去打破敌人的封锁。"①

1933年7月，湘赣省苏维埃政府决定发行第二期革命公债15万元，实际印制了20万元。② 1933年7月1日，湘赣省苏维埃政府颁布了《湘赣省革命战争公债条例》，《条例》指出："湘赣省苏维埃政府为发展革命战争，彻底粉碎敌人的围剿……特募集第二期公债以充裕战费，故定名第二期战争公债。"本次公债有伍角、壹元、伍元三种不同的面额，利率为周年1分，从1934年9月1日起为还本付息日期。③ 1933年10月18日，湘赣省苏维埃政府召开全省经济建设大会，会议通过了《湘赣全省经济建设会议的决议》，会议指出，为了粉碎国民党反动派

---

① 毛泽东：《必须注意经济工作》，《毛泽东选集》第一卷，人民出版社1991年版，第122页。

② 陈洪模："谈湘赣苏区第二期革命公债发行量"，《南方文物》2005年第4期。

③ 湖南省财政厅编：《湘赣革命根据地财政经济史料摘编》，湖南人民出版社1986年版，第506页。

第五次军事"围剿"，必须设法打破敌人的经济封锁，通过发展根据地工农业生产，扩大对内对外贸易，发展合作社运动，调剂粮食，加紧筹款，增加国家财政收入。会议决定，省苏维埃政府增发 20 万元二期革命公债。同年 10 月 22 日，中共湘赣省委作出《关于国民经济建设问题的决定》，提出"再补发二十万公债，可用于粮食、棉花等农产品的购买"①。1933 年 10 月 22 日，湘赣省苏维埃财政部发布了《增发二十万二期革命公债发行工作大纲》，指出："自九县查田大会一致要求省苏增发二十万二期革命公债用于经济建设以后，跟着全省经济会议、永新合作社代表大会、军区及许多机关、各地方都纷纷继续要求省苏迅速批准发行。省苏对群众的这一热烈的请求，已经正式批准。并确定将原印发之二十万公债迅速完成，供给革命战争经费外，其余补发之二十万以八万用于对外贸易，八万用于粮食调剂，四万帮助合作社。"②

综上所述，湘赣省苏维埃政府发行两期革命战争公债与革命公债，金额共计 48 万元。第一期革命战争公债发行计划量本来就不大，进展非常顺利，超额完成 3 万元。第二期革命战争公债与革命公债金额共计 40 万元，由于种种原因推销进度缓慢，直到 1934 年 4 月，全省还有七万元公债没有推销完。由此看来，湘赣革命根据地发行的两期公债任务基本完成。

二、湘鄂赣省苏维埃政府发行的公债

在土地革命时期，湘鄂赣省苏维埃政府为充裕革命战争经费和发展苏区经济，从 1932 年 12 月起先后发行了三期公债。

一是 1932 年 12 月发行的"湘鄂赣省短期公债"。本公债发行数额

---

① 赵增延、赵刚：《中国革命根据地经济大事记（1927—1937）》，中国社会科学出版社 1988 年版，第 95 页。

② 《湘赣省发行革命战争公债第三期条例》，《湘赣革命根据地财政经济史料摘编》，湖南人民出版社 1986 年版，第 506 页。

为国币 5 万元，利率为周年 1 分，债券票面金额分为伍角、壹元两种。湘鄂赣省苏维埃政府为本公债的发行专门发布了《湘鄂赣省短期公债条例》，该条例规定本公债偿还期限为一年，即到 1933 年 12 月底，"由湘鄂赣省苏财政部负责本息同时兑还"；本公债期未满也可以用来完纳国家租税，"但不到还本付息期则不付息"，并且"本公债准许买卖、抵押及其他现款担保品之用"①。

二是 1933 年 10 月发行的"湘鄂赣省第二期革命战争公债"。本公债发行额为国币 8 万元，利率较第一期公债低，周年 6 厘；券面金额与第一期相同，分为伍角和壹元两种；还本付息期限为一年，即到 1934 年 10 月底"由湘鄂赣省苏财政部负责本息同时兑还"。本公债发行吸取了第一期公债的经验教训，规定到还本付息期才能完纳国家一切租税。

三是 1933 年 7 月发行的"湘鄂赣省经济建设短期公债"，由于缺乏相关史料，发行的经济建设公债情况不详。但从 1933 年 11 月 30 日，刊登在《中共湘鄂赣全省积极分子大会日刊》上的一篇文章，即《共青团对扩大红军、经济动员、青年群众工作和团的建设问题的总结》一文中可以证明省苏维埃政府确实曾发行过经济建设公债，文章号召："迅速退还第一期革命战争公债，争销第二期革命战争公债和苏维埃建设公债，使每个团员和劳苦青年都自动地尽量推销。"②

三、闽浙赣省苏维埃政府发行的公债

闽浙赣省各级苏维埃政府在土地革命时期，为筹集革命战争和根据地经济建设所需经费，曾于 1934 年 7 月 1 日发行"闽浙赣省苏维埃政府粉碎敌人五次围攻决战公债"。公债背面印有《闽浙赣省苏发行粉碎敌人

---

① 财政部财政科学研究所、财政部国债金融司：《中国革命根据地债券文物集》，中国档案出版社 1999 年版，第 28 页。

② 财政部财政科学研究所、财政部国债金融司：《中国革命根据地债券文物集》，中国档案出版社 1999 年版，第 29 页。

五次围攻决战公债条例》,《条例》规定了发行本公债的目的和用途,指出:"省苏政府为充裕战争经费开展经济建设事业,发展革命战争,争取粉碎敌人五次'围剿'的决战胜利,根据全省工农群众的热烈请求与省苏二次执委扩大会议的决议,特发行 10 万元粉碎敌人五次'围剿'决战公债,其用途以 80% 作为决战经费,以 10% 作为开展经济建设之用,以 10% 用于救济避难的革命群众。"[1] 本公债 1934 年 7 月 1 日开始发行,总额为 10 万元国币,在苏区与白区推销,限于 1934 年 7、8、9 三个月内推销完毕;利率定为周年 1 分。本公债以苏维埃各种税收为担保品;偿还期限为一年,即 1935 年 7 月开始偿还本息,公债的发行及还本付息事项,均由各级苏维埃财政部负责。本公债券面额只有壹元券一种。

闽浙赣省苏维埃政府发行的决战公债还本付息期限为一年,由于当时所处的特殊战争环境,闽浙赣根据地为适应反"围剿"战争的需要,急迫扩充红军规模,红军作战及政府机关粮食问题日益严重,因此,本决战公债既可以用现金购买,也可以用粮食折价购买,一元公债折合稻谷 50 斤。各级苏维埃政府采取政治宣传动员、开展革命竞赛、群众自愿认购、党员和苏维埃干部带头购买等方法,决战公债的发行工作比较顺利,不仅全省各地群众踊跃认购,就连邻近白区群众也积极购买,实际完成推销额为 14 万元,比原定计划超额 4 万元。[2]

1934 年 10 月中旬,中央红军被迫离开中央革命根据地,从江西的瑞金、于都和福建的长汀、宁化等地出发,向西突击,开始战略转移。同时,闽浙赣省首府葛源沦陷,决战公债到期没有能够偿还本息。

四、湘鄂西根据地发行的公债

湘鄂西革命根据地曾于 1930 年和 1931 年先后两次发行了公债,第

---

① 江西财政学院经济研究所、江西省档案馆、福建省档案馆:《闽浙赣革命根据地财政经济史料选编》,厦门大学出版社 1988 年版,第 540 页。

② 汤勤福:"闽浙赣根据地的有价证券研究",《福建论坛》(文史哲版) 1997 年第 5 期。

一期发行借款券，第二期发行的是水利券，是最早发行公债的苏区。

（一）鹤峰县苏维埃政府借券[①]

1930 年，湘鄂西革命根据地鹤峰县苏维埃政府为解决红二军团东进的军费困难，曾发行"鹤峰县苏维埃政府借券"，借款对象为鹤峰县城及走马、五里坪等地商人和居民，借款券发行总额为两万串，合银元 1 万元。1931 年，红二军团在贺龙率领下重返鹤峰县，向借券持有人加倍兑付了银元，该项借款得以全部还清。

（二）湘鄂西省苏维埃政府水利借券[②]

1931 年夏天，长江中下游发生了罕见的大水灾，湘鄂西苏区受灾严重，仅监利、沔阳、汉川、江陵苏区 95% 被水淹没。一方面，严重的水灾给湘鄂西革命根据地经济特别是粮食带来极大困难；另一方面，洪水泛滥导致长江、汉水大堤到处溃口，这些险堤决口不仅严重威胁着苏区人民群众的生命财产安全，而且还直接影响着新生的苏维埃政权的稳固。因此，在当时紧急情况下，修堤堵口、兴修水利就成为根据地党和苏维埃政府的当务之急。于是，苏区各级苏维埃政府采取各种方式动员群众参加修复堤坝。1931 年 7 月 31 日，中共湘鄂西省委作出《关于水灾时期党的紧急任务之决议》，决议根据水灾情况，提出了解决粮食困难的具体办法，同时，要求各级苏维埃政府动员苏区人民兴修水利。由于修复长江、汉水大堤的工程浩大，需要耗费约 250 万元以上的巨资才能竣工。为解决修复堤坝所需经费，中共湘鄂西省委决定：一、由各级苏维埃政府从每月的总收入中提取 30%，作为兴修堤坝的专项经费；二、不足部分向苏区民众借款，由省苏维埃政府发行 80 万元"水利借

---

① 财政部财政科学研究所、财政部国债金融司：《中国革命根据地债券文物集》，中国档案出版社 1999 年版，第 7 页。

② 财政部财政科学研究所、财政部国债金融司：《中国革命根据地债券文物集》，中国档案出版社 1999 年版，第 7 页。

券"，并颁布了《湘鄂西省苏维埃政府水利借券条例》。《条例》虽然只有五条，但详细规定了发行水利借券的目的、利息、还本付息、推销对象、用途和性质等事项。根据本条例规定，这是一种"无息借券"，以1932 年的土地税作为担保，是有信用保障的；各县按照本县水利经费20% 的数目推销水利借券；推销对象分为两种：一是苏区、白区的富农和商人，由此可以判断，这类推销对象可以通过强迫命令的方式进行；二是其他热心水利的群众，这类对象当然不能强迫命令，只能根据自己的经济能力，自愿认购。《条例》还规定，本水利借券必须 100% 用在整顿水利上，"绝对不准移作别用"；本券能够流通，可以出售，但不能购买货物。现将该水利借券条例抄录如下：

湘鄂西省苏维埃政府水利借券条例

一、苏维埃整顿水利是要动员广大群众，为了保证土地革命的利益，而来踊跃的进行。本券是为必要的水利经费，只占整个水利经费的 20%。

二、本券是无息借券，以明年的土地税作担保，各县按照本县水利经费 20% 的数目来省府领取推销，将来按照所推销的数目全部收回，送交省府焚毁。

三、本券推销的主要对象，是赤白区的商人和富农；其他热心水利者，可按自己的经济力量自愿承销。

四、本券必须百分之百地用在整顿水利上面，绝对不准移作别用。

五、本券与"借据"性质相同，能够出售，但不能购买货物。

湘鄂西省苏维埃政府

1931 年　月　日

水利借券面额不详，目前只见到壹元券。壹元券是横式，债券的正面为红色图文，上方中央自右向左弧形书写"水利借券"，票面价值"壹圆"竖写在正中央花符内，"壹圆"左右两边印有一些水利建设图案，票面左侧直书"一九三一年　月　日"，右侧直书"湘鄂西省苏维埃政府发行"，券面四角花符内面值"壹圆"。本债券票正面底部左、右两端附印有白底红字说明，分别是："只有全国苏维埃的胜利才能澈底整顿水利"、"水灾是帝国主义国民党统治下的必然结果"。背面白底蓝字，印有"本券条例"全文，中央加盖"湘鄂西省苏维埃政府"红色公章（详见附录（七））。

第三节　土地革命时期革命根据地发行的借谷票

在革命根据地，粮食问题是关乎苏维埃红色政权能否巩固的大问题，因此，在苏区内"为粮食而斗争就是为苏维埃政权的斗争"[①]，各根据地曾先后多次向群众借粮借谷。

一、向群众借谷的背景和原因

首先，从革命根据地红军和苏维埃政府粮食主要来源来看。在土地革命时期，各根据地苏维埃政权建立起来后，红军和苏维埃政府的粮食来源主要通过以下三种途径来解决：一是征收土地税。如中央革命根据地从 1932 年起，"土地税已逐步征收"，全苏区土地税谷总量，1934 年秋已达到 20 万担。二是收集红军公谷。《中国工农红军优待条例》第二条规定："凡红军战士，家在白色区域的，以及新由白军中过来的，则在苏区内分得公田，由当地政府派人代耕。"在这里，"苏区内分得的公田"就是红军公田，在红军公田上生产的谷子即为红军公谷。1934年秋，中央革命根据地红军公谷任务数为 5000 担。三是经济建设公债。

[①]　源远：《鄂豫皖苏区为粮食而斗争》，《革命根据地经济史料选编》（上册），江西人民出版社 1986 年版，第 79 页。

1934 年 1 月 23 日，第二次全苏代表大会主席团、中国共产党中央委员会作出《关于完成推销公债征收土地税收集粮食保障红军给养的突击运动的决定》，指出："收集粮食保障红军给养，同时调剂粮食市价，发展苏区经济，是彻底粉碎敌人五次'围剿'的主要条件之一。这一粮食的来源，最大的是建设公债，其次是土地税与红军公谷。"但是，由于敌人对革命根据地长期的经济封锁和红军反"围剿"战争消耗，加上敌军的抢掠骚扰以及自然灾害带来的粮食歉收，还有我们的宣传动员工作没有完全到位等原因，导致土地税和红军公谷的征收效果并不理想，通过发行建设公债征集粮食的计划也没有如期完成。"根据中央财政部报告，建设公债的发行，至今五个多月，到金库的谷款还不及半数，其中最严重的为于都、赤水、广昌、宁化、宜黄、汀东等县，集中谷子还不及十分之一，博生、胜利、赣县、万泰、长汀等县也还不及百分之三十；土地税征收，虽已于十二月在各县普遍开始，但至今征收总数，还不及十分之一，……红军公谷也大部分未交到仓库，以致红军部队及政府机关食米不够供给。这些严重现象，当然是由于公债推销与土地税征收没有成绩的结果。目前是冬尽春初，米价日益腾贵，如公债及土地税谷子，再不迅速收集，直接影响红军部队及政府机关粮食的供给，间接更将便利于富农奸商的操纵，引起米价飞涨，而影响到工人、农民及一般贫苦群众的生活。"①

其次，要粉碎敌人接二连三的疯狂"围剿"，需要扩大红军，因此，必须解决粮食供给问题。1933 年 2 月 8 日，中共苏区中央局作出《关于粉碎敌人四次"围剿"的决战前面党的紧急任务决议》，要求"最大限度地扩大与巩固主力红军，在全国各苏区创造一百万铁的红军"。为了解决第四次反"围剿"战争中大规模扩大红军而发生的粮食困难，1933 年 3 月 1 日，中华苏维埃共和国临时中央政府发布第 20 号

---

① 《第二次全苏代表大会主席团、中国共产党中央委员会关于完成推销公债征收土地税收集粮食保障红军给养的突击运动的决定》，《革命根据地经济史料选编》（上册），江西人民出版社1986 年版，第 459 页。

训令，决定向苏区群众借谷 20 万担，要求在两个月内完成。1933 年 3 月 5 日，中央内务人民委员部发布《关于解决粮食问题》的布告，指出：由于敌人对革命根据地连续不断疯狂进攻，粮食问题日益严重，要求各根据地人民群众齐心协力，共同支持红军的粮食给养。① 同年 5 月 20 日，中央国民经济人民委员部颁发第 1 号训令《发动群众节省谷子卖给粮食调剂局》，该训令指出：粮食问题尤为紧迫，不仅关系红军的给养，而且直接影响工农劳苦群众的日常生活。目前粮食缺乏，谷价飞涨，中央革命根据地有些地方已经发生粮荒。训令要求："我们为要解决这个问题，除由粮食调剂局分向各县、区、乡谷米比较多的地方采买外，各县国民经济部应即提出主席团召开区、乡代表联席会议，此项会议，须有贫农团、工会及妇女代表的参加，热烈讨论在最近两月内每人要设法节省谷子一斗。卖给粮食调剂局的问题，要从各方面去鼓动群众，说服他们，使他们了解这是帮助战争。"②

再次，向革命根据地群众借粮食不仅是为了解决红军和苏维埃政府的粮食困难问题，而且是为了保护群众粮食免遭白军抢劫。1933 年初，中央革命根据地遭到国民党军队的大规模军事"围剿"，根据地许多地方被敌人洗劫一空，粮食和猪牛等财物被敌人抢去无数。1933 年 3 月 1 日，中华苏维埃共和国临时中央政府执行委员会发出向根据地人民群众借谷的 20 号训令，该训令指出：根据江西、福建省许多地方政府报告，各根据地革命团体纷纷请求，认为帝国主义国民党现在实行大举进攻，对苏区群众实行大烧、大杀、大抢政策。其中，福建的龙岩已全县被摧残，群众损失不可数计。"永定的溪南区被白军抢去谷子 2 万余担。江西方面，过去三次战争被白军杀人数千，烧屋数万，抢去谷米数十万担，猪牛各数万头。目前，蒋介石、陈济棠的几十万白军，又已开始向

① 赵增延、赵刚：《中国革命根据地经济大事记（1927—1937）》，中国社会科学出版社 1988 年版，第 84 页。
② 《为发动群众节省谷子卖给粮食调剂局》，《革命根据地经济史料选编》（上册），江西人民出版社 1986 年版，第 329 页。

苏区猛进，烧杀抢劫，业已开始。我英勇红军，正在各地和白军作残酷的战斗，但缺乏粮食，各地革命群众愿意自己节省食用，借出谷米，供给红军，好把万恶白军完全消灭，彻底粉碎帝国主义国民党的大举进攻，才保得住苏区群众不受摧残。"[①]

实际上，从1933年开始苏区粮食奇缺，依靠征收土地税、红军公谷、公债谷已经无法满足红军的不断扩大和战争费用不断增长的需要。对此，临时中央政府不得不作出决定，在各根据地开展大规模的借谷运动。

二、开展借谷运动

借谷运动是中华苏维埃共和国临时中央政府依靠根据地群众解决粮食问题的非常举措。从1933年起，临时中央政府在全苏区开展了3次借谷运动，较好地缓解了军粮紧缺的局面。

（一）第一次借谷运动

1933年春天，国民党军队向我根据地发动猛烈进攻，根据地军民奋起反击，这正是第四次反"围剿"战争最激烈的时候。为了取得第四次反"围剿"战争的胜利，红军迅猛扩大，粮食供给发生了严重困难。为了保障红军的供给，1933年2月8日，中共苏区中央局作出《关于粉碎敌人四次"围剿"的决战前面党的紧急任务决议》，强调指出："集中一切经济力量，为了战争，借20万担谷子来帮助革命战争，应该是目前的战斗任务。"[②] 于是，决定向群众借谷20万担。1933年2月16日，《红色中华》报发表了临时中央政府人民委员会主席张闻天

---

① 转引自财政部财政科学研究所、财政部国债金融司：《中国革命根据地债券文物集》，中国档案出版社1999年版，第17页。

② 转引自温时明："中央苏区时期粮食工作概况"，《中国粮食经济》2003年第3期，第45页。

的署名文章《借二十万担谷给红军的号召》，要求"在两个月内完成这一任务"。1933 年 3 月 1 日，中华苏维埃共和国临时中央政府中央执行委员会发布第 20 号训令，决定向根据地群众借谷 20 万担，这是第一次借谷运动。在临时中央政府人民委员会、中共苏区中央局和临时中央执行委员会的号召下，第一次借谷突击运动迅速在各革命根据地轰轰烈烈地开展起来。革命根据地各级苏维埃政府采取各种形式动员宣传群众开展借谷竞赛运动，实际上向群众借谷 16 万担，据记载："去年（指 1933 年，笔者注）我们工农群众热烈地借了十六万担谷子给苏维埃，解决了前方红军的粮食问题。"①许多地方群众自动提出"借谷给红军不要还"，并纷纷退回政府发给的借谷票，借谷运动取得良好效果，为红军取得第四次反"围剿"战争的胜利作出了积极贡献。如江西省"胜利县平安区平安乡的群众很兴奋地将自己的粮食节省出来，自愿借给红军，有借五升的，一斗的，甚至五斗的，更有些积极的群众，自动从五担谷子中借出二担给红军的，所以不到两天已集中了一百二十余担谷子。"②

（二）第二次借谷运动

1934 年 6 月，正是第五次反"围剿"的关键时期。为了取得第五次反"围剿"战争的胜利，红军迅速增加，需要供给大量的粮食给红军。1934 年 6 月 2 日，中共中央委员会、中央政府人民委员会在《红色中华》第 198 期上联合发布《为紧急动员二十四万担粮食供给红军致各级党部及苏维埃的信》，指出："在我们党中央与人民委员会的号召与领导之下，红五月扩大红军已达二万七千，在六、七两月我们更要进一步地为完全实现并超过五万新战士而坚决斗争。红军的猛烈扩大与革命战争的急剧开展，要求我们以更大批的粮食，来供给我们英勇作战

---

① 《红色中华》第 198 期，1934 年 6 月 2 日。
② 《一百二十余担谷子借给红军》，《红色中华》第 61 期，1933 年 3 月 5 日。

的红军。可是我们把现在所有粮食的数量和我们所需要的数量相比，我们的粮食还是不够得很，我们还差二十四万担谷子。为着保证红军的给养，为着保证前线的战斗，我们无论如何必须动员二十四万担谷子来给与红军。"为完成这一战斗任务，该信要求各级党部及苏维埃必须："第一，真正开展群众的节省三升米的运动，从节省中得到七万五千担谷子，我们应该严厉地指出，直到现在，节省三升米的运动，除个别县区外，还未能成为群众的运动。有些地方甚至把扩红突击和粮食节省运动对立起来，认为扩大红军就无暇或不须进行粮食节省（如胜利），这是非常错误的。他们不知道扩红突击的成功，正需要我们加紧节省粮食，来供给大批新战士与前方战争的需要。""第二，必须没收地主、征发富农的粮食六万五千担。""第三，必须努力发动群众借十万担谷给红军。因红军的大量需要，而我们节省及没收征发不够供给红军的需要时，我们必需发动广大群众借谷给红军。"并要求"于七月十日前完成"借谷任务。信中最后强调："同志们，前方英勇作战的红军，是等着你们的粮食来吃。为着战争的胜利，我们无论如何要得到二十四万担谷子。你们在扩红突击中已表现了你们的英勇精神，中共相信你们在为着供给红军的粮食动员上，也一定能够表现你们的光荣的奋斗的成绩。为粮食而斗争，也就是为着前线胜利而斗争。"[1] 1934 年 6 月 27 日，中共中央组织局、人民委员会发出《关于粮食动员的紧急指示》，提出要在七月十五日前完成征集二十四万担谷的计划。1934 年 7 月 5 日，《红色中华》报发表题为《动员二十四万担粮食是目前我们第一等的任务》的社论，指出：我们目前正处于与国民党反动派的殊死决战之中，或胜利或灭亡则完全取决于我们是否有强有力的红军。我们已经按预定计划在五十天内扩大了五万红军，这对于赢得战争具有决定性的意义。但是，如果没有二十四万担粮食，红军给养没有保障，就不能作战，就不

---

[1] 《为紧急动员二十四万担粮食供给红军致各级党部及苏维埃的信》，《革命根据地经济史料选编》（上册），江西人民出版社 1986 年版，第 471—474 页。

能赢得革命战争的胜利。[①]

根据地群众热烈响应党和苏维埃政府的号召，踊跃投身粮食动员运动之中，纷纷节省粮食借给苏维埃政府和英勇的红军部队，使第二次借谷运动取得了良好的效果，百分之百完成了任务。对此，中华苏维埃共和国临时中央粮食人民部陈潭秋部长在《二十四万担粮食的总结》中给予了充分肯定："由于党的正确领导，由于广大群众热烈地拥护革命战争和负责地保护红军给养；由于一般干部积极努力与不疲倦的斗争精神，党和人民委员会号召 24 万担粮食的动员，已经基本地完成而且多数县份超过了，这对于红军秋收前的给养，可以说得到相当的保证，对于粉碎敌人五次'围剿'不能不说又增加了一个有利的条件。"[②] 各省、县收集粮食的统计数字如下：

各省县收集粮食数目[③]

县别	没收征发谷	群众节省谷	向群众借谷	合计	各省合计
中央直属县					
瑞金	1,200	6,000	4,000	11,200	
西江	1,700	5,000	4,000	10,700	
长胜	1,500	4,000	3,500	9,000	
太雷	1,300	3,000	2,500	6,800	37,700
江西省					
广昌	600	500	3,000	4,100	
洛口	3,000	5,000	20,000	28,000	
乐安	3,000	1,500	10,000	14,500	
赤水	5,000	2,000	10,000	17,000	
宜黄	500	500	2,500	3,500	

[①] 赵增延、赵刚：《中国革命根据地经济大事记（1927—1937）》，中国社会科学出版社 1988 年版，第 109、110 页。

[②] 转引自温时明："中央苏区时期粮食工作概况"，《中国粮食经济》2003 年第 3 期，第 45 页。

[③] 《革命根据地经济史料选编》（上册），江西人民出版社 1986 年版，第 474—475 页。

（续上表）

县别	没收征发谷	群众节省谷	向群众借谷	合计	各省合计
博生	2,000	5,000	5,000	12,000	
石城	1,800	3,000	4,000	8,800	
胜利	1,500	5,000	4,000	10,500	
兴国	1,000	6,000	5,000	12,000	
龙冈	1,000	1,000	5,000	7,000	
永丰	800		2,000	2,800	
万太	2,000	2,000	1,000	5,000	125,200
赣南					
杨殷	1,000	1,500		2,500	
赣县	2,000	5,000	2,000	9,000	
登贤	1,600	2,500	2,000	6,100	
于都	2,200	4,000	2,000	8,200	25,800
福建省					
长汀	1,500	2,000		3,500	
兆征	1,000	1,500		2,500	
连城	500		300	800	
汀东	1,000	1,000		2,000	
新泉	500	500	500	1,500	10,300
闽赣省					
宁化	2,000	3,000		5,000	
归化	1,000			1,000	
泉上	3,000		1,000	4,000	
澎湃	15,000	500	4,000	19,500	
建太	2,000	500	2,000	4,500	34,000
粤赣省					
会昌	2,000	3,500	3,000	8,500	
门岑	500			500	9,000
总计	64,700	75,000	102,300	242,000	242,000

（三）第三次借谷运动

1934 年夏天，在第五次反"围剿"战争中，由于军事上的"左"倾路线，中央革命根据地红军处于不利地位，根据地日益缩小。与此同时，红军不断扩大，粮食供给十分紧张。在这种情况下，临时中央政府在 6 月初第二次借谷运动后，7 月下旬决定再次向根据地群众借谷 60 万担。1934 年 7 月 22 日，中共中央委员会、中央政府人民委员会作出《关于在今年秋收中借谷六十万担及征收土地税的决定》，决定指出：由于广大工农群众热烈响应了党与苏维埃动员二十四万担谷子的号召，使得我们猛烈扩大的英勇奋斗的红军，在今年夏天有了充足的给养。但是彻底粉碎五次"围剿"是长期的持久的决战，敌人目前正在企图向着我们基本苏区进攻，向着我们的汀州、石城、博生、兴国、会昌，以及于都进攻，战争的形势要求我们更进一步动员全体群众，集中一切力量，去帮助前线上的红军，拿无论如何要粉碎敌人的决心去争取伟大的最后的胜利。《决定》号召："这里粮食的继续不断的供给，是极端重要的条件。为了保证红军今后粮食的供给，中央特批准各地苏维埃与工农群众的请求：举行秋收六十万担借谷运动，并决定立即征收今年的土地税，随着武装保护秋收的运动，争取迅速切实的完成，以供给各个战线上红军部队的需要。"[①]

第三次借谷运动在党和苏维埃政府的领导下，根据地人民群众积极参与，在不到一个月的时间，就完成了预定目标任务。1934 年 9 月 30 日，《斗争》杂志第七十三期发表了中央政府粮食人民部部长陈潭秋的文章《秋收粮食动员的总结》，文章指出：秋收借谷运动，不到一个月的时间，就大大超过了预定计划。原定计划是借谷 60 万担，动员的成绩是 68 万 8 千担，实际收集 58.2 万担（未收集的大部分是迟熟的地方，还未割禾）；应征土地税 20 万担，实际征收土地税 9.4 万担（连还

---

① 《中共中央委员会中央政府人民委员会关于在今年秋收中借谷六十万担及征收土地税的决定》，《革命根据地经济史料选编》（上册），江西人民出版社 1986 年版，第 476 页。

旧借谷大概将近 12 万担）；应收红军公谷 5 千担，实际完成 1.2 万担。"在动员的成绩看来，虽然还没有达到要求的总数目，然我们决不能否认这次动员的伟大胜利，特别是借谷动员的胜利。因为闽赣各县与江西北部各县最大部分是迟禾，所以不能如期完成任务。除此以外的二十个县中，有十八个县的借谷动员都超过了中央给予他们的任务（共超过五万二千余担），收集的数目，有十二个县超过了原定计划（共超过二万六千余担）。"①

三、借谷运动的规定及方法

（一）有关借谷规定

临时中央政府向根据地群众的三次借谷运动，在各级苏维埃政府的领导下，按照借谷运动的有关规定，采取广泛宣传动员、群众自愿的原则有序地进行。第一次借谷运动，按照原来的规定要在两个月内完成既定计划。根据中华苏维埃共和国临时中央政府中央执行委员会 1933 年 3 月 1 日发布的向群众借谷的训令要求，"限 3 月份内各县要一律将群众借谷一事办完，因为战争在这个时候，将更加激烈了"，借谷任务由原来的两个月缩短为一个月。该训令规定：（1）借谷运动的完成，一定要靠很好的宣传鼓动工作，禁止不做宣传而用强迫摊派的命令主义方法。（2）各地借谷数目的分配，一定要从实际出发，决不可搞一刀切。在新苏区和老苏区，产粮丰盛与产粮少的地方要有所区别，不可平均摊派。在老苏区，产米素丰的地方要多借；产米较少的地方应少借。在新苏区，群众基础较好、斗争深入的地方应多借，否则应少借。（3）各级苏维埃政府要层层召开会议，如各乡主席联席会议、各区乡代表会、贫农团、雇农工会、选民大会等，将借谷计划层层分解落实，并开展竞赛活动。

---

① 陈潭秋：《秋收粮食动员的总结》，《革命根据地经济史料选编》（上册），江西人民出版社 1986 年版，第 487 页。

（4）凡群众借谷，均以取得中央财政人民委员部印发的借谷票为凭。（5）借谷的对象为贫农、雇农、中农，不向富农借谷，但富农必须捐款。（6）借谷票可于1933年下半年抵纳土地税。完税或抵税有余的，到时凭票向区政府领还现款。（7）借谷票由乡苏主席盖章，并限在本区使用（抵税）。没有乡苏主席盖印的票和不是本区的票，作为废票无效。①

第二次借谷运动，向群众借10万担谷子给红军，规定完成期限大约1个月时间（从1934年6月2日发布指示信起至7月10日完成止）。中共中央和中央政府人民委员会致各级苏维埃政府关于动员24万担粮食的指示信强调：所借之谷，或是由群众自己从后方运取公谷来归还，或是由下年收土地税时归还，究竟采取哪种方式，由当地粮食机关按所有粮食数量来具体规定。该指示信要求，动员粮食中必须有具体的领导，在各地应按照实际情形，决定收集粮食的主要方式。比如在北线，除努力没收征发外，应抓住借谷运动；在东北线，如像在澎湃县，则应特别着重于没收征发；在西北线及中心苏区，则应着重于节省。必须坚决反对一切官僚主义与平均主义的做法。中央要求各级党部与苏维埃政府，必须采取宣传动员广大人民群众的办法，坚决反对一切强迫命令的方式征集粮食，指出："各级党部与苏维埃必须利用一切可能的宣传鼓动方式，经过支部会议、城乡代表会议与各种群众团体的会议，以及利用各种个别谈话、讲演等等通俗的方式，把动员粮食的战斗意义，明白地解释给群众听，把粮食问题与扩大红军及革命战争的中心任务最密切地联系起来。一切强迫命令的方式都是有害的。"②

第三次借谷运动，中共中央和苏维埃中央政府同样要求发动群众，指出："六十万担借谷与土地税征收的迅速完成，完全依靠于各级党与苏维埃，动员乡村的组织与得力的干部，向着每村、每乡的广大群众进

---

① 参见财政部财政科学研究所、财政部国债金融司：《中国革命根据地债券文物集》，中国档案出版社1999年版，第16—18页。

② 《为紧急动员二十四万担粮食供给红军致各级党部及苏维埃的信》，《革命根据地经济史料选编》（上册），江西人民出版社1986年版，第472—473页。

行普遍有力的宣传动员。"强调要"引导群众铁一般的团结起来，积极拥护中央的号召，自愿地借出谷子交纳土地税为着红军。如果抛弃了宣传鼓动，而用摊派的方式借谷，用强迫的办法收土地税，那是完全不对的。"同时，中央还规定了借谷运动的负责机关，明确提出："借谷与征收土地税的总领导机关是各级武装保护秋收委员会，因此各级秋收委员会，在组织上、工作上须立即建立与健全起来。秋收委员会的责任，不但要领导群众完成秋收，而且要完成一切国家粮食（借谷、土地税、红军公谷等）的收集、运输与保管。"① 规定由各级粮食部负责收集工作，财政部和军事部给以粮食部以人员、技术上的帮助和运输上的支持。具体规定 60 万担借谷，"这一任务，一般的要在九月十五日前完成，只有早禾占少数、晚禾占多数的地方，方可略为推迟时间"。这些借谷，由 1935 年、1936 年以土地税归还。

（二）借谷方法

在各根据地，各级苏维埃政府动员人民群众开展节省粮食的竞赛运动，动员群众节省粮食卖给或借给红军。1933 年 5 月 20 日，中央国民经济人民委员部以《为发动群众节省谷子卖给粮食调剂局》为题，发布第 1 号训令，要求根据地各县国民经济部立即行动起来，召开各种形式的会议，用县与县、区与区、乡与乡的竞赛方法，鼓动宣传根据地人民群众，在最近两月内每人要设法节省谷子一斗，卖给粮食调剂局，去调剂苏区粮食和保证红军以及战时粮食的充分供给。1934 年 3 月 13 日，《红色中华》第 161 期发表了以《为四个月节省八十万元而斗争》为题的社论，号召根据地军民节省每一粒米、每一个铜板去支援革命战争，帮助红军，争取革命战争的全部胜利。因此，本报提议在四月至七月这四个月中来节省八十万元经费。为着达到这一数目，必须使这个节省运

---

① 《中共中央委员会中央政府人民委员会关于在今年秋收中借谷六十万担及征收土地税的决定》，《革命根据地经济史料选编》（上册），江西人民出版社 1986 年版，第 476—477 页。

动成为广大的热烈的群众运动，动员党、团、工会、全体苏维埃工作人员及各学校一致热烈地举行节省经费的革命竞赛。1934 年 4 月 19 日，中央政府人民委员会发出《为节省运动的指示信》，指出：目前正处在彻底粉碎国民党五次"围剿"的紧急关头，一切帮助应该给予战争，最大限度地开展节省运动，充分保障前线上红军的物质资源，是保证战争全部胜利的重要条件之一。指示信要求：（1）各级政府主席团及后方军事机关，必须立即定出具体的节省计划。（2）为了充分保障红军给养，立即在群众中开展每人节省三升米帮助红军的群众运动。（3）每人节省三升米的群众运动，必须依据于深入的广泛的群众动员，依靠于群众自觉自愿的原则，及干部带头节省的模范领导作用，防止一切强迫摊派的现象发生。（4）各级苏维埃政府及后方军事机关工作人员，要多开辟苏维埃菜园，多种杂粮、蔬菜、养猪、养鸡、养鹅等，做到完全能供给工作人员的食用，并以收获的三分之一来帮助前方红军。[①] 1934 年 5 月 14 日，中共湘赣省委作出《关于经济粮食突击总结与节省运动的决定》，号召政府机关、红军部队深入开展节省一切经济的运动，规定各级党、团、苏维埃政府、各群众团体，应裁减不需要的工作人员，做到人省工精；机关工作人员每人每天节省二两米。

在各级苏维埃政府的号召下，根据地机关工作人员、干部、学校教员、各群众团体、人民群众积极参加到节省粮食的运动中来。如机关工作人员和干部带头节省口粮，支援前线，由一日三餐改为一日两餐，许多地方的机关工作人员由一天节省二两米到一天节省四两米。机关干部还利用空闲时间在房前屋后开辟荒地、菜园、栽种蔬菜、杂粮，平时吃杂粮，节省米谷支援红军部队。由于中央政府多次在训令、文告和决定中要求，必须通过广泛的政治宣传动员、依靠广大群众积极热情地参与节省粮食运动。也正是由于充分的政治宣传和鼓动，根据地军民热烈响应，使"借谷运动成了真正的群众运动"，收集粮食的任务比较顺利地完

---

① 《为节省运动的指示信》，《红色中华》第 179 期，1934 年 4 月 19 日。

成。各级苏维埃政府在根据地开展节省粮食卖给或借给红军的竞赛运动，许多地方的群众自动退回借谷票，将借给红军的谷子改为节省的粮食捐献给红军和政府，不要苏维埃政府还。如瑞金陂下区的群众，自动退回借谷票7500斤。1934年秋季的粮食突击运动，到9月30日，仅用了一个半月时间，就征集了粮食71.2万担，其中借谷58.2万担，完成了借谷60万担的97%。因为闽赣各县与江西北部各县最大部分是迟禾，所以不能如期完成任务。除此以外的二十个县中，有十八个县的借谷动员都超过了中央给予他们的任务（共超过5.2万余担），收集的数目，有十二个县超过了原定计划（共超过2.6万余担）。各县群众自动交回借谷票，要求把借谷改为节省，不要国家归还的约10余万担，其中："兴国三万八千余担，胜利三万七千余担，杨殷的茶元、拌溪两区，西江的赤鹅区，兆征的德联区，博生等城市，都是全部借谷改为节省。""兴国在热烈动员之下，发动了广大群众的竞赛精神，一个人借几十担以至百余担的很多，并有八十二岁的老妇人节省五十多担，十岁的儿童借谷五担的光荣壮举。"[1]

又如，在江西省"胜利县平安区平安乡的群众很兴奋地将自己的粮食节省出来，自愿借给红军，有借五升的，一斗的，甚至五斗的，更有些最积极的群众，自动从五担谷子中借出二担给红军的。所以不到两天已集中了一百二十余担谷子。"[2] "兴国杰村、永丰两区的借谷，进行得很好，每个群众都知道借谷意义，是为着要粉碎敌人大举进攻。所以在借谷运动中，该两区的群众异常兴奋、踊跃，特别是永丰区的乡背乡群众借谷七十余担，杰村区溪源、横江、杰村三乡群众借谷一百五十担，自动借给红军，也不要政府归还。"[3] 1933年，在江西省被称为"顶呱呱的

<hr>

[1]　陈潭秋：《秋收粮食动员的总结》，《革命根据地经济史料选编》（上册），江西人民出版社1986年版，第487—490页。

[2]　《一百二十余担谷子借给红军》，《红色中华》第61期，1933年3月5日。

[3]　陈高棋：《兴国热烈借谷运动》，《红色中华》第76期，1933年5月5日。转引自《革命根据地财政经济史长编》（上），1978年，第1549页。

模范乡"的"公略富田中洞乡，在红五月中的工作做得非常有成绩，特别是借谷运动，他们自动订了四千斤，现在不但完成原数，还且超过了四百八十斤！"① 据记载，在江西省还有个模范区，"林桂区是公略最小的一个区，又是边区，可是该区群众对于参加革命战争，却是最积极的，原定该区要借一千二百斤，但现在已集中了三千六百七十斤，超过了两倍以上。"② 据记载："永丰在红五月中动员群众借了十四万余斤谷子给红军，超过竞赛条约所决定的八万斤。公略白谢还规定借谷四十万三千三百斤，结果达到四十四万三千三百斤，并能动员千余群众挑去相隔八十里的地方送给红军。这是全省借谷运动中登列在红板上的成绩！"③

福建省各地在借谷运动中表现也不凡，"在秋收借谷六十万担的战斗任务下超过了六万五千担谷子的最低限度的数目字，根据八月底的检查，全省各县共超过了一万多担。"④

在借谷运动中涌现出不少模范区、乡，同时也涌现出不少先进个人。在福建省长汀县赤田区下江乡，有一位妇女指导员，她的丈夫和哥哥都在部队当红军。在借谷运动中这位妇女指导员自动认借60担谷子给红军。在借谷动员大会上，她告诉大家：她家收割谷子30多担，打算全部借给红军；她家里还有一头肉猪有一百多斤，卖掉猪后买回谷子也借给红军，"家里粮食不够，我可以用杂粮野菜充饥，只要红军哥哥吃饱饭，多消灭敌人，保卫我们的土地，保卫人民的利益，就是再饿再饥，我们也情愿"⑤。1933年3月26日，《青年实话》报道了另一位妇女在借谷运动中的先进事迹。"在这借二十万担谷子给红军运动中，武

① 李腾辉：《顶呱呱的模范乡》，《红色中华》第91期，1933年7月5日。
② 钱思龙：《林桂区是公略的模范区，借谷超过两倍以上》，《红色中华》第71期，1933年4月20日。
③ 《借谷运动的模范》，《江西省委通讯》第24期，1933年8月17日。转引自《革命根据地财政经济史长编》（上），1978年，第1549页。
④ 革命根据地财政经济史编写组：《革命根据地财政经济史长编》（上），1978年，第1550页。
⑤ 刘峰："中央苏区粮食工作简介"，《中国粮食经济》2001年第11期，第25页。

阳区下洲乡有一个女同志家里有两个人吃饭（贫农），更表示非常热烈的响应，开始乡政府的同志到他们家里宣传借谷的意义，当时就自动借出五十斤谷子出来，情愿多吃两餐青菜充饥，因为这一影响，所以各乡的群众都热烈地将自己的食谷争先恐后地借出来，结果借谷运动武阳第一。"[①] 在借谷运动中涌现出的先进个人和地区，他们的模范行动，激励着根据地广大军民踊跃为红军筹粮借谷。

（三）对借谷运动的评价

在第四次、第五次反"围剿"战争期间，中共中央和中华苏维埃共和国临时中央政府在各革命根据地开展了三次大规模的借谷运动。第一次向群众借谷20万担，实际借谷16万担。第二次向群众借谷10万担，从1934年6月开始，到当年7月基本完成预定借谷计划。第三次借谷60万担，实际完成58.2万担。当时，由于敌人对各根据地进行残酷的军事围剿和严密的经济封锁，还由于中央奉行"左"倾错误军事路线，根据地面积和人口越来越小，红军规模迅速扩大，粮食供给十分紧张。在这种情况下，党中央和临时中央政府决定，开展向根据地群众借谷运动。由于各级苏维埃政府的积极领导和组织，根据地人民群众热烈拥护，尽了最大努力节省每一粒粮食，顺利地完成了各次粮食征集任务。借谷、粮食征集运动"在'争取时机'上是得到了很大的成功。除迟熟县份外，最大多数的县份是在九月十五日以前完成的。胜利、长汀、兆征等县在八月底完成，特别是长胜、瑞金两县，在八月十六号以前，即已完成了全部借谷与土地税的收集。"[②] 借谷、征集粮食任务的顺利完成，为保障红军和苏维埃政府机关的粮食给养，特别是为取得第

---

① "在借谷运动及退还二期公债运动中两个顶呱呱的同志"，《青年实话》，1933年3月26日。转引自革命根据地财政经济史编写组：《革命根据地财政经济史长编》（上册），1978年，第1550页。

② 陈潭秋：《秋收粮食动员的总结》，《革命根据地经济史料选编》（上册），江西人民出版社1986年版，第488页。

四次反"围剿"战争的胜利，确保中央主力红军实现战略大转移奠定了坚实的物质基础，也为革命战争时期如何做好部队和政府机关的粮食供给工作积累了宝贵的经验。

第一，各级党组织和苏维埃政府的坚强领导和组织协调，是借谷运动顺利完成的组织保证。"秋收粮食动员是胜利地完成了。这种伟大胜利的取得，最基本的是由于党的坚强的正确的领导。"[1] 在粮食征集运动中，从党中央、中华苏维埃共和国临时中央政府到各省、县、区、乡党部和各级苏维埃政府，都非常重视粮食征集工作，通过发布决定、训令等各种文告，召开各种会议，将借谷、粮食征集任务层层分解落实，使借谷任务有布置、有落实执行、有效果、有检查总结。通过借谷、征集粮食运动，各级党组织和苏维埃政府得到了锻炼，领导力、执行力、组织能力得到增强。

第二，政治宣传与鼓动，是完成借谷和粮食征集任务的重要途径。在借谷运动中，各级党部、苏维埃政府和粮食部进行了充分的政治动员，在群众中深入开展宣传鼓动工作，"利用一切可能的宣传鼓动方式，经过支部会议、城乡代表会议与各种群众团体的会议，以及利用各种个别谈话、讲演等等通俗的方式，把动员粮食的战斗意义，明白地解释给群众听，把粮食问题与扩大红军及革命战争的中心任务最密切地联系起来"[2]，提高了群众"一切给予战争"的热情，自动自愿地借谷给红军，使借谷运动成了真正的群众运动。

第三，借谷运动要一切从实际出发，不能搞平均分配和摊派，坚决反对一切官僚主义与平均主义。在老苏区与新苏区、产米多的地方与产米少的地方、在边区等不同地方，要有所区别。有的地方适合借谷，有的地方着重节省粮食，产米多的地方要多借，产米少的地方则少借，不

---

① 陈潭秋：《秋收粮食动员的总结》，《革命根据地经济史料选编》（上册），江西人民出版社1986年版，第489页。

② 《为紧急动员二十四万担粮食供给红军致各级党部及苏维埃的信》，《革命根据地经济史料选编》（上册），江西人民出版社1986年版，第473页。

能搞一刀切。同时，向根据地群众借谷，还要遵守群众自愿的原则，反对强借摊派的命令主义方法。这是确保借谷运动成功的客观前提。

第四，充分发动群众，相信和依靠群众，通过真心实意为人民群众谋利益来赢得广大群众的支持和参与，是顺利完成借谷任务的群众基础。在创建革命根据地和反"围剿"战争过程中，红军及各级苏维埃政府、粮食部门解决借谷、征集粮食问题的主要办法是依靠群众、发动群众。通过开展土地革命，使农民有史以来第一次分得土地，得到最大实惠，充分调动了农民的劳动生产积极性。在此基础上，在党和苏维埃政府的领导下，通过组织各种形式的生产合作社、犁牛站、耕牛合作社等，大力发展根据地的农业生产，把发展粮食生产当作革命根据地经济建设的最重要任务之一。农业生产的发展，使各根据地人民群众得到了实实在在的实惠，加上在征集粮食、借谷运动中，各级党组织和苏维埃政府广泛开展宣传动员群众、组织竞赛活动，激起了根据地人民群众更加相信和拥护共产党、支援红军、支持苏维埃政府的革命热情，积极投身于节省粮食借给红军和苏维埃政府的运动中来，根据地群众为支援红军反"围剿"战争，省吃俭用，很多群众自愿吃野菜充饥，省出粮食支援红军，作出了巨大牺牲。"各县群众自动交回借谷票，要求把借谷改为节省，不要国家归还的约十余万担。"[1]

（四）借谷票证简介

各根据地苏维埃政府向群众借谷借粮时，按照规定要发给借谷证。目前发现的借谷证有以下几种：

1. 中华苏维埃共和国临时中央政府临时借谷证

这批临时借谷证目前只发现有两种面额：一种是 10 斤的，另一种是 20 斤的。10 斤面额的临时借谷证上方是借谷证名称，从右至左弧形书写

---

[1]　陈潭秋：《秋收粮食动员的总结》，《革命根据地经济史料选编》（上册），江西人民出版社 1986 年版，第 487 页。

"中华苏维埃共和国临时中央政府临时借谷证"；借谷证冠名下方是由镰刀和斧头组成的党徽图案。党徽图案下方有一装饰线，装饰线下方则是借谷的数额，由右向左书"干谷十斤折米七斤四两"；以冠名中的"谷"、面额中的"两"是属繁体还是简体为标志，临时借谷证可以分为5种不同版式：即繁体"谷"、繁体"两"字版，繁体"谷"、简体"两"字版，简体"谷"、繁体"两"字版，简体"谷"、简体"两"字版，倒"特"、倒"委"字版。借谷证中央盖"中华苏维埃共和国临时中央政府财政人民委员部"红色圆形印章；左下方盖临时中央政府财政人民委员（即部长）邓子恢的方形红色印章。借谷证数额下面竖印有三条关于借谷证的说明（类似"条例"），对借谷的目的、用途，还谷的日期等作出了明确规定："一、中央政府为供给战时紧急军食，暂向群众借谷，特给此证为凭。二、借油盐者可按时价折成米谷，给发此证。三、持此证者，于一九三三年早谷收成后，可向当地政府如数领还新谷。"落款是"财政人民委员邓子恢"。[①] 面额是20斤的借谷证其构图与10斤的一模一样，弧形冠名从右至左书"中华苏维埃共和国临时中央政府临时借谷证"；冠名下面同样是镰刀与斧头组成的图案。图案下面由右向左书写"干谷贰十斤折米十肆斤半"；下半部的三条说明与10斤的一样，字体和红色圆形印章比10斤的大许多。上述两种中华苏维埃共和国临时中央政府临时借谷证都是用毛边纸铅字印刷的。（参见附录）

据福建省龙海市粮食局陈阿泉介绍，他曾征集到一张苏区临时借谷证，这张借谷证正面上方从右至左冠名"中华苏维埃共和国临时中央政府临时借谷证"；冠名下面印有由斧头和镰刀组成的图案。图案下方由右向左书写"干谷二十斤折米十四斤八两"；借谷证数额下面印有发行借谷证的目的、借粮时干谷与米折算的比例等规定："一、中央政府为供给战时紧急军粮，暂向群众借谷，特给此证为凭。二、借粮时可按

① 参见洪荣昌：《红色票据——中华苏维埃共和国票据文物收藏集锦》，解放军出版社2009年版，第62—66页。

干谷二十斤折米十四斤八两。三、持此证者可向当地政府如数领还新谷。"① 落款也是"财政人民委员邓子恢",并盖有邓子恢的方形红色印章。借谷证正面中央盖有"中华苏维埃共和国临时中央政府财政人民委员部"红色圆形印章。"票幅 127mm×80mm,采用灰白色毛边纸红色油墨单面印制。"②

2. 中华苏维埃共和国红军临时借谷证

这批红军临时借谷证目前发现有面额"干谷壹千斤"、"干谷伍百斤"、"干谷壹百斤"、"干谷伍拾斤"4 种。第一种,面额为"干谷壹百斤"的黑色版红军临时借谷证。此种借谷证由中华苏维埃共和国中央政府人民委员会发行,落款是人民委员会主席张闻天、粮食人民委员陈潭秋。此证为竖式,正面上方由右向左弧形书写"中华苏维埃共和国"8 个字,左右两边各有一个黑底圆圈白色五角星;下面一弓形图案,图案下方从右至左横书"红军临时借谷证"7 个字,这 7 个字的左右两边分别是 3 个黑色的小五角星。"红军临时借谷证"下面划有一粗一细的两条黑线,粗细线下方为借谷数额,由右向左书写"干谷壹百斤"5 个红字。此证白底黑字红印章,中间为使用此证的规定和说明共三条:一、此借谷证,专发给红军流动部队,作为临时紧急行动中沿途取得粮食供给之用。二、红军持此借谷证者,得向政府仓库、红军仓库、粮食调剂局、粮食合作社、备荒仓及群众借取谷子,借到后即将此证盖印,交借出谷子的人收执。三、凡借出谷子的人,持此借谷证,得向当地政府仓库领还谷子。或作缴纳土地税之用,但在仓库领谷时,证上注明在甲县借谷者,不得持向乙县领取。

在上述三条规定的文字上盖有中华苏维埃共和国中央政府人民委员会的圆形红色印章;落款处分别盖有人民委员会主席张闻天、粮食人民委员陈潭秋的方形红色印章。在红色圆形印章正下方,有红色方形空印

---

① 陈阿泉:"一张苏区临时借谷证",《中国粮食经济》2003 年第 4 期,第 49 页。

② 陈阿泉:"一张苏区临时借谷证",《中国粮食经济》2003 年第 4 期,第 49 页。

框架，内为黑色文字："此借谷证已在××县××区向××借得谷子由领谷机关在此处盖章为证"。此证在"中华苏维埃共和国"与"红军临时借谷证"之间的弓形图案上有红色编号：136481，但此证没有注明具体发行时间。

第二种，面额为"干谷伍百斤"的黑色版红军临时借谷证。这种借谷证除面额不同外，与第一种红军临时借谷证相比，其版式和构图一模一样。

第三种，面额为"干谷伍拾斤"的蓝色版红军临时借谷证，这种借谷证除面额不同、蓝色字体外，其版式与构图与第一种相同。

第四种，面额为"干谷壹千斤"的黑色版红军临时借谷证，除面额不同外，其构图、版式与文字说明与第一种一模一样。（见附录）

3. 中华苏维埃共和国红军借谷票

此种借谷票有面额伍拾斤、壹百斤两种。面额伍拾斤的票为花边框，正面框内上方从左至右弧形印有"中华苏维埃共和国借谷票"。下行印有面额"干谷伍拾斤"。中间为群众挑粮上前线支援红军的图案。下方印有"此票专为一九三四年向群众借谷充足红军给养之用"，落款"粮食人民委员陈潭秋"（加盖小方印章）。票的四角均印有红色字体"伍拾"。此票背面为两小长方形框格，左、右框格里分别竖写还谷的说明："凭票于一九三六年九月向苏维埃仓库取还干谷式拾伍斤正"，落款为"粮食人民委员陈潭秋"（并加盖印章）；"凭票于一九三五年九月向苏维埃仓库取还干谷式拾伍斤正"，落款同样是"粮食人民委员陈潭秋"（并加盖印章）。面额壹百斤的借谷票，与伍拾斤票类似，不同之处为：面额不同（干谷壹百斤），正面的图案也不同，是红军战士行军图；四角印的数字不同，上面左右两角在圆圈中印有阿拉伯数字"100"，下面左右两角圆圈中印有红色"一百"字样。背面与伍拾斤借谷票类似，不同的是在一九三五年九月、一九三六年九月分别还干谷伍拾斤正。（见附录）

第四节　抗日战争时期革命根据地发行的公债

战争不但是军事和政治实力的比拼，还是经济实力的对决。抗日战争时期，为筹措抗日、经济建设经费，或为了赈灾济民，各敌后抗日根据地民主政府如晋察冀边区临时行政委员会、晋冀鲁豫边区各级民主政府、华中抗日根据地部分地区民主政府和陕甘宁边区政府等先后发行了公债。八年抗战，根据敌我双方军事斗争形势变化分为三个发展阶段：即战略防御阶段、战略相持阶段、战略反攻阶段。与此同时，中国共产党领导的抗日根据地的财政经济状况也经历了三个时期：即抗日根据地建立初期（1937 年—1940 年底）、抗日根据地财政经济严重困难时期（1941 年—1942 年底）、抗日根据地财政经济恢复和发展时期（1943 年—1945 年）。各抗日根据地民主政府依据财政经济发展不同状况相应地发行公债，现按照三个不同时期予以论述。

一、抗日根据地建立初期（1937 年—1940 年底）

中国共产党建立和领导的抗日根据地分布于华北、西北、东南等敌人统治薄弱、交通不便和经济落后的农村地区。各根据地基本上是以自给自足的小农经济为主，手工业、商业均不发达，封建土地所有制严重束缚农村生产力的发展；抗日根据地的自然地理环境一般都比较恶劣，加之抗日战争前军阀连年混战，使原本就落后的农业生产长期处于衰落之中，人民群众的生活十分贫困。由于抗日根据地处于残酷的战争环境之中，经常遭受日本侵略者的疯狂扫荡和野蛮的"三光"政策摧残，更加加重了根据地人民生产生活的困难和经济的衰落；更为严重的是，日本鬼子在各抗日根据地周围广布碉堡、据点、沟渠，包围封锁各抗日根据地，禁止一切日用必需品和军需物资出入，妄图使我抗日根据地与外界隔绝，以达到切断我抗日前线军需给养的目的。"经济是社会结构的基础，无论在抗日战争或任何革命过程中，财政经济始终是一个重大的问题"[1]，在上述背景下，中国共产党领导的抗日根据地在创建之初实行"力争外援，休养民力"的财政方针，即中国共产党领导的抗日武装力量和民主政府抗日经费的供给来源，主要包括下列三个方面：一是在战场上夺取敌人的辎重、粮草和资财，没收汉奸卖国贼的财产；二是争取外援与爱国民众的捐助（包括对地主募捐抗日基金）；三是国民政府的拨款。[2] 但不少抗日根据地在创建之初，依靠上述三个方面的经费来源仍然不能缓解财政困难，不得已而通过发行公债，向根据地民众举债的办法来解决财政困难问题。这一时期有闽西南军政委员会、晋察冀边区行政委员会、晋冀鲁豫边区、华中抗日根据地 4 个抗日根据地（或部队）先后发行过公债。

（一）闽西南军政委员会借款凭票

1934 年 10 月，中央革命根据地主力红军连同后方机关共八万多人被迫实行战略转移——长征后，由项英、陈毅、谭震林、邓子恢、张鼎丞等率领的部分红军约三万人，留在闽粤边界继续开展游击战争，一直坚持到 1937 年夏天。1936 年 12 月西安事变和平解决后，国共两党达成联合抗日的协议。根据协议规定，红军游击队接受改编后军费由国民党当局负责供给。但是国民政府经常找各种借口破坏协议，以拖欠、停付或少付军费的办法来打压红军游击队，被改编后的红军游击队的军费无法得到保障。

在这种被迫无奈的情形下，闽西南军政委员会于 1937 年夏季，向

① 林伯渠："抗战中两条经济路线的斗争"，《解放》第 130 期，转引自李占才主编：《中国新民主主义经济史》，安徽教育出版社 1990 年版，第 179 页。
② 潘国旗："抗战时期革命根据地公债论述"，《抗日战争研究》2006 年第 1 期，第 15 页；赵效民主编：《中国革命根据地经济史（1927—1937）》，广东人民出版社 1983 年版，第 526 页。

当地商会、富豪筹集军粮和款项，以充实军费。发给借款对象由闽西南军政委员会主席张鼎丞签署的借款凭票，待国民政府拨付的军费到达之后，立即通知借款人，凭票如数偿还借款。至于借款多少，由于史料的缺乏，无从考察。但闽西南军政委员会向当地借款，确有其事，这可以从当年参加闽西南三年游击战争的领导人之一的谭震林同志的信中得到证实："1937 年 8 月以前，我们已与福建国民党政府谈判合作了，他们负责每月发给我们的生活费用。在 8 月以前，可能是六、七月间，国民党想利用钱的作用，压我们接受他的指挥。停了一下我们的生活费用。我们利用这个机会，向各县商会、县城、市镇、汽车运输线借款，一般是千、万元的大借条。这种一元的小票面可能有，用向地主、富农借用，为数不多。并未向一般群众借用。我们这种行动只有几天，也从商人拿了一批钱。国民党省政府很快改变了政策，生活费用都补发了，借来的钱大的一文未还，小的照完（还）清了。现在这些（凭票）可能是未烧掉的，被人拿去的，不必照偿，不然愈来愈多不好办。"①

此票目前已经收集到的有壹元、伍元、拾元三种。

（二）晋察冀边区行政委员会救国公债

晋察冀边区是抗战时期中国共产党创建的第一块敌后抗日根据地。1938 年 1 月 10 日，晋察冀边区军政民代表大会在河北省阜平县召开，15 日结束。大会选举成立了以宋劭文为主任的晋察冀边区临时行政委员会，这是敌后第一个由共产党领导的统一战线性质的抗日民主政权。行政委员会下设民政、财政、实业等六处，管辖晋东北、冀西、冀中三个行政区。由于当时国共两党合作抗日的大环境良好，全国各族人民抗日热情高涨，边区抗日武装发展迅猛，需要大量的军需给养。边区政府靠上述三种主要途径和征收合理的税收，远远不能满足日益增加的军费

---

① 转引自财政部财政科学研究所、财政部国债金融司：《中国革命根据地债券文物集》，中国档案出版社 1999 年版，第 30—31 页。

开支。据记载："边区财政现状：半年开支需四百余万，而半年税收只八十余万"，因此，晋察冀边区临时行政委员会成立后面临的一个最急迫的问题就是抗战经费严重不足。为了缓解紧迫的财政问题，"故须发行公债以资弥补"①。1938年1月15日，晋察冀边区军政民代表大会作出《关于财政经济问题的决议》，决定实行战时财政调度，依照中央募集救国公债之原则，准备发行小额低利之救国公债。1938年5月10日，晋察冀边区晋东北各县县长联席会议决定，征集20000担粮食，同时发行200万元公债，并依照国民政府募集救国公债的原则，报请国民政府批准后，于1938年6、7月份在边区各地发行。随后，冀西各县县长联席会议亦决定发行公债100万元。这样，晋察冀边区发行的救国公债共300万元。1938年7月1日，晋察冀边区临时行政委员会颁布救国公债条例，条例规定公债的名称为"救国公债"，发行公债的目的是为抗日救国募集费用。购买公债的对象为个人或团体。可用现金或有价物品购买公债。本公债的发行日期为：从民国二十七年（即1938年）7月1日起照票面十足发行。条例规定本公债年息4厘，自民国二十八年（1939年）起还息，每年6月底付给；自民国三十一年（1942年）起还本，每年抽签还本一次，分30年还清。"本公债还本付息基金，由财政处于全区赋税项下指拨之。"②

晋察冀边区行政委员会向各县分配公债的发行任务，各县级政府、群众团体及富绅通过组织"救国公债推销委员会"，依靠政治宣传和动员，采取劝募方式，决不强迫命令，"完全以自愿认购为原则"③。通过采取各种形式，借助各种机会和场合，如群众大会、庙会、演戏等积极推销公债，使群众意识到"多买一份救国公债就是多增加一份抗日力

① 柳林：《晋察冀边区的财政经济》，《革命根据地经济史料选编》（中册），江西人民出版社1986年版，第10页。
② 《晋察冀边区行政委员会救国公债条例》，转引自财政部财政科学研究所、财政部国债金融司：《中国革命根据地债券文物集》，中国档案出版社1999年版，第32页。
③ 柳林：《晋察冀边区的财政经济》，《革命根据地经济史料选编》（中册），江西人民出版社1986年版，第9页。

量"、"多买一份救国公债等于多尽一份保卫边区的责任"、"借钱给政府帮助抗战",在边区内部造成一种自愿购买救国公债的热烈气氛。边区群众购买救国公债不限于用现金,也可用粮食、布匹、棉花等物品折价购买。由于通过广泛的政治宣传动员、采取自愿认购的原则,公债的推销深受群众欢迎和拥护,认购公债的爱国行动在整个晋察冀边区广泛掀起。"有些县份如平山县,七日之内就超过了预定数目十一万,半月之久,全边区已完成全数十分之八,这实在是我们中国从来没有的事!"[1]边区各县农民和群众认购公债的热情十分高涨,"他们不惜以血汗所得,五元、十元的来换一纸公债票,甚至有些苦力因无力购买,特地去为地主、富户接连做几昼夜的工,以工资所得购买公债。在群众大会上,在演剧台上,小孩老妇以他们的糖果钱与几十年前陪嫁过来的首饰当众交出来换购公债。"[2]还有一些地方的富户绅士,一方面由于我党和边区各级政府抗日统一战线工作做得好,每个县都能由有声望的富户为首组织"救国公债推销委员会"进行劝募;另一方面,受到群众购买公债浪潮的冲击和影响,特别是贫苦农民不能出资购买公债,使得富户们觉得难为情,因此,大部分富户均能踊跃购买,例如有一富户就购买了3500元。又如平山县,在公债推销任务分配下来后,由县政府召集一个地方绅士的联席会议,解释政府推销发行公债的目的、性质和意义,说明政府的财政困难问题必须得到解决,只有实行合理的负担。地方绅士受到鼓舞,纷纷当场签字认购,甚至有独户认购1000元以上者。[3]在边区政府的宣传鼓动下,连敌占区如定县、崞县一些地方民众,为支援边区筹措抗日经费、早日驱逐日寇,纷纷行动起来,通过各种方式暗地里购买救国公债;还有敌占区民众偷偷将自家贮粮运到晋察

---

① 柳林:《晋察冀边区的财政经济》,《革命根据地经济史料选编》(中册),江西人民出版社1986年版,第10页。

② 陈克寒:《模范抗日根据地晋察冀边区》,转引自财政部财政科学研究所、财政部国债金融司:《中国革命根据地债券文物集》,中国档案出版社1999年版,第33页。

③ 参见财政部财政科学研究所、财政部国债金融司:《中国革命根据地债券文物集》,中国档案出版社1999年版,第33页。

冀边区，折价购买公债。① 由于通过广泛的政治动员，坚持自愿认购、反对强迫命令的原则，采取正确的劝募方式，晋察冀边区这次发行救国公债得到了边区各界群众的积极拥护和支持，不仅如期完成了推销任务，不少地方还超额完成。以冀中区为例，原定推销任务为 100 万元，结果完成了 154 万元，超额完成原定推销任务的 54%，② 充分显示出敌后抗日根据地各界人民群众拥护抗日的巨大热情。

晋察冀边区行政委员会发行的救国公债票面额分为壹圆、伍圆、拾圆、伍拾圆、壹百圆共 5 种。每种公债票正面上方从右向左弧形印有"晋察冀边区行政委员会救国公债票"15 个字，下方是公债票面额"壹圆"、"伍圆"、"拾圆"、"伍拾圆"、"壹百圆"字样；公债票正面印有"本公债条例"共十条，条例文末落款为晋察冀边区行政委员会主任委员宋劭文、副主任委员胡仁奎。在条例的文字上，盖有边区行政委员会的红色方形大印章。公债票正面用花边方框围起来，方框每个角上印有面额"壹圆"、"伍圆"、"拾圆"、"伍拾圆"、"壹百圆"字样；公债票正面条例上面、左右上方分别盖有发行公债票的编号。在公债票背面印有还本付息登记表，共有 33 格，表格右侧竖印"以下三十三格于每年付息或还本后由付机关填记一格"23 个字。本公债壹圆券、拾圆券、壹百圆券为蓝色字体，伍圆和伍拾圆券为红色字体。（见附录）

（三）晋冀鲁豫边区抗日根据地发行的公债

晋冀鲁豫边区抗日根据地，在抗日战争前期，分属于晋冀豫和冀鲁豫两个战略区，这两个战略区从 1938 年开始到 1940 年间，先后建立了抗日民主政权。1941 年 9 月两区合并，组建了晋冀鲁豫边区政府，杨秀峰为主席，边区政府下设民政厅、财政厅、建设厅等五厅，辖 154 个县。晋

---

① 参见潘国旗："抗战时期革命根据地公债论述"，《抗日战争研究》2006 年第 1 期，第 16—17 页。

② 参见财政部财政科学研究所、财政部国债金融司：《中国革命根据地债券文物集》，中国档案出版社 1999 年版，第 33 页。

冀鲁豫边区抗日根据地所辖各区域，从1939年至1940年，曾先后发行过两次公债。

1. 冀南行政主任公署发行的救灾公债

在两个战区统一之前，冀南行政主任公署曾发行了一次救灾公债。发行救灾公债的原因是，1939年夏季开始至八月期间，冀南区连下大雨，山洪暴发，区域内卫河、漳河、滏阳河等河流同时泛滥，受灾地区房屋倒塌，成片庄稼被洪水淹没，灾民流离失所。据调查所属28个县的受灾情况，被淹村庄3183个、被淹土地55110顷，受灾群众达1718717人，灾情非常严重。为了救济灾民，冀南行政主任公署采取以下应对措施：一是对受灾地区的灾民减免田赋，实行休养生息政策；二是在受灾地区各县设粥场，接济、收容背井离乡的灾民；三是召开本署行政扩大会议及冀南参议会，决定在冀南区募集救灾公债，藉资救济。本救灾公债自1939年11月10日起开始发行，以政治宣传、鼓动的方式进行劝募。由于印制正式的公债票需要一定时间，在较短时限内不能完成，但救济灾民刻不容缓，因此，收到救灾公债款后暂时先发给临时收据，待全部公债款收齐后再凭临时收据换取正式收据（即公债票）。冀南行政主任公署将募集救灾公债共50万元的任务分配到各县，要求各地必须于1940年3月底悉数完成募集任务。这次冀南行政主任公署发行的救灾公债，采取自愿捐款、认购的方法，由于政治动员工作到位、措施得力、方法得当，如期完成了50万元的募集任务。所筹措的50万元款项，由冀南行政主任公署统一支配，分别用于冀南区灾区河道治理、恢复农业生产、调剂粮食供给和安置灾民生活等方面。①

冀南行政主任公署发行的救灾公债债券，由于战争和年代久远等原因，在民间流传较少，目前还没有发现实物。

---

① 《新华日报》（华北版），1940年5月13日；财政部财政科学研究所、财政部国债金融司：《中国革命根据地债券文物集》，中国档案出版社1999年版，第33—34页。

2. 冀鲁豫边区发行的借款借据

1940 年春，冀鲁豫边区开始统一晋冀豫和冀鲁豫两个战略区的抗日民主政权，财政状况十分困难。据史料记载："当时由于边区财政枯竭与紊乱，市场货币复杂，积极整理亦须若干时日，故决定举行一次整财借款。第一次决定借款 150 万元，但当工作刚布置下去后，敌人即开始大扫荡，接着顽军又北犯，边区缩小，1940 年 7 月 20 日又决定将整财借款减为 98 万元，并将借款任务下达各县"①，其中，南乐县 25 万元，清丰县 30 万元，濮阳县 25 万元，滑县 15 万元，内黄县 3 万元。冀鲁豫边区政府规定了这次整理财政借款的原则和方法：第一，关于借款对象及筹款方式，以政府名义，用政治动员方式向富有者借款，不向中农以下阶层借款，由县政府出具正式借据。第二，不搞一刀切或平均分配，根据财力大小，在公开会议上决定借款数目。第三，借款以田赋及政府收入作担保。第四，关于还本付息，规定借款一律不付利息，分 8 期归还，每期 3 个月。边区政府这次整理财政借款，按计划要在 1940 年 7 月 10 日前完成整个工作，实际到 9 月上旬才结束，但仅完成借款 53 万元，只占原计划数的 54%，未能完成预定借款任务。没有按原计划完成借款任务的主要原因有三个：一是由于政治宣传与解释动员工作做得不到位，调查工作没做好，执行过程中的方式方法不妥当，缺乏灵活性；二是由于下级少数干部徇私，导致借款数目分配不公；三是由于上述两条原因，给敌人破坏边区政府筹款以可乘之机，敌人即以"反对借款"作为反对边区抗日民主政府的口号之一，甚至后来一些反动会道门也利用这一口号来伺机作乱，反对边区抗日民主政府。因此，整理财政借款工作失败的政治影响是严重的，教训非常深刻。②

---

① 财政部财政科学研究所、财政部国债金融司：《中国革命根据地债券文物集》，中国档案出版社 1999 年版，第 34 页。

② 财政部财政科学研究所、财政部国债金融司：《中国革命根据地债券文物集》，中国档案出版社 1999 年版，第 34 页；潘国旗："抗战时期革命根据地公债论述"，《抗日战争研究》2006 年第 1 期，第 17 页。

（四）华中抗日根据地各地抗日民主政府发行的公债

八路军开辟华北抗日根据地的同时，由红军游击队改编而成的新四军各支队，也从 1938 年 4 月开始，相继挺进华中各个地区，在敌后猛烈开展游击战，建立抗日根据地。华中抗日根据地的区域主要包括江苏绝大部分，安徽、湖北、河南、浙江和湖南的一部分。从 1940 年开始，华中抗日根据地各地先后建立了抗日民主政权，当时，抗日战争开始进入战略相持阶段。一方面，日本侵略军对正面战场的国民党军队实行政治诱降政策，基本上停止了对国民党军队的战略进攻；另一方面，国民党顽固派由于战争的失败情绪和对共产党及其领导的抗日武装力量的日益发展壮大产生恐惧，唯恐危及它的独裁统治，于是逐渐放弃了它在抗日战争初期与中共团结合作的关系，转而对中共及其抗日武装力量实行限制、控制甚至摩擦、剿灭的反动政策。在这种形势下，中共要抗日就必须坚决反对国民党顽固派，因此，面临着对日伪和对国民党顽固派的复杂斗争。由于当时财政困难的问题十分严重，安徽部分地方发生灾荒，为了筹措抗日经费、救济受灾群众、发展根据地经济建设事业，华中抗日根据地各地抗日民主政府曾多次发行公债。

1. 定凤滁三县发行赈灾公债

1940 年，安徽省定远、凤阳、滁县一带发生灾荒，灾区群众的生产生活发生很大困难。为了救济灾区群众，定远、凤阳、滁县三县抗日民主政府于 1940 年 5 月发行赈灾公债 2 万元。根据定凤滁三县联防办事处发布的《赈灾公债发行条例》，这次发行的公债券票面额一律为 5 圆，公债年利为 4 厘；公债以定远、凤阳、滁县三县粮赋为担保，三县发行公债的任务分配为定远 12500 元，凤阳 2500 元，滁县 5000 元。本次公债自 1940 年 5 月开始发行，还本付息期限为一年，于 1941 年 5 月一次还本付息。本公债到期，可由持券人持券到本县税局核算本息缴纳田赋。[1] 本公

---

① 财政部财政科学研究所、财政部国债金融司：《中国革命根据地债券文物集》，中国档案出版社 1999 年版，第 37 页。

债票为竖式，正面为一长方形边框，上方一行从右至左书写"定凤滁三县"5个字，下行为"赈灾券"3个字。票面中部竖印面额"伍圆"两字，用椭圆花边围起来。面额下方落款为"定凤滁联防办事处主任魏文伯"，并盖有魏文伯的红色方形印章。票面左侧竖书"中华民国二十九年五月"10个字。公债票背面印有《赈灾公债发行条例》共六条。

2. 盱眙县县政府财委会发行救国公债

1940年秋天，日本侵略军向我华中抗日根据地大举进攻。为紧急筹措抗日经费，盱眙县县政府经报请八县联防办事处同意，决定由县政府财委会发行救国公债3万元。

本救国公债主要用于抗战，面额有3元、5元、10元、50元四种；每元年利息6厘，从中华民国二十九年7月开始发行，一年后即从中华民国三十年7月1日起，抽签一次还本五分之一，5年还清。此次发行的救国公债券留有存根备查。在救国公债正面印有盱眙县县政府财委会救国公债券的"说明"，在该说明结尾有盱眙县县长余纪一和委员长王养吾的签名。公债券正面由两部分组成，上部为等腰梯形，梯形内自右向左印有"救国公债券"5个大字标题；下部为竖立长方形边框，内印有《盱眙县县政府财委会救国公债券》（的"说明"）。现将5圆券的说明摘录如下：①

查本县因抗战经费支绌，经各公团议决，发行县救国公债叁万元，分叁元、伍元、拾元、伍拾元四种。呈请八县联防办事处发行，由热心抗战人士认购，每元年息6厘，自民国三十年七月一日起，抽签一次清偿五分之一，五年还清。兹承（汪德和）认购（伍）元债券一张，除留存根备查外合给债券为证。

县　长　余纪一

委员长　王养吾

中华民国二十九年七月七日

---

① 财政部财政科学研究所、财政部国债金融司：《中国革命根据地债券文物集》，中国档案出版社1999年版，第37—38页。

3. 阜宁县政府发行建设公债

阜宁县地处苏北平原中部，东临黄海。1939 年 8 月 30 日，黄海发生大海啸，海水滔天，沿海防潮大堤被冲垮，濒海受灾群众不计其数，损失严重，纷纷背井离乡，靠乞讨度日，灾区群众盼望政府修复海堤。1940 年秋天，八路军到达阜宁，建立了阜宁县抗日民主政府，宋乃德任县长。1940 年 10 月，阜宁县召开参议会议，会上参议员提出修复防潮海堤的请求，苏北党政军委员会批准了这一提议，并责成阜宁县政府成立修堤委员会，由宋乃德任修堤委员会主席，具体负责修堤事宜。

为了解决修堤经费问题，阜宁县参议会议决定：修堤所需费用不由阜宁人民负担，以县政府名义发行建设公债 100 万元，以阜宁县盐税作抵押；本项公债发行的标准是，每纳公粮 1 斤，应购公债 3 角 5 分。本次募集修堤经费，共发行建设公债 60 万元，保证了修堤的需要。修堤工程竣工后，修堤委员会向县参议会和全县民众公布了修堤所用的实际费用，整个修复工程实际支付经费为国币 516986.85 元，实际募集到 60 万元，而修复大堤的行政管理费用不到十分之一，因此募集的 60 万元足够支付。本次公债，1942 年由阜宁县政府全数还清了。[①] 阜宁县政府发行的这次公债，由于资料缺乏，债券面额有几种不详。但据相关资料显示，拾圆券是竖式蓝色版面，正面为长方形花纹边框，边框内右侧竖印"阜宁县政府建设公债券"；左侧印"中华民国三十年×月×日"；票面中央竖印面额"拾圆"，"拾圆"印在圆形花纹图案上；票面底部印有"第××号"；票面中央盖有方形红色印章，字迹不太清晰，估计是阜宁县政府印章。本债券背面也为竖式版面，上部为"海水倒灌"图案，"海水倒灌"4 个字从左至右印在图案上方，图案为海水淹没了房屋、庄稼和人。图案下方从左至右印有债券说明："此公债以盐税作偿还的款，经过六个月还偿一半，一年还清，至偿还时间并可抵完田

---

① 参见财政部财政科学研究所、财政部国债金融司：《中国革命根据地债券文物集》，中国档案出版社 1999 年版，第 38 页。

赋"；最下面一行为印制公债券的时间："民国三十年四月×日印"。
（见附录）

阜宁县通过发行建设公债修复的防潮大堤，全长共 95 华里，工程
竣工后，防潮效果非常显著，当地百姓受益匪浅，此项工程受到了根据
地群众高度称赞。为了表彰该县县长宋乃德在修堤工作中的突出表现和
功绩，当地群众一致要求并报请相关部门批准，将该堤命名为"宋公
堤"，并在大堤附近树立《宋公堤碑文》。[①]

4. 淮北路东专署发行救国公债

据《新华日报》（华中版）1946 年 4 月 23 日报道，华中抗日根据
地苏皖边区七专署（原淮北路东专署），为募集抗日经费，于 1940 年
发行抗日救国公债 10 万元（法币），还本付息期限为 5 年，1946 年已
到还本付息期限，拟照票面金额，加 49 倍利息偿还。[②]

二、抗日根据地严重困难时期（1941 年—1942 年底）

1941 年至 1942 年，抗日战争进入相持阶段。因为自全面抗战爆发
以来，在中国人民及其各种抗日武装力量的顽强抵抗下，日本侵略军无
论在正面战场还是在敌后战场，都受到沉重打击，其"速战速决"灭
亡中国的企图遭到挫败，日军很难在较短时期内集中优势兵力消灭中国
的抗日武装力量。于是，中国的政治、军事形势发生了转变。一方面，
侵华日军改变了对华侵略政策的重点。一是日军将原来对国民党军队正
面战场以军事进攻为主调整为以政治诱降为主、军事进攻为辅；二是日
本侵略军逐渐将主要兵力从正面战场转移到敌后战场，对敌后抗日根据

---

① 参见财政部财政科学研究所、财政部国债金融司：《中国革命根据地债券文物集》，中国
档案出版社 1999 年版，第 38 页。

② 财政部财政科学研究所、财政部国债金融司：《中国革命根据地债券文物集》，中国档案
出版社 1999 年版，第 38 页；潘国旗："抗战时期革命根据地公债论述"，《抗日战争研究》2006
年第 1 期，第 19 页。

地展开了疯狂的"扫荡",日军对所到之处实行灭绝人性的"三光"政策,即一律烧光、杀光、抢光,所到之处,人畜不留,庐舍为墟,妄图一举消灭共产党领导的抗日民主政权及其抗日武装力量。

另一方面,以蒋介石为代表的国民党顽固派由于在正面战场的失利,同时看到共产党领导的抗日武装力量日益发展壮大,害怕将来危及他的独裁统治,也改变了对共产党领导的抗日民主政权的政策,将抗日战争初期与中共团结、联合抗战的政策,改变为对中共及其领导下的抗日根据地、八路军、新四军等抗日武装力量实行封锁、限制甚至消灭的反动政策。1941年1月4日,国民党军队包围袭击新四军,制造了震惊中外的"皖南事变",同时,国民党军队对陕甘宁边区实行全面的经济封锁。"皖南事变"后,国民政府完全停发了八路军、新四军的军饷,并对其他抗日根据地实行经济封锁。国民党反动派加上日军对我抗日根据地的经济封锁,基本上切断了海外爱国人士及国内民众对抗日根据地的捐助,抗日根据地的外援基本断绝。

与此同时,华北地区又连续几年发生了严重的水灾、旱灾、虫灾等自然灾害。以陕甘宁边区为例,1941年,受灾面积达603558亩,损失粮食79720石,受灾人口为90470人;1942年,受灾面积扩大为856185亩,损失粮食79720石,受灾人口增加为352922人。[1] 在上述背景下,抗日根据地财政经济状况急剧恶化,主要表现在三个方面:一是外援锐减;二是脱产人员猛增,供应需求激增,使财政总支出大幅度上升;三是人民群众负担逐年加重。以陕甘宁边区为例,从外援来看,这项收入在边区财政收入中一直占较大比例(1938年为51.6%,1939年为85.79%,1940年为74.7%),然而国民党政府自1940年10月起停发了八路军的军饷,复又切断对外邮路,使外界与华侨捐助大部分断绝。从脱产人员增加的速度看,1937年到1941年分别为1.4万、4.9万、6.1万和7.3万,增加过快的脱产人员势必导致财政支出的过快增长,

---

① 潘国旗:"抗战时期革命根据地公债论述",《抗日战争研究》2006年第1期,第20页。

财政困难问题更为严重。从边区百姓负担来看，一年更比一年重，以公粮为例，1937 年实征 1.4 万石，占边区本年粮食总产量的 1.28%，人均负担一升。1938 年 1.5 万石，1939 年 6 万石，1940 年 10 万石，1941 年实征 20 万石，已占该年总产量的 13.85%，人均负担 1.4 斗，是 1937 年人均负担的 10 多倍。1941 年到 1942 年，边区"几乎弄到没有衣穿，没有油吃，没有纸，战士没有鞋袜，工作人员冬天没有被盖"。困难真是大极了。[①] 其他抗日根据地的情况与陕甘宁边区也大致相似。对敌斗争的外援被断绝，频繁发生自然灾害，加上日伪对我根据地的疯狂扫荡、国民党顽固派蓄意制造摩擦和经济封锁，使 1941 年至 1942 年成为我抗日根据地对日伪和国民党顽固派斗争最严酷的阶段，也是抗日根据地财政情况最困难的时期。

为了战胜困难，巩固根据地，坚持持久抗战，中共中央和毛泽东提出了"发展经济，保障供给"的财政经济工作总方针，为抗日根据地制订了一系列发展经济的政策和措施。第一，开展大生产运动。即在抗日根据地号召军民同时发动大规模生产运动，特别要求一切部队、机关和学校，在不妨碍作战的条件下，都要进行生产自给运动，通过生产劳动，发展根据地经济，达到改善部队和机关工作人员生活、减轻民众负担的目的。在部队生产中，一二〇师三五九旅取得的成绩最为突出。1941 年 3 月，三五九旅开赴渺无人烟的南泥湾，开荒耕种粮食、蔬菜，还从事工业、畜牧业、运输业、商业等多种经营，经过几年努力，共开荒耕种 35 万亩土地，养殖牲畜无数。1942 年，粮食自给一部分，蔬菜、肉、油及鞋袜全部自给；1943 年粮食全部自给。由于抗日根据地军民大力开展生产运动，大力开辟财源，根据地各项经济事业蓬勃发展起来，部队实现了生产自给，生活有了很大保障，减轻了根据地人民的负担。第二，厉行节约，开源与节流并重。广泛深入开展节约运动，实

---

① 雷云峰："任弼时与陕甘宁边区以经济建设为中心的理论与实践"，《人文杂志》1994 年第 5 期，第 93 页。

行精兵简政，严格控制编制，紧缩财政开支。1941年12月初，中共中央发出"精兵简政"的指示，要求各抗日根据地切实整顿各级组织机构，精简机关，充实连队，加强基层，提高效能，节约人力物力。精兵简政的结果，根据地脱产人员一般只占根据地总人口的3%左右，大大节省了财政支出。第三，重视根据地财政金融建设，向根据地民众征收合理的税赋、发行和巩固货币、办理发行公债，以充裕抗日经费。各抗日根据地民主政府建立后，相继废除了抗战前的各种苛捐杂税，确立新的税制，"实行合理的税收制度，居民中除极贫困应予免税外，均须按照财产等第或所得多寡，实施程度不同的累进税制，使大多数人民均能负担抗日经费。同时健全财政机构，调整金融关系，维护法币，巩固边币，以利经济之发展与财政之充裕。"[①] 1939年12月，中国共产党陕甘宁边区第二次代表大会通过《关于陕甘宁边区征收农业税与商业税的决议》，建议政府从民国二十九年起，在边区征收累进的农业税与累进的商业税；决议规定：征收农业税，即不再征收救国公粮；经政府审查确实后，真正之贫苦农民及小商人不征收；抗日军人家属不征收；农业税的收入以保障军粮供给为原则。[②] 1941年和1942年，晋察冀边区和晋冀鲁豫边区先后颁布和实施了"统一累进税条例"。统一累进税收制度真正体现为了抗战"有钱出钱，钱多多出，钱少少出"的合理负担原则。除了晋察冀、晋冀鲁豫边区外，其他抗日根据地如晋绥边区、山东抗日根据地的征税办法也逐步改进，其基本原则与统一累进税是一致的。当时农业税以征收粮食为主，多数地区叫"救国公粮"。救国公粮多数是按土地的产量累进征收，同时还规定了免征点。以陕甘宁边区为例，1941年因财政困难，征收公粮较多，从1940年的9万多石增加到20万石，比1940年增加了1.2倍；1942年虽有下降，也达到16万石，

---

① 《陕甘宁边区施政纲领》，《革命根据地经济史料选编》（中册），江西人民出版社1986年版，第79—80页。

② 《关于陕甘宁边区征收农业税与商业税的决议》，《革命根据地经济史料选编》（中册），江西人民出版社1986年版，第743页。

比 1940 年增加了 78%。[①] 又如，山东抗日根据地，随着外援收入不断减少直到断绝，税收逐渐增加，全省税收在财政收入中所占比例和在各项收入中的位次逐年提高，1940 年占财政收入的 9%，居第 5 位；1941 年占 19%，居第 2 位；1942 年占 41%，居第 2 位。田赋占财政收入的比例是，1940 年占财政收入的 32.5%，居第 2 位；1941 年占 54.5%，居第 1 位；1942 占 51.7%。如果将各种税收累计起来，税收占总收入的比例高达 82% 以上，充分说明税收确已成为财政收入的主要来源。[②]然而，单纯依赖税收还不能完全解决财政支出问题，因此，陕甘宁边区、豫鄂边区、华中抗日根据地、华南抗日根据地、晋冀鲁豫边区等共5 个抗日根据地还通过发行公债，向根据地民众募集抗日经费或根据地经济建设费用，以缓解各根据地抗日民主政府财政困难问题。

（一）陕甘宁边区政府发行的公债

1. 陕甘宁边区政府发行建设救国公债[③]

为弥补财政不足，1941 年 2 月 20 日，陕甘宁边区政府发布由主席林伯渠、副主席高自立，财政厅长霍维德签署的布告，决定发行建设救国公债，并颁布公债发行条例及细则。在发行公债条例和实施细则中，对发行公债的目的、总额、利率和还本付息等事宜作了说明。发行公债的目的是为了保卫边区以粉碎日寇及反共分子的经济封锁，充裕边区政府财力，发展生产事业，争取抗战最后胜利。布告和条例规定，本次公债发行总额为 500 万元（法币），共分为五元、十元、五十元三种面额；本公债利息定为周年 7 厘 5 毫，即 7.5%；还本付息期限，自民国三十一年起，每年 7 月还 10%，本利并付，10 年还清。本次公债准备金，由边区的盐税及商业税担保，由边区财政厅按照公债每年还本付息

---

① 李占才主编：《中国新民主主义经济史》，安徽教育出版社 1990 年版，第 204—242 页。
② 朱玉湘主编：《山东革命根据地财政史稿》，山东人民出版社 1989 年版，第 138—139 页。
③ 财政部财政科学研究所、财政部国债金融司：《中国革命根据地债券文物集》，中国档案出版社 1999 年版，第 39—43 页。

数目表，拨交边区银行专款储存备付。公债还本付息，指定由陕甘宁边区银行、光华商店及本政府指定的各县合作社为经理机关；本公债的效用，为法定的有价证券，可以自由抵押，每年还本付息的部分，准以之交纳税款及向陕甘宁边区银行、光华商店及合作社兑换法币或光华票，也可作为购买货物之用。本次发行的公债票由本政府主席林伯渠、厅长霍维德签字盖章，并盖有陕甘宁边区政府的印章。为了鼓励群众购买公债，布告和公债实施细则还规定，凡民间持有银元、白银（元宝）、法币、边钞、生金银或制成品、首饰、粮食、干草及边区土特产品（盐、皮毛、药材、蜂糖等）等有价之物者，均准从优作价换购公债。

　　1941 年 2 月公布的《陕甘宁边区政府发行建设救国公债实施细则》和 1941 年 3 月 22 日陕甘宁边区政府关于发行公债的指示，详细规定了募收原则与经收机关、经收财物的标准与办法，以及募购公债的奖励办法。关于公债的募收原则，规定用政治动员与政府法令相结合，必须坚持自愿原则，由人民自愿认购，反对、禁止任何方式的强迫摊派。各部队、机关、学校、团体工作人员，不论团体或个人自动献购者，应尽先购买、以作倡导，并帮助政府动员宣传广大群众，一次销不完，再宣传；二次销不完，又宣传，耐心说服，必能完成。各经收机关收到各项财物时，如法币或边钞或可立时以法币计算数额者，应即如数填给正式收据；其须变价或估价者先给该财物一临时收据（写清数量品名等），俟变价或估定后，再换给正式收据。凡持有正式收据者，向原经收机关按收据所载金额，换取建设救国公债票。凡以硬币（现洋）抵交债款，按其面价计算；生金银及其制成品，按其所含金银成色重量折合法币计算，折成债款；各项货物之有市价而易于变卖者，以其实价进行折算。实物换公债，必须公平作价。群众将粮食、土产换公债的：粮食可照市价折钱，并送交附近政府所指定的仓库保管；公债发行委员会以仓库收据为据，折算多少，则发给公债票，多的退钱，少的补足。甘草、药材、皮毛等土产品，由群众送合作社或光华商店或公家商店，自由买卖，不得限制，群众将卖得的钱即兑换公债票。为顺利完成公债推销任务，建设救国公债实施细则规定了募购公债的奖励办法：团体承购本公债 1 万元以上或劝募 20 万元以上至 30 万元者，给予明令褒奖并颁给荣誉旗一面或颁发匾额；个人承购公债 5000 元以上至 10000 元，或劝募公债 5 万元以上至 20 万元者，明令褒奖并颁给奖章；个人承购本公债 1000 元至 5000 元或劝募 1 万元以上至 5 万元者，颁给奖状或登报表扬。陕甘宁边区政府原计划发行建设救国公债 500 万元，由于政治宣传和动员群众的工作到位，发行公债的方法得当、措施有力，更是由于边区人民群众对边区政府的热烈拥护，以实际行动支持抗战，踊跃认购，实际完成发行额 618 万元。此债款当年用于经济建设投资 500 万元，主要用于：农业方面兴修水利，建设模范农场，购棉种，开林场，改良家具种子等；工业方面，办制造日用品的各种工厂，贷款给私人开矿、办工业，以及生产合作等；商业方面，发展消费合作社，帮助公私经营的商店等等。其余 118 万元作抗战经费开支。

陕甘宁边区政府发行的建设救国公债券，面额分为伍元、拾元、伍拾元三种。三种面额的公债券都为竖式版面，正面分为两部分，上边三分之一部分为主体部分，结构和图案相同，用长方形花边框围起来，上边框从右向左印有"陕甘宁边区政府建设救国公债"，长方形边框内竖印《陕甘宁边区政府建设救国公债条例》，左侧印有"还本付息表"。条例上盖有陕甘宁边区政府方形红色印章。下面三分之二部分为分年偿还的还本付息票，三种不同面额的公债票都有 10 张还本付息票，分别为民国三十一年、民国三十二年、民国三十三年、民国三十四年、民国三十五年、民国三十六年、民国三十七年、民国三十八年、民国三十九年、民国四十年，以便分年偿还，每年还本付息一次，则收回一张。面额为伍元的公债票，其还本付息票为每张伍角本金，根据不同的还本年限印有付息金额。面额为拾元的公债票，其还本付息票为每张本金壹圆，利息随偿还的年限不同而异。面额为伍拾元的公债票，其还本付息票每张本金为伍圆，利息按偿还年限计算。（见附录）

2. 陕甘宁边区政府 1941 年春季借粮

1940 年，陕甘宁边区政府计划向当地群众征收救国公粮 90000 石，实收 97350 石。当年征收的公粮这么少，一方面，是因为当时抗战的粮饷还有外援；另一方面，由于对国民党顽固派掀起的反共摩擦严重性估计不足，没有对粮食供给问题作提前准备，致使 1941 年"皖南事变"后，国民政府完全停发了共产党领导的八路军和新四军的军饷并对我抗日根据地进行经济封锁，抗日根据地外援完全被断绝时，陕甘宁边区发生粮荒，军粮严重不足，有的部队甚至出现两天吃不上饭的极端情况。为了解决部队和政府机关、学校、人民团体的吃粮问题，1941 年 4 月，陕甘宁边区政府被迫下令，曾先后两次向边区群众借粮共 48000 石，才勉强渡过吃饭难关。①

1941 年 11 月 2 日，陕甘宁边区政府颁布征收救国公粮（即农业税）条例和征收公草办法，规定每户每人平均满 150 斤细粮起征 5%，最高率为 900 斤以上征 30%，并随粮附征公草。本年决定征粮 20 万石，公草 2600 万斤。由于国民党的反共政策，对抗日根据地进行封锁与破坏，边区外援完全断绝，这是抗日战争时期边区人民负担最重的一年。② 1941 年 10 月 15 日，《解放日报》发表《论征公粮公草》社论，宣传当年征收公粮公草的目的、意义和重要性。社论指出："为了保证明年度军政机关与各抗日人民团体的粮食供给，以及筹划发展边区运输事业所必需的骡马草料，同时，偿清本年人民借粮，决定今年征粮二十万石，征草二千六百万斤。其征收办法亦与过去不同，起征点降低到一百五十斤，同时限制最高额不得超过收获物百分之十及其剩余粮百分之三十，使全边区百分之八十以上的人民都能负担抗日经费。"社论强调："今年公粮数目的增加，是政府充分吸收了去年的经验教训而决定

---

① 财政部财政科学研究所、财政部国债金融司：《中国革命根据地债券文物集》，中国档案出版社 1999 年版，第 43 页。

② 中国社会科学院经济研究所现代经济史组：《中国革命根据地经济大事记（1937—1949）》，中国社会科学出版社 1986 年版，第 21 页。

的。去年实收救国公粮九万七千三百五十石，但据事实证明，与实际需要相差甚远，以致今年发生严重的粮食恐慌。根据政府的统计，除公家自己生产及买的粮食外，又两次向人民借粮将近五万石，那么，今年征粮二十万石，除去偿还借粮五万石，其余的粮食仅够明年吃用，这是政府对人民的最低要求。"[①] 在这里，两次提到向边区群众借粮。所借粮食从1941年所征收的20万石公粮中偿还，具体办法就是借粮群众凭借粮收据，按照借粮收据上的数量以抵交救国公粮的形式得到偿还。

（二）晋冀鲁豫边区发行生产建设公债

晋冀鲁豫边区政府成立后，由于国民党政府停发了八路军、新四军军饷，一二九师所需军费全部由边区政府筹措，当时边区政府财政十分困难。为了克服财政困难，必须开展边区的经济建设事业。因为"生产建设是巩固根据地重要的一环。是提高币价平抑物价，平衡输出输入的前提工作，是财政工作的基础，我们全区军政民，对此要引起极大的注意。根据地的'自给自足'、'自力更生'的政策，主要是依据生产建设，如离开此，则一切均谈不到"[②]。为此，必须筹集足够的建设资金。1941年7月，晋冀鲁豫边区临时参议会召开，决定发行生产建设公债600万元，由晋冀鲁豫边区政府1941年10月份公布，在所属冀南、太行、太岳三区发行。后因冀鲁豫区并入晋冀鲁豫边区，1941年12月25日，冀鲁豫区根据地军政民要求边区政府增发生产建设公债150万元，由冀鲁豫区推销，于是晋冀鲁豫边区政府发行生产建设公债的总额由原定的600万元增至750万元。本次公债原定1941年10月份发行，实际上是到1942年初才发行。1941年10月，晋冀鲁豫边区政府发布生产建设公债条例，规定公债名称为"晋冀鲁豫边区生产建设公债"；募集公债用于以下四个方面：一是水利建设；二是人民工、农、林、畜等生产事业；三

---

① "论征公粮公草"，《解放日报》（社论），1941年10月15日。
② 《加强经济战线开展对敌的经济斗争——戎伍胜在财经会议上的总结报告》，《晋冀鲁豫抗日根据地财经史料选编（河南部分）一》，中国档案出版社1985年版，第69页。

是重要公营工业；四是商业。本公债定额发行600万元，于1941年9月15日，照票面十足发行。条例规定了还本付息期限：年利息定为5厘，即5%，自1942年起，每年9月15日付息一次；本金10年还清，自1944年起，每年9月15日抽签还75万元。本公债的还本付息，指定由冀南银行及其他临时委托之机关来办理。这次公债本息基金，指定由边区政府已办及新办公营事业收入及建设余利担保，由冀南银行专户储存；前项基金如有不足时，由边区政府金库如数拨补足额。本项公债在未还本前，不负资产负担，其利息收入不负收入负担；公债券可以自由买卖、抵押，可用作公务上须缴纳保证金时的代替品，可作为银行之保证准备金。条例还规定，本次公债本息基金担保及每年拨款还本事宜，由边区参议会、政府及有关部门组织管理委员会进行管理。

晋冀鲁豫边区政府生产建设公债发行后，各地的推销工作并不顺利，推销任务十分艰巨。主要是由于1942年边区的形势发生了很大的变化，一方面，日寇对抗日根据地进行疯狂的大扫荡，实行惨无人道的"三光"政策，晋冀鲁豫边区各根据地遭受重人损失，最为严重的是冀南根据地。另一方面，边区各地发生了大范围的严重灾荒，这对于生产生活本来就比较困难的晋冀鲁豫边区来说，更是雪上加霜，边区群众生活陷入窘困境地。面临这样的情况，生产建设公债的推销工作就大打折扣，很难按预定计划进行。在冀南、太行、太岳及冀鲁豫区中，公债推销工作做得最好的地区是太行区，也只完成推销任务的42%，其他各行政区推销公债的任务就完成得更少了。针对这种不利形势，为减轻人民群众的生产生活困难，边区政府从实际出发，不久即向冀南、太行、太岳及冀鲁豫区发出指示，停止了推销生产建设公债的各项工作。所以，晋冀鲁豫边区政府发行的生产建设公债就未能按计划完成原定的推销任务。[1]

---

① 财政部财政科学研究所、财政部国债金融司：《中国革命根据地债券文物集》，中国档案出版社1999年版，第34—37页；潘国旗："抗战时期革命根据地公债论述"，《抗日战争研究》2006年第1期，第24—25页。

晋冀鲁豫边区政府发行的生产建设公债，债券面额分为贰圆、伍圆、拾圆、叁拾圆四种。每种债券的票面分为两部分，主体部分居左，实为正面。债券票正面由上、中、下三部分组成，上部分为奔驰的火车或建筑，火车或建筑图案上方自右至左印有两行字，上行为"晋冀鲁豫边区"，下行为"生产建设公债券"；中部印有债券面额；下部为晋冀鲁豫边区政府主席杨秀峰、副主席薄一波、副主席兼财政厅长戎伍胜的落款和红色方形印章。债券正面底部左右两角根据面额不同，印有"贰"、"伍"、"拾"、"30"字样；各种债券票面底部中央，印有"1941"。债券票正面右侧，为10张大小相同的付息票，息票上方从右至左印有"晋冀鲁豫边区生产建设公债息票"。债券票背面，附印有本债券的发行说明六条，六条说明的正上方印有"晋冀鲁豫边区政府民国三十年十月发行"。现将六条说明抄录如下：

一、本公债年息五厘，自民国三十一年起，每年十月十五日付息一次，过期亦有效。

二、本公债自民国三十三年起，每年十月十五日抽签还本，至民国四十年还清。

三、本公债还本付息，指定由冀南银行及其他委托机关办理。

四、本公债在未还本前，不负资产负担，其利息收入不负收入负担。

五、本公债票得自由买卖、抵押，凡公务上须缴纳保证金时，得作为代替品。

六、每年取利息时须持本票，但不得将取息小票自行剪下。[①]

每张息票背面，印有付利息的时间及利息，如面额为拾圆的债券票，息票背面分别印有"民国三十一年十月十五日取利息计洋伍角"、"民国三十二年十月十五日取利息计洋伍角"、"民国三十三年十月十五日取利息计洋伍角"、"民国三十四年十月十五日取利息计洋伍角"，等

---

① 财政部财政科学研究所、财政部国债金融司：《中国革命根据地债券文物集》，中国档案出版社1999年版，第36页。

等，一直到"民国四十年十月十五日取利息计洋伍角"；贰圆的债券每年取利息壹角，面额为叁拾圆的债券，每年利息为壹元伍角；伍圆的债券每年取利息贰角五分。（见附录）

（三）豫鄂边区各级抗日民主政府发行的公债

1940年，豫鄂边区各地开始建立抗日民主政权。随着边区抗日根据地和新四军抗日游击队的不断扩大，财政支出与日俱增，边区财政情况非常困难。在日伪军加紧对我边区各根据地进行扫荡和经济封锁的同时，个别地区又发生了自然灾害。为粉碎敌人的经济封锁，坚持持久抗战，必须独立自主地开展根据地的经济建设。要发展根据地经济和救济灾民，没有一定的资金是办不到的。为了筹集建设经费和赈灾，豫鄂边区各级抗日民主政府曾先后多次发行公债。

1. 襄西区发行建设公债

1941年7月，襄西区建设公债委员会发行了襄西区建设公债10万元（法币），公债票面额分伍圆、拾圆、伍拾圆三种。这次发行的公债，以襄西区1940年、1941年的田赋、地契税作为担保；第一年抽签还本一半，2年还清。①

2. 豫鄂边区发行建设公债

1941年4月，豫鄂边区召开第二次军政代表大会，按"三三制"原则，成立了豫鄂边区行政公署。为解决边区财政困难，会议决定发行建设公债20万元。1941年10月1日，豫鄂边区行政公署正式发行建设公债100万元（法币），并颁布建设公债条例。本次公债定名为"民国三十年豫鄂边区建设公债"，条例规定募集公债的目的是为了建设边区各种生产事业、发展边区经济；本项公债利率为年息5厘，即5%；从1943年10月1日起，分5次还本付息，每年10月1日起还本付息一

---

① 财政部财政科学研究所、财政部国债金融司：《中国革命根据地债券文物集》，中国档案出版社1999年版，第43—44页。

次，每次偿还总额的五分之一。本公债还本付息以豫鄂边区税收作为基金，按还本付息表到期本息，拨交边区建设银行专储备付。并指定建设银行及各县分行为经理支付本息机关。条例还规定，本公债到期本息债券，可抵纳边区一切捐税。豫鄂边区建设公债券面额分为伍佰圆、壹佰圆、伍拾圆、拾圆四种，均为无记名式。面额拾元的债券，正面分为两部分：第一部分为建设公债存根，上边从右至左印有"豫鄂边区"、"建设公债"、"存根"、"五年还清"4行字；左边印有"法币拾元正"。第二部分为还本付息票，共5张，票上分别印有"第一年付还本息法币叁圆零角正"、"第二年付还本息法币贰圆肆角正"、"第三年付还本息法币贰圆叁角正"、"第四年付还本息法币贰圆贰角正"、"第五年付还本息法币贰圆壹角正"，还本付息票左边落款为豫鄂边区行政公署，日期为中华民国三十年十月一日。债券背面附印公债条例全文。[①]（见附录）

3. 豫鄂边区孝感县发行赈灾公债

继1940年后，1941年豫鄂边区又遭遇到六十年来未有的特大旱灾，全边区收入不到二成，受灾人口达二百余万，占当时边区总人口的三分之二。再加上国民党顽军的包围、封锁，致使边区"物价高涨，米粮缺乏"，许多地区呈现灾荒状态，群众没饭吃，全村全家行乞。部队给养十分困难，常以野菜、葛根充饥。其中，以孝感县的灾情最为严重。为救济灾民，孝感县发行了一期赈灾公债5万元法币。本公债条例规定，以本县1941、1942两年度之田赋作为抵押，从1942年元月份起分20批偿还，每月一批，每批2500元，每月1号为偿还日期；本公债月息5厘，于每月还本时照付。条例还规定，本公债有作一切商务契约及法律上之保证、抵押或准买卖，但不得作完粮纳税之用。[②]（见附录）

---

① 刘跃光等主编：《华中抗日根据地鄂豫边区财政经济史》，武汉大学出版社1987年版，第70页。

② 刘跃光等主编：《华中抗日根据地鄂豫边区财政经济史》，武汉大学出版社1987年版，第17页；财政部财政科学研究所、财政部国债金融司：《中国革命根据地债券文物集》，中国档案出版社1999年版，第44页。

4. 豫鄂边区行政公署发行救国建设公债

1941 年 4 月 1 日，鄂豫边区第二次军政代表大会在湖北京山向家冲开幕。会议提出《创办边区建设银行集资发展边区各种生产事业》的提案。为创办鄂豫边区建设银行，会议决定发行救国建设公债 50 万元，以应城膏盐矿救国捐作为担保。公债券面值分拾圆、伍拾圆、壹百圆、壹仟圆四种，年息 6 厘，每年还本息 1/10，以 10 年偿清。[①]

（四）华南抗日根据地各地发行的公债

抗日战争爆发后，中国共产党领导的华南各地抗日武装力量，在敌后积极开展游击战争。同时，根据我党关于与国民党合作抗战，建立抗日民族统一战线的精神，积极与当地国民党当局合作，达成共同抗日的协议。1938 年 10 月，武汉、广州先后失守后，日本侵略者对国民党政府转而采取政治诱降为主、军事打击为辅的方针。代表英、美派大资产阶级利益的蒋介石，也转向了消极抗日、积极反共。"皖南事变"发生后，由于国民党政府一意孤行地执行反共政策，在华南各敌后国共两党合作抗战的局面遭到破坏。我党领导的华南抗日根据地和抗日武装，在华南各敌后战场，被迫独立自主地开展抗日游击战争。从 1940 至 1942年，各地先后建立了抗日民主政权，开展根据地的建设。比如在海南，面对国民党顽固派的倒行逆施和日军对抗日游击根据地疯狂"扫荡"的形势，琼崖特委于 1939 年 12 月召开了第八次扩大会议。会议认为党中央提出的抗日民族统一战线的策略总方针和大力开展独立自主的山地游击战争，建立与巩固敌后抗日根据地，是琼崖当前最紧迫的任务。为了更有效地坚持团结抗日，琼崖特委根据中央建立抗日民主政权的指示，从 1940 年至 1941 年，按"三三制"的原则，先后建立了文昌、琼

---

① 刘跃光等主编：《华中抗日根据地鄂豫边区财政经济史》，武汉大学出版社 1987 年版，第61 页。

山、琼东、乐万、昌感等县的抗日民主政府和东北区抗日民主政府。[①] 在这期间，根据地的财政十分困难。为了坚持敌后长期抗战，必须自筹给养，开展根据地经济建设，保障敌后抗日游击战争最低限度的供给。为此，根据地有些地方曾发行了公债。文献伟公债即为其中一种。抗日战争最困难时期，琼崖抗日根据地财政经济非常困难。海南国共合作抗日局面被国民党顽固派破坏后，为保存我党抗战实力，中共地方党组织不便公开。在中共文昌县委领导下，当地有关部门组织发行了一次公债，定名为"文献伟"公债，"文献伟"是中共文昌县委的谐音。本公债的发行时间大约在 1942 年初，发行总额为 1 万元银元，公债面值分为拾圆、伍拾圆、壹佰圆三种。[②]（见附录）

三、抗日根据地恢复、发展时期（1943 年—1945 年）

从 1943 年开始，中国人民的抗日战争经过战争防御、战略相持阶段，进入了战略反攻阶段。与此相适应，抗日根据地以及根据地财政经济也经历了初创、严重困难时期，进入恢复、发展时期。在这一时期，中国共产党面临两个重大任务，一是要继续对日作战，准备战略反攻；二是积极应对国民党的"围剿"，随时粉碎国民党军队对我解放区的进攻，做好解放全中国的准备。为完成这两项重大任务，各抗日根据地的财政经济建设急需进一步加强，以提供足够的给养。为此，各根据地发行了公债。

（一）豫鄂边区行政公署发行建国公债

1944 年秋天，边区半数以上的县遭遇严重的旱灾，田赋公粮收入

---

① 财政部财政科学研究所、财政部国债金融司：《中国革命根据地债券文物集》，中国档案出版社 1999 年版，第 47 页；李德芳等：《琼崖革命精神论》，武汉大学出版社 2007 年版，第 20—22 页。

② 财政部财政科学研究所、财政部国债金融司：《中国革命根据地债券文物集》，中国档案出版社 1999 年版，第 47 页。

减少，财政发生严重困难。财政赤字达 3 亿元。1945 年春，边币发行
额已达 2 亿元，其中半数作为财政开支，加上贸易入超，在部队集中开
支较多的地区边币贬值到六、七折，1944 年冬到 1945 年春，五师部队
缺 6 个月的给养。1944 年 12 月 4 日，边区以郑位三、李先念、任质斌
三人联名致电中央，要求给予财政支援，并提出发行公债的计划。中央
及华中局均强调五师要生产自给，开源节流。毛泽东致电边区党委指
出，除粮食外，其他费用应由主要依靠税收转到主要依靠生产自给，放
手由各区自行生产解决。中央在给五师的复电中也强调指出，解决财政
困难，不外是开源节流。开源方面，除整顿税收外，主要应组织机关、
部队进行生产，即自己动手，种菜、种粮、喂猪、喂鸡鸭、打鱼及采集
各种山货，进行各种手工业生产，财政问题才能得到解决。

　　为克服边区财政困难，迎接反攻和就地建国之急需，豫鄂边区政府
于 1945 年决定发行建国公债并颁布了建国公债条例。条例规定，本公
债供就地建国准备反攻之用，定名为豫鄂边区行政公署建国公债。本项
公债发行总额为 5 亿元至 10 亿元（边币），以边区田赋及关税收入为担
保。公债面额分为甲乙丙丁四种：甲种边币拾万元，乙种边币伍万元，
丙种边币壹万元，丁种边币伍千元。公债为不记名证券，可以自由转
让；为避免债券购买人或债券持有人因货币跌价受损失，公债票面钱数
一律按当地当时谷价折实物，以樊斗计算，还本时付谷或依照还本时之
当地谷价折成钱偿还。此公债年息五厘，自认购之日起，每逾一年付息
一次，由原购买地县府凭息票付给。上项息票到期时可用以抵缴原购买
地之田赋公粮。公债还本期限，自购买之日起，满 3 年后分 3 期还本，
每年 1 次各为票面额的 1/3，由原购买地县政府凭还本证付给。本次债
券可作一切保证金之用，购入满 1 年后必要时可用以向边区建设银行抵
借现款，但不得超过票面额的 30%。[①]

　　① 财政部财政科学研究所、国债金融司：《中国革命根据地债券文物集》，中国档案出版社，
1999 年，第 44—45 页；刘跃光等主编：《华中抗日根据地鄂豫边区财政经济史》，武汉大学出版
社 1987 年版，第 70 页。

　　豫鄂行政公署明确规定了本公债的推销对象和推销办法。推销公债的对象为边区的富商、沦陷区与大后方的商富。劝销委员或其他人领取债券外出销售时，应签给收据，专署县政府凭收据进行登记。为预防意外弊端及减少争执起见，各县应将全县按谷价之高低分成数区，每区指定一中心集镇，全区谷价折算均以该集镇之谷价为准数区，购买公债时其谷价之折算，应以附近我区之谷价为标准。债券售出时应办下列手续：甲——债券上谷数按上项规定将票面金额折成谷数填明。乙——还本证上谷数各按债券上谷数三分之一填明。丙——息票上谷数第一、第二及第三年各按债券上的谷数 5% 或（二十分之一）填明，第四年按债券上谷数的 3.3%（或三十分之一）填明，第五年按债券上谷数的 1.67%（或六十分之一）填明。丁——以上三项计算时，如有零数应以四舍五入办法处理。戊——存根上之谷数照债券上谷数填明。己——债券还本证息票及存根上之月日均按销售日期填明。公债推销标准应不拘土地之多少而以生产力之大小、资本之多少、生活之有余与不足、丰厚与俭约为正比例。劝销方式，以说服为主，避免行政命令；但对个别不开明的商富对象，采取民主评议方式，使其认购达到相当数量，这样既维护了广大贫苦群众的利益，在方式上又注意争取和团结了富商中的大多数，因而赢得了边区各界群众的积极支持与踊跃认购。①

　　豫鄂边区行政公署建国公债发行后，各地为了按期完成推销公债任务，根据边区行政公署的指示精神，对推销工作作了具体部署。如黄安县政府专门发出了《关于进行劝销公债的几点指示》，要求本县各区抓紧将已成熟和定夺的公债款收起，对未成熟、未定夺的购买户加紧说服，迅速定夺，也就是随劝、随收、随交。一面随劝、随收，注意购买户有意无意地拖延；一面注意购买户的实际困难或筹措时间，在说服工作中就给以帮助解决或约定交款期限，不能主观地硬逼，形成偏向。对

---

　　① 财政部财政科学研究所、财政部国债金融司：《中国革命根据地债券文物集》，中国档案出版社 1999 年版，第 45—46 页。刘跃光等主编：《华中抗日根据地鄂豫边区财政经济史》，武汉大学出版社 1987 年版，第 71 页。

于规定的任务，要求各区力求超过。关于推销公债的方式方法，县政府强调，要以劝募为主，耐心做艰苦细致的说服工作，坚决反对摊派、强制、行政作风。有的地方因发行公债，发生很多购买户卖田买公债的事，如果是完全自愿的，政府自无理由拒绝；如果是干部或少数中间人士的强制作风使然，那就必须防止与纠正。许多地方认为光劝不行，要求用行政力量。县政府再次强调，不能丝毫有行政作风，必须完全以苦劝达到我们的目的；只有对于最顽固的户，磕头也不中，万不得已的时候，才能经过民主实行舆论的制裁，即和平地请来开会，在会议上众人予以批评、鄙弃，甚至要求政府法办。①

（二）晋察冀边区政府发行胜利建设公债

为对日寇进行大反攻，财政需要大幅度增加。晋察冀边区政府决定以有偿的形式，于1945年8月20日正式发行胜利建设公债20亿元，以解决边区大反攻时期的财政困难。为了顺利完成本公债的推销工作，晋察冀边区行政委员会向全区发布《关于发行胜利建设公债的指示》，对发行此项公债的意义、推销办法、各区分配任务等作了详细规定。该指示指出：在此全国大反攻的时期，为了动员人民集中财力、物力，加强支援前线，并大量收回边币，猛烈打击伪钞以活跃城市贸易金融，开展各种建设事业起见，边委会特发行胜利建设公债。本公债根据边钞发行情形，决定发行总额为20亿，以边区统一累进税作担保，年利一分，期限一年，本利一次付清；到期后的公债券可以用来缴纳1946年统一累进税款。票额分伍佰圆、一仟圆、伍仟圆、壹万圆4种。该指示规定，不论干部群众，不论个人团体，均得以边币或金、银、布匹、粮食等购买之，但目的是大量收回边币，实无边币而乐意购买者得以指定物资购买。各区债券分配任务为：冀晋区7

---

① 财政部财政科学研究所、财政部国债金融司：《中国革命根据地债券文物集》，中国档案出版社1999年版，第46—47页。

亿元，冀中区 8 亿元，冀察区 5 亿元，由各行署具体分配各县政府，商同抗联商店、合作社经募之。[①]

公债发行后，边区政府要求各地对发行胜利建设公债的意义、目的，在边区部队、机关、学校和广大群众中进行广泛深入的宣传。首先在机关、部队中动员，号召机关干部带头购买，通过开展竞赛等形式推销，推动广大群众踊跃购买，在全边区中掀起购买公债的热潮。此次胜利公债的发行，对解决抗日战争大反攻时的财政困难问题确实起到了应急的作用。但也出现了一些问题，主要是对市场物价稳定产生了一定的负面影响。南汉宸同志曾就晋察冀边区发行胜利建设公债后出现的问题指出："一九四五年秋反攻后，由于地区扩大，加上为准备进城发行胜利建设公债，紧缩了一批货币，致使物价大跌，谷贱伤农；没有掌握物资，四六年青黄不接时，物价大涨，又无力稳定物价。"[②] 这是一个教训。主要是由于当时在残酷的战争年代，对于金融和市场调控缺乏正确的理解和深入的把握，尤其是对于迅速扩大的解放区市场所需货币流通量，缺乏正确的判断所造成的。[③]

（三）晋西北行政公署发行巩固农币公债

晋西北是个经济状况非常落后的地区。1940 年 2 月 1 日，晋西北根据地在兴县召开了第一次行政会议，通过了晋西北抗日民主政府六大施政纲领，并决定正式成立以续范亭为主任的晋西北行政主任公署，作为山西省第二游击区新政权的领导机关。新的抗日民主政权的建立引起了日军对这一地区的更加重视，日军加紧准备大举进攻。而在我根据地内部，由于阎锡山的长期盘剥与日军的烧杀抢掠，社会秩序混乱，财政经

---

① 晋察冀边区行政委员会《关于发行胜利建设公债的指示》，1945 年 8 月 20 日；魏宏运主编：《晋察冀抗日根据地财政经济史稿》，中国档案出版社 1990 年版，第 389—390 页。

② 南汉宸：《晋察冀边区的财经概况》，《革命根据地经济史料选编》（下册），江西人民出版社 1986 年版，第 102—103 页。

③ 魏宏运主编：《晋察冀抗日根据地财政经济史稿》，中国档案出版社 1990 年版，第 390 页。

济状况十分困难，军政经费和吃穿问题难以解决。因此，加紧巩固与建设晋西北抗日根据地，已成为非常迫切的任务。

为了发展根据地的经济，促进物资流通，晋绥边区政府成立了晋西北农民银行，开始发行西北农民银行币。在开始发行西北农民银行币（以下简称农币）的时候，由于缺乏金融货币工作的经验，没有全面考虑金融货币政策对财政经济的负面影响，也没有制定确保农币信用的规定和措施，更没有考虑农币与当时市场上流通的其他货币如伪币、法币和银元等的关系，因而就没有明确规定它为边区的法定本位币。到1940年下半年，由于过量发行农币，出现了农币大幅度贬值的情况。在这种形势下，一方面，市场出现动荡，根据地军民出于经济利益的驱动，为了减少损失，纷纷在市场以农币争购商品，引发新一轮通货膨胀和农币贬值，不少商民和群众拒收农币。另一方面，边区经济本来就相当落后，根据地与敌占区的贸易流通长期处于入超状况，敌占区更是拒收农币。上述两个方面的交织影响和累积效应，更进一步促使农币贬值，影响其在流通领域的信用。1943年1月，中共中央晋绥分局作出《关于晋西北财政经济建设工作的决定》，指出必须进一步加强财政经济工作，增加自力更生的任务；提出把巩固金融作为晋西北党政军民的重要任务，晋西北根据地开始实行禁止法币流通政策。为巩固西北农币的币值，使西北农民银行币和银元的比值稳定在一定水平上，1943年初，晋西北行政公署决定发行金融公债，回笼银元。

经晋西北临时参议会议通过，1943年1月，晋西北行政公署正式发行晋西北巩固农币公债。本公债发行总额为30万银元。本公债的发行有一个显著特点，就是规定认购公债必须用银元购买，其目的就是为了增强晋西北农民银行币基金储备，最终达到稳定物价并巩固晋西北农民银行币币值的目的。因此，在由晋西北行政公署主任续范亭签署的《晋西北巩固农币公债条例》中，开宗明义地指出，发行本公债的目的是为巩固农币，稳定金融，发展国民经济。本公债还本付息由晋西北行政公署完全负责，并指定以晋西北区的田赋、出入口税收、田房契税为担保。公债年利率为 5 厘，1 年付息 1 次；凡购得债券者，均可持当年息票，赴当地县政府领取。还本期限，自抗战胜利后第二年开始还本，每年还 1/5，5 年还清，还本以抽签法行之，其办法另行规定。条例还规定，本公债中签债券及到期息票，可用以完成一切赋税；公债为无记名式，债券可以自由买卖、抵押。如有遗失，概不挂失。晋西北巩固农币公债券，票面值有贰圆、伍圆、拾圆三种（见附录），本债面额货币均以银元购买。①

晋西北巩固农币公债开始发行后，为加快完成公债的推销任务，《抗日战报》1943 年 2 月 13 日发表了赵立德的署名文章《发动认购公债运动》，宣传动员公债的推销工作。文章认为，巩固农币公债发行工作，已经一个多月了，由于宣传解释工作没做到位，各地许多民众对什么是公债，为什么发行公债，发行公债的目的和意义不是十分了解，因此，公债推销工作受到很大影响。文章指出，发行公债的目的是为了巩固农币，晋西北临时参议会鉴于边区金融不稳，农币涨落不定，给商民带来很大损失，对繁荣根据地的生产建设、发展国民经济产生了极大影响。为了解决问题，临参会一致通过，发行公债 30 万元，充作农币基金，用以稳定金融，巩固农币。文章对公债的还本付息等事宜进行了解释，并说明了认购公债的好处，明确指出：发行公债不是政府给人民增加负担，而是政府为了增加人民的福利，以一定的可靠利息，向人民群众借款，人民购买此种公债，既有利抗战和根据地建设，同时也是为了自己的财富——于公于私都是有益处的。文章号召晋西北社会各界人士，尤其是各地的地主巨商、一般富裕之家，立即慷慨解囊，踊跃认购。同时，也希望各地政府，应将募集与认购运动等广泛地发动起来，

---

① 财政部财政科学研究所、财政部国债金融司：《中国革命根据地债券文物集》，中国档案出版社 1999 年版，第 48—49 页；潘国旗："抗战时期革命根据地公债论述"，《抗日战争研究》2006 年第 1 期，第 27—28 页。

希望各地群众组织有力地动员与支持这一运动。[1]

（四）华南抗日根据地东江纵队发行生产建设公债

华南抗日根据地的财政，它的主要任务是保证革命战争和其他革命任务的需要。当时给养、经费十分困难，采用量入为出、开源节流、多种来源的政策。为了发展根据地生产，解决粮食恐慌和财政困难等问题，及早取得抗日战争的最后胜利，东江纵队第二支队于1945年4月，在广东省东江抗日根据地发行了"生产建设公债"7000万元（法币）。[2] 东江纵队1945年4月发布了《生产建设公债条例》，对发行本公债的宗旨、性质、利息、期限、担保等事宜作出了规定。条例指出，发行生产建设公债，以发展农村生产、充裕农村金融、扶持工业合作、救济无力生产之农民，以克服我区之经济困难，争取抗战之早日胜利为宗旨。本公债不能当作通货使用，但可转让、抵押、出卖，惟必须向本公债管理委员会声明和登记之。公债还本期限为2年，于1947年4月1日偿还。利息为周息1分5厘，每半年付息一次。第一次付息时间，为1945年9月1日至10月1日；第二次付息时间，为1946年3月1日至4月1日；第三次付息时间，为1946年9月1日至10月1日；第四次付息时间，为1947年3月1日至4月1日。公债还本付息，概由东江纵队第二支队及路东各区政府负责担保。条例还规定，购买本公债一律以法币为标准；公债的还本付息及发行推销诸事宜，均由公债管理委员会处理。本公债发行的面额不详，目前只收集到壹佰圆、伍佰圆两种。[3]（见附录）

---

① 财政部财政科学研究所、财政部国债金融司：《中国革命根据地债券文物集》，中国档案出版社1999年版，第49页。

② 刘磊：《试论华南抗日根据地财政工作特征》，财政部财政科学研究所编：《抗日根据地的财政经济》，中国财政经济出版社1987年版，第337页。

③ 财政部财政科学研究所、财政部国债金融司：《中国革命根据地债券文物集》，中国档案出版社1999年版，第47—48页。

（五）山东抗日根据地胶东行政公署发行战时借用物品偿还券

在抗战后期，山东抗日根据地胶东行政公署因准备反攻，向群众借用军需物资。由于当时物价飞涨，如按价发给群众债券分期偿还，群众的经济利益将会受到损害。为了保护群众利益，胶东行政公署于1944年10月决定发行"胶东区战时借用物品偿还券"，将战时借用群众的各种军需物资，一律按当时的价折算成苞米（即玉米），发给群众债券，分期偿还。胶东区行政公署于1944年10月10日公布了《胶东区战时借用物品偿还券发行办法》，该发行办法规定：偿还券由胶东区行政公署统一发行，以苞米为计算单位，券面总额分为壹佰斤、伍拾斤、拾斤三种，交县政府依各户庄得之偿还数折成苞米，发给本券，按券面总额分5期偿还。各户主收到偿还券后，须慎重保管，应视为实粮，不得出卖、出借、转与他人，如有丢失或火烧、水湿霉烂，至难辨真假与字号、粮额号，一概不予兑换。发行办法对偿还券抵交公粮或领取粮食的具体操作程序作出明确规定，各户征收秋粮时，须将分期偿还券割下一联到村政府领粮或抵缴公粮，最后一期须连同偿还券同时交到政府始为有效；村政府每期收到人民交来之分期偿还券，领粮或抵缴公粮时，得审查是否有伪造、冒用、涂改之弊，无诈后村长在反面盖章证明，并于收齐后按号码顺序装订成本，当公粮交县政府转解行政公署。

本偿还券面额分拾斤、伍拾斤、壹百斤三种。拾斤的偿还券正面为分两部分，上半部为主体部分，即偿还券；下半部为分期偿还券。主体偿还券为横式长方形花边框，上边框从右至左印有"胶东区战时借用物品偿还券"，上边左右两角各印有大写"拾斤"，下边左右两角印有"10"。偿还券右边竖印"分五期偿还"、面额"苞米拾斤"；面额左侧竖印"有效期自民国三十四年起至民国三十八年止"；偿还券中间附印"使用规则"共4条：一、将偿还数目折成苞米计算，以本偿还券按数发给各户，照券面总额分五期偿还。二、各户要按期割下下面的分期偿还券一个，在征收秋粮时到村政府领粮或抵缴公粮。三、领粮或抵缴公粮时，村长要在分期偿还券的背面盖章证明，村政府收到分期偿还券可当公粮解缴上级。四、本券不得出卖、出借、转与他人。如有丢失或火烧、水湿霉烂，至难辨识真假与字号、粮额者，一概不予兑换。落款日期：中华民国三十三年十二月发行，并在发行日期上盖有山东省胶东区行政公署的方形红色印章。偿还券下半部为 5 张竖式分期偿还券，每张分期偿还券中间印有"偿苞米贰斤"，上边左右两角分别印有大写"贰"字，下边左右两角分别印"2"字；上边从右至左印有"胶东区战时借用物品第×期偿还券"；在每张分期偿还券面额"贰斤"右侧，印有"凭券偿还"，在左侧印有"民国三十×年有效"。第一期偿还券为"民国三十四年有效"，第二期偿还券为"民国三十五年有效"，第三期偿还券为"民国三十六年有效"，第四期偿还券为"民国三十七年有效"，第五期偿还券为"民国三十八年有效"。面额为壹百斤的偿还券，除面额不同外，其他各项均与面额拾斤的偿还券相同（见附录）。

（六）皖中抗日根据地湖东行政办事处发行保卫秋收公债

1945 年 7 月，皖中抗日根据地湖东行政办事处发行"湖东行政办事处三十四年度保卫秋收公债券"。债券面额分壹仟圆、叁仟圆、伍仟圆、壹万圆 4 种，债券背面都印有发行本公债的说明。本公债共发行107160 元（大江银行币），按月利 2 分付息，秋收后公告发还，决不拖欠。本公债凭票付本息，还本付息时认券不认人。[1]

根据以上三个阶段各抗日根据地发行公债的情况，列表如下：

---

① 中国人民银行金融研究所、财政部财政科学研究所编：《中国革命根据地货币》（下册），文物出版社 1982 年版，第 143 页。

抗日战争时期革命根据地公债一览表（单位：万元法币，注明者除外）①

序号	债券名称	发行时间	发行目的	发行定额	实发行额	利息	偿还期限
1	闽西南军政委员会借款凭票	1937 年 8 月	补充抗日军费	不详	不详	无息	不定期
2	晋察冀边区行政委员会救国公债票	1938 年 7 月	抗战经费	200	354	年息4 厘	30 年
3	冀南行政主任公署救灾公债	1939 年 11 月	赈灾	50	50	不详	不详
4	定凤滁三县赈灾公债	1940 年 5 月	赈灾	2	2	年息4 厘	1 年
5	冀鲁豫边区整理财政借款	1940 年 7 月	整理财政	98 万元鲁西银行币	53 万元鲁西银行币	无息	2 年
6	盱眙县县政府财委会救国公债	1940 年秋	抗日经费	3	3	年息6 厘	5 年
7	淮北路东专署救国公债	1940 年	抗日经费	10	10	不详	5 年
8	陕甘宁边区政府建设救国公债	1941 年 2 月	经济建设	500 万元（边币）	618 万元（边币）	年息7.5 厘	10 年
9	阜宁县政府建设公债	1941 年 4 月	水利建设	100	60	不详	1 年
10	豫鄂边区救国公债	1941 年 4 月	经济建设	50	50	年息6 厘	10 年
11	豫鄂边区襄西区建设公债	1941 年 7 月	经济建设	10	10	月息6 厘	2 年
12	豫鄂边区建设公债	1941 年 10 月	经济建设	100	100	年息5 厘	7 年

---

① 潘国旗："抗战时期革命根据地公债论述"，《抗日战争研究》2006 年第 1 期，第 31—32 页。

（续上表）

序号	债券名称	发行时间	发行目的	发行定额	实发行额	利息	偿还期限
13	豫鄂边区孝感县赈灾公债	1941年10月	赈灾	5	5	月息5厘	32个月
14	晋冀鲁豫边区生产建设公债	1941年底	生产建设	750万元冀南银行币	未完成定额	年息5厘	10年
15	文献伟公债	1942年	抗日经费	1万元银元	1万元银元	不详	不详
16	晋西北巩固农币公债	1943年1月	经济建设	30万元银元	不详	年息5厘	7年
17	胶东区战时借用物品偿还券	1944年10月	抗日经费	不详	不详	无息	4年
18	豫鄂边区行政公署建国公债	1945年	抗日经费建国经费	50000—100000万元边币	不详	年息5厘	6年
19	晋察冀边区胜利建设公债	1945年8月	抗战经费经济建设	200000万元边币	不详	年息1分	1年
20	东江纵队第二支队生产建设公债	1945年4月	生产建设	7000	不详	周息1.5分	2年
21	皖中根据地湖东行政办事处保卫秋收公债	1945年7月	抗日经费	10万元大江银行币	10万元大江银行币	月息2分	3个月

四、抗战时期革命根据地发行公债的目的、性质和特点

公债指的是政府为筹措财政资金，凭其信誉按照一定程序向投资者出具的，承诺在一定时期支付利息和到期偿还本金的一种格式化的债权债务凭证。抗日战争时期各革命根据地发行的各种公债，就是各抗日根据地民主政府通过公债这种形式，向根据地人民借钱借粮借物，发展根据地经济，壮大根据地财力，支援抗战取得最后胜利的重要手段。它是

在特殊的抗日战争环境中，中国共产党领导的敌后抗日根据地在外援完全断绝后为应对日益严重的财政困难而采取的非常举措，为我党领导的抗日根据地坚持敌后持久抗战，并取得最后胜利奠定了一定的物质基础。

（一）发行公债的目的

第一个目的，是为了筹集抗日经费。抗日战争期间，中国共产党领导的敌后抗日根据地各级抗日民主政府发行公债的首要目的，是为我党领导的八路军、新四军、人民抗日游击队和其他抗日武装力量提供军费给养，保障抗战经费。要打仗首先必须确保部队有饭吃、有衣穿，解决温饱问题；还必须有足够的枪支弹药。其次，还要有非作战人员给予前线作战部队的各种支援，如医护人员、后勤保障及运输给养等工作人员，也需要有相应的经费支撑。正如毛泽东同志 1942 年 12 月在陕甘宁边区高级干部会议上所作的报告《经济问题与财政问题》中所指出的："陕甘宁边区的财政问题，就是几万军队和工作人员的生活费和事业费的供给问题，也就是抗日经费的供给问题。"[①] 其他抗日根据地也不例外。在上述各根据地发行的 21 种公债中，为筹措抗日经费、支援抗战而发行的公债就占 7 种，占公债总数的1/3。

第二个目的，是为了发展生产，开展根据地的经济建设。抗日战争自进入相持阶段后，日军把主要兵力投放到敌后战场，不仅对抗日根据地进行疯狂进攻，并且实行经济封锁；同时，国民党顽固派积极反共，特别是 1939 年发动反共高潮后，先后停发了八路军和新四军的军饷，并对我陕甘宁边区实行经济封锁。加之华北地区连年发生严重的自然灾害，1941—1942 年间，各抗日根据地和边区处于十分困难的处境，财政经济出现极度困难，军民生产非常艰苦，粮食、棉布、食盐等生活必

---

① 毛泽东：《抗日时期的经济问题和财政问题》，《毛泽东选集》第三卷，人民出版社 1991 年版，第 891 页。

需品十分缺乏。中国共产党清醒地认识到，要坚持持久抗日，最终取得抗战胜利，必须在各根据地开展大生产运动，加强根据地的农业、工业、商业、对外贸易、财政税收和金融等各项经济工作。1940年12月25日，中共中央在党内指示中指出："认真地精细地而不是粗枝大叶地去组织各根据地上的经济，达到自给自足的目的，是长期支持根据地的基本环节。"[①] 毛泽东指出："发展经济，保障供给，是我们经济工作和财政工作的总方针。但是有许多同志，片面地看重了财政，不懂得整个经济的重要性；他们的脑子终日只在单纯的财政收支问题上打圈子，打来打去，还是不能解决问题。这是一种陈旧的保守的观点在这些同志的头脑中作怪的缘故。他们不知道财政政策的好坏固然足以影响经济，但是决定财政的却是经济。未有经济无基础而可以解决财政困难的，未有经济不发展而可以使财政充裕的。"他进一步强调发展根据地经济的重要性："如果不发展人民经济和公营经济，我们就只有束手待毙。财政困难，只有从切切实实的有效的经济发展上才能解决。忘记发展经济，忘记开辟财源，而企图从收缩必不可少的财政开支去解决财政困难的保守观点，是不能解决任何问题的。"[②] 因此，在上述根据地发行的公债中，有11种公债是为了根据地的经济建设发行的，占公债总数的一半还多，约52.4%，这对于增强自力更生能力，发展根据地经济，广辟财源，增加财政收入，有力地支援抗战，确保抗日战争胜利具有重大的意义。以陕甘宁边区为例，边区财政对经济建设的投资逐年增加，1943年比较1942年增加了9倍，边区经济建设获得空前发展：财政收入逐年增加，人民负担逐步减轻，税收增加幅度很大，1943年比较1942年增长8倍，占当年财政收入的15%,[③] 为支援敌后抗战并最终取得胜利提供了可靠的物质保证。

---

① 毛泽东：《论政策》，《毛泽东选集》第二卷，人民出版社1991年版，第768页。

② 毛泽东：《抗日时期的经济问题和财政问题》，《毛泽东选集》第三卷，人民出版社1991年版，第891—892页。

③ 陈廷煊：《抗日根据地经济史》，社会科学出版社2007年版，第237页。

第三个目的，是为了募集赈灾资金，救济灾民，开展灾后重建工作。抗战期间，抗日根据地很多地方曾不同程度地发生旱、涝、虫灾，为了救济受灾群众，支援受灾地区恢复生产生活，一些抗日民主政府发行了救灾公债。如上述 21 种公债中，专门用于赈灾的就有豫鄂边区孝感县赈灾公债、冀南行政主任公署救灾公债和定凤滁三县赈灾公债共 3 种，占公债总数的 14.3%。其实，阜宁县县政府于 1941 年 4 月发行的建设公债，其目的是用于修建防潮海堤，这也是为了恢复灾后重建。如果把阜宁县建设公债包含在内，为了赈灾而发行的公债就占整个公债总数的 19%。这些赈灾公债有的被用于江河海的治理，有的用于恢复农业生产，还有的用于调剂民粮和安置灾民等等。当然，除了上述三个主要目的外，有的公债发行目的是多方面的，既是为了募集抗战经费，又是为了发展根据地经济建设，或是因调剂金融、整理财政的需要，或是因调剂粮食与稳定物价、发展对外贸易而发行，这充分说明了抗日根据地公债用途的多重性。[①]

（二）抗日根据地公债的性质和特点

从公债的一般性质来看，第一，公债是一种虚拟的借贷资本。公债体现了债权人（公债认购者）与债务人（政府）之间的债权债务关系。公债在发行期间是由认购者提供其闲置资金，在偿付阶段是由政府主要以税收收入进行还本付息。公债具有有偿性和自愿性特点。除特定时期的某些强制性公债外，公众在是否认购、认购多少等方面，拥有完全自主的权利。第二，公债体现一定的分配关系，是一种"延期的税收"。公债的发行，是政府运用信用方式将一部分已作分配并已有归宿的国民收入集中起来；公债资金的运用，是政府将集中起来的资金，通过财政支出的形式进行再分配；而公债的还本付息，则主要是由国家的经常收

---

① 潘国旗："抗战时期革命根据地公债论述"，《抗日战争研究》2006 年第 1 期，第 33—34 页。

入——税收来承担。因此，从一定意义上讲，公债是对国民收入的再分配。在抗日战争进入相持阶段之后，国民党政府改变了抗战初期与共产党合作抗日的政策，开始对共产党及其领导的抗日武装力量实行限制甚至"剿灭"的政策，对抗日根据地进行军事上和经济上的封锁。1941年1月国民党顽固派制造"皖南事变"后，国民政府停发了对八路军和新四军的军饷，没收了海外华侨和国内爱国人士给抗日根据地的捐款和其他物资援助。在这样的形势下，为了坚持抗战并取得抗战胜利，中国共产党领导各抗日根据地建立税收，颁布税法，成立银行并发行纸币，建立独立自主的经济体系。各抗日根据地是中共领导下的新民主主义社会，其经济是新民主主义的经济。毛泽东论述了抗日根据地的社会性质是新民主主义的社会，1941年5月8日，他指出："还有一些同志，不了解陕甘宁边区和华北华中各抗日根据地的社会性质已经是新民主主义了。判断一个地方的社会性质是不是新民主主义的，主要是以那里的政权是否有人民大众的代表参加以及是否有共产党的领导为原则。因此，共产党领导的统一战线政权，便是新民主主义社会的主要标志。""因此，无论就政治、经济或文化来看，只实行减租减息的各抗日根据地，和实行彻底的土地革命的陕甘宁边区，同样是新民主主义的社会。各根据地模型推广到全国，那时全国就成了新民主主义的共和国。"① 也就是说，不管是边区还是抗日根据地，都是中国共产党领导下的新民主主义社会，其经济是新民主主义的经济，在这里孕育着一个新的国家的雏形。各抗日根据地发行的公债既是为了筹集抗日经费，也是为了巩固中共领导下的抗日民主政权，因此，抗战时期各根据地的公债具有国家公债的特征，属于社会主义公债类型，但更具有强烈的新民主主义性质。当然，抗战时期各根据地发行的新民主主义性质的公债与社会主义公债有所不同，与旧中国的半殖民地半封建公债相比，更有本质上的区别，这是由其所

---

① 毛泽东：《关于打退第二次反共高潮的总结》，《毛泽东选集》第二卷，人民出版社1991年版，第785页。

处的社会性质不同决定的。加之，由于当时处于激烈的战争环境，各抗日根据地所发行的公债还具有战时公债的一些显著特点：①

1. 抗日根据地公债是在抗战时期发行的，因而带有明显的战时特点

首先，发行公债是为了筹集抗日经费，这是最明显的战时特点。其次，在军事上，根据地受到日伪军的疯狂进攻；在经济上，除了受到严密的经济封锁外，一方面，各根据地本身是一个物资相对匮乏和生产不足的地区，日常用品多仰仗于外面供给；另一方面，根据地经济落后，市场狭小，因此既存在日用品不足的问题，也存在货物进口过剩出现入超，影响根据地经济的问题。发行公债既要发展根据地经济，培养税源；又要配合金融、贸易斗争和战时物资管理，保护根据地经济，通过财政手段来稳定金融、物价和调剂粮食等军需物资的供给。这主要表现在公债发行上，以法币作为多数公债面额单位。在上述 21 种公债中，有 13 种公债是以法币作为面额单位的，约占总数的 62%。这主要是因为当时各根据地市面上主要流通着法币，抗日根据地各民主政府建立自己银行的还很少，法币在特定时期内尚能维持金融市场和物价的稳定。这是问题的一方面。从另一方面也折射出，从抗日战争开始到抗战结束全过程，虽然国共两党之间分分合合，曾出现过尖锐的对立和斗争，但中共领导的以国共两党合作为基础的抗日民族统一战线始终维系着，这是中华民族的精神支柱，保证了抗日战争的最后胜利。抗日战争进入中后期后，不少根据地公债以各自银行币或银元作为发行单位，上述 21 种公债中有 8 种债券是以根据地发行的银行币（边币）或银元作为面额单位，约占公债总数的 38%，这一特征表明抗日战争中后期，各抗日根据地公债独立自主性增强，同时也反映了抗日根据地经济发展中独立自主性的进一步增强。这是我党战时"发展经济，保障供给"这一经济工作

① 潘国旗："抗战时期革命根据地公债论述"，《抗日战争研究》2006 年第 1 期，第 34—38 页。

和财政工作总方针的具体体现。第三，从公债发行总额和债券面额大小来看，发行定额有大有小，有数万元、数十万元、数百万元，甚至上亿元、数十亿元的。如豫鄂边区行政公署建国公债发行总额为 5 亿元至 10 亿元边币，晋察冀边区胜利建设公债高达 20 亿元边币；发行额最小的如文献伟公债只发行 1 万元银元。公债面额小的有 1 元、5 元、10 元，如闽西南军政委员会发出的借款票；也有 5 元、10 元、50 元的，如陕甘宁边区政府建设救国公债。有的根据地发行较大面额的公债，如豫鄂边区行政公署建国公债有 5 千元、1 万元、5 万元、10 万元 4 种面值。产生这些差异和特点，一方面是因为公债面额的货币单位不同，受战时经济各种货币币值变动影响较大；另一方面，也一定程度反映了各根据地经济发展水平的高低不同。所有这些，都表现出根据地公债的战时特点。

2. 抗日根据地各级民主政府发行的公债政治色彩很浓厚，是为了赶走日本侵略者而发行的，和历届旧政府推销的公债相比有很大的区别

首先，公债认购对象有本质区别。我国历届旧政府推销公债的对象，主要是银行财团和工商业者；抗日根据地各级民主政府发行的公债，认购对象是各根据地各阶层的人民群众。其次，从公债面额实值看，历届旧政府公债面额的认购，往往是打折销售，多数按票面价值的 8 折推销，有的甚至低到 7 折。但在还本时则按票面价值十足偿还，这就使债权人获得丰厚的收益。抗日根据地发行公债，没有任何折扣，都是按债券票面价值十足发行，认购者必须按照票面额十足交付现金或实物，才可以取得等值债券。再次，从规定的公债利率来看，历届旧政府公债利率都比较高，一般年利率在 6—8 厘左右，高的甚至达 1 分以上。[1] 由于在认购时按债券面额打折的办法来进行，付息则按票面金额十足计算，这样，债权人实际所得利息远远高于公债条例规定的利率。尤其是那些官僚资本银行财团，往往利用手中掌握的特权，以认购的公

---

① 潘国旗：《国民政府 1927—1949 年的国内公债研究》，经济科学出版社 2003 年版，第 44—47 页、76—83 页。

债作为准备金，大量增发通货，从中获取暴利。所以旧中国历届政府发行的公债，往往成为官僚资本、银行财团敛取巨额财富、盘剥劳动人民的手段。与此相反，抗日根据地公债利率定得比较低，一般在4—6厘，还有的根据地公债是无息发行的，如闽西南军政委员会借款凭票、冀鲁豫边区整理财政借款以及胶东区战时借用物品偿还券等，就是无息发行的。尽管这样，根据地各级民主政府发行的公债，大多数能在规定期限内完成推销任务。主要是因为，根据地一切受日本侵略者蹂躏、压迫的劳苦大众，深知必须支持抗日战争取得最后胜利，才能获得政治上的民族独立和求得自身解放，而购买公债是对抗日民主政府在经济上的支持，也是抗日爱国行为。因此，他们积极认购政府发行的公债，主要是为了抗日，并不是为了取得经济利益。第四，正是因为发行和购买公债，是为了抗日大局，是为中华民族的独立和解放，因此，各根据地发行公债，主要是通过政治宣传和动员的方式来进行，反对任何强迫命令和摊派的方法。各根据地发行公债时，根据地抗日民主政府通过各种方式发布文告、指示和公债发行条例，宣传、解释发行公债的目的、意义、用途，对公债的期限、利率、还本付息等事宜进行详细说明，使根据地各级人民群众对政府发行公债的政治意义有深入的了解。在公债推销中，各根据地成立了专门的公债管理或推销委员会，负责公债的推销和监督公债款的使用情况，并对公债推销工作出色的单位和个人，通过各种形式予以表扬或奖励。①

3. 在各根据地发行的公债中还出现了实物公债，这也表现出战时公债的又一显著特点

如1944年10月，胶东行政公署发行的战时借用物品偿还券，其实就是实物（粮食）公债。又如，1941年2月，陕甘宁边区政府发行建设救国公债500万元，尽管形式上是货币公债，但发行公债的实施细则

---

① 财政部财政科学研究所、财政部国债金融司：《中国革命根据地债券文物集》，中国档案出版社1999年版，第2—3页。

规定，可以用粮食、干草及边区的土特产品如盐、皮毛、药材等折价购买债券，这就具备实物公债的性质。一方面，在特殊的抗日战争年代里，根据地各抗日部队最需要的是军粮，根据地农民生产的主要产品就是粮食和其他土特产品，因此，抗日民主政府发行实物（粮食）公债比通过募集资金，然后再购买军粮就方便得多，利国利民，何乐不为！另一方面，在抗日战争后期，法币贬值严重，影响根据地货币、信用票据和物价的稳定，物价高涨。根据地群众对各种票据的信任也打折扣。如果借用群众的军需物资，按价发给群众货币债券，就会影响群众的经济利益，久而久之会失去群众对政府的信任。为了保护群众利益不受损失，有的根据地在发行公债时，就将债券货币额按时价折算成粮食（斤）。前述胶东区发行的战时借用物品偿还券，即是将抗战时期借用群众的物资，按当时市场价格折算成玉米重量（斤），发给借给部队物资的群众分期偿还玉米或抵缴公粮，开创了抗日根据地公债以粮食计值的先例。[①]

第五节　解放战争时期各解放区发行的公债

抗日战争胜利后，美国实行扶蒋、反共、殖民地化中国的政策，同时国民党反动派为了维护和加强法西斯独裁统治，妄图消灭共产党及其所领导的人民革命力量，企图摘取抗战胜利果实，发动了内战。1946年7月，国民党军队向解放区全面进攻，从东北到关内，9个省份全被战火所燃烧。这就决定了中国共产党领导全国人民推翻国民党反动派的统治，建立新中国的解放战争，即第三次国内革命战争将是不可避免

---

① 潘国旗："抗战时期革命根据地公债论述"，《抗日战争研究》2006年第1期，第36页。财政部财政科学研究所、财政部国债金融司：《中国革命根据地债券文物集》，中国档案出版社1999年版，第3页。

的。由于经过八年抗战，根据地经济枯竭，人民负担能力减弱。在解放战争时期，由于战争发展迅速，部队规模扩大，交通和重要生产事业都亟待恢复发展，同时要向新解放区派出工作人员组织民主政权、实行土地改革；还由于每解放一地，共产党和民主政府对一切不抵抗的国民党军政人员采取"包下来"的政策，因此，政府的财政支出大大增加。解放区虽在迅速扩大，但是在广大的新解放区，生产遭到国民党反动派的严重破坏，城乡交流没有恢复，能够征收的税收极为有限，常常是入不敷出。为了克服新形势下出现的财政困难，共产党和民主政府一方面继续贯彻"发展经济，保障供给"的经济财政工作总方针，大力恢复和发展公私农、工、商业，从发展经济中去保障供给；另一方面，不得不增加老解放区的税收（主要是农业税）。1947—1948年，各老解放区的农民负担大体提高到占粮食产量的15%—22%之间。① 与此同时，晋察冀边区、华东解放区、陕甘宁边区、东北解放区、华南解放区等各民主政府，都根据各地实际需要，发行了一些公债，募集资金，以济战争需要。

一、晋察冀边区各级民主政府发行的公债

（一）晋察冀边区胜利建设公债

1945年8月15日，日本宣布投降，抗日战争结束。抗战结束后各根据地经济、各项建设事业需要恢复和发展，晋察冀边区也不例外。为了筹措必需的资金，开展边区的各项建设事业，1945年8月20日，晋察冀边区行政委员会向边区各地发出了发行胜利建设公债的指示，决定发行晋察冀边区胜利建设公债20亿元（晋察冀边区银行币）。同年8月，边区行政委员会还发布了《晋察冀边区胜利建设公债条例》。

---

① 李占才主编：《中国新民主主义经济史》，安徽教育出版社1990年版，第304—305页。

在晋察冀边区行政委员会向边区各地发出有关发行公债的指示和条例中，明确指出发行本项公债的目的、意义、发行办法和应注意的问题。该指示指出，在此全国大反攻的时期，边区行政委员会发行本公债，是为了动员人民集中财力、物力，加强支援前线，并大量回收边币，猛烈打击伪钞，以活跃城市贸易金融，开展各种建设事业。指示和条例规定，本公债发行总额为20亿元，以晋察冀边区统一累进税作担保；自1945年9月1日起照票面十足发行。公债年利1分，期限1年为满，1946年9月1日本利一次付清，到期后的债券得用以缴纳统累税款。票额分为伍佰圆、壹仟圆、伍仟圆、壹万圆四种，均为无记名式。晋察冀边区行政委员会向各行署分发公债推销任务，各行署具体分配各县政府，经由各县政府、合作社及商店商同抗联经募之。不论干部、群众，不论个人或团体，均得以边币或金、银、布匹、粮食等购买公债，目的是大量收回边币，实无边币而乐意购买者，得以指定物资购买。各区具体推销任务为：冀晋区7亿元，冀中区8亿元，冀察区5亿元；要求各区行署在1945年9月底全部完成公债推销任务，并将推销情况总结报告边区行政委员会。边区行政委员会还要求，各行署各县政府通过各个组织系统，利用各种方式，广泛深入地宣传发行胜利建设公债的意义，发动广大群众踊跃购买公债的热情，反对一切强迫、命令的行政摊派方式；要在机关、部队、团体中间进行动员，机关干部应带头认购。边区行政委员会还强调，各地主要以边币购买，个别地方如果实在无边币而愿意购买者，也可以金、银、粮食、布匹等实物，按当地市价折款购买；所收到的实物可通过商店、合作社变价，经过政府随同边币及时上缴。边委会要求，在1945年9月10日左右，各地可陆续发下公债券，但在公债未发下之前，为迅速完成这一工作，各地即开始动员募集，可由村合作社开给认购群众临时收据，将来兑换公债券。各级政府必须将记账手续办理清楚，免得以后紊乱。

晋察冀边区发行胜利建设。公债券为横式版面，债券正面上边从右至左印有"晋察冀边区胜利建设公债票"12个字，票面中央印有山、房屋、凉亭、石拱桥等图案，面值"伍佰圆"或"壹仟圆"、"伍仟圆"、"壹万圆"印在图案上方右半部，票面四角印有面额大写"伍佰"或"壹仟"、"伍仟"、"壹万"。债券背面，附印"胜利建设公债条例"全文，落款为晋察冀边区行政委员会主任委员宋邵文、副主任委员胡仁奎。（见附录）

晋察冀边区政府发行胜利建设公债，主要是为了开展边区的各项建设事业，同时也是为了进城而筹措款项。而此次发行公债筹款的直接目的，是为了收回大量边币，提高边币的购买力。但是，由于在特殊的战争年代，我党当时对财政、经济、金融之间的互动关系及运行规律认识不深，特别是对发行公债的负面影响估计不足；当时为了回收边币，又规定各地主要以边币购买公债，于是，紧缩边币的效果立即显现，并很快导致负面效应：通货紧缩，致物价大跌，谷贱伤农。

（二）冀东区行政公署土地公债

1. 发行土地公债的背景

抗战胜利后，中国共产党为实现国内和平，在所领导的解放区内继续实行抗战时期的减租减息运动，并开展反奸清算运动。1946年4月至5月，由于国民党倒行逆施，调动兵力对我解放区进行封锁和包围，全面内战的危机十分严重。中国共产党清醒地认识到，内战是不可避免的，阶级矛盾已上升为国内的主要矛盾，必须充分发动广大农民，准备进行自卫战争，粉碎国民党的进攻。在广大解放区农村，农民们已经不再满足减租减息，而是要求改革封建土地所有制，实现"耕者有其田"。要打败国民党反动派，不团结占全国人口总数80%的农民是不行的，因此，必须满足农民对土地的要求。1946年5月4日，中共中央向各地发出《关于反奸清算与土地问题的指示》，即"五四"指示，根据国内阶级矛盾已经上升为主要矛盾，农民群众迫切要求清除封建剥削的形势，将党在抗战时期实行的减租减息政策改变为没收地主土地分配给农民的政策，提出以土地改革的方式实现"耕者有其田"。

"五四"指示的主要内容是：要坚决地向汉奸、豪绅、恶霸作斗争，使他们完全孤立，"并拿出地来"；要坚决拥护群众从反奸、清算、减租、退租、退息等斗争中，从地主手中获得土地，实现"耕者有其田"。解决土地的方式是"没收分配大汉奸土地"，通过减租、清算使地主把土地"出卖"给农民。要团结多数，结成反封建的广泛统一战线。指示还规定不可侵犯中农土地，"必须坚决用一切方法吸收中农参加斗争，并使其获得利益；凡中农土地被侵犯，应设法退还或赔偿，整个运动必须取得全体中农的真正同情和满意，包括富裕中农在内"；对富农和地主、地主中的大中小、恶霸与非恶霸有所区别，保护工商业，对开明绅士等应适当照顾等。各解放区根据中央这一指示，先后作出了贯彻执行中央"五四"指示的决定或指示，并迅速展开了土地改革运动。中共晋察冀中央局于同年 8 月 29 日作出了关于传达与执行中央"五四"指示的决定，根据该区新、老解放区与沿边区三种地区的不同情况，确定了执行"五四"指示的不同重点。[①]

晋察冀边区大部分地区开展了土地改革运动，到 1947 年初，全边区已有近 1000 万亩土地从地主手中转入农民手中。但是，在土地改革过程中，也出现了一些问题。有些地方虽然土地大部分重返农民手中，但由于采取按农会内外、积极态度、功劳大小分配土地的错误做法，使得到土地的农民仅仅占应分得土地的农民的少数或半数，其余的未分到土地或分得很少土地；有的地方实行打乱平分的办法，还有损害中农利益的现象。比如，冀东区在 1946 年贯彻执行中央"五四"指示的工作中，部分地区发生了侵犯中农利益的错误，使中农恐惧，害怕斗争，不敢增加生产发家致富。1946 年 12 月 10 日，中央曾电示冀东区党委，"对于中农利益被侵犯者务必迅速补救，以稳定全部中农站在我们方

---

① 李占才主编：《中国新民主主义经济史》，安徽教育出版社 1990 年版，第 304—305 页；中国社会科学院经济研究所现代经济史组：《中国革命根据地经济大事记（1937—1949）》，中国社会科学出版社 1986 年版，第 77—78 页。

面，对于受打击的地主、富农应采取适当拉的政策，以缓和他们的反对"。根据这一精神，1947 年 1 月，冀东区党委指示冀东区行政公署，采取发行土地公债的办法，补偿在贯彻执行中央"五四"指示中被侵犯中农所受的损失。冀东区行政公署土地公债就是在这样的背景下发行的。

2. 土地公债的发行

1948 年 1 月 30 日，冀东区行政公署发布《关于发行土地公债的指示》，对发行土地公债的原因、对象的认定、利息和偿还，以及发行须注意的事项作了详细说明和规定。之所以发行本土地公债，是为了团结农民中的大多数，团结一切能够团结的力量。因为在土地改革中，一部分中农的土地曾被侵犯，除已直接由群众赔偿退还一部分土地外，还有未被赔偿的中农。为了巩固贫农抗属的既得利益，加强对中贫雇农的团结，确保农民优势，并照顾被斗过苦的富农及被斗后不能维持生活的地主，通过发行土地公债，对尚未赔偿之中农被侵土地，按土地价格予以公平赔偿。发行土地公债的对象分为三类：第一，凡被侵犯之中农（包括富裕中农及政治上有错误已向群众承认错误的中农在内）土地，但已由群众直接赔偿过土地者不再变动外，均应按此公平赔偿原则发给相当价格的土地债券；被侵中农如系因当敌伪爪牙或贪污取得的土地，不属赔偿之列即不再赔偿，但在其认识改正过后，应用救济形式，酌情发给一部分债券。第二，对那些被斗过苦，其生活水平降至中农以下之富农，经县、区、村农会与政府评议同意后，可用救济形式自此项债券中酌情发给一部分。第三，对被斗后不能维持生活之地主，经县、区、村农会与政府评议后，提出必需之救济，亦可发一部分债券，但须经专署批准后执行。

本土地债券发行程序，主要由县、区、村农会负责调查评议，政府予以协助。在评议中必须有被侵中农本身参加。评议后，由被侵中农填具请领表格，村农会出具证明，经县区农会审查合格，然后将登记表报县政府，由县政府派员协同区、村干部直接发给各户债券。规定土地价格一般为每亩小米 100 斤至 300 斤，但太好或太差的地，可按具体情况酌情增减。债券票额分为 50 斤、100 斤、200 斤三种；债券按年利 1 分加息偿还，按券面规定年份偿还；规定每年阳历 10 月 1 日到 12 月底为偿还期，可按期持券到政府或指定机关领取粮食或折款，如在交公粮公款期间，亦可代交公粮公款。冀东区行政公署规定，此项公债不能在市面流通；此项工作须在 1948 年 4 月底完成，5 月 15 日以前连同表格、总结向行署汇报，在发行期间执行情况亦须及时报告。

冀东区行政公署这次发行土地公债，在具体执行中有很大变化。调查结果表明，后来实际上没有发行本项土地公债。当时，各区按照上级部署逐级召开会议，落实并宣布被侵土地的中农名单，土地债券也准备下发。与此同时，冀东区从东北运来了一批高粱米，并且数量不少，足够补偿受侵犯的中农，于是，冀东行政公署就用这批粮食代替原准备发行的土地公债，直接补偿被侵犯的中农。所以，冀东行署准备发行的土地公债，最终并没有发行。[①]

二、华东解放区各级民主政府发行的公债

解放战争期间，为支援战争、落实土地改革政策和救济灾荒，华东解放区各地民主政府曾先后多次发行公债。

（一）苏皖边区政府发行救灾公债

据《解放日报》1946 年 5 月 25 日报道：苏皖边区各地自 1945 年以来连续发生自然灾害，先旱灾，后水灾，又蝗灾，受灾群众占全边区总人口的 25%。受灾地区群众生产生活极其困难。特别是进入 1946 年

---

① 财政部财政科学研究所、财政部国债金融司：《中国革命根据地债券文物集》，中国档案出版社 1999 年版，第 52—53 页。

以来，受灾群众生活更为困难。又据《群众》1946 年 9 月 22 日介绍：去冬今春，全边区面临四十年来空前大灾荒，700 万以上人民濒于饥寒的死亡线上，以山芋叶、野菜、榆树皮等充饥。灾荒最严重的淮海区，三月至麦收前青黄不接时期，全区缺粮人口达百分之八十以上，完全断炊户有 24.3%，计 56 万多人口。对于这次长时间的灾荒，边区政府一方面组织灾民生产，进行灾后重建、生产自救，另一方面通过发放贷款和公债等，救济受灾群众。"由于全体党、政、军、民节衣缩食，努力抢救，政府发放贷款、贷粮，平粜、救灾公债等。共达三万万八千四百万元华中币，并号召领导生产，贫富互助，大家动手，使灾荒得以安然度过。"①

1946 年 3 月 15 日，中共中央华中分局发出《关于紧急救灾工作的指示》，指出华中各地，自去年以来由于天灾人祸（水旱蝗灾加上敌伪顽军烧杀劫掠），灾荒四起，受灾人口达 400 余万，灾区群众生活极为艰难，各地饿死人的现象时有发生。因此，决定发行救灾公债 9000 万元，并规定了完成发行公债的最后期限为 5 月 10 日；同时，提出了具体救灾的办法，要求各级党委站在第一线，领导群众同灾荒作斗争。1946 年 3 月 16 日，苏皖边区临时参议会召开驻会委员临时会议，鉴于边区各地灾情严重，边区受灾人口超过 420 万，为救济灾民，开展生产自救，将受灾损失降至最低程度，会议通过决议，请边区政府发行救灾公债 1 亿元。边区政府立即同意这一决议，决定发行苏皖边区 1946 年短期救灾公债 9200 万元。为紧急救灾，苏皖边区政府于 1946 年 3 月 19 日在《新华日报》（华中版）上发表了一篇《脚踏实地紧急抢救灾荒》的社论。社论对灾情的严重程度和后果进行了分析和论述，并宣传了边区政府在救济灾民方面所做的具体工作。除拨款 3000 万元作为救灾基金外，边区政府决定发放救灾公债 9200 万元（华中银行币）。边区政

---

① 《日寇投降一年来苏皖边区民主建设成绩》，1946 年 9 月 22 日，《群众》，第十二卷，第 9 期；财政部财政科学研究所、财政部国债金融司：《中国革命根据地债券文物集》，中国档案出版社 1999 年版，第 53 页。

府号召，第一，各级党政军民应在群众中广泛宣传动员，推动各界人士踊跃购买救灾公债，务求迅速，不失救灾时机；第二，迅速组织有关机构在有决定意义的城镇举办平粜，平抑粮价，并奖励粮食进口，调剂各地粮食；第三，厉行节约，全边区党政军民脱产人员，每人每天节粮2两，全部就地购买公债，救济灾荒。

苏皖边区政府随后发布了《救灾公债条例》，规定了公债的名称、发行定额、利率、期限、各行政区分配任务、公债的用途等。本公债定名为民国三十五年救灾公债，发行总额为边币9200万元；公债用途分两部分：40%直接救济灾民，60%以工代赈。各行政区按下列分配任务自行印制，于1946年4月1日按票面价值十足发行。第一行政区3000万元，第二行政区1500万元，第三行政区500万元，第四行政区200万元，第五行政区1500万元，第六行政区600万元，第七行政区1100万元，第八行政区600万元，边府直属200万元。公债利率月息2分，还本时一次付清；第一行政区于1946年8月1日平均分偿本息一半，其他各行政区及第一行政区之其余半数均于1946年11月1日开始本息全部清偿。公债还本付息，以1946年夏秋两季粮赋收入为基金，由边区政府财政厅依照本公债还本付息所规定应付还之边币数额，按期如数拨交华中银行备付。条例还规定，本公债债券未到期前不得在市面作通货流通，到期后得依票面金额连同利息完纳1946年11月1日后各种赋税，或向华中银行兑现。

此项公债的使用，按各行政区灾情轻重预定分配如下：第一、第二行政区共1500万元，第三行政区1000万元，第四行政区500万元，第五行政区2200万元，第六行政区1500万元，第七行政区2200万元，第八行政区300万元。边区政府规定，各行政区按分配的发行数额必须于1946年4月10日前完成；应拨助他区之数额，必须于4月15日前完成，汇交各该区，华中分行汇寄总行分配。由于救灾公债是以各专署为单位印制发行的，债券面额各不相同。第一行政区的公债券，面额分为伍拾圆、壹百圆、伍百圆、壹仟圆四种；第二行政区发行的债券，分伍拾圆、壹百圆、贰百圆、伍百圆四种；第三行政区债券分为伍拾圆、壹百圆、伍百圆三种；第五、第六、第七行政区债券分为伍拾圆、壹百圆、贰百圆、伍百圆四种。① （见附录）

（二）皖南人民解放军长江纵队救国公债

解放战争时期，皖南人民解放军长江纵队转战于皖南国民党统治区泾青南一带，长期坚持游击战争。当时泾青南一带游击区还未建立民主政府，部队和地方人员的经费来源主要通过三种途径来解决：一是向地主、资本家借款；二是收税；三是征收田赋。但是，在国民党的严密清剿下，靠收税和征收田赋来解决经费非常困难。为解决部队和地方工作人员的给养，长江纵队于1947年上半年发行了一期救国公债，即临时借款，通过向当地商人、地主、富农和农村油坊老板借款的办法解决供给问题。借到款后，向借款对象发放救国公债。本公债券面额有三种，分别为100万元、500万元、3000万元法币。债券背面附印了发行本公债的五条说明。在说明中规定，按年利1.5%给息，限一年归还；皖南各县民主政府建立时，在规定期限内，公债承购人可凭本券向各县民主政府领取本利；本公债券概由地方爱国民主人士自愿认购，不得强迫摊派及转售。（见附录）

（三）苏皖边区第六行政区专员公署赔偿战时人民损失公债

1946年下半年，国民党发动新一轮反共高潮，开始对解放区全面进攻。在华东解放区战场，解放区军民奋力抗击国民党军的疯狂进攻，解放区人民为支援前线作战，付出了巨大的人力、物力代价，蒙受了很大损失。由于连年战争，解放区民主政府财力有限，无法对支前群众蒙受的损失立即补偿，于是通过发行公债，对支援前线作战的群众所受到

---

① 财政部财政科学研究所、财政部国债金融司：《中国革命根据地债券文物集》，中国档案出版社1999年版，第53—56页。

的损失，分期给予赔偿。1947 年 7 月，苏皖边区第六行政区专员公署颁布《赔偿战时人民损失暂行办法》，对赔偿的范围、原则、标准作了明确规定。凡本区人民在反顽战争服务后勤服务中所损失之牲畜、农具如牛驴、大小车辆，依据当时损失情况，分别予以赔偿或补偿；在政府无实物赔偿时，一律依据赔偿时之当地市价，折合小麦计算，赔以公债。公债自 1948 年夏季起至 1949 年秋季，按粮额多寡分四期偿还；在1948 年（两季）各县偿还公债，最高额不得超过 50 万斤。公债利息，1948 年夏季偿还者，按偿还粮额 10% 计算；秋季偿还者，按偿还粮额15% 计算利息；1949 年夏季偿还者，为偿还粮额 20%；1949 年秋季偿还者，为偿还粮额 25%。赔偿办法还规定，公债券为有存根之三联式记名券，不得转移买卖；公债券到期，可抵交公粮田赋，或持向当地粮库兑取粮食。[①]

（四）苏皖边区第六行政区补偿中农损失公债

为贯彻中共中央"五四"指示，中共中央华东局于 1946 年 9 月 1日发出《关于实行土地改革的指示》，根据华东的具体情况，提出了实现"耕者有其田"的五种办法，并规定不得侵犯中农土地和不得过分伤害富农利益。苏皖边区第六行政区在实行土地改革中，由于对政策的理解和掌握出现偏差，加之工作方法有一定问题，曾发生侵犯中农利益的"左"倾错误，严重违反了党关于团结中农的政策，造成了不良影响。1946 年 9 月 1 日，中共华中分局发出《关于团结中农的指示》，批评有的地方在土改中发生的片面照顾贫农利益、侵犯中农利益的"左"倾偏向；强调团结中农的重要性，规定了纠正错误补偿中农损失的办法。[②]

---

① 财政部财政科学研究所、财政部国债金融司：《中国革命根据地债券文物集》，中国档案出版社 1999 年版，第 57—58 页。
② 中国社会科学院经济研究所现代经济史组：《中国革命根据地经济大事记（1937—1949)》，中国社会科学出版社 1986 年版，第 78、84 页。

为了贯彻中共华东局和华中分局的指示，纠正土改运动中侵犯中农利益的错误，对被侵中农给予补偿，1947 年 7 月，苏皖边区第六行政区专员公署决定发行补偿中农损失公债，以分期补偿在土改中被侵中农的损失。凡本区各地土改中，中农所受损失，无适当土地偿还时，以发行公债补偿之。规定补偿标准如下：每亩每年收获量在 100 斤以上者，每亩赔偿粮食 60 斤；收获量在 80 至 100 斤者，每亩赔偿粮食 50 斤；收获量在 50 至 80 斤之间，每亩赔偿粮食 40 斤；收获量在 50 斤以下者，每亩赔偿粮食 30 斤。公债偿还期限，自 1947 年秋季起，按粮额多寡分期偿还：偿还额在 500 斤以内，分 1947 年秋季及 1948 年麦季两次偿还，每次各还一半；赔偿额在 500 斤以上者，分 3 次偿还，即 1947 年秋季、1948 年麦季及秋季 3 次偿还，每期各偿还 1/3。偿还粮食种类，在麦季归还者为小麦；秋季归还者为稻头。公债利息，在 1947 年秋季归还者，按还粮额 10% 计息；1948 年麦季偿还者按还粮额 15% 计息；在 1948 年秋季归还者，按还粮额 20% 计息。公债券为多联式记名券，不得转移买卖；到期后的债券，可抵交公粮田赋，或持向当地粮库兑取粮食。[①]

（五）胶东区爱国自卫公债

根据中共华东局 1946 年 9 月 1 日《关于土地改革的指示》精神，胶东区 1947 年进行土地改革，发动农民要求地主阶级减租减息、退租退息，并以汉奸、恶霸、豪绅为主要斗争对象，清算他们在抗战期间所欠农民的负担、劳役，没收了许多金银财宝，这是一笔宝贵财富。当时，由于脱产人员空前增加，出现了粮食和财政两大困难。因此，必须采取措施，将土改中清查出的这些金银财宝集中于解放区民主政府手中，既可以防止这些财宝流入国统区、增加蒋介石反动统治的财富，又

---

① 财政部财政科学研究所、财政部国债金融司：《中国革命根据地债券文物集》，中国档案出版社 1999 年版，第 58 页。

能充实人民自卫战争经费，解决我解放区的财政困难。1947 年 1 月 3
日，华东区财委扩大会议召开，要求全区精简机构，开展节约、清查物
资、献金献物运动。同年 2 月 1 日，中共中央华东局发出《关于开展献
金献粮献物资运动的指示》，要求前方和后方、机关和个人、党员和群
众都积极参加献金献粮献物资运动。1947 年 8 月，中共华东区胶东区
党委作出《关于动员群众捐献复查中清算之金银、元宝、首饰、银洋
等与发行爱国自卫公债的决定》，采取发行公债的方式，收回群众在土
地改革中没收的地主阶级的金银财富。1947 年 8 月 15 日，胶东区行署
发布了《关于发行爱国自卫公债的命令》并公布公债劝募条例。上述
决定、命令和条例要求，在"一切为了战争胜利的需要"的口号下，
广泛宣传、动员群众，在自愿自觉的基础上，发动热烈的"支前献金"
运动；估计到"支前献金"可能发生某些困难，决定由政府发行"爱
国自卫公债"进行购买。

劝募的金银以十成色折本币计算，黄金每两（市称）作价 18 万
元；银块、银宝、银饰、银器每两（市称）作价 1500 元；银元每元作
价 1400 元。公债总额暂定为本币 20 亿元，自民国三十六年九月一日起
开始劝募，以自愿认购为原则。本公债以按月 1 分 5 厘给息，自民国三
十六年十月一日起计息。公债本息，在 5 年 3 个月内分 8 期清还；公债
还本付息，由胶东行政公署拨出公粮 3000 万斤为担保基金；公债券不
得作货币流通，自第一期付息后，得俟当时金融财政状况，来决定公债
持券人可将本公债向北海银行胶东分行及各支行与办事处作抵押借款。
本公债券面额分为 1000 元、5000 元、10000 元、50000 元四种。①

（六）淮海区行政公署粮草公债

解放战争期间，为了坚持淮海区敌后游击战争，解决我军粮草给

---

① 财政部财政科学研究所、财政部国债金融司：《中国革命根据地债券文物集》，中国档案
出版社 1999 年版，第 58—60 页。

养，淮海区行政公署曾于 1947 年发行了一期"淮海区行政公署粮草公债"。本公债分为甲乙两种，各分粮草两类。甲种粮以小麦为标准，乙种粮以稆头（即玉米）为标准。公债券由各县自行印制；甲种粮草公债，按票面额 8.5 折计算，收受粮草于本年午季十足偿还，或抵交午季粮赋。乙种粮草公债，按票面额 8 折计算，收受粮草，于本年秋季十足偿还，或抵交秋季粮赋。承受公债户，如无规定粮食，得以他种可食杂粮抵付，其折合率，由县按一般市价决定公布之。本公债券为记名券，不准转移、买卖。[①]

三、东北解放区各级民主政府发行的公债

抗日战争结束后，根据中共中央的指示，八路军迅速挺进东北建立革命根据地，并在各地建立民主政权。14 年来，由于东北人民遭受日本法西斯残酷的掠夺、摧残和破坏，生活陷于极端困苦的境地。根据地创建之初，一方面，东北人民迫切要求重建和平生活，因此，迅速开展东北抗战结束后第一次大规模的生产运动，恢复东北人民的生产力，改善他们的生活，平复他们 14 年来所遭受的创伤和破坏，就成为摆在共产党面前的重要任务。另一方面，又要肃清日寇残敌、恢复地方治安秩序并迎击国民党反动派大规模的军事进攻。在这种形势下，东北解放区各地财政面临着严重困难。为恢复根据地重建和支援解放战争，解决当时财政所面临的困难，许多地方政府发行了公债。

（一）双城县政府治安保民公债

为筹措经费维持地方治安，松江省双城县政府于 1946 年发行了双城治安保民公债。1946 年 1 月，双城县政府发布了由县政府主席孙新

---

① 财政部财政科学研究所、财政部国债金融司：《中国革命根据地债券文物集》，中国档案出版社 1999 年版，第 60 页。

仁签署的《双城县治安保民公债发行要纲》，这个纲要具有公债条例性质。本公债定名为"双城县治安保民公债"，为治安保民之用；本债券以双城县内所有汉奸逆产拍卖充为偿还，并可完纳租税；债券以俟逆产拍卖后，即行分为两期偿还之。债券可由人民任意购买。本债券如遇水火焚失或窃盗等情况，概不予再为补发。

双城治安保民公债券面额分为贰拾圆、壹百圆、伍百圆、壹仟圆（东北银行地方流通券）四种，为无记名式。壹佰圆券票面为浅黄色，上部两行横书"双城县治安保民公债"，中间横书"壹百圆"；下部直书"此项债券出售价格定为与票面同额而偿还时亦照票面同额支付之"；左侧三行直书"中华民国三十五年一月双城县政府主席孙新仁"；右侧盖有债券种类的印章，此张壹百圆债券右侧盖有"丙种第5026号"印章。债券背面印有《双城县治安保民公债发行要纲》全文，共八条。[①]（见附录）

（二）松江省第一行政专署胜利公债

1946年6月，松江省第一行政专员公署发行了一期胜利公债，以筹措本行政区的建设资金。本公债发行总额和面额种类不详，背面附印发行胜利公债的说明共六条，发行说明具有公债条例性质，抄录如下：

一、建设公债为保护地方治安，推行和平民主建设而发行。

二、本公债期限，自发行日起至民国三十七年六月十五日止。

三、本公债以年利1分计算，分期归还，至民国三十六年六月为第一期，归还一半；至民国三十七年六月本利还清。

四、本公债不得在市面流通使用。

五、本公债以盖有松江省第一专员公署、专员之官印者为有效。

六、本公债如有伪造者依法论罪。

---

① 财政部财政科学研究所、财政部国债金融司：《中国革命根据地债券文物集》，中国档案出版社1999年版，第61页。

松江省第一行政专署胜利公债壹仟圆（东北银行地方流通券）券正面上部横书"胜利公债券"，中间横书"壹仟圆"，下部两行横书"松江省第一行政专员公署发行，中华民国三十五年印刷"，右、左两侧分别直书"民主团结"、"和平建设"。债券背面附印有关发行本债券的六条说明。[①]（见附录）

（三）哈尔滨市建设复兴公债

为建设哈尔滨市，1946 年 8 月 4 日，哈尔滨市市政府召开行政委员会，决定发行建设复兴公债 8000 万元（东北银行地方流通券），主要用于哈尔滨市的市政设施建设、医疗卫生事业、教育事业、地方治安等。本公债年息定为 8 厘，发行期限为 7 年，第一、二年只付利息，由第三年起，用抽签方法每年偿还总额 1/5，即 1600 万元，至第七年全部偿清。公债还本付息以哈尔滨市政府接收之全部敌产为担保。公债照票面金额实收，不折不扣；公债可以随意买卖和抵押；债券及息票，自偿本付息到期之日起，得以完纳哈尔滨市税捐及其他费款之用。[②]

公债券分为壹仟圆、伍仟圆、壹万圆、伍万圆、拾万圆五种，为不记名式。面额为 1000 元的债券，票面为浅黄色，债券正面上部两行横书"哈尔滨市建设复兴公债券"，中部横书面额"壹仟圆"，下部印有"哈尔滨市政府发行"，左侧两行直书"哈尔滨市市长"（及签章）、"中华民国三十六年十一月一日"。票面底部分别为中华民国三十六年、三十七年、三十八年、三十九年、四十年、四十一年、四十二年息票，每年一张，共 7 张。债券票背面竖印《哈尔滨市建设复兴公债条例》全文共十二条。（见附录）

---

① 财政部财政科学研究所、财政部国债金融司：《中国革命根据地债券文物集》，中国档案出版社 1999 年版，第 61 页。

② 财政部财政科学研究所、财政部国债金融司：《中国革命根据地债券文物集》，中国档案出版社 1999 年版，第 62 页。

（四）东安地区行政专员公署建设公债

合江省东安地区行政专员公署于 1946 年 10 月发行了一期建设公债，以解决本区发展各项事业急需的建设资金。本公债以东安地区行政专员公署名义发行，发行总额为 500 万元（东北银行地方流通券），票面金额为伍拾圆、壹百圆、伍百圆、壹仟圆四种，为无记名式有价证券。公债以票面金额为发行价格；公债利息定为年利 1 分（单利计算），原本及利息于 1949 年 10 月 1 日偿还之。

（五）大连市政建设公债

为筹措市政建设所急需的资金，大连市政府于 1946 年 10 月发行了"大连市政建设公债"，发行总额为"苏联红军票" 3 亿元。本公债以自愿购买为原则；公债票面分为伍百圆、壹仟圆、伍仟圆、壹万圆四种。公债主要用于文化教育建设、水陆交通建设、卫生建设、其他建设事业。本公债自民国三十五年十月一日发行，利率定为年利 8 厘，分 5 期还本付息，5 年付清；自民国三十六年十月一日起，开始第一期还本付息；民国三十七年十月一日，开始第二期还本付息；民国三十八年十月一日起，开始第三期还本付息；民国三十九年十月一日起，开始第四期还本付息；民国四十年十月一日起，开始第五期还本付息。公债还本付息，以大连市经常税收及市有房产为担保，依照还本付息金额，按月向基金保管委员会存入。本公债本息票，期满后 5 年内定为有效付款期，逾期不付；公债持票人可行使下列权利：到期公债抵押有效；到期公债担保有效；到期公债票缴税有效；本公债买卖有效。[①]

（六）齐齐哈尔市市政建设有奖公债

为筹措市政建设资金，1947 年 6 月，嫩江省齐齐哈尔市发行了一

---

① 财政部财政科学研究所、财政部国债金融司：《中国革命根据地债券文物集》，中国档案出版社 1999 年版，第 63—64 页。

期市政建设公债，发行总额为 1 亿元（苏军币）。本公债由嫩江省银行代理发行，发行对象为齐齐哈尔市市民；公债利率为周年 5 厘，债券附有息票五份，每次付息收回一份。债券期限为 5 年，5 年内偿还本息，自民国三十七年起，至民国四十一年止，每年 6 月底还本 2000 万元，并付息发奖一次，抽签中奖，中奖者可得奖金 50 万元。公债还本时，以发行时之高粱价为标准价格，1000 元合高粱 21 斤而偿还之。本公债得在本市作抵押或保证金，但不得作通货使用；本市公有房产标卖时，公债券持有人有优先认购权。[①]

齐齐哈尔市市政建设有奖公债券面额分为壹仟圆、伍仟圆两种。

解放战争期间，东北解放区各地除发行上述公债外，还有大连县政府于 1946 年 12 月发行了"大连县生产建设公债"2220 万元（苏军币）；松江省呼兰县政府 1947 年发行建国公债 500 万元。1949 年东北行政委员会发行民国三十八年生产建设实物有奖公债 1200 万份，分上下两期发行，每期 600 万份，实际上只进行了第一期公债的募集工作，第二期因故并未进行。东北行政委员会发行的生产建设实物有奖公债券，目前所见票面额有壹佰分、伍拾分、拾分、壹分四种。嫩江省政府于 1949 年 4 月发行了生产建设折实公债 150 亿元（东北银行地方流通券），实际完成推销任务 152.42 亿元（东北银行地方流通券）。[②]

四、陕甘宁边区政府试办发行征收地主土地公债

为了贯彻中共中央"五四"指示，1946 年 11 月，陕甘宁边区第三届第二次政府委员会会议决定："在土地未经分配区域以贯彻减租，并采用土地公债，征购地主超额土地的办法，以消灭封建剥削，实现耕者

---

① 财政部财政科学研究所、财政部国债金融司：《中国革命根据地债券文物集》，中国档案出版社 1999 年版，第 68 页。

② 财政部财政科学研究所、财政部国债金融司：《中国革命根据地债券文物集》，中国档案出版社 1999 年版，第 68—73 页。

有其田。"[1] 1946 年 12 月 20 日，陕甘宁边区政府颁布了《陕甘宁边区
征购地主土地条例草案》，规定在未经土地改革区域，发行土地公债，
征购地主超过应留数量之土地，分配给无地或少地之农民，以达到耕者
有其田之目的。

凡地主之土地，超过下列应留数量者，其超过部分，均得征购之：
（1）一般地主，留给其家中每人平均地数，应多于当地中农每人平均
地数 50%（假如中农每人 6 亩，地主每人应是 9 亩）；（2）在抗日战争
及自卫战争中，著有功绩之地主，留给其家中每人平均地数，应多于当
地中农每人平均地亩之一倍（假如中农每人 6 亩，地主每人应是 12
亩）。同时规定，地主自力耕种土地和富农土地不得征购。被征购土地
之地价，采取超额递减办法；政府征购之土地，按征购原价之半数，分
配给无地或少地之农民承购。地价分为 10 年付清。土地之承购，应以
现耕为基础，进行合理调剂，使每人所有土地之数量与质量达到大致平
均。土地公债基金，为边区农业税及承购者之交价。土地公债之票面，
以细粮计算；土地公债分 10 年还清，年息 5‰，清偿期为每年秋末。
每年到期土地公债之本息，可以抵交农业税，但只限于本县范围；本土
地公债可以转让抵押，但不得在市面流通。[2]

五、中原解放区发行的借粮公债

根据中共中央指示，晋冀鲁豫边区两支野战军刘邓大军和陈谢大
军，于 1947 年夏季先后渡过黄河，挺进中原大地建立解放区。由于当
时中原解放区尚未建立人民民主政权，部队的军需给养主要通过两个途
径来解决，一是依靠打胜仗缴获国民党军所得；二是在所到之处就地向
群众筹措。特别是粮食的供给，主要是向当地群众筹借。

---

① 李占才主编：《中国新民主主义经济史》，安徽教育出版社 1990 年版，第 277 页。
② 财政部财政科学研究所、财政部国债金融司：《中国革命根据地债券文物集》，中国档案
出版社 1999 年版，第 73—76 页。

早在 1947 年 3 月 20 日，还在上述两支大军未进入中原之前，晋冀鲁豫野战军政治部就颁布了《关于新区借粮条例》，因为早就预料到开辟新解放区必然遇到向群众借粮的情况。条例规定向群众借粮只限于粮、米、面、柴、料之项；借粮对象只限于地主，禁止向其他阶层特别是基本群众借粮，并应先向大地主借，然后向中小地主借，借粮数量应大、中、小数量有所区别。借粮户一律由民主政府给予"借粮证"，借粮证以后可抵交公粮。条例还规定，向地主借粮，应先请来谈话，晓以我军爱国自卫战争的大义，责其赞成，并承认所借之粮将来可抵公粮；对有粮不肯借的顽固地主可酌情施以限制，但禁止以吊打等手段。借粮不得没收地主任何东西。

刘邓和陈谢两支大军挺进中原后，就地向群众借粮大体上是按照上述规定执行的。下面是收集到的两种借粮证：

（1）晋冀鲁豫战地行政委员会印发的借粮证收据。此借粮证上有三条说明：一、此证以户为单位开给。二、斤数以市秤为标准，借啥写啥不折合。三、被借户持此证向当地县、区政府可抵交公粮。（借粮机关盖章方有效）

（2）中原野战军印发的战时借粮证。此战时借粮证左上角的说明是：此据系按公粮征收办法征收，可向民主政府抵公粮。[1]

六、华南解放区各地民主政府发行的公债

为了迎接大军南下和全国解放，解决各根据地的财政困难，华南解放区各地民主政府于 1949 年曾先后发行过多次公债。

（一）粤赣湘边区公粮公债

为解决边区部队及地方工作人员和群众生活困难，1949 年 4 月，

---

[1] 财政部财政科学研究所、财政部国债金融司：《中国革命根据地债券文物集》，中国档案出版社 1999 年版，第 77 页。

中共粤赣湘边区党委决定向全区发行"公粮债券",并发布《关于发行"公粮债券"致各地委的指示》。本公粮债券发行总额为 15 万担,其中,江南 4 万担,九连 4 万担,江北 2.5 万担,翁江 2 万担,五岭 5000 担,其余 2 万担由党委直接发行。此债券月息谷 2 斤,销债时九成实收,一成则为预付利息。本债券还本,分夏收秋收两次均还;债券可作缴纳公粮之用。认购者可以现金或其他实物依时价折算。要求各地在 1949 年 6 月底结束债券的销售。推销公粮债券的原则为"拥军增产,军民兼顾,民主认购,合理负担"。规定认购对象的重点在地主富农及商人,然后才是有余力负担的中农,贫农不负担而享受免息农贷的利益。不同地区要有所区别:在新解放区用销债来代替对地主强征强借或罚款;在老区实行双减及收公粮;在收复区用销债代替补征公粮;在国统区也可推销公债。因此,推销公债应是行政命令、统战工作和发动群众三者结合起来。后来,公粮公债发行数改订为 10.5 万担,其中,江南 4 万,九连 2.5 万,江北 3 万,翁江 1.5 万,五岭 5000 担。① 中共粤赣湘边区党委以粤赣湘边区纵队政治部名义发行的"公粮公债",债券面额不详,目前所见只有壹担、伍担两种债券。(见附录)

(二) 云南人民革命公债

1949 年 4 月和 8 月,人民解放军滇黔桂边区纵队曾先后发行了两期云南人民革命公债,以解决战争及政权建设之急需。

1949 年 4 月,中共桂滇黔边工委前委决定以桂滇黔纵队司令部的名义,在罗盘区云南境内 3 县发行"云南人民革命公债"。同年 4 月 15 日,"边纵"司令部发布布告,宣称经上级批准发行革命公债。本项公债规定收受与归还办法,均由各县人民政府统一办理,一律以粮食实物折合银元市价作基准。并规定由本边区人民政府负责担保,在滇黔桂三

---

① 财政部财政科学研究所、财政部国债金融司:《中国革命根据地债券文物集》,中国档案出版社 1999 年版,第 78—79 页。

省完全解放后，准凭本债券持交各县政府，汇向三省政府银行，分期于半年内按原来粮食实物或银元实数折合当时市价完全付还，不计利息。本项公债认购对象为富户，罗平县完成了认购半开 3 万元（半开：云南地方货币单位，一元半开相当于银元 5 角）任务，并认购了实物公债稻谷 220 万斤。

为集中主力部队作战及解决当时财政困难之需，并举办贸易局、合作社及农贷、社会福利事业等，中共滇黔桂边区党委于 1949 年 8 月决定发行"云南人民革命公债"70 万元（半开）。规定本公债利率为 3%，为期一年还本付息。原来分配在各区的发行计划，后来由于各种原因，只在开广区、罗盘区以及滇北个别县实施发行。上述两次云南人民革命公债，在云南省解放初期大部分以折抵公粮的形式作了偿还。云南人民革命公债，分为半开银元壹圆、伍圆两种（见附录）。债券是分区自行印制的，有的是油印版，有的是石印版。还有一种"滇黔桂边区贸易局流通券"，加盖"公债券"戳记改作云南人民革命公债发行的。[①]

（三）粤桂边区公粮公债

为解决粤桂边区部队、地方人员粮食供给，以及救济边区广大缺粮群众，1949 年 6 月，中共粤桂边区党委决定发行公粮公债。同年 6 月 15 日，边区党委发出《关于发行公粮公债的指示》，要求各地党政军高度重视这一工作，动员一切力量开展突击运动来推销债券，使公债推销工作变成一个群众运动。为了胜利完成公粮公债推销工作，边区党委要求各级党委成立公粮债券委员会，专门负责此项工作。公粮债券发行总额为 5 万担（每担重量以当地度量衡制度为准），其中雷州 20000 担；粤桂南边 12000 担；六万大山 5000 担；十万大山 5000 担；桂中南 5000

---

① 财政部财政科学研究所、财政部国债金融司：《中国革命根据地债券文物集》，中国档案出版社 1999 年版，第 79—80 页。

担；高州 3000 担。推销时可收实物，或按时价折收金银、外币，但不收蒋币。公债推销时间为 1949 年 7 月 1 日至同年 11 月底。公粮债券年利率为 1 分，认购时实收 9 折，其余 1 折为预付利息；1950 年底前，偿还全部本利，或折缴明年底公粮、税额亦可。还本若以债券交纳公粮及税额，按票面十足通用。其偿还责任，届时由边区最高行政机构，指定各地人民政府或人民银行偿还之。公粮或折收金银、外币等动用办法规定如下：各地区军粮及斗争费用占 20%；救济缺粮群众占 10%；提交区党委占 30%；预备粮占 40%。公粮公债推销对象，以地主、富农、城镇商人为主，次及中农、贫农（但视各地情况而定，不可呆板），应用说服、宣传动员办法，切勿强迫、平均摊派。公粮债券面额分为甲、乙、丙、丁四种，均以中谷为准，丁种伍斗、丙种壹担、乙种伍担、甲种拾担。[①] 目前只收集到伍斗、壹担两种债券（见附录）。

（四）华南解放区胜利公债

为了加强经济建设，保障部队供给，迎接华南全境的解放，1949 年华南解放区各地先后多次发行胜利公债。

1. 广东省潮梅、东北江行政委员会胜利公债

1949 年 8 月，广东省潮梅、东北江行政委员会决定发行胜利公债 1000 万元，配额如下：潮汕 300 万元，兴梅 300 万元，东北江 200 万元，香港及海外 200 万元。本公债为记名式，票面说明认购人之姓名、年龄、籍贯；公债照票面十足发行，按照下列方法交付现款：第一，缴付南方券现钞。第二，按照南方人民银行牌价缴付外币。第三，按照南方人民银行牌价缴付金银硬币。第四，按照当地市价缴付稻谷、棉纱、布匹、生油、片糖五种实物。公债利率为年息 6 厘，自缴款之日起算到清还之日止，本息一同还清。公债还本期限定为两年，认购人依照债券

---

① 财政部财政科学研究所、财政部国债金融司：《中国革命根据地债券文物集》，中国档案出版社 1999 年版，第 80—83 页。

所书明之日期，满两年者，可持债券到指定银行提取本息。债券得用抵押及自由买卖，如属买卖时，须到南方人民银行总管理处或分行办理过户手续。本公债持有人，如愿自动将债券捐献给人民民主政府，政府对捐献者给予登报褒扬、发给奖状等嘉奖。

广东省潮梅、东北江行政委员会胜利公债券面额分为南方券伍圆、拾圆、伍拾圆、壹百圆、壹仟圆、伍仟圆六种。目前所见只是该债券两种临时收据，即广东省东北江行政委员会、潮梅行政委员会 1949 年胜利公债临时收据，平远县胜利公债推销委员会开给认购者的 1949 年胜利公债临时收据。[①]（见附录）

2. 北江第一支队胜利公债

1949 年夏季，解放军北江第一支队在东北江地区发行了一期胜利公债。公债以稻谷为本位，分 50 司斤、100 司斤、500 司斤（笔者注：1 司斤合 1.2 市斤，下同）三种，利率定为年利 2 分，自 1950 年 1 月 1 日起，在半年期内收回债券，清还本利。公债券可以用来交纳民国三十九年度公粮，多退少补；债券可以自由买卖。目前所见只有伍拾斤谷、壹百斤谷两种面额。

3. 中共华南分局及华南各解放区领导人联名发行的胜利公债

这次发行的胜利公债，发行总额分别定为港币 500 万元及黄金 2 万两。本债券临时收据背面附有胜利公债的说明。本公债以南方矿产钨、锡、锑为发行准备；以港币及黄金二项为本位，总额为港币 500 万元及黄金 2 万两。公债利率定为年息 6 厘，两年为期，本息清还；华南（主要是粤闽两省）解放后，第一年清还本息一半，第二年全部还清。本临时收据用于换取正式债券时，均不记名，所需面额大小，由认购者自由选择。本债券港币本位面额分为壹百圆、伍百圆、壹仟圆三种；黄金

---

① 财政部财政科学研究所、财政部国债金融司：《中国革命根据地债券文物集》，中国档案出版社 1999 年版，第 84 页。

本位面额分为壹两、伍两、拾两三种。[①]（见附录）

（五）闽粤赣边区军粮公债

为支援前线，充实军需，1949 年 7 月，中共闽粤赣边区财经委决定发行军粮公债 1750 万斤，一次发行，限期民国三十八年七月底劝销完毕。规定潮汕地区推销 750 万斤，梅州地区 500 万斤，闽西地区 500 万斤。公债为无记名式，票面分为糙米 1000 司斤、2000 司斤、4000 司斤三种；公债照面额十足发行；购买者可自由买卖、抵押，并准抵交田赋。公债利率为周息 2%（6 个月计），于各期还本之同时付息。但第一期应得之息，准在开交时扣除。公债于认购之时起，24 个月内分 4 期偿清本息。军粮公债推销对象主要是地主和富裕户，尽量采用劝销方式，必要时也须采用强销方式。公债认购及偿还本息，得用现钞或金银按时值折抵。[②]（见附录）

此外，华南解放区各地民主政府及部队发行的公债还有：（1）潮梅人民行政委员会于 1949 年 7 月发行的"民国三十八年公粮公债"，发行总额为 15 万担，债券面额为 5 斗、1 石、5 石、10 石、50 石、100 石六种，利率定为年息 4 厘；债券可用作抵押、按揭自由买卖。（2）粤桂边区人民解放军 20 团、21 团于 1949 年下半年联合发行胜利公债。发行期间定为一年，1950 年随时清还本息；票面额分为越南币 20 元、100 元、500 元三种，本公债年利率定为 20%，以本两团之政治信用保证之。清还之日，按照当时兑换比率，以中国人民银行发行的钞票收兑之。（3）琼崖临时民主政府借粮公债。为解决 1949 年解放战争作战需要，早日解放全琼，琼崖临时民主政府于 1949 年 2 月 23 日向全琼同胞发出训令，决定举行一次向全琼群众借粮运动。此次借粮，一律发给借

---

① 财政部财政科学研究所、财政部国债金融司：《中国革命根据地债券文物集》，中国档案出版社 1999 年版，第 84 页。

② 财政部财政科学研究所、财政部国债金融司：《中国革命根据地债券文物集》，中国档案出版社 1999 年版，第 84—85 页。

粮收据，实际是一种实物公债，规定于琼解放后一年内归还。在清还期间，民众可将该借据所注粮数或款数，当作现粮或现款交纳公粮或赋税给政府。并规定，富户及城市商人，可以按照实情，特别规定借款。

（4）琼崖临时人民政府解放公债。1950 年 2 月 26 日，中共琼崖区党委发出《关于发行解放公债的通知》，决定在全区发行公债 40 万元，分为 40 万票，每票银元 1 元，认购数额以票数为准。本公债利率定为年息 5 厘，不满 1 年清还者，仍以 1 年计息；公债票可以出让转卖，但不能用以缴纳赋税及作通货用。公债定于 1950 年 4 月 1 日发行，同年 4 月底结束，并定于 1951 年内分期还清。①

① 财政部财政科学研究所、财政部国债金融司：《中国革命根据地债券文物集》，中国档案出版社 1999 年版，第 86—90 页。

第四章 革命根据地时期钱粮
借据和粮食票据

  在我国新民主主义革命各个不同历史时期，为适应战时环境，保证流动性极大的部队和党政工作人员的粮食需要，各根据地以部队或政府的名义，发放了部分钱粮借据和多种多样的粮食票据等有价证券。这种钱粮借据和粮食票据，多为定期有价证券，政府都负有偿还的义务。持票人凭票即可领取粮食或借粮、吃饭，被借者凭票即可兑换粮食，有的甚至可以兑款，也可以在规定期限内抵交公粮，使用起来非常方便。它是根据地内部队或政府工作人员，在执行公务时向根据地人民临时举借的凭证，用以解决军政人员或政府工作人员的急需。这是根据地政府在粮食供应制度上的一个创举。这种向根据地群众借粮的制度，到了抗日战争和解放战争时期，由于时代、经济社会的变迁而进一步演变发展，粮食票据的分类越来越细，形式更为灵活多样。如在一些根据地开创初期，部队曾多次发行了借粮证，它不仅是为解决部队军粮向当地群众借粮的凭证，而且还可以向当地群众借用一些急需物资。当然，这种借粮证主要是为了借粮食而印发的，发挥了根据地粮票的作用。[①] 这些钱粮借据和粮食票据，在我国新民主义革命各个时期，为解决当时面临的财

---

① 中国人民银行金融研究所、财政部财政科学研究所：《中国革命根据地货币》，文物出版社1982年版，第181—182页。

政困难，支援革命战争和发展根据地各项建设事业，为我国新民主主义革命的最后胜利作出了不可磨灭的贡献。

第一节　土地革命战争时期根据地钱粮借据和粮食票据

在土地革命战争时期，特别是在各革命根据地创建初期，为解决红军和地方工作人员的财粮急需，红军或根据地苏维埃政府向群众临时借钱粮，印发了一些临时钱粮借据和粮食票据。

一、苏维埃粮米餐票

（一）发行粮米餐票的背景

1931年11月7日，全国第一次苏维埃代表大会在江西瑞金县叶坪召开，宣布中华苏维埃共和国临时中央政府成立，毛泽东任临时中央政府主席，项英、张国焘任副主席。临时中央政府成立后，面临的第一个重要问题就是粮食等财政经济严重困难。因为要进行以根据地为依托的革命战争，没有一定的经济基础作保障是无法进行的，因此在党的领导下，临时中央政府号召根据地军民开展大规模的土地革命和经济建设，并制定相应的经济政策和措施。发行粮、米票和借粮收据，就是当时采取的经济措施之一。

1931年，中央苏区大部分地区粮食获得丰收。但是，由于对粮食工作的管理缺乏经验，更主要的是由于对粮食的储备、调剂、控制出口等没有重视，导致个别地方1932年发生夏季粮荒。1933年初，由于反"围剿"战争的需要，红军兵力迅速扩大到10万人，需要更多的粮食；

同时，由于受 1932 年个别地方闹粮荒影响，奸商、富农囤积居奇，故意抬高粮价，导致根据地许多地方发生粮荒。就是在根据地不同地方，粮食价格因地区不同而价格相差非常悬殊，给根据地军民特别是部队的给养工作带来极大的不便。据《斗争》报 1933 年 5 月 10 日报道，当时粮食价格各地差价很大，长汀县稻谷每担为 18.2 元，而万太、公略县每担仅为 6.6 元。① 为了解决根据地粮食问题，临时中央政府人民委员会于 1933 年 2 月 26 日召开会议，决定在根据地向群众借谷，为红军筹集足够的军粮，同时决定成立粮食调剂局。粮食调剂局除"办米之外，还要办盐，以抵制富农、奸商的积藏操纵，以防备国民党的严厉封锁，以调节各地的民食，以接济前方的军粮。"② 根据临时中央政府的指示，到 1933 年 5 月份，各地基本建立了粮食调剂局。1933 年 5 月 20 日，中央国民经济人民委员部颁发《关于发动群众节省谷子卖给粮食调剂局》的训令，指出：粮食不仅关系到红军的给养，而且直接影响工农劳苦群众的日常生活。而且粮食缺乏，谷价飞涨，使中央苏区有些地方已经发生粮荒。训令号召苏区群众在最近两个月内每人设法节约谷子一斗，卖给粮食调剂局。③

　　1933 年 8 月 12 日，江西南部十七个县经济建设工作会议召开，毛泽东作了《必须注意经济工作》的重要讲话；1934 年 1 月 21 日，毛泽东在瑞金召开的第二次全国工农兵代表大会上作了《我们的经济政策》、《关心群众生活，注意工作方法》的重要报告。这些讲话，阐明了革命战争与经济建设的辩证关系，提出了党在农村革命根据地进行经济建设的理论和政策。这些理论和政策成为党今后领导根据地进行经济建设的根本指导方针，也为解决根据地粮食问题和发行米票

---

　　①　洪荣昌主编：《红色票据——中华苏维埃共和国票据文物收藏集锦》，解放军出版社 2009 年版，第 2 页。

　　②　《为调节民食接济军粮》，《革命根据地经济史料选编》（上册），江西人民出版社 1986 年版，第 327 页。

　　③　赵增延、赵刚：《中国革命根据地经济大事记（1927—1937）》，中国社会科学出版社 1988 年版，第 87 页。

奠定了理论基础。为了更好地调控根据地的粮食供求，保证红军的基本给养，1934年1月21日至2月2日，中华苏维埃临时中央政府召开第二次全国苏维埃代表大会，会议通过了《中华苏维埃第二次全国代表大会关于苏维埃经济建设的决议》，"大会特别指出在苏维埃贸易的发展中，粮食问题的解决是苏维埃经济建设目前的战斗任务"。决议同时指出，"为得以后保证红军与苏维埃政府的给养，保证民众食粮的调剂，适当地输出剩余粮食与调剂粮食价格起见，大会认为在中央政府人民委员会下创立粮食人民委员部专管这一工作，是必要的。"① 为了加强对粮食工作的统筹和管理，临时中央政府决定成立粮食委员部，粮食调剂局由国民经济部划归粮食部领导，粮食部部长由粮食人民委员陈潭秋担任。

随着战争形势的不断发展，特别是国民党反动派在发动第五次军事"围剿"的同时，对各根据地实行更为严密的经济封锁，使根据地财政经济更为困难，农业生产遭到巨大破坏，军民粮食供给严重不足。这种粮食严重短缺的问题，尽管通过各地粮食调剂局进行调剂平衡，但仍然无法从根本上解决问题。为了支持革命战争，解决红军粮食供给，特别是为解决部队和地方工作人员出差执行任务时就地供应粮食问题，中华苏维埃临时中央政府决定以"中华苏维埃共和国中央政府粮食人民委员部"的名义，发行米票。毛泽覃、陈云等领导同志还纷纷撰文，进行宣传发动，以推动发行米票这一措施的顺利实施。1934年2月2日，陈云在《为收集粮食而斗争》的文章中指出：收集粮食不论是收集公债谷、土地税谷或者红军公谷，都是一个动员广大群众积极地为了革命战争的运动。因此，这必须是深入艰苦的群众工作，要向群众宣传解释充裕粮食是保证红军的给养、改善群众生活的前提。1934年3月2日，毛泽覃强调，在收集粮食运动中，必须活跃粮食合作社

---

① 《中共中央文件选集》（1934—1935），中共中央党校出版社1993年版，第629—636页。

的工作，迅速地收集粮食合作社的股金，把运输调剂粮食的系统建立起来。3月13日，《红色中华》发表《一切节省给予战争》的社论，号召在经济困难条件下，节省每一粒米，每一个铜板去支援革命战争，帮助红军。[①] 上述所有这些，为米票的顺利发行提供了必要的政治、思想和组织上的保证。

（二）中华苏维埃共和国中央政府粮食人民委员部米票

根据收集到的资料，根据地政府最早开始发行粮票，始于1934年3月中华苏维埃共和国中央政府粮食人民委员部发行的各种米票。[②] 这些米票面额主要有八两、九两、拾两、十一两、一斤、一斤二两、一斤四两、一斤六两、五斤十两、六斤四两共10种。后来，由于反"围剿"的形势更为严峻，粮食供给更加困难，部队开展节约粮食的运动，将米票面额作了改动。目前发现有三种改值票，即五斤十两票加盖"作五斤用"；一斤二两票加盖"作一斤用"；九两票加盖"作八两用"。这些米票中面额为十一两和一斤六两的形状近似正方形，其余各种米票为长方形。米票上部冠名"中华苏维埃共和国中央政府粮食人民委员部"，面值十一两、一斤六两、六斤四两3种米票是横排式，其中，十一两、一斤六两米票从右至左横书，六斤四两米票从左至右横书；其余面值米票，冠名"中华苏维埃共和国中央政府粮食人民委员部"为弧形。米票顶端印有六位阿拉伯数字红色编码；米票上半部盖有与冠名同样文字的红色圆形印章图案。紧接着冠名下面印有米票面额"×斤×两米票"，这些面额的书写都是横排，其中，十两、一斤四两、六斤四两三种是从左至右横书，其余米票面额"×斤×两米票"则是

---

① 赵增延、赵刚：《中国革命根据地经济大事记（1927—1937）》，中国社会科学出版社1988年版，第101—102页。雷玲："浅析中央苏区发行米票的历史背景及其作用"，《四川文物》2001年第2期。

② 财政部财政科学研究所、财政部国债金融司：《中国革命根据地债券文物集》，中国档案出版社1999年版，第91页。

自右向左横书。中间部分是米票的说明，多数为五项规定，十两、一斤四两、六斤四两3种为横式书写，其余7种为竖式书写。所有不同面额的米票，其说明（规定）完全相同，对米票的用途或发行目的、使用范围、流通时间等方面都作了详细规定，现抄录如下：

一、此票是为政府机关、革命团体工作人员及红色战士出差或巡视工作之用；

二、持此票可按票面米数到各级政府机关革命团体及红色饭店等处吃饭，油盐柴菜钱另补；

三、持此票可向仓库、粮食调剂局、粮食合作社兑取票面米数或谷子（以六十八斤米兑一百斤谷计算），如当地仓库、调剂局、合作社谷子缺乏，可向支库按谷米市价领取票面米数的现款；

四、此票适用于××境内，不拘政府机关、革命团体、红色部队、工农民众均可凭票兑米谷，但兑钱者须有当地粮食部及仓库负责人证明；

五、此票自一九三四年三月一日起至同年八月三十一日止为通用期，过期不适用。

在上述规定后面有两种版式的落款，其一为"粮食人民委员陈潭秋"（印章）；其二为"粮食人民委员陈潭秋，副人民委员张鼎丞"（印章）。在第四条规定中使用区域空格栏有盖"中央苏区"红色印章的，也有盖各县县名的。到目前为止，发现在各种米票使用区域空格栏中盖有"瑞金县"、"博生县"、"胜利县"、"兆征县"、"赤水县"、"公略县"、"兴国县"、"长汀县"、"新泉县"、"于都县"、"明光县"、"门岭县"、"代英县"等13个县的县名。（见附录）

此外，还有其他各级苏维埃政府发行的米票，如以"中华苏维埃共和国江西省政府财政经济委员会"名义发行的米票，使用期限为1934年12月1日至1935年8月31日；公万县苏维埃政府财政经济委员会发行的米票，规定使用时间为1934年11月16日起至同年底止；红军长征到达陕北后，曾以"中华苏维埃共和国中央政府西北办事处粮食部"的名义发行过米票。[1]

当然，在关于米票的说明中，除了上述五条规定的版式外，也有四条规定的版式，只不过这种版式的米票目前发现的数量太少。

（三） 闽浙赣省苏财政部印发的红军饭票

闽浙赣苏维埃政府是土地革命时期全国六大苏区政府之一，是中央苏区东北方向重要的根据地。1934 年，第五次反"围剿"处于最艰难的时候，各根据地尤其是中央革命根据地作战经费和粮食短缺的问题非常严重，不仅红军部队和苏维埃地方政府工作人员粮食缺乏，根据地人民生活也异常艰苦。为了充裕战争经费，开展苏区的经济建设并救济困难群众，1934 年 7 月，闽浙赣省苏维埃政府决定发行 10 万元"粉碎敌人五次'围剿'的决战公债"。通过募集公债款项，以其中的 80% 作为决战经费，以 10% 救济苏区受难群众，10% 用于根据地经济建设。[2] 当时由于战事频繁，加上开展各项建设事业的需要，红军部队指战员和各级苏维埃政府工作人员经常往返于根据地各地之间，如遇在群众中用餐时必须按照规定付给群众现金或打欠条。群众持欠条在规定的时限内到苏维埃财政部门结算，就餐时的菜钱可领取现金，吃饭按照一定标准折算成大米或将米按当时市价折算成一定金额，可抵交土地税。这种结算方式既不方便又不规范，很容易出差错，导致群众利益受到损害。为了提高办事效率，方便红军指战员及地方人员出行办事，并维护群众利益，1934 年，经闽浙赣省苏维埃政府主席方志敏批准，闽浙赣省苏财政部决定印制和发行使用红军饭票。该红军饭票为竖式版面，上面从右至左横书"红军饭票" 4 个字；正文 4 行，竖写"兹有红色战士在群众家吃饭壹餐特给此票为证（该票准群众转送各级财政部兑铜元拾枚）"；

---

① 洪荣昌主编：《红色票据——中华苏维埃共和国票据文物收藏集锦》，解放军出版社 2009 年版，第 2—3 页。

② 赵增延、赵刚：《中国革命根据地经济大事记（1927—1937）》，中国社会科学出版社 1988 年版，第 110 页。

落款单位和发行饭票的日期4行，也是直书："闽浙赣省苏财政部"、"部长张其德"、"副部长谢文清"、"公历一九三四年×月×日"。在饭票所落款的闽浙赣省苏财政部部长、副部长之间盖有"闽浙赣省苏维埃政府财政部"红色镰刀斧头圆形公章。（见附录）

按照闽浙赣省苏维埃政府财政部当时的规定，红军饭票由省苏财政部发给红军部队和各级苏维埃政府机关，再由部队或机关发给出差需要在群众家就餐的相关人员，省苏财政部要扣除规定发给他们的菜金和大米。使用红军饭票每票一餐，可凭票到各级苏维埃政府财政部，按照每一张饭票兑换铜元10枚的比例兑现。红军饭票不仅可以兑换铜元，也可以抵纳土地税，甚至还可以凭票到苏维埃商店购买各种商品，但不可以在社会上流通、转让。

另据汤勤福调查研究发现，在闽浙赣革命根据地某些地区还出现了类似红军饭票的竹券，在余江县画桥地区使用过。红军部队或地方政府机关人员因公到乡村工作，一般不在群众家吃饭，而是到乡苏招待所就餐。一般程序是这样：部队或各级苏维埃政府机关人员下农村工作时，凭介绍信到乡苏招待所领取就餐时的竹牌子，竹牌子2寸多长，头上画点红色或黑色。部队或政府机关人员在乡苏招待所吃一餐付一块竹牌子，这种竹券介于红军饭票与土地税票之间。乡苏招待所根据介绍信登记来访工作人员的身份、工作单位及领取的竹券数量。当红军部队或政府机关到乡苏财政部领取土地税粮时，根据竹券数量折算成粮食重量，可以抵消应上交的土地税米数额。这种竹券既可以作吃饭的凭证，又可以抵交土地税，所以是一种有价证券。[1]

二、临时借粮收据

1934年6月和7月，当时正处于中央苏区第五次反"围剿"战争

① 汤勤福："闽浙赣根据地的有价证券研究"，《福建论坛》（文史哲版）1997年第5期，第13—14页。

的关键时期，为支援反"围剿"战争，解决红军粮食问题，中共中央和中华苏维埃共和国临时中央政府决定在全苏区开展第二次、第三次借谷运动；同时，要求各地在苏区群众中广泛开展"节省3升米"运动，动员群众将节省的粮食借给红军，较好地缓解了军粮紧缺的局面。在借谷运动和节省3升米运动中，当地群众将粮食借给红军或地方政府时，得到红军或苏维埃政府印发的借粮收据。

（一）每人节省3升米捐助红军三联收据

这种收据是各地自行印制的，因此，规格和品种较多，木刻版和蜡纸油印版占大多数。这种收据左右两边为存根联，中间联即为借粮收据，交给被借粮群众。此收据为表格式，表格顶端从左向右横书"存根都要当节省人的面填写"，上部横书"第三联"，底部从左向右书"此联交缴米谷人"。表格式收据从右至左竖式书写，第一行是收据名称："每人节省三升米捐助红军三联收据"，以及编号"×字第××号"；第二行是节省人、全家共几人、节省数量（又分为米子、谷子两栏），第三行则对应第二行内容填空，分别填写节省人姓名、全家人口数、节省粮食的具体数量。接下来一行则书"右米（或谷）已照收无误特给此据为凭"。左边两行则分别是借粮单位的落款和发出收据的时间，落款为"××县××区××乡主席（印）经手人（印）"。①

（二）群众借谷证收据

在土地革命战争时期，各地苏维埃政府向当地群众借米谷时，原本是要发放借谷票给借谷群众的，但由于战争原因，国民党反动派对革命根据地进行疯狂"围剿"，红军反"围剿"战争避实就虚，打打走走，正式的"中华苏维埃共和国借谷票"并未及时印出。于是，各地苏维

---

① 洪荣昌主编：《红色票据——中华苏维埃共和国票据文物收藏集锦》，解放军出版社2009年版，第98—100页。

埃政府临时印制了"群众借谷证收据"发给借谷对象。这种借谷收据也是采用三联形式，与前述"每人节省3升米捐助红军三联收据"颇为类似，左右两边为存根，中间联即为借谷收据，发给借谷群众。此类收据也是表格形式，上部从右至左横书"群众借谷证收据"，底部从左至右书"当面交借出谷子的人"。表格为竖式结构，从右至左直书，第一行为"群众借谷三联收据"、"×字第××号"；第二行分两栏，分别是"借出谷子人"、"借出谷子的数目"，第三行对应第二行，分别填写借谷人的姓名、借谷数量。接下来一行竖书此借据的说明："右谷照收无误，请保存此据作为领谷或抵纳土地税之用"；左边有"粮食人民委员陈潭秋"落款。左边第二行直书"经手人××（印章）××省××县××区××乡主席（印章）"，最左边一行直书发出收据的日期。

除上述两类比较正式的借粮收据外，根据地各县苏维埃政府为解决军食民用，按照苏维埃临时中央政府的统一部署，印制了各种不同形式的临时借谷证及收据收条，作为借谷的凭证发给借谷人。收据收条还有不少是临时手写的，其格式比较简单，大多数为竖式，从右向左直书，首先写被借人的名字，然后写借谷数量，最后写借谷单位名称和借谷日期，并加盖印章。临时借谷证如代英县临时借谷证，借谷收据如永定第一区借谷凭条、公略县收据等。[①]（见附录）

第二节　抗日战争时期各根据地
发行的粮食票据

抗日战争时期，在我党的正确领导下，敌后抗日根据地日益扩大。

[①] 洪荣昌主编：《红色票据——中华苏维埃共和国票据文物收藏集锦》，解放军出版社2009年版，第98—108页。

我党领导的抗日根据地在敌后开展游击作战，为解决机动作战的粮食给养问题，根据地各抗日民主政府曾先后发行了大量粮食和柴草票据。

一、晋察冀边区临时行政委员会发行的各种粮票

1939 年 1 月，晋察冀边区临时行政委员会开始发行各种粮票，也是抗日根据地最早发行粮票的地区。边区政府开始发行的粮票只限于部队使用，粮票面额分为伍斤、贰拾斤、壹佰斤、伍佰斤、壹仟斤、伍仟斤六种，并分粮食品种发行，如玉面、小米、莜面、花料等发行。早在 1938 年 11 月初，为了印发并规范使用军用粮票，晋察冀边区政府颁布了《晋察冀边区军用粮票使用办法》，该办法规定："每月月终由本委员会按各部队人数马匹驮骡应需供给养花料数目，发给下月之适量的粮票，各部队凭军用粮票向村中领用救国公粮"，"各村公所于接到粮票时须立即按粮票所开粮类斤数照付食粮"，"各部未持军用粮票者均不准向地方要粮食，违者法办。"[①] 后来由于抗战的需要改发为公粮票，不仅部队人员使用，地方政府、革命团体工作人员一律通用。

目前所发现的面额为伍斤的粮票，都为横式版面，粮票正面四边为花边长方形框架结构，粮票顶端从右至左两行横书"晋察冀边区"、"军用粮票"。粮票左侧直书"只限军用"，右侧直书"凭票付粮"；中部从右至左横书粮食品种和面额："××（小米或玉面等）伍斤"；下部两行从右至左横书"保证给养"、"民国二十八年印"。粮票上边左右两角花边图案里印有粮食品种，如"小米"或"花料"、"莜面"、"玉面"，下边左右两角花边图案里印有阿拉伯数字"5"。（见附录）

面额为小米贰拾斤的军用粮票，为竖式版面，上部为等腰梯形结构，里面从右至左两行横印"晋察冀边区"、"军用粮票"。下部为长方

---

① 晋察冀边区行政委员会：《指示信》第 2 集，1939 年 7 月。转引自柳敏和："晋察冀敌后抗日根据地的财政预算制度简析"，《历史教学》2004 年第 9 期，第 32 页。

形框架结构，为竖式版面，整个长方形又为分两部分，右边一小长方形内直书"小米贰拾斤"，左边为一较大长方形，从右至左直书使用本粮票的"注意事项"共六条。其实，"注意事项"具备发行军用粮票条例性质，内容如下：一、凭票根据晋察冀边区军用粮票使用办法，赴本边区各村村公所，即付如票面规定之粮额。二、各部队未持军用粮票者均不准向地方要粮食，违者法办。三、军用粮票只限军用，不得转移民商，违者以贪污论。四、军用粮票上所开之粮种粮数，不准挖补涂改，违者粮票作废并依法惩处。五、伪造军用粮票以伪造钞票论罪。六、本军用粮票不准遗失，不挂失票。

晋察冀边区发行的各种公粮票，多为竖式版面，分为上下两部分，下部分为回执，三行分别横书"回执"、"××（粮食品种如"小米"）××斤"、"限×月份有效"。上部分为粮票正面，是一长方形花边框架，在框架内最上方从左至右两行分别横书"晋察冀边区"、"公粮票"；在粮票中央直书"××（粮食品种如"小米"）××斤"。目前所见的公粮票面额，有小米拾两、小米拾壹两、小米拾壹斤、小米壹佰斤、小米拾叁两、小米壹斤、小米拾肆两和壹斤陆两等种类。公粮票也有横式版面的，如晋察冀边区察哈尔地区发行的公料票、冀东区公粮票、冀中区发行的小米、小麦票等，有不少就是横式版面的。①

二、晋冀鲁豫边区各级政府发行的粮票

（一）冀南行政主任公署印发的粮票

1940 年 1 月，冀南行政主任公署最开始发行军用粮票，分粮票和料票。后来又发行了在本区内通用的党政军民团体通用粮票。粮票面额

---

① 财政部财政科学研究所、财政部国债金融司：《中国革命根据地债券文物集》，中国档案出版社 1999 年版，第 94—95 页；中国人民银行金融研究所、财政部财政科学研究所：《中国革命根据地货币》，文物出版社 1982 年版，第 198—203 页。

可分为壹斤、叁斤、伍斤、拾斤、贰百斤、叁百斤、肆百斤、伍百斤、壹仟斤，共9种。为节省物力减轻民众负担，更好地支援抗战，冀南行政主任公署作出明确规定，从1940年2月1日起，将现行的粮秣征集办法改为粮票制度，以粮票制取代公粮征集制，开创了中国历史上以粮票代征公粮的先河。① 随后，晋冀鲁豫边区政府也都先后在本区发行了粮票、米票和柴草票，以方便部队及地方政府机关人员就餐之需。

1. 军用粮票

军用粮票又分为一般军用粮票和小额军用粮票两种，都为竖式版面印制。一般军用粮票正面为一长方形框架，框架外边上方从左至右横印××字第××号。框架内上方从右至左横书"冀南区军用粮票"7个字；框架内右边第一行直书"食粮（或花料）×斤"（于斤数上加盖村公所付讫戳记）。中部从右至左直书军用粮票的《注意事项》共7条，实际上具有军用粮票发行条例性质。内容如下：一、凭票根据冀南军用粮票使用办法赴本区各县区所指定地点领取如票面规定之粮额。二、各部队及机关团体未持军用粮票者均不准向地方索要粮食，违者法办。三、军用粮票只限军队、政权机关、救亡团体使用，不准转移于民商，违者以贪污论。四、军用粮票上所开之粮种粮数，不准挖补涂改，违者粮票作废，并依法惩处。五、伪造粮票以伪造钞票论罪。六、军用粮票上之月日由各领取粮秣负责人填写，以便稽核。七、本军用粮票不准遗失，不挂失票。结尾落款为"冀南行政主任公署主任、副主任"（并加盖印章）。框架内最左边一行是发行军用粮票的日期："中华民国二十九年×月×日"。（见附录"军用粮票票样"）

军用小额粮票的印制，冀南行政主任公署作了专门规定。根据这一规定，由于小额粮票过于零碎且需用极多，冀南行政主任公署统一制作

---

① 财政部财政科学研究所、财政部国债金融司：《中国革命根据地债券文物集》，中国档案出版社1999年版，第91页。

并核发"冀南区军用小额食粮票"票样，分别由冀南行政主任公署、各专署及办事处印发；部队所需用者，由军区及军分区印发。

军用小额粮票版面结构也为一长方形竖式排版，根据"小额食粮票样"，长方形内从右至左竖式排印，右边第一行为"冀南区军用小额粮票"，第二行为"×斤"（于斤数上加盖村公所付讫戳记）。中部为发行小额粮票的《注意事项》，共三条，内容如下：一、该项粮票为便利使用，其使用办法与注意事项与军用粮票同。二、领粮部队盖本部戳于后面。三、本票不准遗失，不挂失票。结尾落款为"冀南行政主任公署主任、副主任"（并加盖印章）。长方形框架外边左侧为发行本项粮票的日期："中华民国二十九年×月×日"。①

2. 通用粮票

冀南行政主任公署于 1940 年 5 月印发的通用粮票，面额为壹斤、叁斤、伍斤、拾斤、贰百斤、叁百斤、肆百斤、伍百斤、壹仟斤的都为横式版面结构，粮票正面上方从右至左横印"冀南区通用食粮票"，粮票中央从右至左横印粮票面额数（大写汉字）"×斤"，下部边框中从右至左横书"中华民国二十九年"。粮票右边直书"党政军民一律通行"，右边外侧直书"民"（专指民众团体）；左边直书"月终索报概抵公粮"。在各种面额粮票背面，附印使用粮票的《注意事项》及《食粮花料折合办法》。《注意事项》其实具备发行粮票条例性质，共七条，内容如下：一、一律市秤弄鬼作弊以贪污论。二、凭票赴政府指定村索用粮秣。三、粮票不准转借民商，违者法办。四、粮种粮数不准挖补，违者法办。五、无票不准强索粮秣，违者法办。六、伪造粮秣票以伪造钞票论罪。七、月终索报超过应纳下月平衡。八、遗失不补。《食粮花料折合办法》共 4 条：一、麦子一斤折合小米一斤；二、麦数十三两折

---

① 财政部财政科学研究所、财政部国债金融司：《中国革命根据地债券文物集》，中国档案出版社 1999 年版，第 94—95 页。

合麦子一斤；三、小米一斤折合干柴十二斤；四、花料一斤折合碎草十斤。[1]

（二）晋冀鲁豫边区各级政府印发的兑米票

在晋冀鲁豫边区各级政府印发的兑米票中，有晋冀鲁豫边区政府印发的兑米票、冀鲁豫区的米票、太岳区行署的兑米票等。

晋冀鲁豫边区政府印发的兑米票，都为花边长方形框架结构，既有竖式版面又有横式版面，目前所见票面额有陆两、拾贰两、拾伍两、叁拾两、壹斤半、柒斤半共6种。其中，陆两、拾贰两、拾伍两、叁拾两为竖式版面，壹斤半为横式版面，柒斤半既有横式版面又有竖式版面。竖式版面的兑米票，正面上部从左至右两行分别横印"晋冀鲁豫边区政府"、"兑米票"，在这两行字中间盖有6位数字的编号；票面额印在下部，"陆两"、"拾贰两"、"叁拾两"为直书，"柒斤半"、"拾伍两"为横书；每张米票的面额上盖有边区政府财政厅的方形红色大印章；票面底部横书"民国三十三年度"。横式版面也为花边长方形框架，票正面上方从左至右横书"晋冀鲁豫边区政府"，中部从左至右横书兑米票面额"壹斤半"或"柒斤半"，底部从左至右横书"民国三十四年度"，米票左右两侧直书"兑米票"。横版兑米票四角花边框里，印有米票"斤数"，上方左右两角为大写汉字（如"柒斤半"或"壹斤半"），下方左右两角为阿拉伯数字（如 $7\frac{1}{2}$）。（见附录）

冀鲁豫区发行的米票，目前所见面额有壹斤半、贰拾伍斤两种。面额为贰拾伍市斤的米票，上方从左至右横印"冀鲁豫区米票"；中间左部侧为一图案，面额"贰拾伍斤"印在图案上，并盖"冀鲁豫区行署"印章，图案下部从左至右横印"中华民国三十五年印"；中间右部直印

---

[1]　财政部财政科学研究所、财政部国债金融司：《中国革命根据地债券文物集》，中国档案出版社1999年版，第98—99页。

"领粮机关"；右侧直书"有效期自九月十六"，左侧直书"日起至十二月底止"。因此，本米票"有效期自九月十六日起至十二月底止"。票面底部外边从左至右横书"晋冀鲁豫边区政府冀鲁豫行署印"。为方便军政人员出差工作，1943年，冀鲁豫区行署发行过"客饭证"，正面上方从左至右横印"冀鲁豫行署"，中间从左至右横印"客饭证"3个字，下边从左至右横印"1943"；客饭证背面附印使用说明，规定每月各部门向总务科借取"客饭证"一次，发给出差人员；各部每月按客饭数目向司务长交还米票菜金一次；出差人员凭证就餐后每餐交一张客饭证。

太岳区行署印发的米票，就目前所见面额有拾两、拾壹两、拾肆斤、壹百肆拾斤四种。其中，拾两、拾肆斤两种面额米票，版面结构差不多，都为横式版面，左上方从左至右横印"太岳行署战时米票"；中间左半部花框内横印面额"拾肆斤"或"拾两"，中间右半部从左至右2行分别横书"军政机关"、"一律通用"；紧接下面一行为发行米票时间"中华民国三十三年印"。下部用两条花边线分开一栏，里面从左至右横书关于米票使用的说明："此票战时在全区通用，可到各级仓库内兑米，但不能向民众使用，在平时不许使用。"在米票印发日期和使用说明上，盖有太岳行署的方形印章。面额为拾壹两的米票，为横式版面，其结构与拾两、拾肆斤两种面额的米票类似，略有差异：冠名"太岳行署战时米票"横印在票面的正上方；面额"拾壹两"印在票面中央；票面右、左两侧分别直印"军政机关"、"一律通用"，其余与拾两、拾肆斤两种面额的米票相同。面额壹百肆拾斤的兑米票，为竖式版面，上部从左至右弧形书写"太岳行署兑米票"，中间直书面额"壹百肆拾斤"，面额上加盖太岳行署方形印章，底部从左至右横书发行日期"民国三十三年印"；上边左右两角花边框内附印"一百四十斤"，下边左右两角花边框内附印"140"。背面是本米票的使用说明，其实具有条例性质，规定出差人员持此票到各级仓库领取票面数额的粮食；只限在就地兑取不准出境兑米；禁止买卖，不准流通民间；面额依据山西十

六两秤作为标准；不挂失票，挖补涂改作废。（见附录）

太岳区武安县抗日县政府 1945 年 10 月发行过"战时粮票"（米票和料票），面额分为米票贰拾伍斤、伍拾斤、壹佰斤，料票拾斤共 4 种。粮票正面为长方形横式版面结构，长方形内接一个横卧菱形。菱形内上方从左至右横印"武安县抗日县政府"；中央为一个小长方形，在小长方形内从左至右横书面额（"贰拾伍斤"或"伍拾斤"、"壹佰斤"），小长方形左右两侧分别直书"米票（或料票）"。菱形内下方两行从左至右分别横印"县长、科长"、"三十四年十月×日"。粮票左右两边四角分别附印"战"、"时"、"粮"、"票"。①

三、山东抗日根据地各行政区印发的粮票

抗战时期，山东抗日根据地所属各行政区政府先后印发了粮票。目前所见主要有山东省粮食总局印发的粮票、鲁北七专区的米票、滨海区饭票、胶东区粮票等。

（1）山东省粮食总局于民国三十五年印发的粮票，主要有秋粮票（伍拾斤、壹佰斤 2 种面额）、小麦票（面额壹佰斤）、餐票（有麦粮餐票壹餐，秋粮餐票贰餐、伍餐共 3 种面额）。

秋粮票为横式版面，本粮票正面上方从右至左横印"山东省粮食总局秋粮票"；中央左半部为一印花图案，图案上从右至左横印粮票面额"伍拾斤"（或"壹佰斤"），右半部附印植物图案，上面加盖"山东省粮食总局"方形印章；粮票底部从右至左横印"中华民国三十五年印"。粮票四角附印大写面额"伍拾斤"或"壹佰斤"。粮票背面附印本粮票的《使用规则》，内容大致如下：一、本券只限于解放区军队及地方机关使用；二、本券只可向各级粮库兑换现粮，并须有机关部队

① 财政部财政科学研究所、财政部国债金融司：《中国革命根据地债券文物集》，中国档案出版社 1999 年版，第 99—100 页；中国人民银行金融研究所、财政部财政科学研究所：《中国革命根据地货币》，文物出版社 1982 年版，第 207—212 页。

219

正式证明，否则不予兑换；三、本券兑换粮食后要上解，不得自行继续使用；四、本券绝对禁止买卖。面额为壹佰斤的小麦票，其票面结构与秋粮票相似，背面也附印了本票的使用规则。（见附录）

山东省粮食总局民国三十五年印发的餐票，面额分别为麦粮餐票壹餐，秋粮餐票贰餐、伍餐，小麦饭票贰餐，共4种。面额为壹餐的麦粮餐票，为横式版面，上方从右至左横书"山东省粮食总局"；粮票中间左半部上下两行，第一行从右至左横书"麦粮餐票"，第二行在椭圆形花环中，为面额（从右至左横书"壹餐"）；右半部为山东省粮食总局的方形印章。该印章下面印有发行本粮票的日期："中华民国三十五年印"。粮票右、左两侧分别直书"合理"、"负担"。餐票背面附印《麦粮餐票使用规则》。面额为贰餐、伍餐的秋粮餐票，其票面结构与版式均与麦粮餐票相类似。餐票背面附印本票使用规则，内容大致如下：一、本票券只限于解放区军队及地方工作人员使用；二、此票只限于向村长或村以上机关换取给养，凭票向各级粮库兑换现粮；三、此票每餐兑换小麦壹斤肆两（包括柴草粮贰两在内）；四、此票绝对禁止充当货币流通。[①]

（2）鲁北七专区印发的粮票。1942年，鲁北七专区印发了粮票，有米票和麦票。面额分别为米票拾斤、伍斤，麦票伍斤、伍拾斤、壹佰斤，共5种。

（3）滨海区印发的饭票。1945年，滨海区行政主任公署印发了饭票，目前所见面额，为秋粮饭票贰餐1种。此饭票为竖式版面，长方形花边框架，上方从右至左横印"秋粮饭票"，中间花纹图案上直印面额"贰餐"，左右两侧直书"滨海"，底部从右至左横印"中华民国三十四年"。本饭票背面附印具有发行条例性质的《饭票使用说明》，内容如下：一、此票只限于抗日军队及地方工作人员使用，商

① 中国人民银行金融研究所、财政部财政科学研究所：《中国革命根据地货币》，文物出版社1982年版，第218—220页。

旅及老百姓不准使用；二、此券只限于向当地村及以上机关粮仓换取粮食，不得当作货币流通；三、此票每餐兑换高粱壹斤柒、草壹斤半，每月终村长持粮券到部队及地方机关领取粮和柴草；四、本券无论平时战时一律使用。①

（4）胶东区粮票。目前所见各种粮票面额主要有：民国三十三年胶东区粗粮票壹斤、民国三十四年胶东区粗粮票壹斤、民国三十四年胶东区细粮票伍拾斤、民国三十一年胶东饭票拾贰两、民国二十九年胶东个人饭票。②

四、华中抗日根据地各行政区发行的粮票

抗日战争时期，华中抗日根据地各行政区如苏南、浙东抗日根据地等先后发行过饭票、米票。

（1）苏南区行政公署财政经济处发行的饭票。中华民国三十三年，苏南区行政公署发行的饭票（粥票），所见面额分别为吃饭壹餐、贰餐，吃粥壹餐共3种。饭票设计很简单，均为横式版面，正面上方从左至右横书"苏南区行政公署财政经济处"。中间上下3行，从左至右分别横书"凭票吃饭（或粥）×餐"、"饭（或粥）票"、"折米×市斤"。下边一行从左至右横书"三十三年十二月印发"，印发日期后面为饭票的编号（5位或6位数字）。在这些饭票中，吃饭壹餐折米壹市斤，吃饭贰餐折米贰市斤，吃粥壹餐折米半市斤。此外，苏南第一行政分区财经分处于民国三十四年发行过粥票，票面额为折米半市斤，凭票吃粥壹餐。饭票背面附印具有条例性质的注意事项，规定本饭票只能在部队或地方机关工作人员中使用，不准借给民众或当作钞票使用；民众持此饭

---

① 财政部财政科学研究所、财政部国债金融司：《中国革命根据地债券文物集》，中国档案出版社1999年版，第100页。

② 中国人民银行金融研究所、财政部财政科学研究所：《中国革命根据地货币》，文物出版社1982年版，第223—224页。

票可作公粮抵缴，也可持票向各级粮站或粮管员兑米；民众持此饭票不能在指定区域吃饭。（见附录）

（2）浙东抗日根据地粮票。自 1942 年开始，浙东抗日根据地各地先后建立抗日民主政权。为了有效配合新四军浙东纵队与敌伪顽进行斗争，保证抗日根据地军政人员的粮食供应，自 1943 年起浙东抗日根据地先后建立了四个粮站，负责粮食筹备、接收、转运、储存和加工，并同时先后印发了各种粮票。为了方便作战部队和地方人员急需，部队和地方抗日民主政府机关工作人员可凭粮票向粮站提取大米，亦可就近向村民交换粮食，村干部和群众凭交换的粮票或饭票与当地粮站结算领取粮食和现金。浙东抗日根据地发行的粮票，目前所见有两种版面，一种是民国三十三年（1944 年）印发，另一种为民国三十四年（1945 年）印发。中华民国三十三年，浙东敌后临时行政委员会印发的粮票，面额有食米伍拾市斤、食米壹佰市斤两种，均为竖式版面。粮票正面顶部第一行为粮票冠名，从右至左弧形书写"浙东敌后临时行政委员会粮票"；上半部分从右至左横书"食米伍拾市斤"或"食米壹佰市斤"；下半部分为农民舂谷的图案。图案下方为 5 位数字的编号；底部是印发本粮票的日期："中华民国三十三年"。粮票背面附印该粮票的 5 条说明，其实这些"说明"具有发行本粮票的条例性质，规定了粮票使用范围、作用等规则。内容如下：一、本粮票照票面斤额十足兑取食米；二、凡存有本会粮食之处或当地乡镇公所，俱可兑取；三、本粮票可作现米缴解本会之公粮田赋；四、本粮票若有涂改污损至不能辨认真伪者，不得兑取；五、若有冒印本粮票者，严予惩处。并在背面说明上盖有浙东敌后临时行政委员会方形大红印章。中华民国三十四年（1945 年）八月，浙东行政公署印发了另一版面粮票，票额均为食米念伍（25）市斤，为单面印刷竖式版面。票面上方第一行为粮票冠名，从右至左横书"浙东行政公署粮票"，旁边盖有财经处长小方印；中部为面额，从右至左横书"食米念伍市斤"，下一行为本粮票的编号；票面下部为使用本粮票的 5 条说明，从左至右横书，其内容与浙东敌后临时行政委员会发行粮票的说明基本相同。底部一行为发行日期，从左至右横书"中华民国三十四年八月发行"①。

此外，民国三十三年，浙东敌后临时行政委员会印发了饭票，为竖版面，面额为"食米拾叁市两"。浙东行政公署也于民国三十四年发行了饭票，面额为食米拾叁市两。

抗日战争时期，除了各根据地印发的粮票外，部队也印发了部分粮票。1941 年 1 月，八路军野战供给部印发了军用粮券和军用马料券。军用粮券和军用马料券均为长方形横式版面，票面中部正上方从右至左横印"军用粮券"或"军用马料券"；正中央为一花形图案，粮券图案上从右至左横印"小米贰两"，马料图案上直印"马料肆斤"；面额上加盖"第十八集团军野战供给部"方形红色印章；票面中部低端落款为"第十八集团军野战供给部"。粮券和料券两侧均为使用本券的说明。本"说明"为从右至左直书版面，规定了粮票或马料的使用对象、范围和标准。军用粮券"说明"内容如下：一、因便利我军外出人员捎带，特发行本券；二、在我军中一律通用，不许流行民间；三、日食两餐，每餐按拾壹两收授；四、日食三餐按干饭每餐九两、稀饭四两收授；五、菜金按规定另收现金。"说明"左侧为发行粮票日期"中华民国三十年一月印"。军用马料"说明"共 4 条，其中第一、二条与军用粮券"说明"完全相同；第三条：骡马每匹每天按马料肆斤收授；第四条：干草按市价另收现金。发行日期与军用粮票相同。②

---

① 李金海："浙东粮票和抗币的红色历史"，《浙江档案》2005 年第 5 期，第 22 页；财政部财政科学研究所、财政部国债金融司：《中国革命根据地债券文物集》，中国档案出版社 1999 年版，第 102 页。

② 中国人民银行金融研究所、财政部财政科学研究所：《中国革命根据地货币》（下册），文物出版社 1982 年版，第 250 页。

第三节　解放战争时期各解放区人民政府和部队印发的粮票和借据

随着解放战争的胜利，解放区不断扩大，为方便部队、地方政府工作人员外出行军打仗或出差，各解放区所属行政区政府都发行了大量粮票、餐票和柴草票。

一、晋察冀边区政府印发的公粮票

中华民国三十七年（1948 年），边区政府印发了公粮票，所见面额有小麦拾叁两、小米拾肆两两种，为竖式版面，这两种公粮票正面上方从左至右横书"晋察冀边区公粮票"，中部直书面额"拾叁两"或"拾肆两"，面额上加盖边区政府的方形印章，下边两行从左至右分别横书粮票有效日期"限七八九月份有效"，及发行日期"民国三十七年印"。[1]

1948 年，晋察冀边区政府发行了公柴票，面额为市秤壹斤的柴票，是横式版面，上方从左至右横书"晋察冀边区战时公柴票"；票面中间横书面额"壹斤"，并加盖"晋察冀边区政府"印章；票额"壹斤"左、右两侧分别直书"公柴"、"市秤"；右边直书"只准战时凭此取粮"，左边直书"限四至九月份有效"。此票四周边缘线中间附印"壹斤"。[2]

1946 年，晋察冀边区察哈尔地区发行了公料票，面额分为花料肆斤、拾斤、陆拾斤共三种。这些公料票为横式版面，上方从左至右横书

---

[1]　中国人民银行金融研究所、财政部财政科学研究所：《中国革命根据地货币》（下册），文物出版社 1982 年版，第 199 页。

[2]　财政部财政科学研究所、财政部国债金融司：《中国革命根据地债券文物集》，中国档案出版社 1999 年版，第 102 页。

"晋察冀边区公料票"，中间印有"花料×斤"，下边从左至右横书发行本票的日期"中华民国三十五年印"，票面右边直书"察哈尔"，左边直书"限×月份有效"。同年，察哈尔地区还印发了公粮票，面额分为小米拾两、一斤柒两，共2种，为竖式版面。本公粮票上部从右至左分别横印冠名"晋察冀边区公粮票"、"察哈尔"；中部横书粮种"小米"，直书粮票面额"×斤×两"；下边两行从右至左分别横书"限×月份有效"、"中华民国三十五年印"。①

1947年、1948年，冀中行政公署发行了公粮票，所见面额分别为小米拾斤、小米壹斤陆两，共两种。这两种面额的粮票都是横式版面，结构简单，上方从左至右横书"冀中区公粮票"；中间从左至右横书"小米拾斤"或"小米壹斤陆两"，并加盖"冀中行政公署"印章；左边直书发行粮票的日期："民国三十六（或七）年"，右边直书"限×月份有效"。民国三十七年，冀中区行政公署还发行了小麦票，所见面额为"小麦壹斤贰两伍钱，折白面拾伍两，计米拾叁两"，也为横式版面，与上述两张公粮票结构类似。另见一张民国三十五年冀中区印发的"冀中区粮柴票"，为竖式版面，面额"小米壹斤拾两，木柴叁斤"。②

从1946年至1949年间，冀东区行政公署印发了公粮票、饭票。民国三十七年印发的"冀东区公粮票"，为竖式版面，所见面额分别为小米伍斛、细粮壹斛、细粮伍拾斛，共3种。票面上部从左至右横书"冀东区公粮票"；中部直书面额"小米（或细粮）×斛"；下部从左至右横书"民国三十七年度"、"限×月份有效"；底部一行从左至右横书"冀东区行政公署印发"。从民国三十五年至民国三十八年，冀东区印

---

① 中国人民银行金融研究所、财政部财政科学研究所：《中国革命根据地货币》（下册），文物出版社1982年版，第200页。

② 中国人民银行金融研究所、财政部财政科学研究所：《中国革命根据地货币》（下册），文物出版社1982年版，第201—202页；财政部财政科学研究所、财政部国债金融司：《中国革命根据地债券文物集》，中国档案出版社1999年版，第102页。

发了派饭票，既有竖式版面又有横式版面。其中，面额分别为小米拾捌两（1顿）、小米拾贰两公柴1斤（2顿）、小米拾捌两（1顿）、小米拾伍两、小米拾两的饭票均为竖式版面；面额为小米壹斛壹两、小米壹斛叁两的饭票是横式版面。

此外，冀晋区行政公署于民国三十五、三十六年印发了公粮票，所见面额为拾叁两伍、拾伍斤两种，均为竖式版面。[①]

二、晋冀鲁豫边区各地印发的粮柴票

解放战争时期，晋冀鲁豫边区各级政府印发了各种粮柴票（见附录（五）华北解放区各地粮食票据之"晋冀鲁豫边区粮柴票"）。

（一）冀南区印发的粮票

解放战争时期，冀南区曾先后发行了麦票、米票、柴票。麦票、米票所见面额为壹斤，柴票面额拾斤。面额为壹斤的冀南区麦票和米票都为横式版面，上方从左至右横书"冀南区麦票（或米票）A"；中间横书面额"小麦（或小米）壹斤"，面额上加盖冀南区方形红色印章；底部从左至右横书本粮票使用期限"至民国三十六年六月底止"。粮票上方左右两角印有大写"壹"，下方左右两角印有阿拉伯数字"1"。粮票左边直书"禁止买卖"。冀南区发行的米、柴票也有竖式版面的，如民国三十七年一月印发的米票，上方横书"冀南区米票"，下一行印有"B"；中间直书米票面额"小米壹斤"，并加盖"冀南区"印章；下方从左至右横书"民国三十七年一月一日发行"。另一张"冀南区柴票"也为竖式版面，上方横书"冀南区柴票"，下一行也印有大写英文字母"B"；面额"拾斤"直书在票面中部，面额上加盖冀南区印章；底部从

---

① 中国人民银行金融研究所、财政部财政科学研究所：《中国革命根据地货币》（下册），文物出版社1982年版，第203页；《民国36年晋察冀解放区粮票15斤》：http：//www. shuoqian. net/view—6409642. html#bigpic。

左至右横书本柴票作废日期"民国三十五年十二月底作废"。[①]

(二) 冀鲁豫区印发的粮票

解放战争期间，晋冀鲁豫边区政府冀鲁豫区行署的粮票，目前所见有民国三十六年印发的，也有民国三十八年印发的，面额有拾斤、伍斤、壹斤半3种，均为横式版面。面额为壹斤半的米票，印发时间为中华民国三十六年，票面左侧直书"除找零用外，可作一顿，饭票粮票菜金均在内"。面额为伍斤的米票，与面额壹斤半的米票结构类似，上方从左至右横书"冀鲁豫区米票"；面额"伍市斤"横印在票面左部，并加盖"冀鲁豫区行署"印章，右部为一束粮食作物图案；左侧直书"禁止买卖"；底部从左至右横书米票使用期限"民国三十八年七月一日起至九月底有效"。面额拾市斤的"冀鲁豫区米票"，票面结构、版式及本米票使用期限均与伍市斤的米票相同。

冀鲁豫区行署于中华民国三十六年发行了在河北地区使用的粮票，面额分别为壹佰市斤、伍市斤、壹市斤半3种，为竖式版面。其中，面额伍市斤的为麦票，另外两种为米票。票面上半部分第一行，从左至右横书"冀鲁豫米票（或麦票）"，接下来是粮票的编号；第三行为面额，从左至右横书"××斤"，第四行自右至左横书"河北"。票面下半部分，是使用本粮票的"说明"，从右至左横书，包括对粮票的使用期限、使用对象、是否能流通等作了详细规定。面额伍市斤的麦票，根据"说明"条款，规定本粮票有效期自三十六年六月十日起，至九月十日止。本粮票严禁买卖。"说明"还规定，非军政人员不准使用本粮票；在使用粮票时，使用机关须加盖公章；本粮票只准使用一次，使用后即行作废，严禁流通。票面底部从左至右横书"冀鲁豫行署印"。面额分别为壹佰市斤、壹市斤半的米票，其票面结构与面额伍市斤的麦票结构

---

① 中国人民银行金融研究所、财政部财政科学研究所：《中国革命根据地货币》（下册），文物出版社1982年版，第205页；财政部财政科学研究所、财政部国债金融司：《中国革命根据地债券文物集》，中国档案出版社1999年版，第103页。

相同，《说明》也大同小异，不同之处在于米票的使用期限不同，其"有效期自三十六年七月一日起至十二月底止"。

上述冀鲁豫区发行的米票，也有河南地区使用的，所见面额为壹市斤半，为竖式版面，其版面结构与上述在河北地区发行使用的米票相同，米票的使用《说明》共6条，前5条与河北地区米票"说明"完全相同，并多了第六条："只准河南使用，不准河北兑粮"①。

（三）太行行署兑米票

1948年，太行区行政公署发行了兑米票，所见面额分为贰拾贰斤、拾斤、伍斤、捌两共4种，均为竖式版面。票面上方横书或弧形书写"太行行署"，接下来横书或直书"兑米票"，中下部直书或横书面额"×斤"，底部横书"民国三十七年度"。②

（四）太岳区发行的粮票

1948年，太岳区印发了军用兑米票，面额分为贰拾肆斤、陆斤、拾贰两，共3种。这三种军用兑米票均为横式版面，上方为冠名"太岳区军用兑米票"；票面中央直书面额"×斤"或"×两"；面额两侧附印本粮票的使用"说明"，对粮票的使用对象、范围等作出明确规定。此粮票只准部队在作战行军时兑吃粮食，不准兑粮兑料带走或出卖。票面底部横书本粮票发行时间"民国三十七年度印"。1948年，太岳行署还发行了"太岳区军政民通用兑米票"，票面额为壹斤陆两，版面结构与军用兑米票大同小异。

1946年，太岳行署发行了兑米票。面额分别为柒拾斤、肆拾贰斤、拾肆斤、肆斤捌两、贰斤拾伍两、壹斤捌两、壹斤陆两、拾贰两、拾壹

---

① 中国人民银行金融研究所、财政部财政科学研究所：《中国革命根据地货币》（下册），文物出版社1982年版，第206—207页。

② 中国人民银行金融研究所、财政部财政科学研究所：《中国革命根据地货币》（下册），文物出版社1982年版，第208—209页。

两，共9种。其中，面额为柒拾斤、肆拾贰斤的两种兑米票为竖式版面，其他为横式版面。横式版面的兑米票，票面上方从左至右横印"太岳行署"，中央横书面额"×斤"或"×两"；左右两侧直书"兑米票"，底部横书"民国三十五年印"。背面是使用本粮票的"说明"，对使用范围、对象等作出明确规定。凡出差人员可凭此票在附近政府仓库兑米；只限就地食用，不准大批兑米；本粮票禁止买卖，不准在民间流通。粮票面额如果挖补涂改，即行作废。面额为柒拾斤、肆拾贰斤的两种兑米票是竖式版面，票面上部横印"太岳行署兑米票"，下部横印面额"×斤"，底部从右至左横书"中华民国三十五年印"。

民国三十六年，太岳行署发行了面额为拾两、贰斤捌两的兑米票，横式版面，票面结构与民国三十五年发行的横式兑米票相同。民国三十六年，太岳行署还发行了面额为壹佰肆拾斤的兑米票，为竖式版面，正面结构与面额柒拾斤的兑米票相同；背面附印本粮票的使用"说明"，内容与横式版面的"说明"大致相同。

太岳行署发行的军用马草兑米票、料票。民国三十五年发行的兑料票为竖式版面，面额分别为肆斤、陆斤、拾贰斤，共3种。票面上部从左至右横书"太岳行署兑料票"；下半部从左至右横书面额"×斤"，并加盖太岳行署方形印章；底部从右至左横书"中华民国三十五年印"。料票背面附印使用说明，内容大致如下：持此票可在仓库兑粮；只准就地食用，不准大批兑粮；本料票禁止买卖，不准在民间流通；面额以山西拾陆两秤为衡量标准；不挂失票，挖补涂改作废。民国三十六年发行的军用马草兑米票，目前所见面额，分别为小米贰拾伍斤、小米贰斤捌两，共两种，均为竖式版面。票面上方从左至右横书"军用马草兑米票"，票面中间直书"小米×斤"，左右两侧分别直书"无米付麦者"、"一斤兑一斤"，底部从左至右横书"太岳行署发行、三十六年度印"。背面附印马草兑粮"说明"，规定了兑换的比例关系。此票只供军队使用；部队持此票可兑米、购买马草或向各村兑草；一般规定小米肆两兑换谷草壹斤（麦秆贰斤顶谷草壹斤）；此票兑换粮草后逐级转到行署；此票不准买卖、挖补涂改，违者以贪污论处。民国三十七年，太岳区发行了"太岳区通用兑料票"，面额有马料拾贰斤、马料肆斤两种，均为竖式版面，上方从左至右横书"太岳区通用兑料票"；票面中间直书"马料×斤"，底部从左至右横书"民国三十七年度印"。背面附印兑料使用说明，只准当地兑料喂用，不准兑吃米麦也不准兑料带走或出卖。[①]

三、华北根据地印发的粮票

民国三十七年、三十八年，华北根据地各地民主政府发行了各种粮票。最常见的是竖式版面的"华北区公粮票"，粮种有小米、小麦，面额有拾壹两、拾贰两、拾叁两、拾肆两、壹斤贰两、壹斤肆两、拾斤、拾肆斤、陆拾斤、壹佰斤等多种，版面结构较为简单，上方从左至右横书"华北区公粮票"，下一行横书粮食品种"小米"或"小麦"；票面中间直书面额"×斤"，并加盖"华北区公粮票"印章；下方两行横书公粮票的使用期限及发行日期。民国三十八年，山西省发行过公粮票，公粮品种为小米，面额为贰两、陆两、捌两等，为竖式版面，票面结构与"华北区公粮票"结构大致相同。[②]

四、陕甘宁边区印发的粮票

（一）陕甘宁边区军用粮料票

解放战争时期，陕甘宁边区政府印发了军用粮、料票，有 1949 年版式，也有民国三十八年版式，面额为叁拾斤、伍拾斤、壹佰伍拾斤、

---

① 中国人民银行金融研究所、财政部财政科学研究所：《中国革命根据地货币》（下册），文物出版社 1982 年版，第 209—213 页。

② 中国人民银行金融研究所、财政部财政科学研究所：《中国革命根据地货币》（下册），文物出版社 1982 年版，第 215—217 页。

贰佰伍拾斤共4种。这些军用粮票和料票版式结构大致相同，为横式版面（壹佰伍拾斤的为竖式版面），正面上方从左至右横书或弧形书写"陕甘宁边区军用粮（或料）票"，票面中间直印或横印面额"××斤"，并加盖"陕甘宁边区粮食局"红色方形印章；本粮票使用说明附印在左右两侧（面额为壹佰伍拾斤的印在下部），规定本粮票不准买卖，违者法办；粮票以小米为标准，料票以花料为标准；同时还规定以拾陆两秤为计量单位，凡有涂改挖补一律作废。票面底部附印"1949年度用"或"民国三十八年度用"。面额为伍拾斤、贰佰伍拾斤，"民国三十八年度用"的军用粮票，在作用"说明"中专门规定了"只准军用"。

（二）陕甘宁边区粮食局粮料票

民国三十六年制印的"陕甘宁边区粮食局料票"，面额分为壹升、贰升、壹斗、伍斗4种，为横式版面，票面上方冠名"陕甘宁边区粮食局"，上方左右两角分别附印"料"、"票"；票面中间直印面额数量，左右两侧附印本料票使用"说明"。规定本料票不准买卖，能在本区通用；本料票能抵交公粮，以三十斤斗计量。票面下方左右两边盖有粮食局长、副局长的方形小印章。料票下边从左至右横书"民国三十六年度制印"。1947、1948年制印的"陕甘宁边区粮食局粮票"，面额分为拾壹两、壹斤半两种，也为横式版面，票面结构与上述料票大致相同。

（三）陕甘宁边区旅途粮料票

1949年，陕甘宁边区印制了旅途粮票和料票，面额分别为粮票拾壹两、拾贰两，料票壹斤、壹斤半、叁斤，共5种，均为横式版面。票面上方从左至右弧形书写"陕甘宁边区旅途粮（或料）票"，票面中间从左至右横书面额"×斤"或"×两"，面额叁斤的料票为直书。票面左右两侧直书本粮票或料票的使用"说明"，规定以拾陆两秤作为计

量。本粮票或料票不准买卖，挖补涂改作废。同时还规定，料以花料为
标准，粮以小米为标准；只准就地食用，不准带现。票面底部横书
"1949 年度制"。[①]

五、晋绥边区政府印发的粮食票据

晋绥边区各级政府于 1947 年先后印发过公用粮票、旅途粮草票等
粮食票据（见附录"三、解放战争时期各解放区印发的各种粮食票据"
之"（四）晋绥边区粮食票据"）。

（一）晋绥边区公用粮票

目前所见一张"晋绥边区公用粮票"，是 1947 年印制的，面额为
贰仟斤，粮票正面上方从右至左横书"晋绥边区公用粮票"，中间横书
"贰仟斤"，并加盖"晋绥边区公用粮票"印章。该印章左右两边分别
直书"小米"，票面右、左两边分别直书"军政机关"、"一律通用"。
票面下边从左至右直书"一九四七年印"。粮票四角横印阿拉伯数字
"2000"，粮票背面附印使用"说明"，对使用本粮票的条件、范围等作
出明确规定。此票当作收粮证据，不得随意向群众支粮。凡持此粮票取
粮，得有拨粮条，否则概不付粮。同时，还规定，此票严禁买卖交易，
违者以贪污论罪；此票只限于边区村粮站，到群众手中不能抵缴公粮，
更不能在边区外使用。此票按当地规定折合支付各种粮食。严禁挖补涂
改此票，违者以伪造论罪；战争时期可持此票直接支付粮食，平时则需
有政府拨粮证。

---

① 中国人民银行金融研究所、财政部财政科学研究所：《中国革命根据地货币》（下册），
文物出版社 1982 年版，第 187—190 页；财政部财政科学研究所、财政部国债金融司：《中国革命
根据地债券文物集》，中国档案出版社 1999 年版，第 104 页。

（二）晋绥边区旅途粮草票

晋绥边区政府曾在 1947、1948、1949 年发行了旅途粮票。旅途粮票面额分别为小米肆两、捌两、玖两、拾两、拾壹两、拾贰两、伍斤、叁斤、贰斤肆两，共 9 种。其中，面额为捌两、拾贰两、叁斤的粮票，为竖式版面，其他均为横式版面。横式版面的旅途粮票，正面上方横书"晋绥边区旅途粮票"，票面中间书写"小米×斤"，并加盖"晋绥边区旅途粮票"印章，左右两侧分别直书"严禁涂改挖补或买卖"、"违者以伪造和贪污论"，票面底部横印使用本粮票的年度。竖式版面的旅途粮票，版面结构与横式类似。

（三）晋绥边区旅途料票

晋绥边区政府还发行了 1948 年度、1949 年度使用的旅途料票，其中有横式版面也有竖式版面。横式版面的面额分别为花料叁斤、肆斤、陆斤、叁拾斤四种，都是 1949 年度使用。票面上方从右至左横书"晋绥边区旅途料票"；中间横书料票面额"×斤"，面额两侧直书"花料"；票面右、左两侧分别直书"严禁涂改挖补或买卖"、"违者依伪造和贪污论"；票面底部横书本料票的使用年限。竖式版面料票有 1948 年度使用，也有 1949 年度使用的，面额分别为花料伍斤、捌斤、拾斤共 3 种。票面上部横书"晋绥边区旅途料票"；中部直书"花料×斤"，中部右、左两侧分别直书"严禁涂改挖补或买卖"、"违者依伪造和贪污论"；票面底部也横书本料票的使用年限。

（四）晋南区粮料票

民国三十八年四月，晋南区印发了米票，面额分别为小米拾贰两、叁斤、壹佰伍拾斤共 3 种。票面上方从右至左横书"晋南区米票"，中间横书小米"×斤"，右侧直书使用本粮票期限："自三十八年五月一日至六月三十日为有效期间，过期作废"，左侧直书使用本粮票说明：

"1. 无米付麦斤半折付一斤；2. 严禁买卖，违者依法重办"。底部横印粮票发行日期："民国三十八年四月印"。民国三十八年六月，晋南区印发了旅途麦票和料票。晋南区旅途麦票，面额分别为市秤壹斤、壹斤贰两、壹斤伍两、柒斤捌两共4种。票面上方从右至左弧形书写"晋南区旅途麦票"，中间横书"市秤×斤"，票面右、左两侧分别直书"严禁涂改挖补或买卖"、"违者依伪造和贪污论"；底部横印粮票发行日期："民国三十八年六月印"。晋南区旅途料票，面额分别为市秤叁斤、陆斤，共2种，票面结构与上述旅途麦票相同。①

六、东北解放区印发的粮票

民国三十六年，辽宁省粮食局发行了"辽宁省粮票"，所见面额分别为粗粮壹斤、贰斤共2种，均为横式版面。票面上方从右至左横书"辽宁省粮票"，中间横书"×斤"，并加盖"辽宁省粮食局"方形印章，两侧直书"粗粮"，底部两行从右至左分别横书"辽宁省政府粮食局"、"民国三十六年印"。背面附印本粮票的使用规则，明确规定本粮票只限于军队及地方工作人员使用；领粮在200斤以下者可以向村级粮食部门领取，200斤以上者须到区以上机关领取；并不得凭此票兑换除粗粮以外的任何物品或充当货币流通。同时还规定，凭此票领取200斤以下者须有连级首长证明，支领200斤以上者须有团级供给机关证明，否则无效。本粮票的使用期限为半年，即民国三十六年一月一日至六月三十日。辽宁省粮食局还印制了粗粮饭票，所见面额为壹餐（粗粮壹斤），横式版面，票面上方从左至右横书"辽宁省粗粮饭票"，中间上下两行分别横书"壹餐"、"粗粮壹斤"，下边落款为"辽宁省粮食局制"。面额"壹餐"左右两侧分别直书"烧柴斤半"、"豆子壹两"，票

---

① 中国人民银行金融研究所、财政部财政科学研究所：《中国革命根据地货币》（下册），文物出版社1982年版，第191—197页。

面左右两侧直书"只准吃饭"、"不准兑粮"。此外，民国三十六、七年，热河省发行了公用粮票和地方粮票，面额分别为小米拾玖两、壹斤捌两、玖两伍钱、捌两、柒两伍钱共5种，均为竖式版面。①

七、华东解放区各地政府印发的粮柴票

（一）山东省印发的粮柴票

民国三十五年山东省粮食总局印发了秋粮、麦粮餐票，民国三十八年印发了秋粮、麦粮饭票，面额分别有壹餐、贰餐共两种，均为横式版面。民国三十六年印发的饭票，票面右部上方横书"秋粮（或麦粮）饭票"，右部下方横书"壹餐"或"贰餐"；右部底边横印发行日期"中华民国三十六年"。票面左部上方横书"山东省粮食总局"，左部中间加盖"山东省粮食总局"方形印章。民国三十五年发行的餐票，票面正上方横书"山东省粮食总局"；中间右半部盖"山东省粮食总局"方形印章，下边横书发行日期"中华民国三十五年印"；左半部上边第一行横书"秋（或麦）粮餐票"，左半部中间横印面额"×餐"。餐票或饭票背面附印使用规则。民国三十五年，山东省粮食总局还印发了面额为壹佰斤的"小麦票"，为横式版面。本粮票正面结构与民国三十五年印发的秋粮餐票大致相同，不同的是印发日期，秋粮餐票印发日期在右下方。而壹佰斤的小麦票其印发日期在左下方。其背面附印了本粮票的使用规则，本券只限于解放区部队及地方机关使用；本券只可向各级粮库兑换现粮，并须有机关部队正式证明书，否则不予兑换。使用规则还规定，本券付粮后，按期上解，不得自行循环使用；本券绝对禁止转卖。

民国三十八年，山东省粮食局印发了麦（或秋）粮饭票，面额所见为壹餐、贰餐，为竖式版面，上方横书"麦（或秋）粮饭票"，中间

① 中国人民银行金融研究所、财政部财政科学研究所：《中国革命根据地货币》（下册），文物出版社 1982 年版，第 248—249 页。

直书"壹（或贰）餐"，下部直书"山东省粮食局"并加盖同名方形印章。[①]

民国三十五、三十六年，山东省粮食总局印发了柴草票。民国三十五年印发的柴草票，面额为壹佰斤、伍拾斤两种，均为竖式版面。票面上方横书"山东省粮食总局柴草票"，中部盖"山东省粮食总局"方形印章，下部直书面额"×斤"，底部横书发行日期。本柴草票背面附印"使用规则"，限定此票只能是解放区部队及机关使用，本券绝对禁止转卖。超过200斤只限向各级粮库领取，200斤以下者可以向村长兑换柴草，但须有部队或机关之正式证明书，否则不予兑换；同时规定，各级粮库及村长凭票付给柴草后，按期解缴上级粮库结算账目。此票不论战时还是平时，一律通用。此外，民国三十六年，山东省粮食总局印发了马料票，面额为壹斤、叁佰斤两种，为横式版面，票面右部上方横书"马料票"，右部中间横书"×斤"，右部底边横书发行日期；左部上方书写"山东省粮食总局"，左部中间盖同名方形印章。马料票背面为花纹图案，图案中印有阿拉伯数字"1"或"300"。[②]

（二）渤海区粮食分局发行的饭票和柴草票

民国三十六年发行的此种粗粮饭票又分为"普用"、"军用"两种，面额有普用粗粮壹餐、贰餐，军用粗粮贰餐之分，均为横式版面。以普用粗粮饭票为例，票面上方从右至左横书"渤海区粮食分局"；中间左半部横书面额"×餐"，右半部盖有"渤海区粮食分局"方形印章；票面左边直书"粗粮饭票"，右边直书"普用"2字，左下方横书此票发行日期"中华民国三十年印"。普用粗粮饭票背面附印"饭票使用规则"，此规则具有条例性质。此饭票只限于解放区地方工作人员使用；

---

① 中国人民银行金融研究所、财政部财政科学研究所：《中国革命根据地货币》（下册），文物出版社1982年版，第218—222页。

② 中国人民银行金融研究所、财政部财政科学研究所：《中国革命根据地货币》（下册），文物出版社1982年版，第222—223页。

此票只限于向村长或村以上机关换取给养，凭票供给后，得向各级粮库兑换现粮。规定此票每餐兑换麦子壹斤肆两，包括柴草粮贰两在内。并且绝对禁止转卖此票或当货币流通。军用饭票票面结构与普用饭票大致相同，使用规则除限于解放区军队人员使用外，其他各条完全相同。渤海区民国三十六年印发的柴草票，票面结构正面与上述饭票类似，面额拾斤的柴草票为横式版面，面额"拾斤"印在票面中间左半部，其上横书"柴草票"，右半部也是盖"渤海区粮食分局"方形印章。此柴草票背面附印"使用规则"。本使用规则明确规定，此券解放区军队及地方机关使用，不准民间使用；本券只可向各级粮库兑换柴草，兑换时须有部队或机关正式证明，否则不予兑付。同时还规定，本券付柴后，按期上解，不得自行循环重复使用，并绝对禁止转卖此票。① （见附录"三、解放战争时期各解放区印发的各种粮食票据"之"（三）华东解放区粮食票据"）

（三）华东财经办事处印发的各种粮草票

1. 中华民国三十八年印发的大米票

面额分别为拾斤、伍拾斤、壹佰斤3种，均为竖式版面，票面上部横书"大米票"；中部花纹图案中直书或横书面额，其中"壹百斤"或"伍拾斤"为直书，"拾斤"为横书；下部中间直书"华东财经办事处"并加盖同名方形红色印章，底部横书发行此票日期。此券背面附印"使用规则"，共5条。规定本大米票只限于江南地区部队机关使用；凭本票可抵缴本年度公粮；本票禁止买卖、涂改、伪造，违者严惩。同时还明确规定，本票如兑换杂粮，兑换比例按民主政府规定的标准折合计算；本票以市秤为计量单位。背面底部横书"1949"。

① 中国人民银行金融研究所、财政部财政科学研究所：《中国革命根据地货币》（下册），文物出版社1982年版，第224—225页；财政部财政科学研究所、财政部国债金融司：《中国革命根据地债券文物集》，中国档案出版社1999年版，第107页。

2. 中华民国三十八年印发的柴草票

面额为 200 斤，票面结构为竖式版面，与上述大米票类似，不同的是发行本票的日期横印在票面中部拦腰部位。本票背面也附印了"使用规则"，使用范围也限于江南地区部队及机关，凭本票可抵交本年度公草；本票以当地一般柴草为标准，其他杂草按民主政府规定折合。本票也是以市秤为单位计算。

3. 是华东财经办事处发行并限于民国三十八年度使用的米票和麦票

面额分别为米票拾市斤、伍拾市斤、壹佰市斤、叁佰市斤、伍佰市斤，麦票拾市斤、伍拾市斤、壹佰市斤、叁佰市斤、伍佰市斤，均为横式版面，票面左上方横书"华东财政经济办事处"，右上方为六位阿拉伯数字的编号，左上角横印"米票或麦票"，左下角横书"华东区"；票面中间横印面额"×市斤"；右下方盖"华东财政经济办事处"方形印章；底部横书"本票限于民国三十八年度使用"。① 票背面附印本票的使用"说明"，该说明与民国三十八年华东财经办事处印发的大米票背面的"使用规则"内容大同小异。

八、中原解放区各地印发的粮票及借据

解放战争期间，中原财经办事处、鄂豫行政公署、江汉行政公署、桐柏行政公署、湖北省政府印发了各种粮食票据。

民国三十七年，中原财经办事处印发了一批粮票，包括大米票、小麦票、杂粮票。其中，大米票有拾斤、伍拾斤两种面额，小麦票有拾斤、贰佰斤两种面额，杂粮票有伍拾斤、壹佰斤两种面额，均为竖式版面。以大米票为例，票面分为上、下两部分。上部分上方横书"大米票"；中间横书面额"×斤"，并加盖"中原财经办事处粮票印章"；左

---

① 财政部财政科学研究所、财政部国债金融司：《中国革命根据地债券文物集》，中国档案出版社 1999 年版，第 108—109 页。

右两边分别直书"中原";面额下边直书"此票专供野战军用"。下部从右至左直书本粮票的使用"说明",对此票的使用作出具体规定。此票可抵交公粮或凭票到政府换粮;粮票只能使用一次,以老秤十六两计量;不准买卖此票或以此票交换物品。本粮票的使用期限为半年。粮票底部横书发行日期。小麦票、杂粮票的版面结构、使用规则与大米票大同小异,不同之处在于使用"说明"的个别规定,小麦票和杂粮票在用时必须在背面盖章,无章无效。杂粮包括高粱、玉米、谷子及大麦。民国三十七年十二月,中原财经办事处印发了一批马草票,目前所见面额有马草票拾贰斤、马料票柒斤两种,为竖式版面,票面结构与该办事处发行的粮票类似。面额拾贰斤的马草票,上部正上方横书"中原区财经办事处马草票",紧接下面横书面额"拾贰斤",并加盖中原财经办事处粮票印章。下部直书此马料票的使用规则,共7条。本票有效期至民国三十八年六月十五日止。从上述中原区印发的粮票有效使用期推断,其马草票有效使用期也应为半年,本票印发日期大致为民国三十七年十二月十五日。本票规定在中原区专供野战军使用;斤两以通用十六两老秤为标准;使用本票机关必须在此票背面加盖机关印章;本票只准向区以上政府或机关兑换马料。同时规定,本票只准使用一次,不准重复使用。面额为柒斤的马料票,为竖式版面,分上下两部分,上部分上方横书"马料票",上部中间横书"柒斤"并加盖"中原财经办事处粮票印章",上部两侧分别直书"中原"。票面中间横书"此票专供野战军用"。票面下部直书本票的使用"说明",规定本票可抵交征收任务或到政府换取马料。马料包括黑豆、豌豆、大麦。按规定,本票只用一次,以老秤十六两计算;不准买卖本票或用本票交换物品;有效期自民国三十八年一月一日起至六月底止。

鄂豫区行政公署于民国三十七年印发了米票和兑米票。米票面额目前所见有拾叁两、叁斤肆两,共两种。票面上方横书"鄂豫区米票";中间横书面额"×斤×两",并加盖鄂豫区粮票印章;左右两侧分别直书"禁止买卖"、"非军政人员不准使用";底部横书"中华民国三十七年度印"。兑米票面额为贰斤、拾斤两种，为竖式版面。票面上方横书"鄂豫行署兑米票"；中间直书面额"×斤"，并加盖鄂豫行署粮票印章；左右两侧直书使用本粮票的"说明"。本票规定不准买卖、不准涂改，只限于军政人员使用；兑米数量限于当地食用，并以十六两市秤为标准计量。

江汉行政公署于民国三十八年印发了米票，面额有 2 斤、50 斤等种类，为横式版面。票面上方横书"江汉行政公署"；右半部上边横书"米票"，右边中间横书面额"×斤"并加盖江汉行政公署粮票方形印章。本粮票底部横书"民国三十八年三月印"。票面左半部从上至下分 5 行，每行从左至右横书使用本票的规定。此票只限军政人员使用，严禁变价买卖；本票可抵交公粮。本粮票的使用期限为 9 个月。

桐柏行署于民国三十七、三十八年分别印发了粮票，包括小米、大米、小麦等。民国三十八年印发的"桐柏行署粮票"，面额分别为小米壹斤、小米伍拾斤、小米壹佰斤，大米拾斤、大米伍拾斤共 5 种，均为横式版面。票面正上方横书"桐柏行署粮票"，中间横书面额"小米（或大米）×斤"，并加盖"桐柏行署粮票"方形印章；左右两侧分别直书"不准流通"、"禁止买卖"；下边横书"中华民国三十八年制"。桐柏行署于民国三十七年印制的粮票，面额分别为大米伍佰斤，小麦伍佰斤、壹佰斤、伍拾斤、拾斤、贰斤、壹斤共 7 种，均为竖式版面。本粮票结构分上下两部分，上部分顶部横书"桐柏行署粮票"；上部分中间横书面额"小麦（或大米）×斤"；上部下边，即整个粮票中间横书"中华民国三十七年×月制"。粮票下半部直书本票使用"说明"，规定本票只限于军政人员使用，禁止买卖流通；壹佰斤以下者可直接到当地政府粮食部门兑粮，壹佰斤以上者须办理领粮手续，由领粮机关出示证明。同时规定，本粮票可抵交公粮；粮票使用期限依据印制时间不同而有区别，一般在 3—6 个月之间。[①] 1946 年，中原军区为解决部队粮食

---

① 财政部财政科学研究所、财政部国债金融司：《中国革命根据地债券文物集》，中国档案出版社 1999 年版，第 110—111 页；中国人民银行金融研究所、财政部财政科学研究所：《中国革命根据地货币》（下册），文物出版社 1982 年版，第 238—242 页。

给养，曾向当地群众借粮，发行了借粮借据。此借据是竖式版面，为表格形式，顶端横书"借据"；借据从右至左直书，第一行为"兹借到"、"××字第××号"；第二、第三行为"××先生大米××（斤），在半年之内如数归还。此据"。落款为"国民革命军八路军、新四军中原军区司令员李先念、政委郑位三"，日期为"中华民国三十五年×月×日"。①

解放战争期间，为了解决部队给养，湖北省政府于民国三十八年发行了一批粮票。面额分别为大米票贰市斤、伍市斤、拾市斤、伍拾市斤，小麦票贰斤，共伍种。其中，大米票为横式版面，票面上方横书"湖北省人民政府大米票"；中间右半部横书面额"××市斤"，左半部加盖"湖北省人民政府粮票印"方形印章；下边横书本粮票使用期限"本粮票于三十九年七月底以前使用"；粮票底部横印"三十八年八月印"。面额为贰斤的小麦票，是竖式版面，票面上方弧形书写"湖北省人民政府小麦票"，上半部横书面额"贰斤"并加盖"湖北省人民政府粮票印"方形印章。下半部直书本粮票的使用说明，规定本粮票只限于军政人员使用；严禁变价买卖或换物；本票可抵交公粮；同时规定本票使用期限为三十八年十二月底以前有效。

民国三十八年，湖北省沔阳行政专员公署印发了米票，面额分别为拾壹两、伍斤，均为横式版面。票面正上方从左至右横书"湖北省沔阳行政专员公署"；右半部上方横印"米票"，中间横印面额"拾壹两"或"伍斤"并加盖"沔阳行政专员公署粮票"印章；票面右半部是使用本粮票的相关规定。本粮票只限于军政人员使用；严禁变价买卖；本票可抵缴公粮；限三十八年九月以前有效。②

---

① 财政部财政科学研究所、财政部国债金融司：《中国革命根据地债券文物集》，中国档案出版社1999年版，第110页。

② 中国人民银行金融研究所、财政部财政科学研究所：《中国革命根据地货币》（下册），文物出版社1982年版，第244—245页；财政部财政科学研究所、财政部国债金融司：《中国革命根据地债券文物集》，中国档案出版社1999年版，第111页。

九、部队印发的粮票

解放战争后期，为了更好地解决部队的粮食供给问题，部队发行了借粮证和粮票。

一是中国人民解放军第二野战军1949年印发的新区借粮证，所见面额有米票壹佰斤、米票拾贰斤、米票壹斤共3种。票面为竖式版面，上方横书"中国人民解放军第二野战军新区借粮证"；中间横书"米票"、直书面额"××斤"，在面额和"米票"之间，横印6位阿拉伯数字的编号；底部横书发行日期"中华民国三十八年"。米票背面附印本票《使用规则》。按照使用规则，本票只限于江南地区机关部队使用；凭本票可抵交本年度公粮；本票禁止买卖涂改伪造，如违严惩；本票以熟米为标准，杂粮按民主政府规定标准折合计算。同时还规定，本票以市秤为单位，本票只准使用一次，不准重复循环使用。

二是东北野战军后勤供给部印发的粮票。1949年2、3月，东北野战军后勤供给部印发了粮票和米票，面额分别为粮票伍斤、伍拾斤，粗粮米票伍斤、拾斤、伍拾斤共5种，均为横式版面。粮票正面上方横印"东北野战军后勤供给部××票"（粮票或粗粮米票）；中间直书面额"××斤"并加盖"东北野战军后勤供给部××票"印章；票面左右两边分别是农民、工人图案；底部横印6位阿拉伯数字的本票编号"第×××××号"。粮票背面附印"附注"，其实就是本粮票的使用规则。按照规定，本粮票只限于向各级政府及供应站有关仓库兑换现粮，或调换适用之小粮票，不得向民间使用。此证只能兑粮和换粮票，不得变卖，违者论处。同时，"附注"还明确规定，此证不可涂改，如有涂改字迹，可拒绝兑付，并以伪造论处；发粮机关于每月终按凭票据兑付的粮食数目报到粮食局，再由粮食局于下月十五日以前向野战后勤供给部结算。

三是中国人民解放军民国三十八年四月发行的预借公粮证，面额分别为小米壹佰斤，大米伍拾斤、伍佰斤，马料捌斤，共4种，均为横式版面。票面结构分两部分，大米票左半部上方横书"中国人民解放军预借公粮证"；马料票、小米票左上方横印花纹图案，右上方横书"中国人民解放军预借公粮证"；粮票左半部从右至左直书本票使用"说明"。粮票的右半部分，横书"×米（或马料）××斤"并加盖"中国人民解放军粮票（或马料）印章"。小米票和马料票的发行日期"民国三十八年四月印"横书在粮票左半部底边；大米票发行日期则横印在右半部底边。按照规定，本票可用来向人民政府抵交公粮；此证只能使用一次，不准重复使用；此证不准买卖或兑换物品。[①]

第四节　根据地粮票的历史地位和作用

无论是土地革命战争、抗日战争还是解放战争时期，粮票的发行，都是为了服从和满足革命战争和根据地经济建设的需要，有计划、有目的、有控制地发行，是战时经济的重大举措之一。各种粮票（包括米票、饭票、草料票、粮食借据等）的发行，对支持当时根据地革命战争、经济建设和部队、地方机关的后勤保障工作，并为最终取得新民主主义革命的胜利，发挥了极其重要的作用。

一、粮票的发行有力地保障了部队、地方党政机关的粮食供给

各根据地发行粮票，确保部队、地方党政机关的粮食供给，解决了部队、地方工作人员行军打仗和出差的吃饭问题。在当时极为艰苦的战

---

① 财政部财政科学研究所、财政部国债金融司：《中国革命根据地债券文物集》，中国档案出版社 1999 年版，第 112—113 页；中国人民银行金融研究所、财政部财政科学研究所：《中国革命根据地货币》（下册），文物出版社 1982 年版，第 251 页。

争环境中，部队和地方人员的粮食给养是个大问题。发行粮票，使部队和地方政府工作人员持票即可领粮、借粮、吃饭，确实为流动性很大的部队和地方党政工作人员解决了应急之需。同时，一些根据地民主政府还规定，粮票或借粮证还可抵交当年的公粮或纳土地税，或持粮票、借粮证到当地政府粮食机关领取票面数额的粮食，这也是对群众利益的一种保护，赢得了根据地群众的坚决拥护和支持。因此粮票的发行，打破了敌人的经济封锁，有效地保障了土地革命战争、抗日战争和解放战争时期我党领导的人民武装、地方工作人员的粮食给养，有力地支持了各根据地的对敌斗争，为土地革命战争、抗日战争和解放战争的胜利作出了重大的贡献。

二、为扩大革命队伍奠定了基础

不管是在土地革命战争时期，还是在抗日战争、解放战争时期，部队粮食的给养是最重要的问题。因此，各根据地根据战争和经济建设的需要发行了粮票，有力地保障和调剂了根据地的军需民食，不仅为部队解决了粮食的供给，而且维护了根据地群众的物质利益，广大人民群众对革命战争和革命军队鼎力相助，革命积极性空前高涨，在借粮给流动性极强的作战部队的同时，纷纷报名踊跃参加革命队伍或送子女到革命队伍，保卫人民民主政权，革命队伍日益壮大。如土地革命战争时期，在第五次反"围剿"战争期间，中共中央和临时中央政府进行了三次大规模的粮食征集运动，仅第三次征集粮食，根据地群众就借谷给红军60万担；同时，群众纷纷送子参军，仅1934年5、6月，红军新战士就增加了5万多人。[①] 又如抗日战争后，10万人民解放军进入东北，但仅3年的时间，人民解放军就发展壮大到100万之众；在华北，自日本投

---

① 赵效民主编：《中国革命根据地经济史》（1927—1937），广东人民出版社1983年版，第450—451页。

降到华北全境解放期间，有近百万人参军。

三、推动了根据地的节省运动和大生产运动

在革命战争年代，由于发行了粮票、借谷证和其他借粮收据，部队和地方民主政府的粮食给养基本得到解决。根据地军民充分认识到节省粮食对于支持革命战争的重要性，一方面，纷纷响应党和民主政府的号召，节衣缩食，把粮食一颗一颗节省下来，借给或捐献给政府。如土地革命战争时期，根据地军民响应苏维埃政府的号召，开展每人每天节省2两米运动，取得了丰硕成果。仅1934年夏季第二次粮食收集运动中，共收集24万担粮食，其中，从群众节省的捐献中得到75000担，向群众借谷100000担①，有力地支援了红军的反"围剿"战争。另一方面，根据地军民按照"发展经济，保障供给"的经济建设总方针，在各根据地开展大生产运动，取得了显著成绩。如陕甘宁边区的大生产运动，在边区军民的共同努力下，边区经济迅速发展起来。农业方面，1943至1945年军民垦地达200万亩以上，仅1943年粮食产量就达181万多石，除军民消费外还节余22万石，1944年又节余28万石；皮棉产量1943、1944年分别达到100万公斤、150万公斤，能满足边区军民需求的三分之二。其他敌后解放区的大生产运动也取得了很大成就。1943年，仅晋绥、北岳、太行、太岳、胶东、皖中6个地区，扩大耕地面积600万亩以上。在晋冀鲁豫边区，1944年，太行部队开荒88000多亩，收获粮食10万石。从1943年起，边区的许多部队已经做到全年蔬菜和3个月粮食的自给，食用油盐、肉类，日常办公、杂费，大部分由生产所得来解决，极大地减轻了边区人民的负担。解放战争时期，各解放区和边区党组织及民主政府，号召各地进一步开展大生产运动并开展节约

---

① 赵效民主编：《中国革命根据地经济史》（1927—1937），广东人民出版社1983年版，第451页。

运动，再次取得了成效。如 1947 年 2 月至 3 月中旬，仅山东省政府省直机关就节约并献出粮食 58505 斤；在政府开展大生产运动的号召下，1947 年东北解放区扩大种生荒及熟荒达 789100 垧；1948 年仅辽北省就扩大耕地面积达 106500 多垧；每垧地的平均产量也由 1947 年的 6.5 担增加到 1948 年的 8 担、1949 年的 8.4 担，农业生产得到迅速恢复和发展，粮食产量也迅速增加，保障了战争供应。[①] 由于粮食短缺而发行粮票，由此推动节省运动和大生产运动。大生产运动取得显著成效，使根据地军民战胜了严重的物质短缺困难，解决了吃饭穿衣的大问题，根据地财政经济状况有了根本好转，为取得新民主主义革命的胜利奠定了物质基础。

四、通过发行粮票建立起比较畅通的粮食供应和流通渠道

借助粮票这一便利的调剂工具，在根据地内部建立起比较畅通的粮食供应和流通渠道。通过发行粮票，一方面为根据地部队及地方政府机关解决了粮食供给问题，方便了部队、机关日常生活；另一方面，维护了根据地群众利益并减轻了人民群众负担。因为根据地群众要纳土地税或交公粮，当部队或机关借粮并发放粮票后，群众可凭手里的粮票抵交公粮，抵交公粮有余还可到仓库兑换粮食；如果没有粮票或借粮证之类的借据收条，群众就得将公粮交到指定仓库。所以各根据地发行粮票，为根据地部队及地方机关、学校、社会团体的后勤保障和根据地民众之间的经济往来架起了桥梁，为根据地内部军政民之间的经济活动提供了便利。这不仅推动了根据地军政民之间的粮食流通，有效地调剂了根据地军需民食，而且对稳定粮食价格，巩固根据地民主政权，为最后赢得战争胜利，起到了极其重要的作用。

---

① 李占才主编：《中国新民主主义经济史》，安徽教育出版社 1990 年版，第 295 页。

五、有利于对粮食实行集中统一管理

粮票还是各根据地对粮食实行集中统一管理、进行合理调拨的工具。如抗日战争时期，为对军需粮食进行集中统一管理和合理调拨，许多抗日根据地都发行了粮票。在晋察冀抗日根据地，边区政府实行"军用粮票制"：即在实物供给方法上，边区政府按各部队人数、马匹、驮骡应需给养草料数目，给各抗日部队发放适量的军用粮票，在边区范围内，部队走到那，凭军用粮票都可以向村公所支领公粮，各村照票付粮，并将收到之军用粮票于月终汇呈解区、县政府核销。① 因此，凭借粮票能有效地调拨粮食并对粮食进行统一管理。实践证明，这是在特殊的战争环境中打破敌人的经济封锁，保护群众利益，保障部队及地方机关工作人员供给，促进根据地粮食经济发展的一个重要手段，是中国共产党领导的革命根据地在粮食供给制度上的一个创举，它不仅为中国的新民主主义胜利发挥了重要的作用，而且对新中国建立后的粮食供应政策，包括对短缺经济时期国家粮油票据供应制度产生了深远的影响。

---

① 魏宏运主编：《晋察冀抗日根据地》，中国档案出版社1990年版，第42页。

第五章　革命根据地发行的股票

第一节　土地革命战争时期苏维埃
政府发行的股票

　　1927 年大革命失败后，中国共产党领导自己的队伍，在国民党反动派统治薄弱的农村地区开创革命根据地，并在江西瑞金成立了中华苏维埃共和国临时中央政府。国民党军队在加紧对我根据地进行军事"围剿"的同时，还对根据地实行严密的经济封锁，妄图将新生的苏维埃政权扼杀在摇篮里。为粉碎敌人的军事"围剿"和经济封锁，我党实行"两手抓"的方针，一手抓军事斗争，一手抓根据地经济建设。为发展根据地经济，先后办起了各种形式的合作社，并在苏区创建了苏维埃政府自己的银行，为巩固苏区革命政权发挥了重要作用。随着各种合作社和苏维埃银行的建立和运行，各地发行了各种不同类型的股票，如生产合作社股票、消费合作社股票、粮食合作社股票、银行股票、信用合作社股票等。各级苏维埃政府把推销股票作为当时经济工作的中心任务来抓，通过各种形式的宣传，动员群众投资入股、储蓄，充实合作社、银行基金。

一、消费合作社股票

为了减轻中间商人的剥削，缩小工农业产品价格剪刀差，活跃根据地的商品流通，各根据地先后办起了消费合作社。在苏维埃政府拨款和群众集资的基础上，赣西南革命根据地吉安县东固区于 1928 年 10 月，率先创办了中央革命根据地第一个消费合作社，即东固消费合作社。随后，闽西根据地上杭县才溪区先后创办了 14 个专业消费合作社。上杭县才溪区创办消费合作社的成功经验很快在苏区各地推广开来，到 1931 年 4 月，仅闽西根据地永定县就办起了 57 个消费合作社，共有基金 5445 元 5 角；1931 年 2 月，赣东北根据地建立了东北消费合作社，各县设县社，区设支社，乡设分社，社员共有万余人；1931 年夏季，湘鄂西根据地已建立消费合作社 130 个；到 1931 年 9 月，赣西南根据地已普遍建立起消费合作社。[①] 消费合作社的主要任务有两项，一是收购农副产品如生猪、茶油、棉花等，然后设法将这些物资运到边界，换回根据地所需要的各种工业品。二是以合理价格向农民销售工业品。消费合作社成员在社里购买商品可以得到两个好处，第一是可以廉价购买，购买价格要低于市场价格；第二是可以优先购买。1933 年 9 月苏维埃政府制定的《消费合作社标准章程》规定："本社商品应以极低廉的价格售给社员"；"必需品缺乏时，社员有优先购买之权"。从中央革命根据地到各省、县、区、乡，都建立了消费合作社。各级消费合作社的组织架构是：中央苏区消费合作总社——各省消费合作总社——各县联社——各区支社——各乡分社。《消费合作社标准章程》还规定，消费合作社以社员大会为最高组织，由全体社员组织之。社员大会选举、罢免或处分管理委员及审查委员，管理委员会由社员大会选举七人至十一人组织之，设正副主任各一名；审查委员会由社员大会选举 5 人至 7 人组织之。消费合作社社员只限于工农劳动群众，富农、资本家、商人

---

① 《革命根据地经济史料选编》（上册），江西人民出版社 1986 年版，第 65、69、78 页。

及其他剥削者不得加入。合作社股金定为每股大洋壹元，以家为单位，其一家可购买任意股数；凡交足股金之社员，均有选举权、被选举权、表决权，但每一社员（代表一家）不论入股多少，均以一权为限。凡交足股金之社员，由本社发给股票及购买证。消费合作社经营所得，每期纯利以 50% 为公积金，10% 为管理委员及职员奖励金，10% 为社会公共事业，30% 照购买额为标准比例分还社员之消费者。① 为了促进根据地经济发展，改善根据地群众生活，各级消费合作社积极发行各种债券和股票，广泛吸纳民间闲散资金。各级消费合作社在发行股票的同时，还发行入股证、社员证、购买证等。

（一）临时中央联合消费合作总社股票

1933 年 12 月 5 日，中央苏区消费合作总社在江西瑞金正式成立，1934 年 3 月又成立了中国工农红军消费合作社，下设闽、赣 2 个省社，17 个县总社，1140 个分、支消费合作社，拥有社员 295993 人，股金达 322525 元，共发行了两期股票。中央联合消费合作总社发行的第二期股票，面额只有伍角一种，正面左边是列宁肖像，右边是马克思肖像，上方有 6 位阿拉伯数字编号，下方有合作总社管理委员会的印章并有负责人签字。背面附印第二期股票条例共 10 条。本条例对发行第二期股票的目的、股金总额、股票面额、利率等作出了明确规定。发行本期股票，其目的是为了发展苏维埃经济，抵抗奸商富农资本家的剥削，扩大本社资本。本期股票的股金定额为 2500 元，股票面额只有伍角一种；股票利率为周年 5 厘。条例规定，本项股票不能当作现金在市面流通；本股票准许买卖，但须经管委会许可；如有故意破坏本项股票信用及价格者，以破坏苏维埃经济建设论罪。本股票的推销及还付利息，由总社及各分社办理。本股票如有损坏及遗失时，须立即向总社或分社管委会

---

① 《消费合作社标准章程》，《革命根据地经济史料选编》（上册），江西人民出版社 1986 年版，第 336—338 页。

报告登记，于半月后再补发。[①]

（二）上杭县才溪区、瑞金县壬田区和武阳区的消费合作社及股票

1929 年 11 月，上杭县才溪区成立消费合作分社，在创立时只有社员 80 余人，各交股金 5 角大洋，共有股金 40 余元，同时向苏维埃政府借了一些公款，立即开始在当地收购农副产品运到边界与白区商人及群众交换，换取食盐和布匹等根据地紧缺物资。按照合作社全体社员大会的决定，合作社社员、红军家属、红军部队及机关，来合作社购买物品，一律照本出售；如果向非社员群众出售物品则照本赚 5%。到 1931 年 12 月结算时，除去一切开支外，该消费合作社共赢利 300 元大洋，经社员大会决定，每一股（5 角）分得红利大洋 5 角。到 1933 年 7 月结算时，除去一切开支外，共赢利 741 元，经社员大会决定不分红，作为合作社公积金，以充裕资本。自 1933 年 8 月经济建设大会以后，加入消费合作社的社员增多，达到 1041 人，社员投资入股的股金达到 1041 元，平均每位社员股金 1 元（2 股）。根据地一般处于内陆山区，交通不便，信息闭塞，民众与外界少有接触，刚开始根本不知道消费合作社和集资入股为何物，也不知道购买股票参加合作社有什么好处，合作社干部就反复耐心做群众的工作，出于对苏维埃政权的信任，不少群众纷纷加入消费合作社并购买股票。有的用自家少有的积蓄认购股票，没有现金的就以物资折股。上杭县才溪区消费合作社与瑞金县壬田区、武阳区消费合作社因在收购农产品、销售工业品、发展根据地经济方面成绩显著，被评为苏区"模范消费合作社"，多次受到表彰。1933 年 9 月，临时中央政府国民经济部部长吴亮平在《经济建设的初步总结》中表扬说："我们要使每一个消费合作社员的股金能够切实地进行商品

---

① 洪荣昌：《红色票据：中华苏维埃共和国票据文物收藏集锦》，解放军出版社 2009 年版，第 140—141 页。

的流转，要使每一个粮食合作社员的股金能够切实进行粮食调剂的工作。自然，在合作社的工作上，我们是得到了一些优良的成绩。例如壬田区（中央国民经济部选为合作社模范区）的消费合作社，能够经常供给群众以盐、布、医药等必需品，价格较市场为廉，而且还能够使一元的股金，每年能得七毛多的盈余，以至壬田区的群众有说'宁愿当了自己的衫服来加入合作社'。武阳区的合作社，一元股金分了十五毛红利。云集区分了一元半大洋。上杭才溪区甚至连做豆腐都组织了合作社。这些都是我们合作运动中的光荣的例子。"①

　　1933 年 8 月江西南、北部 28 个县经济建设工作会议之后，各根据地消费合作社发展非常快。例如，瑞金县在 1933 年 8 月以前只有 9000名消费合作社社员，11000 元的股金，在 8 月以后的一个月中，社员就增加了 5300 人，股金增加了 5500 元；兴国县在大会以后的一个月中，消费合作社社员增加 14600 人。这一增加的数目，也差不多等于以前整个时期发展的数目。② 由于当时根据地条件和技术有限，各地消费合作社所发行的股票多用棉纸、芦苇纸或毛边纸等作材料，主要用油墨石印制作而成。为防止不法之徒伪造股票，各级消费合作社设专人登记社员认购的股权，存档备查，以此为分红依据。③

　　县、区、乡消费合作社发行的股票，大多为竖式表格版面，上方横书"□□□合作总（或分）社股票"、"第□□号"；中间部分为固定表格，分别横书并相应填写"社员姓名□□□"、"住址□□□□"、"成份□□"、"家庭人口□□□"、"股数□□"、"共计股金□□"；下部落款为该消费合作社"管理委员会主任"并加盖方形小印章，底部一行为发行该股票的日期。1934 年 4 月，古田乡《消费合作社简章》对

　　① 吴亮平：《经济建设的初步总结》，《革命根据地经济史料选编》（上册），江西人民出版社 1986 年版，第 155 页；崔寅瑜：《一个模范的消费合作社》，《革命根据地经济史料选编》（上册），江西人民出版社 1986 年版，第 348 页。

　　② 吴亮平：《经济建设的初步总结》，《革命根据地经济史料选编》（上册），江西人民出版社 1986 年版，第 154—155 页。

　　③ 王卫斌："苏区消费合作社与红色股票"，《金融经济》2009 年第 19 期。

发行股票的范围、股金数额、认购股数等作了规定，"股金以群众集股为主，股金每股不得超过 5 元；社员入股数目限于 10 股以下，以防少数人操纵合作社。社员入股时，不能马上完全缴纳股金的，可分为两期缴纳，一期为 4 个月。股金不限于现金，如米谷杂粮、公债票也可以。"[①]

二、粮食合作社及股票

为粉碎国民党的军事"围剿"，打破其经济封锁，解决根据地军民的粮食给养和供给，以及进一步改善工农群众的生活，消除根据地工业品与农产品价格剪刀差，"党及苏维埃政府必须进行必要的经济建设。合作社运动之开展是这个战线上主要的一环，秋收与粮食收集储藏运动同样是目前的战斗任务。"[②] 为此，中华苏维埃共和国临时中央政府国民经济部于 1933 年 5 月 27 日发出《关于倡办粮食合作社与建立谷仓问题》的训令，要求各地倡办粮食合作社，这是解决工农群众粮食供给的最主要的办法。该训令规定了粮食合作社的性质、任务和作用，指出粮食合作社是集合雇农、贫农、中农以及其他农村中的劳苦群众的股份而成立的，它与消费合作社做粮食零星门市买卖者不同，它的主要任务是在预储大量的粮食，调剂苏区粮食价格的过高或过低，提高农民的生产兴趣，增加生产量，同时反抗富农、奸商的投机剥削和充裕红军以及政府机关的给养，改善劳苦工农群众的日常生活。并要求各地从现在开始，在每一乡成立一个粮食合作社。同时，要求各县国民经济部，帮助和催促各区、乡政府修缮和建造谷仓，供粮食合作社储存粮食之用。[③]

---

① 洪荣昌：《红色票据：中华苏维埃共和国票据文物收藏集锦》，解放军出版社 2009 年版，第 151 页。

② 《我们在经济战线上的火力》，《革命根据地经济史料选编》（上册），江西人民出版社 1986 年版，第 137 页。

③ 《关于倡办粮食合作社与建立谷仓问题》，《红色中华》第 83 期，1933 年 5 月 27 日。

按照临时中央政府及国民经济部的要求，每乡建立一个粮食合作社，全苏区要有入股社员 50 万人，股金 50 万元。这些粮食合作社要能储蓄粮食 30 万石。[①]

粮食合作社由劳苦工农群众自己集股，股金可用钱缴也可用谷缴（扣成钱数），秋收后社员需用钱时，就可将粮食以比市价高些的价钱，卖给合作社，合作社收买的谷子，可以存储一小部分供给来年青黄不接时社员的急需，其余大部分可陆续运到粮价高的地方出卖或出口，这样继续不断地籴进粜出，不但可以扩大资本，而且可以使社员得到很多的盈余。运用这种方法可以调剂市价，使苏区内粮食价格在常年内不至过高或过低。同时可以帮助农民克服粮食缺乏的困难，免去奸商、富农的残酷剥削，工农生活得到更大的改善。因此，1933 年 7 月 4 日，中央政府人民委员会发布《关于倡办粮食合作社问题》的布告，强调组织好粮食合作社，"这是保证群众粮食，巩固苏维埃政权，使革命战争迅速顺利发展的重要工作，绝不准有丝毫的忽视。"[②]

其实，早在根据地创立之初，由于敌人的封锁，奸商的捣乱破坏，工农业产品价格剪刀差现象十分严重。如闽西革命根据地，为了防止剪刀差现象之发展，解决群众基本生活问题，闽西根据地在大力发展由苏维埃政府经营的粮食调剂局的同时，还兴办了由群众集资入股的粮食调剂局，后来改名粮食合作社。如上杭县才溪区在 1930 年就创办了这种类似于粮食合作社的粮食调剂局，它是"由群众募集股金，此种募集不是普遍募集，而是向生活较好的人家募集，每股大洋一元。每乡组织一个调剂局，全区八个局，共有股金 1810 元。"这种群众入股的调剂局，调剂办法是，"每年向群众买进谷米，比私人买的少收二升，如私人每元一斗七升，调剂局只收一斗五升，卖出时，先卖给红军家属，后

---

① 《我们在经济战线上的火力》，《革命根据地经济史料选编》（上册），江西人民出版社 1986 年版，第 140 页。

② 《关于倡办粮食合作社问题》，《革命根据地经济史料选编》（上册），江西人民出版社 1986 年版，第 332—333 页。

卖给困难群众，但群众是否困难，要经过乡代表会调查通过。卖出时，也不照当时市价，仅照买进价格略除耗失。例如买进每元一斗五升，卖出则为一斗四升五合，除去耗失五合。红军家属无钱的，群众特别困难的，可以借给，割禾后照数归还，不取利息。每年收谷出谷工作完后，由乡苏通知群众，举出代表，向调剂局负责人算帐，并发公告。每年秋后收谷子量入谷仓，用乡苏长条标封。春夏出谷一次二次不定，群众需要了，即开仓。由群众购买。大概每年三月插田时与五月青黄不接时，均是出谷时节。"① 自从有了群众入股的粮食调剂局（实际是粮食合作社）后，粮食价格就稳定下来。因此，这种性质的粮食调剂局在闽西、赣南等根据地得到了发展。到 1931 年 4 月，永定县就办了群众集体性质的粮食调剂局 34 个，募集股金 12245 元 5 角。②

在江西省南北部经济建设大会（1933 年 8 月 12 日、20 日）之前，全苏区粮食合作社只有 513 个，社员 112000 人，股金 90000 元。大会之后，根据地粮食合作社发展较快。以瑞金县为例，粮食合作社在 1933 年 8 月以前是很少的，在 8 月以后，社员增加到 6800 人，股金增加到 1900 元。兴国县在大会后的一个月中，粮食合作社社员增加 15000 人；胜利县有粮食合作社社员 12000 人左右。1933 年 8 月，福建省工农民主政府召开第四次扩大会议，决定："为收集大量粮食，完成粮食的调剂及充裕红军粮食，中央决定每乡发展粮食合作社一个，福建发展 10 万个社员，资本 10 万元。"中共湘赣省委于 1933 年 10 月决定，全省建立粮食合作社，要发展 10 万社员、股金 10 万元（每股股金 1 元）。到 1934 年 2 月，中央革命根据地粮食合作社发展情形如下表（闽浙赣省 10 余万社员还不算在内）。③ 在这一时期，闽浙赣根据地贮粮合作社

① 毛泽东：《才溪乡调查》，《毛泽东农村调查文集》，人民出版社 1982 年版，第 346—347 页。

② 《闽西苏维埃政府经济委员会扩大会议决议案》，《革命根据地经济史料选编》（上册），江西人民出版社 1986 年版，第 69 页。

③ 吴亮平："目前苏维埃合作运动的状况和我们的任务"，《斗争》第 56 期，1934 年 4 月 21 日。

吸收了很多的群众，共有 20 余万股，年年分红利给社员。[①]

中央根据地粮食合作社数目

	1933 年 8 月以前	1934 年 2 月
社数（个）	457	10712
社员（人）	102182	243904
股金（元）	94894	242079

此外，在兴国、博生县还先后成立了城市粮食合作社。粮食合作社组织机构比较简单，一般是按照政府系列组织并运行，分别以省、县、区、乡统一印制发行股票。粮食合作社股票存世很少，目前所见有：（1）汀州市工人粮食合作社股票，面额为伍角一种；汀州市调剂粮食合作社股票，面额也为伍角，均为横式版面，有列宁头像，印制比较精美。（2）闽浙赣省贮粮合作社社证，上方横印"贮粮合作社社证"；该证为竖式版面结构，从右至左直书"兹有□□县□□区□□乡□□村□□□同志自愿加入贮粮合作社□□股计谷□□石□□斗特给此为证。"落款为"省贮粮合作总社正主任□□□、副主任□□□"，左边一行直书发行日期："公历一九三三年十二月三日发"。（3）古田乡粮食合作社股票，为竖式横书表格结构，与消费合作社股票类似。上方横书"古田乡粮食合作社股票，第□□号"；中部横书并填写相应内容"社员姓名□□□"、"住址□□□"、"成份□□□"、"家庭人口□□□"、"股数□□□"、"共计股金□□□"；下部横书"管理委员会主任"并加盖个人方形印章，最下边为发行股票的日期。

---

① 革命根据地财政经济史编写组：《革命根据地财政经济史长编——土地革命时期》（下），1978 年，第 1012—1016 页。

三、生产合作社及股票

（一）劳动互助社、犁牛合作社的建立

在革命根据地创建之初，由于各种原因，导致农业生产中出现一些亟待解决的重大问题，其中以劳力不足和耕牛缺乏最为严重。劳力不足主要有两个原因，一是1927年大革命失败后，国民党反动派对革命群众残酷杀戮，直接导致人口大量减少，劳动力严重不足。二是根据地群众纷纷参加红军，大量青壮年脱离农业生产。由于农村劳动力缺乏，农业生产受到极大影响。为组织农业生产，发展根据地经济，解决粮食供应问题，在根据地党和苏维埃政府领导下，各地把农民组织起来，在自愿的基础上实行劳动互助合作。1930年春，才溪乡农民每村组织了一个耕田队。耕田队设队长一名，下设几个耕田小组，每组一般由4、5户农户或7、8户农户自愿结合而成。由队长统筹劳动力，负责劳动力的调剂工作，主要任务是每月由队里安排一定数量的劳动力帮助红军家属耕种田地，同时，也帮助劳动力不足之家。后来扩大为以乡为范围的劳动合作社。调剂方法主要是：优先解决红军家属困难。在一村中劳动力有余之家，帮助不足之家；一乡中，劳动力有余之村帮助不足之村。这种组织耕田队和劳动合作社的做法，有效地解决了劳动力不足的问题，推动了农业生产的发展，才溪乡粮食产量增产了1成。

根据地许多地方缺乏耕牛，一是由于经常受到国民党军队和地主武装的"围剿"和进攻，农民的耕牛多被抢去；二是富农、奸商为谋取利益而将耕牛贩卖到白区去；三是有的地方随意杀牛；四是自然灾害所造成耕牛大量死亡。耕牛对于农业生产非常重要，为了解决耕牛的缺乏，根据地党和苏维埃政府采取了各种措施，如鼓励农民饲养耕牛、禁止随意宰杀耕牛，特别值得一提的是组织耕牛互助和允许租牛，即在农忙季节需要牛力耕田和耕地时，实行耕种互助，牛多的村帮助牛少的村耕田。

根据地农业生产对反"围剿"革命战争和根据地经济建设日显重

要，但随着战争的发展，劳力不足和耕牛缺乏的矛盾更加突出。于是，根据地开展起大规模的农业生产互助合作运动，各地成立了各种形式的生产合作社，如劳动互助社、犁牛社和犁牛合作社。如江西省兴国县1934年2月，劳动互助社只有318个，社员人数15615人；到同年4月，劳动互助社增加到1206个，增长279%，社员人数达22118人，增加了41.6%。瑞金县1933年只有劳动互助社社员1919人，到1934年4月发展到4429人，增加了130.8%。而犁牛合作社具有集体性质，因为"犁牛社所有耕牛和农具，归全体社员所有"。犁牛社的犁牛、农具来源主要有两部分，一是没收地主富农的耕牛农具，分给雇农、贫农及红军家属，这部分是集体所有；二是发动群众入股集资购买耕牛和农具，也是集体性质的资产。此外，发动那些自己有耕牛、农具的人加入合作社。[①] 犁牛合作社的出现，很快得到中央政府的支持和推广，毛泽东曾给予高度评价，他在《长冈乡调查》中指出，解决耕牛不足的方法，"莫妙于领导群众组织犁牛合作社，共同集股买牛。办法是在自愿原则下（经过社员大会同意），每家照分田数每担谷田出谷二升至三升。例如，长冈乡每人分田六担二斗，无牛的一百零九家，平均每家四人，共四百三十六人，分田共二千七百零三担，每担三升得谷八十一担，每担五元得钱四百零五元，以二十元买一牛计，得二十头。每牛耕田八十担，共可耕田一千六百担，对于二千七百零三担，已解决了一大半，明年再出两升，即可完全解决。而租牛每年每担谷田即须出牛租五升。这一办法是石水乡群众提出来的，他们已在实行。我们希望各地都能实行。这不但解决贫苦农民一大困难，对于增加农业生产更有大的意义。"[②] 由于这一办法符合当时农村根据地发展的实际，因此很快就在各地推广开来。以下是中央革命根据地3个县犁牛合作社的发展情况：

---

① 赵效民：《中国革命根据地经济史（1927—1937）》，广东人民出版社1983年版，第184—190页，第310—313页。

② 毛泽东：《长冈乡调查》，《毛泽东农村调查文集》，人民出版社1982年版，第313页。

中央苏区 1934 年上半年犁牛合作社发展情况①

县名	社数（个）	社员人数	股金（元）	耕牛头数
瑞金	37	3638	1539.5	不详
兴国	72	5552	5168	121
长汀	66	不详	不详	143

（二）劳动互助社、犁牛合作社的组织原则

　　1933 年上半年，临时中央政府为了指导各根据地农业生产互助合作运动的健康发展，先后颁布了一系列文告，明确规定了建立劳动互助社、犁牛合作社的原则。（1）加入劳动互助社的对象。按照规定，加入互助社者，以家为单位，凡是农民（贫农、中农）、农业工人及其他有选举权的人，不论男女老幼，都可加入，但地主、富农、资本家以及其他无选举权的，一律不准入社。② 犁牛站的加入对象，以"分得耕牛、农具的雇农、贫农及红军家属等为该犁牛站的基本站员"，而非站员的基本农民群众，如要求加入犁牛站，愿出相当的入站基金（即股金），也可加入；富农及一切阶级异己分子则不让他们加入。③（2）自愿加入，不可强迫命令。《临时中央政府劳动互助社组织纲要》规定，要把互助社的作用，向群众作详细的宣传解释，使每人自愿入社，不得用强迫命令方法。临时中央土地部也强调，犁牛社的创立，一定要在基本农民群众自愿原则之下组织之，苏维埃政府绝对不可强迫命令，只可处在领导与帮助的地位，将它的好处告诉群众，发动群众来组织。④

---

　　① 赵效民：《中国革命根据地经济史（1927—1937）》，广东人民出版社 1983 年版，第 314 页。

　　② 《临时中央政府劳动互助社组织纲要》，《革命根据地经济史料选编》（上册），江西人民出版社 1986 年版，第 261 页。

　　③ 《中央土地部关于组织犁牛站的办法》，《革命根据地经济史料选编》（上册），江西人民出版社 1986 年版，第 240—241 页。

　　④ 《临时中央政府劳动互助社组织纲要》，《革命根据地经济史料选编》（上册），江西人民出版社 1986 年版，第 261 页；《中央土地部关于组织犁牛站的办法》，《革命根据地经济史料选编》（上册），江西人民出版社 1986 年版，第 240 页。

（3）要贯彻互利原则。首先是人工、牛力的调配要相对合理。劳动互助社调剂劳动力的办法，是每个入社的社员须在事先将自己哪一天割禾（或别种工作），需要雇几多人工，要几天完毕，一个月内自己能有几天帮助别人做工等，向互助社委员会报告，由委员会分别登记在簿上，然后统筹安排。人工之分配，互助社委员会应事先做好计划，分成若干小组，经社员大会通过，某组哪几天帮助哪一家，都须当场使大家讨论磋商，不满意便须对调，这是最重要的一件事。分配人工时，必须注意到各个人住处相近，能力技术配合适当，与过去感情关系。同时，须将社员中应帮助红军公田、红军家属耕田的人工一并计算在内，做个调剂，并须先与耕田队长商定红军公田及红军家属耕田的时间，按时调社员前去工作。犁牛站所备耕牛、农具，归全体站员公有。每个站员都有借犁牛站的耕牛、农具之权。但每人所借期限和数量多少一定要分配均匀。① 其次是劳动报酬的计算要合理。社员按照委员会之分配，帮助其他社员做工时，应照工计算工资，请其他社员来帮助时，也须照工资计算。"互助社工资多少，须按照各地生活程度与往年习惯斟酌增减，由社员大会多数决定之，不能过高，也不能过低，须兼顾到雇农、贫农、中农各方面的利益，但社员对社外做工时，仍按照时价，不受本社限制。"同时规定，"这个工资应按照各人的工作能力与技术的高低分别规定，不能死板一律规定，致使能力强者，反而不愿意入社，但高低、差别不能过大。"在结算工资时，"如某人应补出多少，即应交钱，但确实无钱者，可准其照价交谷，由互助社向调剂局设法卖钱，其应补出工少而银谷两无或不够者，在社员同意之下，可准其以后帮别人做工，将工资扣抵。"② 再次是对租金的规定要合理。对"那些自己有耕牛、

---

① 《临时中央政府劳动互助社组织纲要》，《革命根据地经济史料选编》（上册），江西人民出版社1986年版，第261—263页；《中央土地部关于组织犁牛站的办法》，《革命根据地经济史料选编》（上册），江西人民出版社1986年版，第240页。
② 《临时中央政府劳动互助社组织纲要》，《革命根据地经济史料选编》（上册），江西人民出版社1986年版，第262页。

农具的人加入合作社，给他以相当的租金，用互助两利的办法，来解决
贫苦农民缺乏耕牛、农具的问题。"① 同时，对"每个借犁牛站的耕牛、
农具的站员，一定要出相当租钱，为供给耕牛饲料和修理农具以及津贴
管理者相当经费的用处。"② 上述原则的贯彻和实施，一定程度上推动
了劳动互助组、犁牛合作社的建立和发展。

（三）手工业合作社的发展和股票的发行

1. 手工合作社的发展

"一苏大"（即中华工农兵苏维埃第一次全国代表大会的简称，下
同）前，由于根据地不稳定，手工业合作社发展较慢。如闽西根据地
永定县，从 1929 年到 1931 年 4 月，仅创办手工合作社 4 个，基金只有
628 元。在赣西南、湘赣、湘鄂西等根据地也建立了少数几个手工生产
合作社。但这些合作社并非群众投资入股建立起来的，主要是由苏维埃
政府投资或没收来的。"一苏大"之后，各根据地苏维埃政府把发展手
工业合作社当作发展苏区经济的重要措施，并总结过去组织手工业生产
合作社的经验教训，研究制定了促进手工业合作社发展的政策和措施。
1933 年 8 月江西南、北部经济建设大会后，各根据地手工业合作社发
展迅速，成绩显著。中央苏区在 1933 年 8 月以前，手工业生产合作社
只有 76 个，社员 9276 人，股金 29351 元；到 1934 年 2 月，手工业生产
合作社发展到 176 个，社员增加到 32761 人，股金达 58552 元。③ 其他
根据地手工业生产合作社发展也较快，到 1933 年 12 月，闽浙赣苏区手
工业生产合作社已发展到了 50 多个。④

---

① 《中央土地部关于组织犁牛站的办法》，《红色中华》第 57 期，1933 年 3 月 3 日。
② 《中央土地部关于组织犁牛合作社的训令》，《革命根据地经济史料选编》（上册），江西
人民出版社 1986 年版，第 242—243 页。
③ 吴亮平："目前苏维埃合作运动的状况和我们的任务"，《斗争》第 56 期，1934 年 4 月 21
日。
④ 《闽浙赣苏区的近况》，《红色中华》第 139 期，1934 年 1 月 1 日。

2. 手工业生产合作社的组织原则

临时中央政府于 1932 年 4 月发布了《关于合作社暂行组织条例》，对包括手工业生产合作社在内的合作社组织原则作出了明确规定。（1）符合创办手工业合作社的条件，并经批准领证，才能开始营业。按照规定，手工业生产合作社之社员，不仅兼股东，并且是该社的直接消费者，不合此原则者，不得称为合作社；同时规定，凡组织手工业生产合作社，须先将办社章程、股本、社员人数和营业项目等向当地苏维埃政府报告，经县政府审查登记后，领取合作社证书，才能开始营业。（2）社员入股金额和股数。社员必须先交纳股金才能入股，本社股金定每股大洋一元，以劳动力为单位，其一个参加生产的劳动力愿入数股者听便。每个社员其入股的数目不能超过 10 股。有的地方每股金额是一元，有的地方是五角，但最多不能超过 5 元，以防止少数人之操纵。（3）实行民主管理，社员大会是其最高权力机关，一切重大问题均须经过社员大会讨论。社员大会须有三分之二以上社员出席，才能开会。社员大会选举、罢免和处理管理委员和审查委员，任期为 3 个月，可连选连任；制定或修改本社章程及办事细则；决定工资及工作时间；通过或开除社员。凡交足股金参加生产之社员，均有选举权、被选举权、表决权，但每一社员不论入股多少，均以一权为限。四是盈利分配原则。每期纯利，除酌提若干为常务委员会及职员之奖励金外，以百分之五十为公积金，百分之二十为办社员公共事业费（如文化教育等），以百分之三十照社员人数平均分配。[①]

3. 手工业生产合作社发行的股票

按照《生产合作社标准章程》规定，手工业生产合作社社员须入股交纳股金，凡交足股金之社员由本社发给股票。同时还规定，本社股

[①] 《生产合作社标准章程》，《革命根据地经济史料选编》（上册），江西人民出版社 1986 年版，第 264—267 页；赵效民：《中国革命根据地经济史（1927—1937）》，广东人民出版社 1983 年版，第 352—353 页。

票概用记名式，盖上本社图记，由管理委员会主任签名盖章。社员如欲转让其股于继承人时，须该继承人仍愿参加本社生产者，方能许可。股票如有遗失，应先报告管理委员会挂失，一面登报声明作废后，再向本社请求补发新股票。① 由此可知，手工业生产合作社是发行股票的。发行的股票种类比较多，如纸业生产合作社股票、刨烟生产合作社股票、铁业生产合作社股票、耕牛合作社股票、织布生产合作社股票等等。如闽赣省纸业合作社发行的股票，面额有壹元、伍角共2种。股票正面中央为列宁头像，票面顶部横书"发展苏区生产"；列宁头像左右分别印"壹"、"圆"；左右两边空白处直书"股票"；列宁头像下面第一行横印本股票的编号"××字第××号"，第二行为发行股票的日期："一九三×年×月×日"，最底部一行横书"闽赣省纸业合作社"。股票背面从左至右直印发展合作社的口号："扩大合作社股金，是为着发展纸业生产，改善工农生活。工农劳苦群众，热烈的购买推销合作社股票，扩大合作社组织，发展纸业生产。"②

此外，刨烟合作社股票、列宁书局股票、苦力运输合作社股票、铁业生产合作社股票与纸业生产合作社股票版面结构类似，都为横式版面，正面都有列宁头像，有的股票除列宁头像外还有马克思头像。面额有壹元、伍角两种。犁牛合作社和药业合作社股票版面结构比较简单，为竖式表格，股票上部横印"××县××区××合作社股票"、"第××号"；股票中部6行分别横印"股东（或社员）姓名□□□"、"住址□□□"、"成份□□□"、"家庭人口□□"、"股数□□"、"共计股金□□□"；下部横书"管理委员会主任"，签名并加盖个人方形印章，最下边为发行股票的日期。犁牛合作社和药业合

① 《生产合作社标准章程》，《革命根据地经济史料选编》（上册），江西人民出版社1986年版，第264—265页。
② 洪荣昌：《红色票据：中华苏维埃共和国票据文物收藏集锦》，解放军出版社2009年版，第128—131页。

作社股票均为大洋伍角一股。①

四、银行类股票

土地革命时期，我党领导的各根据地都先后建立了银行和信用合作社等金融机构。这些银行及信用合作社大多数都发行了股票。

（一）大革命时期最早的农民股份制银行尝试：浏东平民银行

20 世纪 20 年代，中国共产党领导的农民运动风起云涌，湖南、湖北、江西、河南等省成为农民运动的重点地区，各地建立了众多的农民协会组织，各农民协会组织农民开展反高额地租、反高利借贷等经济斗争。1926 年 12 月，湖南省第一次农民代表大会召开，在制定了有关田赋、地租、取缔高利贷政策的同时，大会还通过了《金融问题决议案》和《农民银行决议案》。根据这两个决议案的要求，湖南浏阳县 6 个区的农民协会，提出"请求政府设立农民银行，以最低利息贷给农民"，联合组建了浏东平民银行。浏东平民银行章程规定，银行股份总额定为 6 万元，10 元为正股，1 元为另股；6 个区各认 1000 正股。银行规定，各区自行制定发行股份的章程，为保障农民群众对银行的控股权，不准富绅多投资操纵股份，私人投资入股以 1 正股为限，不得多认购。从这些规定中可以看出，浏东平民银行是一家股份制银行，尽管它还未来得及发行实物股票，就因农民协会惨遭国民党反动派的镇压而被迫解散，但它却为后来中共领导的红色根据地创建股份制银行提供了借鉴。②

---

① 洪荣昌：《红色票据：中华苏维埃共和国票据文物收藏集锦》，解放军出版社 2009 年版，第 135—136 页。

② 罗红："红色根据地发行的股票和债券"，《文史杂志》1998 年第 4 期；许树信：《中国革命根据地货币史纲》，中国金融出版社 2008 年版，第 13—14 页。

(二) 闽西工农银行股票

为粉碎国民党的军事围剿和经济封锁，为发展根据地经济提供金融支撑，实现低利借贷，1930 年 9 月，闽西苏维埃政府在龙岩召开第二次闽西苏维埃代表大会，决定设立闽西工农银行，并发布《关于设立闽西工农银行》的布告。闽西苏维埃政府规定银行资本二十万元，分二十万股股金，以大洋为单位，收现金不收纸币，旧银器每两扣大洋陆角，金器照时价推算，限期九月内募足。要求各级政府、各工会、各部队组织募股委员会，县委员会 5 人，区委员会 3 人，各工会、各部队 3 人至 5 人。除向工农群众募股外，规定各合作社每资本百元至少要认购银行股票 10 元；粮食调剂局每资本百元至少要认购银行股票 20 元；各级政府、各工会及各机关工作人员，每人至少应买股票一元。闽西苏维埃政府要求各级政府广泛宣传，动员全闽西根据地群众踊跃入股。

闽西苏维埃政府制定并颁布了《闽西工农银行章程》，对银行的名称、地点、任务、经营范围、资本、股本、利息及分红等作了明确规定。银行的资本总定额为 20 万元，分作 20 万股，每股 1 元，一次收清。股票采用无记名式，分 1 股一张、5 股一张、10 股一张共 3 种。放款利息月利 0.6%，定期存款半年以上者，月利 0.45%，活期存款 0.3%，每一周年复利一次。银行赢利，按 2∶2∶6 的比例，以利润的 20% 作公积金，20% 奖励工作人员，60% 归股东按股分红。闽西工农银行是土地革命时期根据地中最早建立的股份制银行，它不仅成功地发行了股票，而且由于运营比较规范、植根于劳动群众而受到闽西根据地群众的支持。[①] 1931 年 6 月 23 日，闽西苏维埃政府发布《关于扩大工农银行股金》的通知，决定扩大工农银行股金，由各乡再募股 2 万元。这

---

① 《关于设立闽西工农银行》，《革命根据地经济史料选编》（上册），江西人民出版社 1986 年版，第 359—360 页；罗红："红色根据地发行的股票和债券"，《文史杂志》1998 年第 4 期，第 46 页。

次扩大股金可向富农、商家募集。① 闽西工农银行以"调剂金融，保存现金，发展社会经济，实行低利借贷"为己任，积极发行股票，广泛吸纳民间闲散资金，不仅有力地推动了闽西根据地的经济建设，而且为日后筹建苏维埃国家银行提供了宝贵经验。

目前所见该银行发行的股票很少，只有面额壹元 1 股的一种，股票正面上方左右两角上分别印"壹"、"股"，股票顶部分别为列宁、马克思头像；头像下弧形书写"闽西工农银行股票"；中部横印"农字第×××号"；下部横书"壹圆"，股票底部边缘花纹空白处横书"一九三一年×月×日给"。股票正面左边直书"闽西工农银行行长盖印"并加盖行长方形印章；右边直书股票说明"一、本股票不得在市面流通买卖；二、凭票向本银行支领应得红利。"股票下方是分 6 期支付的红利券，共 6 张，每张上附印"凭票照付第×期红利"。

闽西工农银行在正式开始营业前，为募集股金就发行过收据，到银行正式营业时可凭收据换正式股票。此种股金收据有壹圆、贰圆、伍圆共 3 种。收据上方第一行横书"闽西工农银行股金收据"，第二行印有收据编号；中部横书"今收到股金计大洋××，合给收据俟本行开幕后再换正式股票。此据"；下部横书"代收人×××"，并加盖印章；底部为发放收据的日期"一九三×年×月×日"。

（三）闽浙赣省苏维埃银行股票

1. 闽浙赣省苏维埃银行的成立

闽浙赣革命根据地，是在以方志敏、邵式平、黄道为领导的赣东北党组织，在领导和发动了弋阳、横峰武装起义后，建立了在弋横革命根据地基础上发展起来的一块重要的革命根据地，它是土地革命战争时期全国六大红色区域之一，是中央革命根据地的东北屏障，在全国苏维埃

---

① 《关于扩大工农银行股金》，《革命根据地经济史料选编》（上册），江西人民出版社 1986 年版，第 364—366 页。

运动史上有很重要的地位。闽浙赣省苏维埃银行是随着闽浙赣革命根据地的扩大而发展起来的。它大体上经历了三个发展阶段：

第一阶段是成立赣东北特区贫民银行。1930 年信江苏维埃政府专门召开了会议，研究成立银行问题，决定由省财委主席邵忠负责筹建"信江苏维埃贫民银行"，并核定银行基金 20 万元，其中现洋 16 万元由财委保管，另准许银行印发纸币 4 万元。1930 年 7 月，由于形势的急剧变化和赣东北革命委员会的成立，原来已着手筹建的"信江苏维埃贫民银行"的牌子还未挂出来，就改称为"赣东北特区贫民银行"。1930年 10 月 16 日，赣东北特区贫民银行在弋阳县芳家墩成立，并先后向工农群众集股 1 万元左右。[①]

第二阶段是成立赣东北省苏维埃银行。1931 年 7 月，赣东北省苏维埃政府建立后，赣东北特区贫民银行于 1931 年 9 月退还了群众的股金，改建为赣东北省苏维埃银行。1931 年底，经报请赣东北省苏维埃政府批准，在闽北成立了"赣东北省苏维埃银行闽北分行"。为扩大银行基金，闽北分行于 1932 年初首先在崇安各区乡开展招募银行股金工作，每股银元 1 元，由行长徐福元署名签发入股收据，以后还逐渐将这项工作扩展至根据地以外的区域。在闽北分行资金得到充实的同时，赣东北省苏维埃银行的业务活动范围进一步扩大，形成了横贯闽赣，网络相连，服务于革命战争，支持工农业生产和促进苏区经济发展的金融体系。[②]

第三阶段是改称闽浙赣省苏维埃银行。1932 年 12 月 11 日，赣东北省苏维埃政府改为闽浙赣省苏维埃政府。赣东北省改建为闽浙赣省后，赣东北省苏维埃银行于 1932 年 12 月改称为闽浙赣省苏维埃银行。闽浙赣省苏维埃银行的发展壮大极大地支援了苏区的经济建设。

① 张书成：《闽浙赣革命根据地货币史》，中国金融出版社 1996 年版，第 28 页。
② 张书成：《闽浙赣革命根据地货币史》，中国金融出版社 1996 年版，第 49—58 页。

2. 为扩充银行基金，发行银行股票

在赣东北根据地创立之初，由于开辟新的苏区，靠打土豪筹款，加上红军常常获得胜利，能缴获不少财物款项，所以当时苏维埃财政还算充裕，红军部队和苏维埃政府工作人员能按时领取生活费用。到了1931年，依靠打土豪这种单一的筹款方式，能筹措的款项越来越少，而且由于红军队伍规模不断扩大，苏维埃政府工作人员也越来越多，财政支出数额巨大，常常是入不敷出，赣东北省苏维埃政府财政收支失衡，财政问题日益严重。正如《赣东北特委报告》所述，"财政的困绌，将成为东北苏维埃一个严重的问题。"赣东北特区贫民银行在成立之初，由省苏财政部拨给银行20万元基金，到1932年1月时，"该行基金只有3千余元。"①省苏财政实力明显薄弱。为保障红军和苏维埃政府的供给和给养，满足根据地人民生产和生活需要，省苏维埃政府决定充裕省苏财力，大力发展苏区经济。为此，首先必须扩充闽浙赣省苏维埃银行基金，壮大银行实力。闽浙赣省苏维埃政府在1933年3月召开的全省第二次工农兵代表大会上提出："要鼓励群众向银行入股与储蓄，以扩充银行发行基金，以保障和提高银行钞票的信用。"②这表明扩充银行基金，增强苏维埃政府的财力，已迫在眉睫。但是，由于当时正处在第五次反"围剿"前夕，红军作战经费支出巨大，省苏银行基金及发行纸币大多用于财政支出，于是扩充银行基金就显得更为急迫。

1933年9月，全省支部书记联席会议及第一次全省贫农团代表大会作出决定，要求闽浙赣省苏维埃政府财政部添招银行股票10万元，以扩大银行基金，发展苏区经济，并认为这是当时经济动员最中心的工作之一。省苏维埃政府接受了大会请求，除通令各级苏维埃政府财政机关立即进行充分的准备工作外，并向根据地广大群众发出在9月、10

① 《中共赣东北省委关于财政问题向中央的报告》，《闽浙皖赣革命根据地》（上册），中共党史出版社1991年版，第407页。
② 《红色中华》第136期，1933年12月12日。

月、11 月三个月积极向银行入股的号召。为了顺利实施这次银行招股
工作，闽浙赣省苏维埃政府成立了专门的招股委员会来组织群众入
股。① 根据省苏维埃政府的指示，省苏银行"实行股票发行和付息的规
定，采取群众自愿集股，每股 1 元，每张一股，共印 100 万张。股票放
在银行，由财政部下达任务和进行调拨，各县、乡认购，数量不定，自
由认股。股息周年 6 厘计算，年终结账，凭股票领取股息。这样，群众
踊跃入股，有的人认股多达二三十股，有的同志没有现洋就用谷子折
投，50 斤一股。短短 3 个月，群众节约资金入股十几万元。"② 除了根
据地群众集资入股外，闽浙赣省苏维埃政府也出钱入股 10 万元。从此，
闽浙赣省苏维埃银行的基金得到了相当的充实，为巩固、提高银行货币
信誉和支持闽浙赣根据地经济建设、保障红军给养奠定了一定基础。

目前所见闽浙赣省苏维埃银行发行的股票，面额仅壹圆一种。股票
上方两行横书"闽浙赣省苏维埃银行"，中部直书"壹圆股票" 4 个
字，并盖有"闽浙赣省苏维埃银行"印章；右、左两侧分别直书"本
银行股息周年 6 厘计算每年年终结账营业盈余除开支费用及股"、"息
外所有纯净红利照股分派次年一月凭票领取一九三三年×月发"。股票
下方为从 1933 年至 1942 的 10 张股息、红利票，每年 1 张。股息、红
利票从右至左直书"凭票领取一九××年股息和红利"。

（四）湘赣省工农银行股票

1. 成立湘赣省工农银行

1931 年，湘赣革命根据地创建以后，为了发展根据地经济，帮助
工农贫民兴办公共生产及各种合作社，统一货币制度，1931 年 10 月，
湘赣省党的第一次代表大会决定成立工农银行，由省苏维埃政府组织筹

---

① 张书成：《闽浙赣革命根据地货币史》，中国金融出版社 1996 年版，第 114—115 页。
② 谢文清：《赣东北苏区的经济建设》，《闽浙皖赣革命根据地》（下册），中共党史出版社
1991 年版，第 74 页。

备工作，决定筹款 10 万元作为银行的基金，其中由苏维埃政府拨付基金 4 万元，向群众和团体集股 6 万元。1931 年 12 月，工农银行筹备委员会制订了《中华苏维埃共和国湘赣省工农银行暂行简章》，提请省苏维埃政府财政部批准颁布施行。《简章》对银行集股、借贷、储蓄、汇兑、出入息金、盈余金等事项作出明确规定，是工农银行开展各项业务的基础。依据此章程，工农银行明确了自己的五大工作任务：（1）统一货币制度，调剂银钱价目，以防止富农、奸商、反革命的操纵。（2）实行低利借贷，抵制富农、银庄、奸商的高利盘剥，利于工农贫民发展各种生产事业，以及开办各种合作社。（3）统一票币出入，防止金银外溢，方便群众交易。（4）吸纳群众及各革命团体的闲散资金，得到储蓄稳固，源源生息的便利。（5）汇兑款项，方便群众资金往来。1932 年 1 月 15 日，经批准，中华苏维埃共和国湘赣省工农银行在永新县城正式成立并营业。①

2. 湘赣省工农银行扩股

省工农银行开业以后，各级苏维埃政府进一步加强了对苏区群众的宣传工作，号召群众踊跃集股，充裕银行基金。为便于群众集资入股，"省工农银行统一印制了三联股票，每股一元，以县为单位编号发行，并规定股票不挂失，不许涂改，不准典当买卖，不能作货币流通。"在集股中，根据地各级党组织发挥了模范带头作用。"一九三二年中共安福县委在二、三月的工作计划中，要求支部以上党部到工农银行去入股，支部 1 元，区委 5 元，县委 10 元；同时要求各级党组织鼓励党员个人、群众团体把自己的金银和银元拿去银行入股。"由于根据地各级党组织和苏维埃政府积极号召群众集资入股，取得了相当不错的成绩。特别是永新县，"利用召开群众大会的机会一次鼓动群众集股 2000 股上下，茶陵县用这种方法也集到 800 股（群众占 1/3）。"② 当然在集股工

---

① 罗开华、罗贤福：《湘赣革命根据地货币史》，中国金融出版社 1992 年版，第 27—30 页。
② 罗开华、罗贤福：《湘赣革命根据地货币史》，中国金融出版社 1992 年版，第 31 页。

作中，各地也出现了一些问题，主要是由于宣传工作做得不到位，在萍乡、宁冈等地发生了强迫群众集股的现象，集股工作未取得好的效果。

到1932年上半年止，工农银行在群众中赢得了较好的信誉，群众集股达2万元左右。1932年8月26日，湘赣省工农银行举行了第一次全省股员代表大会，决定扩充2万元股金，以适应经济形势发展的需要。但是，由于当时反"围剿"战争开始，加上之前群众大多已经把闲散资金投入到各种合作社，因此银行扩股工作进展缓慢。尽管如此，到1932年底，省工农银行基金和股金价值仍达6万元[1]，为各项业务的开展打下了一定的基础。

3. 湘赣省工农银行改为国家银行湘赣省分行

1933年1月15日，根据苏区中央局的指示，湘赣省苏维埃政府将湘赣省工农银行改为中华苏维埃共和国国家银行湘赣省分行。改名后的国家银行湘赣省分行除名称与原来不同外，其创办宗旨、内部职能机构、银行职员、办公地点、行长等基本上与原来相同。例如，关于创办国家银行湘赣省分行的目的，1933年1月5日的《湘赣省工农银行经理委员会营业报告书》指出：它的营业，"目的不是图多赚钱，而是为着发展苏区经济，提高工农生活，发展革命战争，以及打击富农奸商一切操纵垄断为主旨，所以他的一切工作进行，是要为代表工农利益，帮助革命战争而奋斗。"[2] 具体工作仍由经理委员会负责。不同的是银行在接受省苏维埃政府委托办理国家分库事宜后，相应增设金柜科、岁入事务科、岁出事务科等机构。湘赣省工农银行是1932年1月15日经批准正式成立的。其实，早在湘赣省工农银行成立后半个月，即1932年1月30日，苏区中央局就作出了"湘赣革命根据地的工农银行要成为国家银行湘赣省分行"的指示，为什么省苏维埃政府没有立即执行这一指示，而是在湘赣省工农银行运行一年后才改名为"中华苏维埃共

① 罗开华、罗贤福：《湘赣革命根据地货币史》，中国金融出版社1992年版，第32页。
② 罗开华、罗贤福：《湘赣革命根据地货币史》，中国金融出版社1992年版，第158页。

和国国家银行湘赣省分行"？主要有三方面原因：其一是苏区中央局来
信滞后。湘赣省工农银行成立并正式营业在前，苏区中央局这封《给
湘赣省委的信》在湘赣省工农银行已正式营业半个月后才到。该银行
的开办除苏维埃政府拨付部分基金外，主要是依靠根据地群众集股办起
来的。如果在正式营业半个月后就改为中华苏维埃共和国国家银行湘赣
省分行，唯恐在广大群众中产生不良影响，群众心理上难以接受。其二
是为了遵照执行《中华苏维埃共和国湘赣省工农银行暂行简章》，维护
银行信誉。1931年12月，经省苏维埃政府批准颁布施行的《中华苏维
埃共和国湘赣省工农银行暂行简章》规定：群众入股的息金和赢利分
红要在银行营业一年，到年终结算后一次性发给。如果采取改名并立即
退还私股的做法，势必失去工农银行信誉，会给银行后来工作的开展增
加难度。其三是为了积累办银行的经验。在根据地创办银行，对苏区党
和苏维埃政府来说是一项全新的挑战，没有任何经验可供借鉴。湘赣省
工农银行在一年的实践中取得了不错的成绩，积累了不少办金融的经验
和教训。为了总结经验并征求集资入股群众对银行工作的意见和建议，
至少应有一年的时间才行。基于上述原因，湘赣省工农银行一直运行到
1933年1月15日，才改为中华苏维埃共和国国家银行湘赣省分行。[①]
该银行成立一周年之际，又分别在各县召开了股员代表大会，报告了银
行的运行情况，并按照当初银行暂行章程规定，向股员发放了股息和红
利，"每股可以分得一角三、四分红息"[②]。

4. 中华苏维埃共和国国家银行湘赣省分行扩充股金

在1933年1月，当湘赣省苏维埃政府按照苏区中央局的指示将湘
赣省工农银行改建为国家银行湘赣省分行时，曾决定将私人股份退出。
在《湘赣省苏党团给省委及中央的报告》中曾提到："工农银行成立已

① 罗开华、罗贤福：《湘赣革命根据地货币史》，中国金融出版社1992年版，第69—71页。
② 《湘赣省苏党团给省委及中央的报告》（1933年2月10日），罗开华、罗贤福：《湘赣革命根据地货币史》，中国金融出版社1992年版，第172页。

经一周年了，定于 1 月 15 日分红发息，每股可以分得一角三、四分红息，并决定改为国家分行，私人股份概行退出，以便国家谋利。"① 由于当时正处于反"围剿"战争最激烈的时期，根据地苏维埃政府的某些工作特别是财政工作被忽视了，财政经济工作没有很好地开展起来，财源拮据，财政困难。年初制定的土地税、营业税、土豪罚没款等收入计划，因各种原因在具体执行中都未能按计划完成；财政收入不得不依靠政府发行公债来解决。在这种情况下，国家银行湘赣省分行当时的迫切任务就是集中资金，支持政府财政。如果按照上级指示，将省工农银行改建为国家银行湘赣省分行并退还私人股份，势必减少银行的基金和财力，显然有悖于当时苏维埃政府的财政情况，这是一方面。另一方面，当初省工农银行成立之初，省苏政府计划筹集 10 万元基金，其中苏维埃政府拨付 4 万元，群众集股 6 万元。但是，由于种种原因，特别是集股工作做得不深入，只筹集团体股金 2 万元。为扩大银行财力，在省工农银行改名为国家银行湘赣省分行之时，省苏维埃政府根据当时的实际情况作了策略上的转变，即不退还私股，并且仍根据 1932 年 8 月省工农银行第一次全省股员代表会议扩充 2 万元股金的计划，要求根据地各级政府以开展政治运动的方式，在群众中广泛宣传动员，完成扩股任务。② 1933 年 1 月 5 日，工农银行经理委员会就号召根据地民众加大集资入股力度："望我全体股员，……领导广大工农劳苦群众，热烈集股加入银行，储蓄银钱到银行来，以扩大其财力，更大量的来负担他的伟大任务，这是于银行的前途和我们的利益，具有伟大意义。"③ 1933 年 2 月，国家银行湘赣省分行继续扩股。省苏维埃政府通过开展纪念京汉铁路工人大罢工十周年活动，在根据地内号召广大群众向银行集资入

---

① 《湘赣省苏党团给省委及中央的报告》（1933 年 2 月 10 日），罗开华、罗贤福：《湘赣革命根据地货币史》，中国金融出版社 1992 年版，第 172 页。

② 姜宏业：《中国地方银行史》，湖南出版社 1991 年版，第 705 页。

③ 《湘赣省工农银行经理委员会营业报告书》（1933 年 1 月 5 日），《湘赣革命根据地货币史》，中国金融出版社 1992 年版，第 159 页。

股。同年 2 月，共青团分宜县委号召广大团员青年，没有入股的自动去银行入股；过去入了股的继续入股，以完成扩充银行股金数目的任务。①然而，由于种种因素制约，这次扩股没有取得预期效果。

5. 湘赣省工农银行股票

湘赣省工农银行发行的股票为三联：股票联、股金收据联、存根联，股票由银行印制，分发至湘赣根据地内各县，各县自行编号发出。目前所见为记名式股票，1 元 1 股一张，为竖式版面，上方两行横书"湘赣省工农银行"、"股票"；票面从右至左直书，右边第一行为股票编号及成员姓名。从第二行开始直书"兹有××县第×区第×乡苏维埃政府第××村同志×××愿加入本银行为股员，出具股本银洋壹圆正，按照本银行简章的规定得算合为壹股，其股本金当即收足，另立收据为证。自入股之后，在出股之前，即为正式股员，得依照本银行简章享受盈利和负起责任，其股本息金，得照本银行简章的规定，每年终结算发给一次，如果本银行获得赢利时，股员得依照本银行简章享受盈余金，特发给股票，交股员执照。"然后直书股员必须遵守的股票条例，规定每股金 1 元折为 1 股，股票不准买卖典当，不能作货币流通；股票概不挂失，不许涂改。如有不遵守条例者，即剥夺其股员资格。②

（五）苏维埃国家银行湘鄂赣省分行股票

1. 创建湘鄂赣省工农银行

湘鄂赣革命根据地处于湘、鄂、赣三省边缘地区，是第二次国内革命战争时期我党领导的重要农村根据地之一。1931 年 7 月，遵照中共中央的指示，成立了中共湘鄂赣省委；同年 9 月成立了湘鄂赣省工农兵

---

① 罗开华、罗贤福：《湘赣革命根据地货币史》，中国金融出版社 1992 年版，第 88—89 页。
② 洪荣昌：《红色票据：中华苏维埃共和国票据文物收藏集锦》，解放军出版社 2009 年版，第 161 页。

苏维埃政府。自此，原来由湖南、湖北两省委分别领导的湘鄂赣边境苏区和鄂东南苏区统一由湘鄂赣省领导。湘鄂赣边境苏区是湘鄂赣革命根据地的中心，而鄂东南苏区是根据地内相对独立的行政单位，后成立湘鄂赣省鄂东南办事处和湘鄂赣省鄂东南苏维埃政府。在湘鄂赣省苏维埃政府成立之前，湘鄂赣根据地内各县区就建立了工农银行，如1930年11月成立平江县工农银行，1931年1月成立浏阳工农银行、万载县工农兵银行，1931年8月宜春县工农兵银行成立。在此期间还相继组建了鄂东南工农银行、鄂东农民银行、鄂东工农银行、鄂东南工农兵银行、通城县工农兵银行、武宁县工农兵银行等等。可以说，湘鄂赣根据地是土地革命战争时期全国苏维埃区域建立工农银行最多的一个苏区。湘鄂赣省苏维埃政府成立后，为了统一全省的金融机构，1931年11月，省苏维埃政府颁发布告，宣布正式成立湘鄂赣工农银行。成立省工农银行的宗旨是为了发展苏区经济、粉碎敌人对根据地的经济封锁。省工农银行的主要职责是"加强金融管理，统一票币发行，积极聚集资金，开展低利借贷"等。在省工农银行成立后，此前成立的各县区工农银行均改建为分行，统一纳入省工农银行的领导。[①]

2. 筹建苏维埃国家银行湘鄂赣省分行并发行股票

1931年11月，中华工农兵苏维埃第一次全国代表大会通过的《关于经济政策的决议案》指出："为着实行统一币制并帮助全体劳苦群众起见，苏维埃应开办工农银行，并在苏维埃区域内设立分行，这个银行有发行货币之特权。"[②] 1932年2月，中华苏维埃共和国国家银行正式成立。同年4月和6月，湘鄂赣省苏维埃政府分别筹建中华苏维埃共和国国家银行湘鄂赣省分行、国家银行湘鄂赣省鄂东南分行。按照省苏维埃政府的筹建计划，这两个分行的基金主要来自两部分，一是由苏维埃

---

① 姜宏业：《中国地方银行史》，湖南出版社1991年版，第695—697页。
② 中国社科院经济研究所中国现代经济史组：《革命根据地经济史料选编》，江西人民出版社1986年版，第84页。

政府拨付一部分，二是发动苏区群众集资入股。尽管国家银行湘鄂赣省分行及鄂东南分行尚处于筹建阶段，但须先开展集股工作。股票的发行工作，先由省苏有关部门印制"中华苏维埃共和国国家银行湘鄂赣省分行股票"，经统一编号后分发到苏区各地，再由集股经办单位填发给入股人收执。国家银行湘鄂赣省分行集股具有维护群众利益的明显特点：第一，从入股金额大小规定看，"每大洋1元为一大股，大洋5角为一小股"，这就使广大贫苦大众都有机会向银行入股。第二，从股员权利的规定看，"每一股员不论入股多少，开股员代表会或其他会议时，只有一条票权"，这体现了股员权利的平等。第三，从享受股息、红利规定看，"每年每大洋1元，给息金洋6分"，并能按股分享银行的盈余金；"息金和盈余金，每年度发给一次"。

中华苏维埃共和国国家银行湘鄂赣省分行发行的股票，目前所见仅5角一种，为竖式版面。票面图案设计为上小下大的梯形线框，上方梯形内从右全左两行横书"中华苏维埃共和国国家银行"、"湘鄂赣省分行股票"。股票票面从右至左直书"省字第××号，股金大洋伍角整，行长×××，经手人王从庭，右给王从庭股员收执。系赣省铜鼓县幽居区柏树乡人，公历一九三二年×月×日"。在票面左侧年份边上加盖了印章，印文为"中华苏维埃共和国国家银行湘鄂赣省分行"。在股票背面，附印具有条例性质的"股员注意"共8项。全文如下：1. 每大洋一元为一大股，大洋伍角为一小股。2. 每一股员不论入股多少，开股员代表会或其他会议时，只有一条票权。3. 每股股金缴齐时，即发给银行股票一纸。4. 每年每大洋1元，给息金洋6分。5. 息金和盈余金，每年度发给一次。6. 领取息金和盈余金时，须持股票作证。7. 股票如经涂改，字迹不清者，作为废票。8. 股票须妥慎保存，不挂遗失。

到1932年底，发给各县区的银行股票10万份，计划集股5至10万元。国家银行湘鄂赣省鄂东南分行，计划由鄂东南苏维埃政府筹集5万元、群众集资入股5万元作为银行基金。但是，1933年1月，国民党对我根据地发动了第四次军事"围剿"，这次反"围剿"战争非常激

烈。除了对根据地的大举进攻，国民党还对苏区实行经济封锁。为了粉
碎敌人的进攻，红军规模不断扩大，苏区的经济、部队的粮食给养和军
费都异常困难。湘鄂赣苏区财政金融部门主要围绕反"围剿"战争，
为解决红军部队给养而筹措军费，因此，银行的集股工作进展迟缓或说
根本无法开展，这是一方面。另一方面，当时湘鄂赣省苏维埃政府筹建
国家银行湘鄂赣省分行和鄂东南分行的主要措施和步骤是：第一，为了
树立国家银行的信誉，必须在完全回收原省工农银行和鄂东南工农银行
发行的货币后，即取消原工农银行的名义，才能建立国家银行湘鄂赣省
分行和鄂东南分行。第二，各级苏维埃政府一边发动群众集股，一边回
收工农银行纸币。在三个月后，完全收回工农银行发行的纸币之时，即
成立国家银行湘鄂赣省分行和鄂东南分行。但是，由于各种原因，三
个月后原工农银行发行的纸币仍未能如期收清，工农银行的工作不能
结束，国家银行湘鄂赣省分行和鄂东南分行就无从创建，一直处于集
股筹建阶段。因此，国家银行湘鄂赣省分行及鄂东南分行始终未见正
式成立，原来制定的集股计划也未实现。但如前所述，在筹建国家银
行湘鄂赣省分行及鄂东南分行时就已经开始集股工作，所以在1932
年9月至1933年3、4月间已出现以国家银行湘鄂赣省分行名义而发
行的股票。

（六）信用合作社股票

1. 信用合作社的建立

信用合作社是由根据地群众集资入股组织起来的金融机构，它吸收
存款，同时经营放款、贴现、代理发行公债票等业务，为工农大众提供
生产和商业资金，是土地革命时期苏维埃银行的得力助手。毛泽东同志
早在1927年就指出："合作社，特别是消费、贩卖、信用三种合作社，
确是农民所需要的。他们买进货物要受商人的剥削，卖出农产要受商人
的勒抑，钱米借贷要受重利盘剥者的剥削，他们很迫切地要解决这三个

问题。"① 在土地革命时期，信用合作社最早在闽西革命根据地建立。1930 年 3 月 25 日，闽西第一次工农兵代表大会提出，"各地尽量宣传合作社作用，普遍发展各种合作社组织。有乡合作社的地方，要进一步组织区或县合作社。政府经常召集合作社办事人开会，讨论合作社进行方法。"会议特别强调，要"普遍发展信用合作社组织，以吸收乡村存款"②。随后，信用合作社在闽西革命根据地有所发展。1931 年 4 月 25 日，闽西苏维埃政府经济委员会召开扩大会议并作出决议案，该决议案肯定了永定县在建立合作社方面所取得的成绩：永定县共建立信用合作社 9 个，群众集资入股形成的基金共有 10528 元。同时，要求进一步发展信用合作社。③

2. 信用合作社的缓慢发展

1931 年 11 月中华苏维埃临时中央政府成立后，多次发布文告，阐明信用合作社的性质和任务，指出建立信用合作社，是发展苏维埃经济的一个主要方式，为"便利工农群众经济周转和借贷，以抵制私人的高利剥削"，是"保障工农劳苦群众利益的有力武器"。同时规定，信用合作社是专门管理社员金融之借贷及储存的机关，它一方面吸收群众存款，并向国家银行取得款项帮助；另一方面借款给需要用钱的工人、农民，并借给他们发展工农业生产与商业流通的资本，使工农群众不再受到无处借钱、资本缺乏及因无钱用而贱价出卖产品的困难。苏维埃政府在提倡发展信用合作社的同时，还从经济上支持信用合作的发展。如1933 年 7 月，临时中央政府决定在发行的 300 万元经济建设公债中，计划拿出"100 万元用于帮助合作社的发展，其中分配于粮食合作社及消

---

① 毛泽东：《湖南农民运动考察报告》，《毛泽东文集》（第一卷），人民出版社 1991 年版，第 40 页。

② 《经济政策决议案》，《革命根据地经济史料选编》（上册），江西人民出版社 1986 年版，第 50 页。

③ 《闽西苏维埃政府经济委员会扩大会议决议案》（1931 年 4 月 25 日），《革命根据地经济史料选编》（上册），江西人民出版社 1986 年版，第 69 页。

费合作社的各 30 万元，分配于信用合作社及生产合作社的各 20 万元"①。为进一步扩充信用合作社股金，临时中央政府国民经济部 1934 年 5 月决定，群众可以用手里购买的公债票向信用合作社入股，并"特许各地信用合作社吸收此项债票向各地银行抵押借款"②。

在苏区党组织和苏维埃政府支持下，根据地信用合作社有了一定发展，从原来闽西一个根据地发展到江西省、湘鄂西、湘赣省等革命根据地。如 1933 年 11 月，湘赣省第三次党代表大会作出决议，指出信用合作社是由群众集股开办，专门管理社员的信贷及存储工作，有利于为湘赣革命根据地集中更多的闲散资金，方便社员低息借贷，是银行的有力助手。大会要求各地在大力组织生产、消费、粮食合作社的同时，要抓紧创办信用合作社。当时安福县八个区的群众向信用合作社集股，每股一元，股金达 1500 元。③ 然而，同其他合作社如粮食合作社、消费合作社相比，信用合作社的发展是比较缓慢的。信用合作社发展迟缓的主要原因在于当时战争形势不断恶化，根据地人民的经济负担过重，除了纳税、买公债，借谷给红军外，他们还要向生产合作社、消费合作社、粮食合作社投资入股，因此，根本没有能力再挤出钱来向信用合作社入股了。

3. 闽西根据地永定县、兆征县信用合作社股票

1930 年 4 月，闽西苏区永定县第一区信用合作社发行的股票是目前发现的苏维埃政府最早发行的股票。据记载，"永定第一区信用合作社，1930 年春成立于湖雷（市），资金预定五千元，以募股方式筹集，每股一元，由群众中募集和指定商店认股，总共募集了三千余元的股

---

① 吴亮平：《全体工农群众及红色战士热烈拥护并推销三百万经济建设公债》，《红色中华》第 96 期，1933 年 7 月 26 日。
② 赵效民：《中国革命根据地经济史（1927—1937）》，广东人民出版社 1983 年版，第 479 页。
③ 罗开华、罗贤福：《湘赣革命根据地货币史》，中国金融出版社 1992 年版，第 89 页。

金，群众募集了百分之四十，商店认购了百分之六十。"① 该合作社发行的这张股票为竖式版面，上部是股票冠名：最上方从左至右弧形书写"永定县第一区信用合作社"，其下面横书"股票"。在"股"与"票"中间是一个地球图案，上面书写"世界大同"。在地球上方是两面交叉的象征苏维埃政权的红旗。股票是表格形式，横书"姓名□□□"、"住址□□□"、"年龄□□□"、"职业□□□"、"股数伍股"、"股金大洋伍元整"、"入股期第一期"、"给票（日期）1930 年 4 月 30 日"。底部一行为"给票经手人"（盖章）。

1934 年兆征县信用合作社发行了贰股一张的股票。股票为竖式版面。股票上方第一行从左至右横书"兆征县"；第二行从左至右弧形书写"信用合作社股票"；第三行为股票编号。股票中间直书"贰股"，并加盖"兆征县信用合作社股票"印章。左右两侧分别直书"管理委员会主任"（并加盖印章）、"社员□□□收执"。下部横书"每股壹圆"，底部一行为发行股票日期"1934 年 9 月 18 日"。

信用合作社除了发行股票外，还发行了临时股金收据。如，1930 年 4 月，永定县第六区信用合作社发行过股金收据，可能是信用合作社在筹集群众股金时，临时发给股员作为入股的凭证，待信用合作社正式营业时，凭股金收据到信用合作社换回正式股票。这张收据是竖式版面，收据边缘盖有永定县第六区信用合作社印章。收据从右至左直书"兹收到×××缴来信用合作社股金大洋×圆正，此据"。落款为"永定县第六区信用合作社经收人"（签章）。最左侧一行是发行日期"一九三○年四月拾四日"。1934 年 7 月，兴国县信用合作社发给入股社员临时收据，目前发现两张，也是竖式版面。第一张收据上方梯形线框，里面两行从右至左分别横书"兴国县信用合作社"、"临时收据"。收据正文从右至左直书"今收到竹字第××号，××同志交来股金贰股，

---

① 《赖祖烈回忆》（1979），转引自刘敬扬："永定第三区信用合作社流通票"，《福州大学学报》（哲学社会科学版）2004 年第 4 期，第 76 页。

金额公债，所收是实。此据"。落款是"区信用合作社经手人"（签章）。左边一行直书发给收据的日期："公历一九三四年七月十五日给"。第二张是长方形竖式版面，顶部小长方形内从右至左两行分别横书"兴国县信用合作社"、"临时收据"；收据全文也是从右至左分行直书"今收到浒字第 137 号"、"余定森同志股金国币伍角正给此为凭"、"以后即凭此收据换取正式股票"。落款为"兴国县信用合作社筹备委员会主任"（签章）、"经手人"（签章）。收据左侧为发行收据的日期："公历一九三四年七月十三日"。

此外，兆征县信用合作社一九三四年也发行过临时收据。目前所发现这张临时收据为竖式版面，上方为一等腰梯形线框，梯形线框顶部横书"××字第××号"，梯形内从左至右横印"兆征县信用合作社临时收据"。收据正文从右至左直书"今收到兆征县××区××乡××村××同志加入信用合作社股金大洋壹元正此据"。落款为"兆征县信用合作社筹备委员会主任"（盖章）、"经手人"（盖章）。收据左下角处直书日期"一九三四年八月十九日"。在收据右侧第一行"今收到"三个字下方，印有 6 位阿拉伯数字编号。

第二节　抗日根据地合作社股票

抗日战争时期，共产党领导的敌后抗日根据地和解放区民主政府，开展大规模的生产合作运动，成立了各种形式的合作社并发行了股票，为打破严重的物质困难、坚持持久抗战奠定了物质基础。

一、合作社组织再度兴起的原因

在土地革命时期，中国共产党曾领导苏区军民开展互助合作运动，最早可追溯到 1929 年福建上杭县才溪乡创建的劳动互助社，随后各根据地创建的合作社有劳动互助合作社、粮食合作社、消费合作社、信用合作社等。抗日战争时期，特别是 1941—1943 年期间，在日、伪对我敌后抗日根据地进行疯狂扫荡的同时，国民党顽固派对解放区进行包围封锁和进攻。由于日、伪、顽的夹攻，加上华北地区连年发生的严重的水、旱、虫等自然灾害，抗日根据地和解放区陷入极端严重的困境。在这生死攸关的时候，我党清醒地认识到，为了粉碎日寇、伪军、国民党顽固派对抗日根据地的封锁，缓解根据地的财政经济困难，为夺取抗战的胜利奠定物质基础，必须领导根据地广大军民开展生产自救活动。1942 年 12 月，在陕甘宁边区高级干部会议上，毛泽东作了《经济问题和财政问题》的报告，提出了"发展经济，保障供给"的经济工作和财政工作的总方针；指出了延安南区合作社式的道路，就是边区合作社事业的道路。1943 年 10 月，还是在陕甘宁边区高级干部会议上，毛泽东作了《论合作社》的报告，全面论述了革命根据地合作社的性质及意义，指出发展经济的重要方法是通过合作运动来发展农业生产和其他方面的经济，为根据地合作事业的发展进一步指明了方向。1943 年 11 月，在陕甘宁边区第一届劳模代表大会和边区生产展览会上，毛泽东作了《组织起来》的讲演，号召根据地军民"组织起来"，开展大规模的大生产运动，要求"把一切老百姓的力量、部队机关学校的力量、一切男女老少的全劳动力半劳动力，凡是有可能的，就要毫无例外地动员起来，组织起来，成为一支劳动大军"。而把群众组织起来开展经济自救活动的最重要的方式，就是发展合作社；"发展生产的中心环节是组织劳动力，要求各地在自愿和等价的原则下使广大农民普遍开展劳动互助。"①

正是在党的一系列方针的正确引导下，根据地军民认识到，合作社经济是根据地、解放区重要的经济形式之一；合作社能把有限的力量和

---

① 《毛泽东选集》（第三卷），人民出版社 1991 年版，第 77 页。

生产资料集中利用，发挥集体优势，提高劳动生产效率。只有通过发展
多种形式的合作社，才能发展根据地公私经济，克服敌后抗日根据地的
财政经济困难。更为重要的是，这种合作社，是生产资料个人私有和集
体使用相结合的经济制度，"农民参加了这种新的劳动互助，他们仍旧
保存着各人的土地、耕畜、生产工具和各种财产的私有权，但是在进行
生产的时候却是把他们的人力、畜力以至工具几家合作起来进行集体的
劳动，这就是建筑在个体经济基础上的集体劳动。这是一种新型的农民
生产合作社。"① 这种合作社，是以农民个人占有生产资料为基础的合
作社，而不是集体所有制的合作社。当时毛泽东明确指出："我们的经
济是新民主主义的，我们的合作社目前还是建立在个体经济基础上
（私有财产基础上）的集体劳动组织。"② 也就是说，加入合作社后，在
保证原有私人财产不受到侵犯的基础上，还可以解决自身劳动力或生产
资料不足的问题，这是吸引广大农民加入生产合作社的关键所在，因此
很快受到大多数人的支持和响应。到 1943 年，陕甘宁边区有完全劳动
力共 338760 个，参加劳动合作社的共 81128 个，占 24%。到 1944 年，
晋察冀边区参加合作社的劳动力达 23 万人，占整个劳动力的 28% 还
多。③ 到 1945 年，晋绥边区共组织大型合作社 285 个，共有社员 63275
人，共有资本金 6.3 亿元；同时各村庄还组织了各种小型的变工合作
社，仅 1944 年全边区发展到 777 个，拥有社员 46226 人，共有入股资
金 347677450 元。④ 抗日根据地合作社的发展对于活跃根据地农村经济，
促进根据地生产自救发挥了积极的作用。

① 陕甘宁边区财政经济史编写组：《边区的农业劳动互助》，《抗日战争时期陕甘宁边区财政经济史料摘编》（第二编），陕西人民出版社 1981 年版，第 485 页。
② 《毛泽东选集》（第三卷），人民出版社 1991 年版，第 931 页。
③ 史敬棠等：《中国农业合作化运动史料》（上册），北京三联书店 1957 年版，第 257、311 页。
④ 晋绥边区财政经济史编写组、山西省档案馆：《晋绥边区财政经济史资料选编》（工业编），山西人民出版社 1986 年版，第 396 页。

二、根据地合作社的组织原则

第一，要以个体经济为基础，即建立在私人财产基础之上，以私有股份或私有制为基础，而不能以公有股或公有制为基础。

1939 年以前，根据地许多地方民主政府与陕甘宁边区一样，曾经实行过以公股为基础的公营性质的股份合作社，未能充分调动农民生产积极性，合作社没有起到应有的作用。在《经济问题与财政问题》一文中，毛泽东针对陕甘宁边区公营性质的合作社进行了客观的分析并给予了明确的批判和否定。他分析指出："一九三九年以前，各地合作社以公家的股金为基础，再加上同群众摊派而得的股金，这时候是带着公营性质的，多成为县、区政府的公营商店。合作社的事业不是面向群众，而主要的是面向政府，替政府解决经费，一切问题由政府解决。一九三九年后，提出了'合作社群众化'的口号；但各地仍多用旧方式在群众中去扩大摊派股金，来推行其所谓'群众化'。因此合作社仍被群众认为是摊派负担，而不被认为是群众自己的。合作社的人员，仍然是和公务人员一样，要群众优工代耕。群众看不到合作社对自己有多大利益，反而增加了群众的劳力负担。由于一九四〇年以后各地政府生产自给任务的增加，于是有许多合作社的大股东不是人民而是政府机关，合作社对群众利益自然更加无法多去照顾了。"这是公营官办合作社带来的弊端，群众得不到好处，自然就不感兴趣也没有积极性可言。但是延安南区的合作社是以群众的私人股份为基础的，由于是群众自己作主并极大地照顾群众利益，深受群众拥护和支持，产生了积极的效果。毛泽东对此给予了充分的肯定，他指出："只在一九四二年一月，建设厅根据延安南区合作社的经验，提出'克服包办代替，实行民办官助'的方针，各地合作社才从实现这一方针中，取消了摊派入股的方式，摸索地创造着和群众密切联系，和群众利害相关的经验。这样，仅仅在十个月中，股金即突增五百余万，事业也发展了。在组织人民的经济力量、减免中间剥削与发展人民经济上，起了相当大的作用。""只有到了这个阶段，边区合作事业才一般地开始走上了正轨。"毛泽东对于延安南区以私有财产为基础的合作社的肯定和表扬，对公营合作社的批判和否定，清楚地表明，只有建立以个人或私有股份为基础的合作社，才能使入股群众成为合作社的主人，才能照顾群众利益，也才能得到人民群众的拥护和支持。所以他指出，延安南区合作社成为真正被群众所拥护的合作社的模范，"南区合作社式的道路，就是边区合作社事业发展的正确道路；发展南区合作社式的合作运动，就是发展边区人民经济的重要工作之一。"① 因此，在 1943 年 11 月，在《组织起来》的演讲中，毛泽东再次强调抗日根据地合作社的所有制性质，是以农民个人占有生产资料为基础的合作社，他指出："我们的经济是新民主主义的，我们的合作社目前还是建立在个体经济基础上（私有财产基础上）的集体劳动组织。"② 因此，合作社必须以私有制为基础才能建立起来，正如 1944 年 7 月《西北局关于贯彻合作社联席会决议的决定》所指出的：合作社是在私有财产基础上各阶层人民大众联合经营的经济的、文化的、卫生的、社会公益事业的组织，是目前我们组织人民生产，实现耕三余一，全面自给，丰衣足食的基本形式，是全面的经济、文化建设的杠杆。③

第二，确定了在合作社中坚持自愿、互助互利和民主管理原则。

坚持自愿原则，即群众加入合作社要他们自己自愿，不能强迫他们加入；加入何种合作社、入股多少等也要自愿，不可强制摊派入股。在合作社中，社员与社员，社员与合作社之间，要互相帮助、互惠互利，社员要能从合作社中得到实惠，在经济上得到改善，并能借助合作社弥补劳力和生产资料的不足，能正常发展生产，这是吸引群众入社的关键。民主管理意味着由合作社及其社员当家作主，管理本社事务，决定

---

① 毛泽东：《经济问题与财政问题》，《毛泽东同志论经济问题与财政问题》，中国人民解放军政治学院训练部图书资料馆编印，1960 年 5 月，第 90—93 页。

② 毛泽东：《组织起来》，《毛泽东选集》（第三卷），人民出版社 1991 年版，第 931 页。

③ "西北局关于贯彻合作社联席会决议的决定"，《解放日报》，1944 年 7 月 9 日。

经营方向，并能自主处理合作社的盈利分红等事宜。1941年7月，山东抗日根据地民主政府提出："发展各种合作社，使合作事业变成为群众性的组织，其目的在于发展农村经济，改善人民生活，反对合作社官社化包办制和垄断发财主义等不良倾向。"① 1944年7月，陕甘宁边区合作社联席会议明确指出："合作社是自由的民主的。"这表现在什么地方呢？表现在自由入股，自由退股，股金不限制，按股分红，按期结算，一个社员一个表决权，合作社主任由社员大会或者是由代表大会选举，合作社的业务方针是由社员来决定。② 会议通过《陕甘宁边区合作社联席会议决议》，决定："一、社员选举主任，主任不称职，社员有撤换之权。二、民主公议社务，社务有毛病，社员有批评之权。三、入社自由，出社自由，入股自由，退股自由。四、按期算帐，按期公布，按期分红，按股分红。五、社员一律平等，不论股金大小，都有选举权、表决权。"③

第三，规定了合作社的形式灵活多样。

首先，合作社的种类具有多样性，涉及人民群众生活的各方面，不仅经营消费事业，还经营供销、运输、生产、信贷等项事业，这样不仅有消费合作社，还有供销合作、运输合作（如运盐队）、生产合作、手工业合作和信用合作等各种合作社。其次，社员资格也比较灵活，不限制社员入社资格，各阶层人民都可加入，机关社团也可加入。再次，入股方式的灵活多样，可以用现金入股，也可以用有价证券如公债券、储蓄票入股，还可以实物如粮食、牲畜、柴草甚至以劳动力入股。④

---

① 艾楚南：《四年来山东财政经济建设的成绩和努力的方向》，《革命根据地经济史料选编》（中册），江西人民出版社1986年版，第88页。

② 高自立：《合作社联席会议总结报告》，《抗日战争时期陕甘宁边区财政经济史料摘编·第七编·互助合作》，陕西人民出版社1981年版，第67页。

③ 《陕甘宁边区合作社联席会议决议》，《抗日战争时期陕甘宁边区财政经济史料摘编·第七编·互助合作》，陕西人民出版社1981年版，第75页。

④ 毛泽东：《经济问题与财政问题》，《毛泽东同志论经济问题与财政问题》，中国人民解放军政治学院训练部图书资料馆编印，1960年5月，第91页。

第四，明确规定了合作社要坚持公私两利或公私兼顾的原则。

抗日根据地合作社的建立，为坚持持久抗战并取得抗战胜利奠定了物质基础。因为合作社的发展对抗战经济的支持，特别是对粮食布匹的支持是非常明显和重要的。为了进行革命，必须要有一定规模的军队和必要的地方政府机关、学校和医院工作人员，解决他们的供给问题需要大批的钱粮。为了减轻根据地人民负担，我党和根据地民主政府采取了一些行之有效的措施，如精兵简政、发展公营经济，号召并动员部队、地方机关、学校开展大生产运动，取得了显著成绩。以陕甘宁边区为例，1943年，仅延安就生产6000石细粮；1944年，边区政府直属机关生产总额达28800余石，机关经费自给达51%；中共中央直属机关生产总额达64000石，自给达65.6%。[1]毛泽东曾引以自豪地说："一九四一年和一九四二年两年中，军队和机关学校因自己动手而获得解决的部分，占了整个需要的大部分。这是中国历史上从来未有的奇迹，这是我们不可征服的物质基础。"尽管根据地开展经济自救，发展农业生产、公营经济，但是在粮食供应方面始终依靠根据地群众的支持。正如毛泽东曾经指出的：我们要发展公营经济，但是我们不要忘记人民给我们帮助的重要性。人民给了我们粮食吃，我们公营农业中的粮食生产一项，还是很微弱的，我们在粮食方面主要还是依靠老百姓。但是我们一方面取之于民，一方面就要使人民经济有所增长，有所补充。这就是对人民的农业、畜牧业、手工业、盐业和商业，采取帮助其发展的适当步骤和办法，使人民有所失同时又有所得，并且使所得大于所失。[2]这一精神贯穿在我党领导的合作社发展过程的始终。由于合作社能帮助根据地群众解决生产和生活方面的困难，推动发展了人民经济，改善了群众生活，粮食生产、手工业和商业得到极大发展，一方面为支持抗战提供了物质基础，另一方面，群众还能从合作社的盈利中分得股红和盈余，由

---

① 李占才：《中国新民主主义经济史》，安徽教育出版社1990年版，第205页。

② 毛泽东：《抗日时期的经济问题和财政问题》，《毛泽东选集》（第三卷），人民出版社1991年版，第893—894页。

此体现了合作社公私两利。正如毛泽东在总结南区合作社经验中指出的："它以公私两利的方针，作为沟通政府与人民经济的桥梁，经过合作社，一方面贯彻政府的财政经济政策；一方面又调剂人民的负担使其更加合理化，增加了人民的收入，提高了人民的积极性，使政府、合作社、人民三者公私的利益，个人与集体的利益，密切地结合起来。"①

三、根据地合作社的发展及发行的股票

根据地合作社有消费合作社、生产合作社、运输合作社、手工业合作社和信用合作社等多种形式。由于党实行正确的方针和政策，1942年开始，根据地各级民主政府对已有的各种合作社进行清理整顿，贯彻"克服包办代替，实行民办官助"的方针，合作社事业开始走上正轨，合作社发展取得显著成效。以陕甘宁边区为例，1941年到1942年，该区消费合作社数量由155个增加到207个，增加33.6%；股金由1362384元增加到9346875元，增加6倍；生产合作社也由34个单位增加到50个单位，增加47.1%，资金由103200元增加到2491600元，增加23倍。1943年至1944年6月，一年半来，合作社社数由207社增至435社，增加了一倍多；社员由15万人增至245884人，增加了64%；股金由9346876元增至138800多万元，资金有21亿元。在21亿元资产中，消费仅7亿元，占1/3，而运输、生产、信用、医药等占2/3，改变了过去消费占优势，甚至占压倒优势的局面，这不仅是量上而且也是质上的进步。"这个发展超过了过去八年成绩的一倍，可以说是空前未有的成绩"。1944年7月至抗战胜利，边区合作社社数由一九四四年的691个减少为370个，社员由26万降为15万，股金由25亿变为32亿（因货币贬价）。从表面上看，合作社的数量大大减少了，但质量有所

① 毛泽东：《经济问题与财政问题》，《毛泽东同志论经济问题与财政问题》，中国人民解放军政治学院训练部图书资料馆编印，1960年5月，第92页。

改进，即在大发展中一些质量上确实不好为群众不满的合作社解散了，较差的合作社因整顿改造而站稳了脚跟。在整顿中实行了分红、退股、清理股票，不强迫摊派股金，挽回了一些极坏合作社在群众中丧失了的威信。[①] 陕甘宁边区1937—1945年7月合作社发展概况如下表：[②]

1937—1945年7月陕甘宁边区合作社发展概况统计

年份	社数（个）	社员（人）	股金（边币元）
1937	142	57847	55225
1938	107	66707	75629
1939	115	82885	125848
1940	132	123297	332943
1941	155	140018	1632384
1942	207	143721	9340276
1943	260	150000	170000000
1944.3	634	182878	733918403
1944	691	245866	440266800
1945.7	882	265777	3890869948

注：1944.3为该年3月份；1945.7为该年7月数据。

其他抗日根据地合作社发展也较为迅速。以晋察冀边区冀中区为例，从1939年9月到1942年5月，合作社的发展共分三个时间段，该区有近一半人口都参加了合作社，其经营管理也很有成绩。1940年5月至7月的短短三个月中，合作社营业额达2300余万元，盈余达390余万元，每一股分红超过原股金，因此获得广大群众的拥护。合作社发展情况如下表：

---

① 《抗日战争时期边区合作社的新发展》，《抗日战争时期陕甘宁边区财政经济史料摘编·第七编·互助合作》，陕西人民出版社1981年版，第81—84页。
② 《抗日战争时期边区合作社的新发展》，《抗日战争时期陕甘宁边区财政经济史料摘编·第七编·互助合作》，陕西人民出版社1981年版，第86、199页。

1939 年 9 月—1942 年 5 月冀中区合作社发展情况

	1939.9—1940.4	1940.5—1940.7	1940.7—1942.5
社数	2529	3338	4037
社员	553356	1130000	2059084
股金（元）	661051	2725560	7021472

1943 年以后，晋察冀边区的合作事业有了突飞猛进的发展。边区合作社 1944 年至 1945 年的情况如下表：

1944 年—1945 年晋察冀边区合作社发展情况

时间	社数（个）	社员（人）	股金（元）
1944	3819	688478	37718548
1945	7410	1128819	138263603

从上表可看出，边区合作社发展迅猛，仅从 1944 年到 1945 年，合作社的个数、社员数、股金分别增长 94%、64%、267%。[①]

各根据地的合作社中，也包括一定数目的各种工业、手工业生产合作社。如陕甘宁边区，到 1945 年 7 月，各种工业和手工业合作社增加到 253 个，社员达 2920 人，股金 45000 万元，月产值 43750 万元，成为边区工业生产的一支重要力量。又如山东抗日根据地，仅胶东区 1945 年就有纺织合作社 740 处、缫丝合作社 740 处、油业合作社 40 处、渔盐业合作社 20 处、农具合作社 18 处，[②] 等等。

各抗日根据地信用合作社也有较快发展。如太行区陵川平城，到 1946 年建立了一个全区性的信用合作社，社员达到 4171 户，社员集资入社股金达到 274.15 万元。[③]

上述抗日根据地合作社有多种，常见的有消费合作社、生产合作社、粮食合作社、供销合作社、信用合作社等，它们都是采用集股的方

---

① 张洪祥：《论抗日战争时期晋察冀边区的合作事业》，《抗日根据地的财政经济》，中国财政经济出版社 1987 年版，第 195—203 页。

② 李占才：《中国新民主主义经济史》，安徽教育出版社 1990 年版，第 221—222 页，226 页。

③ 李占才：《中国新民主主义经济史》，安徽教育出版社 1990 年版，第 235 页。

式筹集资金并发行股票。合作社股票面额较小，一般为1元，也有5角、5元和10元的票面。中共中央财政经济部1939年颁发的《各抗日根据地合作社暂行条例示范草案》（以下简称《草案》）第四章第二十条规定：“在同一边区内社股金额须一律一元，少则认购一股，至多不得超过股金总额的百分之二十，但选举、表决等限每人一权，不得按股份多少计算。”社员购买合作社股票，既可用现金购买股票，也可用实物如粮食、棉花、布匹、山货、羊皮等农产品或土特产折价入股，甚至可以劳动力入股，即由合作社组织的某种生产，如采药、割草、打核桃、搞运输等，有劳力的参加赚了钱，以其中一部分入股。《草案》第四章第二十四条规定：“社员之股金须一次交清，并由合作社立即发给股票，但有随时继续入股权”；第二十五条规定：“社员认购社股除现金外可以粮食或土产等折价代付股款。”① 根据中共中央财政经济部《草案》，各根据地对合作社股票管理作出统一、明确规定：合作社股票如赠予他人或因本人死亡由亲属承继时，均应向合作社履行登记与换票手续；社员转股须先经合作社同意并在会计年度终了时办理转让手续。合作社股息不得超过月利一分，如无盈余时概不发给；还规定合作社股票为有价证券，得为债务之抵押品。关于合作社股息和红利，必须是在合作社有盈余的基础上才能进行分配，上述《草案》第五章“盈余”对此有专门规定条款，第三十一条规定：“合作社暂定每年为一个会计年度（结算一次），期间为每年元月底及十二月底。”第三十二条规定：“合作社之盈余除弥补亏损及付息外，其余按下列比例分配之：（一）公积金30%，为准备弥补合作社之损失，应存于银行、信用合作社或贸易局，不得随便动用，亦不得请求分配。但如超过股金总额时可由社员大会决议提出五分之一或十分之一投于其他企业中。（二）公益金10%，为举办当地经济建设、文化教育等公益事业之用。（三）救济

---

① 《抗日战争时期陕甘宁边区财政经济史料摘编·第七编·互助合作》，陕西人民出版社1981年版，第517页。

金5%，为救济抗属及贫苦社员之用。（四）奖励金5%，作为奖励全体工作人员及救济贫苦工人与职员之用。（五）红利50%，按股分配之。"①

上述各种合作社发行的股票，由于战争年代条件十分艰苦，所发行的股票，纸张、印刷质量都比较差，能保存至今的甚少，只在某些博物馆中偶尔能见几张，或者民间股票收藏者手里偶尔收藏。笔者在交艺网上寻找到一张山东抗日根据地胶东军区油业部1944年临时发行的股票。该股票为记名复式竖式版面，股票由四页组成。第一页为正面或封面，上部第一行从左至右横书"股票"，第二行从左至右横书"有限责任"，第三行从左至右弧形书写"荣成县俚岛油业合作社"。中间两行分别横书"社员姓名＿＿＿＿性别＿＿＿"，"籍贯＿＿＿"，并在上面加盖"胶东军区油业部临时发行"方形紫色印章；下面两行横书"社章"（加盖印章）、"常务理事章"（加盖印章），底部为填发股票日期"中华民国33年4月1日填发"。股票第二页为"注意事项"，共8条，从右至左竖式书写："一、资本，本社社员股金为无定额。二、股票，每个社员发股票一张，可按社章规定日期添股退股。三、本社股票概为记名式。四、股票应由社员保存，不准假借外人。五、股票转让必须经过社方同意，方可更换新股票。六、股票概不准涂抹损坏，坏者作废。七、社员凭股票领取股红。八、本社股票概不准抵押借款，如有遗失损坏由入股人声明发给新股票收股票费"。第三页为登记表格，有登记日期"×年×月×日"，登记内容有"入股款数"、"退股款数"、"结余款数"、"经手人戳"。第四页为"分红率"、"分红款数"、分红日期等内容登记。②

---

① 《抗日战争时期陕甘宁边区财政经济史料摘编·第七编·互助合作》，陕西人民出版社1981年版，第518页。

② http：//shanzuoren. artronmore. net/g_ works_ list. php？WorkCode = 1766928&WorkClass PersonId = 17516#showPic.

四、根据地合作社在抗日战争中的历史作用

抗日根据地合作社的发展改善了根据地军民的生产和生活条件，推动了根据地的经济建设，对于活跃根据地农村经济、促进根据地生产自救、支持持久抗战起了很大的作用。

（一）合作社的发展推动了根据地经济建设，打破了敌人的经济封锁，为夺取抗日战争胜利奠定了一定的物质基础

1. 合作社生产的大批物资，不仅从根本上解决了根据地军民的日常所需，而且成为对敌进行经济斗争、粉碎敌伪经济封锁的有力武器

首先，通过建立合作社，有利于根据地实行战时物资统制。1944年12月1日，苏中行政公署《关于加强货币斗争与贸易管理的指示》指出贸易管理的基本方针，"则为切实掌握根据地物资，严格执行以货易货，有计划地进行敌我区间的物资交换和根据地之间的物资交流，打破敌人的经济封锁和掠夺，达到调剂供求，平衡物价，发展生产的目的"。而根据地的主要物资为粮食、盐、棉、猪、油、酒等。如果物资为我切实掌控，此时即可主动输出物资、增加输入，就能有力调剂供求，平衡物价。因此，"切实掌握根据地主要物资，就成为对敌经济斗争胜败的关键。"如何才能掌握这些主要物资呢？"第一，必须通过合作社的形式，把广大群众的经济力量（主要是物资）组织起来；第二，严格贸易统制，加强物资管理；第三，必须正确掌握贸易管理和货币斗争的几个基本原则，三者缺一不可。但其中最基本的条件是群众性合作社的组织。"① 通过组织合作社，切实掌握根据地主要物资，实行以货易货，达到打击、驱逐伪币的目的；同时，利用合作社收购粮食、棉布、油、猪等重要物资，就基本上控制了根据地市场，控制进出口贸

---

① 中共江苏省委党史工作委员会等：《苏中抗日根据地》，中共党史资料出版社1990年版，第325—326页。

易，实现对重要物资的统制。

其次，通过发展各种合作社，能够打破敌人对根据地的经济封锁。日本侵略军不仅对我抗日根据地进行疯狂的军事进攻，并且对我根据地实行严密的经济封锁。比如，通过发行伪钞，套购我根据地物资并扰乱根据地金融秩序；封锁边区，严格禁止军需日用生活品流入根据地，企图从经济上窒息根据地，最终消灭共产党领导的抗日武装力量。建立和发展合作社的首要目的，就是实行对敌经济斗争，动员根据地军民开展生产自救，解决军需民用，以支持长久抗战。通过建立合作社，把根据地群众分散的人力、资金集中起来，形成一定生产规模，实行统一生产和销售，不仅能提高劳动生产效率，而且通过互助合作还解决了群众劳力、资金不足的问题，同时还能分红，调动了广大人民群众的生产积极性。以纺织业为例，晋绥边区 1941 年纺织合作社织布的产量为 170084匹，1942 年增长为 225580 匹，1943 年为 313634 匹，1944 年增长为607830 匹。[①] 陕甘宁边区到 1942 年组织纺织合作社 27 个，平均月产平布 1170 匹，线毡 590 条，毛巾 346 打，洋袜 704 打；1943 年，织布合作社增加到 37 个，织机 179 架，生产大布 6000 匹。在纺织合作社的带动下，陕甘宁边区的民间纺织手工业发展迅速，1942 年陕甘宁边区已有纺妇 75000 人，纺车 68000 架，织工 13000 人，织机 12000 架，织布50000 大匹；1943 年纺妇人数达 133457 人，纺车 120255 架，纺纱417852 公斤，织布数量达 63334 大匹，占边区棉布产量的半数以上。在山东抗日根据地，到 1945 年全边区通过合作社组织的纺织业有纺车720735 辆，织机 106227 张，共生产大布 1251837 匹。通过合作社带动发展起来的手工纺织业，基本上解决了根据地军民所需要的纱布。1943年，胶东和鲁中区军民所需布匹，达到全部能够自给；到 1945 年，山东抗日根据地除鲁南区民用布匹只能自给一半（军队所用布匹全部自

---

① 晋绥边区财政经济史编写组、山西省档案馆：《晋绥边区财政经济史资料选编》（工业编），山西人民出版社 1986 年版，第 36 页。

给）外，其余各区都已做到军民所需布匹全部自给。① 在华中抗日根据
地，皖南缝衣合作社仅 1940 年冬季就为部队生产棉衣近万套，为团以
上领导干部生产大衣近 1000 件，帽子 6000 多顶，绑腿带 2000 余副，
子弹袋上千条②，这些军需物资及时送到前方抗日将士手中，为他们解
决了过冬御寒的问题。凡八路军、新四军每到一处，合作社就组织生
产，供应生活用品和军需物资，不仅供应布匹、棉花，还生产枪支、弹
药、地雷等，边区所需要的文具、纸张、油、盐、煤等基本上能做到自
给外，有的还行销外地，对打破日寇的经济封锁和保障军需民用起到了
巨大的作用。再以陕甘宁边区为例，由于组织合作社生产各种物资，
1941 年布匹、纸张、煤和石油能部分解决边区军民所需；到 1942 年，
纺织和造纸工具已能够全部自制，纸张已够满足印刷书报所需。到
1944 年，火柴能全部自给，石油和肥皂不但能自给，还能接济前方和
邻近地区；纸张能满足全区需要的一半，布匹能自给全边区需要的三分
之一。③

　　通过手工业合作社生产的大批物资，不仅解决了根据地军民的军需
民用，还可以通过各种方法向敌占区出口，换回根据地必需的紧缺物
资。如在华中根据地，淮南、淮北两地区卷烟合作社发展很迅速，产量
不仅足够供给淮南、淮北的需要，并且可出口销售。以淮南地区为例，
本区有群众、新群两烟厂，为官股民股合办的工厂，出产飞马及神龙牌
香烟，到 1945 年，每月能生产烟 30000 箱，这些烟不仅能满足根据地
的需要，并能销售到敌占区。华中抗日根据地的榨油合作社在发展中也
有很显著的成绩，产油除在内地销售之外，多余则运输出口。仅据淮
南、淮北、苏北三个地区的估计，每年除供给本地区食用外，有二十万

---

　　① 李占才：《中国新民主主义经济史》，安徽教育出版社 1990 年版，第 221—223 页，225—
226 页。
　　② 于华亭：《军需工厂简介（1927—1949）》，1988 年内部资料，第 323 页。
　　③ 李占才：《中国新民主主义经济史》，安徽教育出版社 1990 年版，第 223 页。

担的食油剩余，运输出口。① 鄂豫边区合作社，从 1943 年以后，每年都输出粮、棉纱、布、油等大批土特产品，仅土纱每年即出口 3000 吨以上，土布出口 1000 万匹以上，利用这些土产品，换回了大量的食盐、电讯器材、文具纸张、百货、军事物资、西药、医疗器械等。②

2. 合作社推动了根据地的经济建设

敌后抗日根据地处于落后的农村地区，发展根据地经济受到资金、技术、设备、劳动力等多方面的限制。通过组织合作社，把群众分散的资金、工具、劳动力集中起来使用，正好解决这方面存在的问题。"凡是对老百姓有好处的事，合作社都可以办，如一方面老百姓要搞生意有的缺钱，有的缺人，有的缺工具，但另一方面也有人有闲钱，有闲的工具与剩余劳力，合作社就想办法把它组织起来，有余钱和闲工具的到合作社生利，有余力的到合作社挣钱，这样一来本大利实人多力量大，生产就能办好了。"以华中根据地淮海区为例，淮海区在抗战前榨油业很发达，油是出口大宗，各乡都有小油坊和小油商。在抗战时期未建立合作社时，榨油事业被少数商人统治起来，小油商无法与大油商竞争。通过组织榨油合作社，"有工具的出工具（主要利用旧有的工具），能做打油事情的（如经理、管帐、打油、包饼等）出劳动力，另外动员大家入股，工具、劳动力、资本都可分红利，社员还可吃便宜油，并可分到饼上地。"③

通过组织各种合作社生产农产品和手工业品，推动了根据地经济建设；同时由消费合作社购买各种日用必需品再卖给社员，一定程度上促进了根据地商业的发展，繁荣了根据地经济。组织农业合作社，解决了

---

① 中国社会科学院经济研究所中国现代经济史组：《革命根据地经济史料选编》（中册），江西人民出版社 1986 年版，第 487、490 页。

② 河南省新四军华中抗日根据地历史研究会：《中原抗战论丛》，河南人民出版社 1992 年版，第 355 页。

③ 江苏省财政厅、江苏省档案馆：《华中抗日根据地财政经济史料选编（江苏部分）第三卷》，档案出版社 1986 年版，第 457、462 页。

人力、畜力、农具缺乏的问题，使人力畜力和农具得到充分利用，大大提高了劳动生产率，还有利于精耕细作和农业技术的推广，提高了农业产量。通过开展互助合作可以节省大量的农村劳动力，节省出来的劳动力就可以从事手工业、运输业和商业贸易。以陕甘宁边区为例，延安的吴家枣园全村 18 户人力组织起来后，开展劳动互助合作的第一年就比前一年多打了 120 石粮食；淳耀县白源村全村共 72 户，通过互助合作把全村的男女老少和牲畜都组织起来长年变工，一般的变工、札工劳动是 2 人可抵 3 人，最好的变工、札工 1 人可抵 2 人，全村一年节省出3000 个人工和驴工，节省出来的劳动力就从事运盐业务。[①] 陕甘宁边区1937 年的粮食产量为 1260000 石，1942 年合作社经过整顿以后，促进了农业生产，1943 年、1944 年粮食产量分别达 1600000 石、1750000石，分别增产 27%、39%。1942 年合作社整顿后的当年，边区生产粮食细粮达 84 万担，当年消费 62 万担，可余粮 22 万担。[②] 另据资料介绍，1943 年，"全边区棉花种植面积达十五万零二百八十七亩，产棉一百七十三万斤，达到边区需要棉花量的一半以上，牛发展到二十二万零七百八十一头，驴达到十六万七千六百九十一头，羊发展到二百零三万三千二百七十一只。畜牧业的发展，为农业的发展提供了畜力、肥料和资金。一九四四年以后又有新的发展，边区政府提出'耕三余一'的口号，基本上实现了。"[③] 晋察冀边区的棉田也因合作社的开展而增加不少，到 1946 年，全边区种植棉花 850 万亩，全年产棉花达 12500 万公斤，全边区棉、布基本实现自给。在晋绥边区，棉花种植发展也较快，以晋西北为例，该区 1941 年种植棉花 3.2 万亩，到 1942 年、1943年，棉花种植面积分别增加到 5.6 万亩、7.1 万亩。[④]

---

① 李占才：《中国新民主主义经济史》，安徽教育出版社 1990 年版，第 211—212 页。
② 中共西北局研究室：《抗日战争时期陕甘宁边区财政经济史料摘编》（第二编农业），陕西人民出版社 1981 年版，第 186、86 页。
③ 李易方、姬也力：《陕甘宁边区的农业》，《陕甘宁边区抗日民主根据地》（回忆录卷），中共党史资料出版社 1990 年版，第 213 页。
④ 李占才：《中国新民主主义经济史》，安徽教育出版社 1990 年版，第 217 页。

　　在各种合作社中，消费合作社占较大比例，是根据地合作社的主要组成部分。以陕甘宁边区为例，1944年，全边区共有合作社634个，其中，消费合作社281个，占44.3%；运输合作社233个，占36.75%；生产合作社114个，占18.0%，信用合作社6个，只占0.95%。消费合作社通过购买和销售，解决群众生产和生活中的问题，不仅能活跃农村市场，而且有力地推动了根据地经济建设。在群众缺乏生产资料时，消费合作社为群众购买种子、家具、耕牛等生产资料；在群众有土产品时就收购土特产品，一部分运到敌占区去交换紧缺物资，一部分送到边区工厂做原料。仅1943年，陕甘宁边区的延安、安塞、延川、志丹、吴旗5县的消费合作社为社员购买镰刀、锄头、镢头、犁铧等各种农具共9429件；延安、志丹、靖边、延长、固临、延川6县的消费合作社收购群众的土产品棉花、麻子、绒毛、红枣等共57万斤。① 所以，合作社不仅满足了根据地群众的消费需求，在便利交换、抵制商业资本过分剥削、改善人民生活等方面作出了积极贡献，而且在推动根据地工农业生产方面发挥了重要作用。在晋冀鲁豫根据地，1940年太行区建立生产总社及各分社，下辖各种小型工厂41个。同年，冀南区农村组织织布生产合作社663个，到1941年，全冀南区有织布合作社共3600个。太行区纺织合作社发展也很快，1943年6月，据统计21个县，共有纺妇55970人，平均每县纺妇达2625人；1944年12月，据统计33个县，平均每县纺妇5665人，当年太行区织布达到100万公斤左右，1946年约计600万公斤。边区很多日用品如文具、纸张、肥皂等基本实现自给，手工业合作社中以制油、熬盐、纺织等行业最为发达，产品除满足边区军民需要外，还行销外地。在山东根据地，到1945年，通过合作社组织的纺织业有纺车720735辆，织机106227张，共生产大布1251837匹。在胶东区，1944年底有纺织合作社740处，此外还有缲丝合作社740处、油业合作社40处、鞋袜合作社6处、渔盐业合作社20

---

　　① 黄正林：《陕甘宁社会经济史（1937—1945）》，人民出版社2006年版，第501、504页。

处、农具合作社 18 处，还有其他一些合作社如石灰、印刷、编席、蚕丝、骨粉等合作社。[①] 各种类型的合作社在打破敌人的经济封锁、促进物资交流、调整和稳定物价、推动根据地经济建设等方面发挥了巨大的作用。

（二）增加了根据地群众的收入，改善了根据地人民的生活水平

各种合作社促进了根据地经济建设，不仅满足了群众自给的需要，而且提高了根据地人民的生活消费水平。首先，合作社社员可以凭股票取得股息并分红，获取股红收入。1939 年，中央财经部颁发的《各抗日根据地合作社暂行条例示范草案》第三十二条规定，合作社之盈余除弥补亏损及付息外，按下列比例分配：红利占 50%，按股分配；公积金 30%；公益金 10%；救济金和奖励金各占 5%。[②] 1944 年春，太行地区索堡合作社，春天入股 5 元的社员，年底分红要分到 180 元。[③] 延安南区新合工厂，是南区合作社分社之一，该合作工厂 1943 年底有股金 999000 元，获毛利 2425286.45 元，费用 871241 元，盈余 2327115.55 元。[④] 如果按照盈余的一半作为股红，则为 1163557.8 元，每元股金分红 1.16 元。安塞枣湾纺织厂是陕甘宁边区纺织业中合作民营方面的一个典型。据史料记载："自四一年张瑞昌到该厂工作，就强调民办方针，实行自由入股，实物入股，自由退股，帮助本县小型纺织厂及民办社的发展。对厂内，调整干部，吸收工人意见，强调技术，注意由小而大的逐步发展。后半年就开始赚钱，群众每元股金分得红利四

---

① 李占才：《中国新民主主义经济史》，安徽教育出版社 1990 年版，第 225—226 页。

② 《抗战时期陕甘宁边区财政经济史料摘编·第七编·互助合作》，陕西人民出版社 1981 年版，第 518 页。

③ 戎伍胜：《太行区经济建设问题》，《革命根据地经济史料选编》（中册），江西人民出版社 1986 年版，第 276 页。

④ 伯森："延安南区合作社纺织社实行分红制工资的经验"，《解放日报》，1944 年 1 月 12 日。

十元。"① 在安徽革命根据地，新行耿道元纺织合作社从 1944 年 4 月到 1945 年 3 月，共分股红 4 次：第一次分红每股分红利 22.5 元，第二次分红每股分红利 70 元，第三次分红每股分得红利 45 元，一年来以上三次分红社员共分得 40970 元，每股 100 元已分得 182.5 元。该合作社从 1944 年 4 月开办起到 1945 年 3 月，共卖出棉花 3688 斤，若以纱换花计平均给纺户利息 200 元，总利即达 737600 元，加上棉花价钱比市价平均每斤便宜 30 元，一共便宜 110640 元，仅此一项，合作社给纺户的利益多达 848240 元。② 据记载，1944 年，古沛合作社"在这半年中，最少分过一次红，最多的分过四次红，每次红总在每百元分洋五六十元之谱"③。

其次，合作社的生产经营能给社员群众带来工资收入。1944 年 4 月到 12 月底，新行耿道元纺织合作社贷给 47 家织布户的纱有 4265 斤，收回布 1526 匹，盈利达 756413 元，按二八分红，合作社得 150862 元，47 家织布户得利 605551 元④，平均每户得到收入 12884 元。在华中抗日根据地，1943 年春季，半塔杨言德合作社共收购社员纺成的棉纱 1 万斤，付给社员工资 40.8 万元；1944 年夏季，涟水县纺织合作社向社员发出粮食工资共计 76103 斤；1944 年 4 月至 1945 年 8 月，溧高裕丰纺织合作社向参与纺纱、织布的 582 人发出 2256100 元工资。⑤ 在山东抗日根据地，纺织合作社妇女每 4 天能纺棉线 0.5 斤，可增加收入 10—20 元，此数可购买粮食约 5 公斤。仅 1944 年，整个山东根据地纺织收入达到 5.6 亿元。在鲁中区某些只有 100 户规模的村庄，每年纺织收入

---

① "安塞枣湾纺织厂办得好"，《解放日报》，1945 年 1 月 8 日。

② 安徽省财政厅：《安徽革命根据地财经史料选》（二），安徽人民出版社 1983 年版，第 288 页。

③ 盛励："一年来盱凤嘉合作社建立经过"，《拂晓报》，1944 年 9 月 14 日。

④ 江宏：《一年来的新行耿道元纺织合作社》，《安徽革命根据地财经史料选》（二），安徽人民出版社 1983 年版，第 287 页。

⑤ 黄爱军："华中抗日根据地手工业合作社的地位和作用"，《考试周刊》2007 年第 30 期，第 156 页。

就高达几十万元。[①] 在晋冀鲁豫根据地太行区，运输合作社为灾区群众带来了颇丰收入。1942 年 10 月至 1943 年 1 月仅 5 个月时间，五专区的两条主要运输线，灾民运输就赚到脚价小米 701710 斤；六专区仅武安沙河两县灾民运输，就赚到脚价小米 83450 斤。[②] 若就全区算来，边区群众通过运输合作社得到的运费相当可观。

再次，合作社使农民收入不断增加。互助合作生产促进了农村经济的发展，主要表现在农民增产、增收和消费水平的不断提高上。在陕甘宁边区安塞县四区三乡西营村，1937 年全村 75 人，耕地面积 492 亩，收粮 73.5 石，1939 年全村 84 人，耕地面积增加到 966 亩，粮食增加到 150.5 石，比 1937 年增加了 104.8%；清涧幸家沟村，全村 26 户，1941 年所获粮食除去消费和负担外，还有盈余 42.5 石，1943 年盈余粮食数目增为 81.8 石。[③] 由于实行互助合作，劳动生产率得到提高，农业生产获得大幅度增长，整个陕甘宁边区耕地由 1937 年的 826 万亩，增加到 1945 年的 1425 万亩；粮食总产量由 1937 年的 126 万石增加到 1944 年的 175 万石；尤其是 1943 年，粮食总产量达到 181 万石，除了满足当年消费外，还有余粮 21 万石。[④] 根据地群众粮食、布匹等物资的消费量和购买力逐年增加，如延安柳林区四乡，粮食的消费 1938 年每人 0.87 石，1943 年增加到 0.93 石；布匹的消费 1938 年每人为 1.91 丈，1941 年为 1.93 丈，1942 年 2.2 丈，1943 年 3.0 丈。从该乡群众的杂用支出（折米）也可从一定层面折射出人民购买力的上升趋势，1938 年杂用折米 41.31 石，1939 年该项费用折米 54.44 石，1940、1941、1942 年分别上升为 54.78 石、59.91 石、66.3 石。[⑤] 从这些方面足以看出根据地群

①　李占才：《中国新民主主义经济史》，安徽教育出版社 1990 年版，第 226 页。
②　戎伍胜：《太行区经济建设问题》，《革命根据地经济史料选编》（中册），江西人民出版社 1986 年版，第 264 页。
③　李占才：《中国新民主主义经济史》，安徽教育出版社 1990 年版，第 218 页。
④　黄正林：《陕甘宁社会经济史（1937—1945）》，人民出版社 2006 年版，第 302 页。
⑤　华子扬：《边区人民生活之介绍》，《抗日战争时期陕甘宁边区财政经济史料摘编·第九编·人民生活》，陕西人民出版社 1981 年版，第 136 页。

众经济生活在不断提高。

第四，合作社给根据地群众带来许多实惠。合作社坚持为根据地人民群众服务的方针，它不仅满足群众的生产需求，而且出售给群众的必需品一般比市价低，还帮助群众解决困难。例如延安县南区合作社，不仅经营消费领域，同时扩大到与群众生产生活密切相关的生产、运输、供销、借贷各个方面。1942年，南区合作社为支持群众春耕生产，以成本价卖给群众1500页铧、450把锄头。仅在组织妇女纺纱一项，每月可使800余户家庭增加收入10余万元。此外还组织运输队为群众运回食盐1080驮，并将群众的土产100余万元输出去。"在1942年内，南区合作社还安置难民340户，替人民支教育费1.9万元，替银行推销储蓄券2万元，替政府代收牲畜税2万元，收集民间公债4万元、储蓄券3.4万元以当作现金向合作社入股。南区合作社发展了南区人民的农工商业，照顾了南区人民经济利益的各个方面，成为南区人民的经济中心。"① 又如陕甘宁边区的陇东分区，信用社发展也较快，1943年信用社借给群众资金共670万元，用以买牛45头，铧75页。庆阳市合作社帮助群众送了284石粮到太白，节省了人工畜工2万个，群众只付草料。华池县合作社1943年帮助群众、抗属、机关送粪共19952驮。庆阳驿马关合作社给群众包运公盐570驮，可省人工32000个，牲口工6400个。吴旗县合作社，1943年包运该区公盐五百驮，给群众节省了7000余万元，成立了300余头牲口的运输队；帮助社员推销土产共值760余万元；给群众借贷现款130余万元，粮食30余石；供给社员必需品——以布匹、农具为主，达2000余万元。② 在华中抗日根据地，淮南天高农具工厂，农具价格一般是市价的8.5折，如大锹市价每把1800元，该厂卖1500元；铲头市价每把950元，该厂卖800元，而卖给社员及抗属还照原价打9.5折，卖给本厂员工或合作社代销打9.2折。这

---

① 李占才：《中国新民主主义经济史》，安徽教育出版社1990年版，第228页。
② 《抗日战争时期陕甘宁边区财政经济史料摘编·第七编·互助合作》，陕西人民出版社1981年版，第107—109页。

个合作工厂只办了近半年时间，"以出售三百一十七万元农具计算，则群众所得利益是四十七万五千五百元，其中社员购买三分之一，则得益五万二千五百元；工友及合作社代销三分之一，得益八万四千元。共给群众利益六十一万一千元。"[①] 又以耿道元纺织合作社为例，从 1944 年 4 月至 1945 年 3 月，该合作社共卖出土布 36977 尺，每尺比市价平均便宜 7 元，群众购买合作社廉价的布节省 258839 元；同时从 1944 年 6 月 13 日到 9 月 25 日，合作社替老百姓弹棉花 3000 斤左右，每斤弹花费比私人弹便宜 10 元，替群众省下 3 万余元。[②] 两项合计为群众节省资金约 288839 元。

（三）组织灾民开展生产自救，救济灾民取得成效

抗日战争期间，敌后抗日根据地不仅遭受日寇疯狂扫荡、蹂躏带来的空前灾难，许多地方还连年遭受水灾、旱灾和虫灾等自然灾害。在根据地党和民主政府领导下，各地合作社通过各种形式组织灾民生产自救，战胜了灾荒，克服了困难。如 1939 年 8 月，河北中南部连续下暴雨，加之日军故意破坏，决堤 150 多处，造成有史以来特大水灾，受灾范围波及 50 多个县，给灾区人民造成生产生活上的极大困难和损失。冀中区根据地党和政府指示各级合作社，组织运输队从其他根据地购买粮食和种子共 1500 万公斤，以市价 8 折的优惠价格出售给合作社成员，并向运输队员发放运费，解决了 25 万灾民的饥荒问题。对此，宋邵文曾在晋察冀边区第一届参议会大会上报告过，他指出："1939 年严重的大水灾后，合作社调剂了粮食十万石，售价低于市价五分之一，救济了二十五万灾民。"[③] 与此同时，各级合作社还组织灾民开展多种经营，

---

① 安徽省财政厅：《安徽革命根据地财经史料选》（一），安徽人民出版社 1983 年版，第 529 页。
② 江宏：《一年来的新行耿道元纺织合作社》，《安徽革命根据地财经史料选》（二），安徽人民出版社 1983 年版，第 288—289 页。
③ 宋邵文：《晋察冀边区的经济建设》，《革命根据地经济史料选编》（中册），江西人民出版社 1986 年版，第 164 页。

如纺纱织布、生产硝盐等，合作社帮助社员群众购买各种原料并负责收购产品销售出去，当年收购灾民群众硝盐 500 万公斤、土布 900 多万匹，给灾民带来了收入，为战胜灾害奠定了基础。1942 年 8 月至 1943 年 8 月，河北省中南部发生长达一年之久的旱灾。太行区一方面通过合作社购回粮食，廉价出售给灾民，并对特困户发放救济粮，帮助灾民渡过灾荒；另一方面，组织灾民开展生产自救，通过向灾民发放棉花、纺织工具，回收棉布并发给工资，很大程度解决了灾民生活困难的问题。太行区 1942 至 1943 年共组织灾区妇女 15 万人，将 60 万公斤棉花纺成纱线，仅此一项给灾民带来收入折成小米共 30000 余石，每名妇女纺织收入能养活 1—2.5 人。同时，合作社还组织灾民开展其他形式的自救，如烧石灰、挖中草药、搞编织等，为灾区群众增加了不少收入。[①] 1943 年春，鲁南数以千计的灾民因不堪敌伪及国民党反动派的苛政，纷纷来到安徽抗日根据地谋生，由于灾民中妇女多会纺纱织布，半塔合作社就把纺车、棉花发给她们，让她们为合作社纺纱谋生。当年春季共收纱 10000 斤，付出工资 408000 元，其中有粮食工资 300 石，豆饼工资 1000 片，粮食每石比市价低 100 元，并且都是预支的。[②] 实践证明，合作社是敌后各根据地人民战胜灾荒的重要组织形式。

（四）通过合作社这种组织形式不仅把农民组织起来，而且把一切能够团结的抗日力量都团结起来，为取得抗战胜利奠定了广泛的群众基础

合作社是为群众谋利益的，是为了维护农民群众的利益才组织的。毛泽东 1943 年 10 月在边区高干会上的讲话中指出："合作社的性质，就是为群众服务，这就是处处要想到群众，为群众打算，把群众利益放

---

① 邵英彪："根据地合作社在抗日战争中的历史作用"，《河北供销与科技》1995 年第 8 期，第 10 页。

② 刘顺元：《介绍半塔杨言德合作社》，《安徽革命根据地财经史料选（一）》，安徽人民出版社 1983 年版，第 433 页。

在第一位。这是我们与国民党的根本区别，也是共产党员革命的出发点和归宿。从群众中来，到群众中去，想问题从群众出发又以群众为归宿，那就什么都能办好。"① 1944 年 7 月，《西北局关于贯彻合作社联席会决议的决定》指出："合作社是为广大群众服务的民营组织，而今天组织人民，发展边区经济，就是合作社为群众服务的基本方向；只有进一步发展生产，人民的文化卫生事业才有物质基础。因此，合作社发展的主要方向，就应是广大农村，而不应集中在城市，有些地方把区、乡合作社合并到城市，或集中在一处是不妥当的，是脱离群众而妨碍合作社发展的，应即改正。"② 1942 年各根据地整顿合作社后，新的互助合作组织在内容和形式上都体现了群众的意愿与利益，"因为各种合作社的业务，都是由广大群众拿出自己的钱组织起来，集中经营的，在社务上是由社员自己推选他们所信任的人来管理的；它是为着大家的利益与生活的改善，去实行抑制资本剥削，抵制奸商投机垄断，起了调剂农村经济的积极作用。"总之，通过互助合作这种形式，合作社把分散的个体农民的资金、劳力、生产资料集中起来统一使用，不仅解决了个体农民在生产过程中缺乏劳动力、资金和生产资料的问题，而且能够增加农民的收入、改善农民的生活水平，给根据地群众带来很多实惠；同时，对于组织人民、教育人民都具有重要意义。所以，"它是一种有组织的经济力量。经过这种经济组织，可以教育广大人民并坚定广大人民的抗战信心。"③

根据地合作社是各阶层人民大众的经济组织，具有统一战线的性质。1939 年中央财经部颁布的《各抗日报据地合作社暂行条例示范草案》第三章第十八条，对社员入社资格作了规定："凡本地区之居民除

① 毛泽东：《论合作社》，《毛泽东同志论经济问题与财政问题》，中国人民解放军政治学院训练部图书资料馆编印，1960 年 5 月，第 149 页。
② "西北局关于贯彻合作社联席会决议的决定"，《解放日报》，1944 年 7 月 9 日。
③ 刘景范：《两年来边区合作社工作总结及今后边区合作社的任务》，《抗战时期陕甘宁边区财政经济史料摘编·第七编·互助合作》，陕西人民出版社 1981 年版，第 68—69 页。

汉奸卖国贼外，不分阶级、职业、性别、信仰，均可入股为合作社社员，并得享有同样之权利与义务。"① 因此，只要不是汉奸卖国贼，凡是拥护抗日的农民、工人、地主、富农和资本家，都可以参加合作社。1944 年 7 月，中共中央西北局在《关于贯彻合作社联席会决议的决定》中指出："合作社是人民大众的，同时也是各阶层的，我们对愿意以自己的人力、财力或智力参加合作社，并做有益边区事业的各阶层人士，不是拒绝而是欢迎，特别是对贸易有经验的商人，和对地方事业热心的士绅，更在欢迎之列，并要切实向他们学习工商业的知识，团结边区的人力、财力、物力、智力来建设边区。"② 各阶层群众都可以自由加入、退出合作社，并且股金不限制，按期结算，按股分红；不管入股多少，都是平等地享有社员的权利，一个社员只享有一个表决权。"我们的合作社是可以自由入股自由退股的，农民入股一千二千，商人地主入股三万五万，都是一个社员，民主的合理的分红，但是不论你入多少，你都不能操纵这个合作社。为了彻底打败日本帝国主义，我们和各阶层团结一致，只要不是搞封建剥削，搞高利贷，搞投机生意。不论是地主、商人、农民的资本，都可以自由入进来，目的是建立民主的经济，人民大众的经济。"③ 所以，"合作社是广大群众的，又是统一战线的。就是说，不论地主或商人，都可以加入进来，但是最重要的是，合作社要有广大群众。如果商人地主和农民是一样多的，这就不是广大群众的合作社。合作社内的社员成分要适合中国这样的社会：地主、商人是少数，农民、工人是多数，只有这种由广大人民组织起来的合作社，才能做到为广大人民服务，才不会为少数人把持操纵，投机取利。"④ 如靖边新城区五乡合作社，1943 年成立时有贫农、中农、富裕中农共 22 人，地

---

① 《各抗日根据地合作社暂行条例示范草案》，《抗战时期陕甘宁边区财政经济史料摘编·第七编·互助合作》，陕西人民出版社 1981 年版，第 517 页。

② "西北局关于贯彻合作社联席会决议的决定"，《解放日报》，1944 年 7 月 9 日。

③ 高岗："合作社要为群众办事"，《解放日报》，1944 年 7 月 2 日

④ 高自立：《合作社联席会议总结报告》，1944 年 7 月，《抗战时期陕甘宁边区财政经济史料摘编·第七编·互助合作》，陕西人民出版社 1981 年版，第 65—66 页。

主、富农共 9 人；到 1944 年时，合作社社员占全乡户数的 75%。[①] 所以，合作社是各阶层人民大众的经济组织，它不仅能发展民主的、人民大众的经济，而且能够把人民大众组织起来，团结一切能够团结的抗日力量，为打败日本侵略者奠定了广泛的群众基础，为取得抗日战争胜利作出了巨大贡献。

第三节　解放战争时期解放区的合作社及股票

一、解放区建立和发展合作社的原因

解放战争时期，各解放区民主政府纷纷建立合作社，主要是基于三方面原因：

（1）为了克服小农经济的局限性，必须开展互助合作运动。抗战胜利后，各解放区经过土地改革，农民分得了土地、生产工具，生产积极性空前提高，促进了农业的发展。但是，分散的数量极大的小农经济仍然是以家庭为单位的个体经济，由于规模小、资金缺乏等原因，在发展生产上有较大的局限性，如抗风险、抵抗自然灾害等能力低下，不能合理地使用劳动力、土地和生产工具，劳动生产率低，还不能彻底摆脱贫困。只有通过组织生产合作社，个体小农之间互助合作，才能打破小农经济的局限性，帮助农民群众搞好生产生活，合理调剂劳动力、生产工具，提高农民的生产效率和生产生活水平，引导广大农民群众摆脱贫穷的局面。

（2）随着解放战争的发展，人民解放军规模不断扩大，需要越来

---

① 闫庆生、黄正林："论陕甘宁抗日根据地的合作社"，《甘肃理论学刊》1998 年第 6 期，第 59 页。

越多的农民子弟参加人民军队或参加支前工作，势必造成农业劳动力大量减少的问题、参军参战或支前人员家中土地无力耕种的问题，以及如何合理负担部队军费开支等问题。只有将群众组织起来，开展广泛的互助合作运动，才能合理解决这些问题。

（3）建立和发展合作社是共产党提出的建设新民主主义经济的方针之一。解放战争时期，以毛泽东同志为代表的中国共产党人对解放区的经济结构进行了科学的分析，指出解放区的经济由国营经济、合作社经济、私人资本主义经济、国家资本主义经济、个体经济5种经济成分所组成。这种经济称之为新民主主义经济。新民主主义的国营经济在5种经济成分中居于领导地位，是社会主义性质的经济。合作社经济是建立在个体经济基础之上的劳动群众的集体经济，在一定程度上带有社会主义性质，它将人民群众分散的劳力、资金、工具等要素集中起来统一使用，对于提高劳动生产率、减少中间商人的剥削、发展解放区人民经济发挥了重要作用，是国营经济的坚决同盟者和带有决定意义的助手。中国共产党根据中国新民主主义革命的总任务和总政策，通过对解放区经济结构的客观认识和正确分析，提出了经济建设的方针：一是优先发展国营经济；二是积极发展合作经济；三是组织国家资本主义经济，允许私人资本主义经济在一定范围内存在和发展。① 只有普遍建立和发展合作社经济，通过合作社经济与国营经济的密切结合，才能巩固和发展社会主义性质的国营经济，才能引导分散的个体农业和手工业向社会主义方向的现代化和集体化方向转化，完成由新民主主义革命向社会主义革命的转变。1949年3月5日，中国共产党在西柏坡召开了七届二中全会，毛泽东在会上作了重要报告，指出："由于中国的经济遗产是落后的，所以新民主主义革命胜利之后的一个相当长的时期内，必须谨慎地逐步地而又积极地引导分散的个体农民经济和手工业经济，使中国稳步地由农业国转变为工业国，创造出雄厚的经济基础，否则就不可能由新

---

① 李占才：《中国新民主主义经济史》，安徽教育出版社1990年版，第265—268页。

民主主义的社会发展到将来的社会主义社会。"而引导分散的个体农业经济和手工业经济向现代化和集体化方向发展,其根本途径就是组织各种合作社。他指出:"必须组织生产的、消费的和信用的合作社,和中央、省、市、县、区的合作社的领导机关。这种合作社是以私有制为基础的在无产阶级领导的国家政权管理之下的劳动人民群众的集体经济组织。中国人民的文化落后和没有合作社传统,可能使得我们遇到困难;但是可以组织,必须组织,必须推广和发展。单有国营经济而没有合作社经济,我们就不可能领导劳动人民的个体经济逐步地走向集体化,就不可能由新民主主义社会发展到将来的社会主义社会,就不可能巩固无产阶级在国家政权中的领导权。"[1]

1949年9月,中共中央东北局在《关于农村供销合作社的方针与任务的决议》中指出:"合作社经济是新民主主义经济的主要构成部分之一。新民主主义经济的主体是具有社会主义性质的国营经济,因之合作社经济必须在国营经济的领导之下,成为国营经济的助手与联系小生产者经济的桥梁,而国营经济则必须积极地扶助合作经济发展。"[2] 1947年10月,《华北财政经济会议决定草案》指出:"为着提高生产力,应当改造分散的、落后的、个体经济的生产方式,奖励互助合作,组织变工组和合作社扶助群众生产,发展农村副业。土地改革后,更须帮助农民组织起来,生产发家,发放大量贷款,帮助贫苦农民解决缺乏生产资金的困难,调剂耕畜、农具,保证生产品的销路。公营经济应当扶助私营经济和合作社经济,公私兼顾,照顾群众利益,照顾社会经济发展。"[3] 1948年11月东北行政委员会召开了各省市商业厅局长会议,会议讨论并通过的《关于目前发展东北合作社几个问题的意见》指出:

---

① 《毛泽东选集》第4卷,人民出版社1991年版,第1432页。
② 《中共中央东北局关于农村供销合作社的方针与任务的决议》,《革命根据地经济史料选编》(下册),江西人民出版社1986年版,第714页。
③ 《中共中央关于批准华北财经会议决定的指示》,《革命根据地经济史料选编》(下册),江西人民出版社1986年版,第168页。

"在东北完全解放形势下，必须大量发展合作社，增加生产，支援全国战争：特别是办理供销合作社，使千千万万农民小生产者组织起来，和公营经济直接结合起来，提高生产，增加财富，推动新民主主义经济的加速发展，是一个极迫切、极现实的巨大任务。"① 综上所述，大力发展合作社经济不仅是重大的经济问题，更是一个严肃的政治问题，必须通过组织合作社发展新民主主义经济，并逐步实现由新民主主义革命向社会主义革命的过渡。

二、解放区各种合作社的发展

1945 年 8 月抗日战争胜利后至 1949 年 10 月，在四年艰苦卓绝的解放战争中，各解放区的合作社经历了一个不平衡的发展过程，有的解放区合作社发展较快较好，有的解放区合作社被压缩或撤销，数量急剧下降。合作社数量减少有多种原因。以晋察冀边区冀中区为例，由于"在总的领导上忽视合作事业，对发展合作社经济缺乏明确的认识与方针；主管首长如政府的实业部门与团体的农会在领导上也很放松，一年来没有对合作社工作有一个专门的单独指示，而下级也缺乏汇报。"② 上级与下级有关部门对合作社的重视不够，加上其他方面的原因，导致合作社的数量下降很快，冀中区村合作社到 1946 年 7 月、1947 年 10 月、1948 年 8 月分别减少到 874 个、537 个、249 个。但这只是个别情况，就整个晋察冀边区合作事业来看，仍处于良好发展的势头，到 1947 年初，全边区合作社个数发展到 8342 个，社员人数 106 万，股金

① 王文举："我国革命根据地和解放区的农民专业合作社"，《合作经济与科技》2008 年 1 月号上，第 31 页。
② 冀中行署农林厅："冀中一年来的合作事业"，《晋察冀日报》，1946 年 9 月 5 日，转引自李金铮："论 1938—1949 年华北抗日根据地和解放区合作社的借贷活动"，《社会科学论坛》1999 年第 7—8 期，第 107 页。

达到 8.19 亿元。① 就晋察冀边区合作社的个数而言，1947 年 8342 个，比 1945 年 7410 个增加了 932 个。到 1948 年晋察冀边区大部分地区完成土改后，据冀中区 18 个县的统计，建立互助合作社共 3.5 万个，到 1949 年建立互助合作社 7.5 万个，增加了 114%。在其他解放区，合作社发展也很快。晋冀鲁豫边区的太行区，据 1945 年对 18 个县的统计，参加农业互助合作社的劳动力达 36 万多人；到 1946 年，参加互助合作社的劳动力达 72 万人，相当于 1945 年的 2 倍多，占全区劳动力的 78%。在东北解放区，为了解决农业生产中劳动力、畜力不足的问题，早在 1946 年就在一些地区建立了生产合作社，在农户之间开展互助合作运动，合理调剂劳动力和畜力的使用。到 1947 年下半年，在黑龙江、嫩江、松江、吉林、辽北、牡丹江和南部地区相继建立了农业互助合作社，其中在吉林省，参加互助合作的劳动力占全部劳动力的 85% 以上。② 到 1947 年底，据晋冀鲁豫太行区 29 个县的统计，发展合作社 5300 个，拥有社员 92 万人。③ 在陕甘宁边区，1946 年上半年，通过建立合作社开展互助合作运动，"劳动力的组织较为普遍和广泛，据不完全统计，各县劳动力短期或长期参加过变扎工等劳动组织的，最高如延安县曾达全部劳动力的 62%，最低如固临亦达 23%，即半劳动力的妇女小孩，亦大量的参加了变工。"由于开展互助合作，全边区农业生产获得显著丰收，1946 年粮食总产量达到 180 万石，比 1945 年增产 60 石，增产了 50%，可以解决全边区的吃饭问题。"1946 年全边区共种植棉花 351000 余亩，足苗 265000 余亩，估计收花二百万斤左右，穿衣问题可望部分解决。"④ 在山东解放区的胶东地区，农业互助合作发展迅

---

① 李金铮："论 1938—1949 年华北抗日根据地和解放区合作社的借贷活动"，《社会科学论坛》1999 年第 7—8 期，第 107 页。

② 邢乐勤："新民主主义革命时期中共农业互助合作运动的实践与理论"，《浙江工业大学学报》（社会科学）2002 年第 6 期，第 634—635 页。

③ 《中国合作社发展史》，http://www.zhnhw.com.

④ 林伯渠：《陕甘宁边区政府工作报告》（1946 年 10 月 29 日），《中国农业合作化运动史料》，生活·读书·新知三联书店 1957 年版，第 763 页。

速，到1946年上半年，据东海、北海、西海17个县统计，共组织变工组25694组，参加变工的户数107936户，劳动力143835人；组建帮工组63377组，有199674户，劳动力198367人；农业合作社有点10处。①

到1949年全国解放前夕，全部解放区共有各类合作社30000个，社员达3000万人。② 其中供销合作社所占比重最大，其他类型的合作社如生产合作社、消费合作社和信用合作社等也有较快发展。到1949年5月，据东北解放区6个省的统计，共有农村供销合作社5335个，约占6省全部行政村数的1/6，共有社员2693819人，资金达8826亿元，对扶助农民生产和调剂解放区供销起了积极作用。③ 到1949年底，东北全区除成立大区供销总社外，建立省市社14个，县市社175个，基层社8319个，有社员528.7万人。④ 1944年，晋冀鲁豫边区有商业合作社1074个，社员20万人；1947年村级商业合作社增加到5370个，社员增至922350人，合作社个数和社员人数都比1944年增加了4倍。具体情况如下表⑤：

1944年—1947年上半年晋冀鲁豫边区商业合作社发展情况

年份	合作社数（个）	社员数（人）	资金（万元）
1944	1074	200000	2700（冀边币）
1946	4166	1740000	60980
1947	5370	2429040	197682

说明：1946年商业合作社数据为村社数；1947年上半年的数据只统计了边区内29个县中村商业社。

---

① 田萍："半年来胶东生产介绍"，《大众日报》1946年8月22日。
② 王文举："我国革命根据地和解放区的农民专业合作社"，《合作经济与科技》2008年1月号上，第30页。
③ 《中共中央东北局关于农村供销合作社的方针与任务的决议（草稿）》，《革命根据地经济史料选编》（下册），江西人民出版社1986年版，第711页。
④ 李智："我党领导的合作社运动"，《中国供销合作经济》2001年第6期，第45页。
⑤ 钟廷豪："解放战争时期华北解放区的合作社商业"，《北京商学院学报》1996年第2期，第51页。

三、几个具体的合作社

（一）解放战争时期的房山、良乡合作社

1. 房山县合作社

抗日战争胜利后，房山县沿袭下来的合作社有马安村合作社、十渡二区医药合作社、龙门台一区合作社办事处及医药部。随着解放战争的迅速发展和解放区的不断扩大，房山县经过土地改革后，在当时的县政府所在地张坊建立了两个机关合作社，即机关商店——"万顺兴"、"华兴号"。而马安村合作社因干部调出，无人经营管理，最终社员退股解散。十渡二区医药合作社后来改为房山县的"生产推进社"，原来的二区医药合作社成为其内部直属医疗机构，继续为群众看病送药。原一区合作社办事处及医药部后来改建为一区联社，医药部改建为一区"医药合作社"，坚持在本区为群众巡回治病并从事解放战争支前救治伤员工作。机关合作社"万顺兴"、"华兴号"其实就是县政府、县委的机关商店，是以机关内部工作人员为社员的合作社，社员的入社资格限于县政府组成机关、县委机关青年、妇联等社会团体内部工作人员，非机关内部工作人员不得加入。机关合作社规定，社员入股每股资金为边币10000元，入股股数不限，一人可入多股，年终按股分红。机关合作社或机关商店设经理1人，会计1人，业务或店员若干人，共募集股金60多万元，县政府另拨5000斤小米为底垫。机关商店的宗旨是方便群众、稳定物价，因此商店内经营的商品价格均低于市价，经营品种除盐、油、酱、醋、日用百货等生活必需品外，还经营文化用品及小型农具，由于品种齐全、价格便宜，颇受群众欢迎。后来，随着解放战争形势的发展，1948年4月房山生产推进社成立后，"万顺兴"、"华兴号"机关商店随之撤销。而"万顺兴"合作社改建为房山县"造胰工厂"，到1949年8月该厂合并到生产推进社。[1]

---

[1] 王绍清、侯之扬：《解放战争时期的房良合作社》，《房山文史资料》（第3辑），http：//zx. bjfsh. gov. cn/stopic/s_ bbehgfgfafhfaiab/s_ bbehgfgfeifbfcce/8a2c92bd0bedaa5d010beefef2590004. html.

2. 良乡县合作社

解放战争期间，随着土地改革的进行，良乡县先后建立了 11 个农民合作社，这些合作社是：北窖农民合作社、长操农民合作社、西班各庄农民合作社、陈家台农民合作社、南窖农民合作社、民生合作社、北安农民合作社、东班各庄农民合作社、西安农民合作社、佛子庄农民合作社、柳林水农民合作社（基本情况如下表）。

1946—1948 年良乡县农民合作社基本情况表

合作社名称	入社户数（户）	社员数（人）	入股数（股）	入股资金（边币：万元）
北窖农民合作社	195	400	1200	2300
长操农民合作社	不详	不详	不详	946
西班各庄农民合作社	150	不详	不详	1740
陈家台农民合作社	不详	不详	不详	6000
南窖农民合作社	305	不详	不详	2000
民生合作社	不详	不详	560	2265.4
北安农民合作社	175	不详	不详	1285
东班各庄农民合作社	不详	不详	不详	800
西安农民合作社	76	不详	1600	1600
佛子庄农民合作社	112	不详	500	5000 斤（每股小米 10 斤）
柳林水农民合作社	不详	不详	1228	1228

资料来源：本表根据王绍清、侯之扬文章《解放战争时期的房良合作社》整理而成。

1948 年 11 月 26 日，良乡县召开第一次合作社干部会议，会议对农民合作社的类型、发展方向、公积金、股票、战勤费等问题作出规定。会议决定农民合作社由消费合作社转型为供销合作社，通过合作社组织群众开展"生产自救"运动，发展农业生产，改善人民生活，发挥合作社作为密切党和群众关系的桥梁作用，支援解放战争。会议明确规定，凡以胜利果实为资金的合作社，结合土改遗留问题的解决，将合作社资金进一步明确到社员，要么退还给社员，要么作为股金，发放社员股票，年终时按股分红。会议强调，要转变以往片面盈利分红的观念和做法，要求按合作社章程规定，在盈利中按一定比例留存公积金和公益金，扩大合作社资本积累和经营范围，增强经营能力。会议解决了合理负担战争费用的问题，决定战勤费由合作社盈利中支出。会议还纠正了以往有的合作社将生产贷款用作入股分红的错误做法，要求生产贷款必须用于农业生产方面，凡是挪用于其他方面的必须立即归还并用于发展生产，同时提出坚决杜绝赊欠，要在规定期限内迅速追回欠账。[①]

上述良乡县农民合作社中，北窖村农民合作社是 1946 年 2 月建立的该县第一个合作社。该村四处环山，果木遍布山野，煤矿蕴藏量丰富，"七七"事变前该村是个富庶的山庄。"七七"事变后北窖村受到日军铁蹄蹂躏，当地经济社会遭到严重破坏，抗战胜利后又连遭地土反动武装抢掠，人民群众生存十分困难。解放战争期间，由于国民党反动派的严密封锁，全村 20 座煤窑因煤无法运出被迫停产，当地的大批核桃、杏核等也无法运输外地，群众生活极度困难。在当地党和政府领导下，于 1946 年 2 月集资 100 万元边币股金，建立了北窖村农民合作社，以收购推销群众的剩余产品，贩卖群众需要的盐、油、粮食等生活必需品为主要业务。后来不久，该合作社由单纯的消费合作社转变为供销合作社，按照人民政府提出的"生产渡荒"方针，开展多种经营，为群众解决生活生产困难。北窖农民合作社开展的第一宗业务，是收购群众无法运销外地的杏核 30 石共 6000 斤、核桃 20 万斤，运往外地全部销售出去；合作社还组织全村老少妇女 800 多人砸瓢子、推碾子熬油，运送瓢子到长操换回粮食。这不仅解决了群众的生产生活困难，还为群众赢得了收益。一是原来无法运输出去

---

① 王绍清、侯之扬：《解放战争时期的房良合作社》，《房山文史资料》（第 3 辑），http：//zx. bjfsh. gov. cn/stopic/s_ bbehgfgfafhfaiab/s_ bbehgfgfeifbfcce/8a2c92bd0bedaa5d010beefef2590004. html.

的三十万石杏核、二十万斤核桃全部销售完，二是群众获得砸瓢子、运输瓢子的工资、运费共 682 万元，三是合作社积累了 800 万元资金，还分给村民 300 斤核桃酱。由于合作社为群众服务，受到群众拥护和积极支持，村民纷纷加入合作社，合作社股金由成立时的 100 万元增加到年底时的 1100 万元。合作社组织社员开展"生产自救"，根据社员的专长和技能，开展手工业生产，主要经营活动如下：（1）组织村民纺纱织布。将原来家里有纺车的妇女组成一个纺纱组，棉花由合作社供给，规定每斤花交纱半斤，剩下的纱作为给纺工的工钱，可用余下的纱到合作社换回粮食。合作社组织一个织布小组，用收上来的纱每天可织布 1 匹 52 尺，每匹布可换小米 1 石 5 斗。（2）组织铁匠打造小型农具，除供应本村外，还外销邻村或邻县。（3）组织原来空中运煤高线工人打造鞋钉。由于煤窑关闭，7 户运煤高线工失业，由合作社借给 7 户高线工小米 100 斤、玉米 105 斤，帮助他们开展生产自救。第一个冬天就打出大帽鞋钉 23000 个，由合作社负责将产品销售到张坊、宛平等地，按每千元 6 个的价格，销售金额为 383.33 万元，解决了 7 户高线工共 34 口人的生活问题。（4）组织有编筐手艺的人编筐。北窑村原来有 3 户手艺人为煤窑编筐，后来由于本村煤窑关闭，这 3 户人就失业了。合作社将这 3 户手艺人组织起来，与外村外乡尚在运营的煤窑签定供筐合同，编筐材料由合作社提供，合作社按编筐数量向手艺人支付工钱，待藤筐售出后再统一核算结账。由于合作社的服务，使这 3 户编筐家庭的生活困难问题得到解决。（5）组织织袜。该村有个原来在外织袜的技术人员李存勤，合作社出资购买了两架织袜机，由李组成一个织袜小组，每天可织袜子 72 双，合作社按照织袜的产量付给他及其他工人工资。当时按照每双袜子 2 升玉米的价格，由合作社负责销往邻村或外县。（6）开展卷烟。北窑村有一个会卷烟的村民叫李春勤，合作社让李负责成立一个 5 人卷烟小组，由合作社负责购进烟叶等原料和辅助材料，用自制设备制成纸烟，称为"边区造"，由合作社销售于河套沟至大安山一带，当时 1

斤烟叶可生产纸烟2条，每盒烟能换回1斤玉米，深受群众欢迎。
（7）组织群众采集制色原料。当地山区生长着一种木本植物木榄子，其叶子可用于制色染料。合作社组织群众采集木榄子叶，按10斤叶子换1斤小米或玉米的价格，大量收购此种染料原料。将木榄子叶加工熬成膏子销往北平一带，每斤膏子能换回14斤小米。到1948年，该村合作社两年来共生产此种染料膏子20000多斤，仅此项收入折合小米28万斤，极大地改善了群众生活，增加了群众收入。（8）合作社还组织畜力搞运输，将北窖村的山货运输出去销售，主要是运往房山县政府所在地张坊，然后换回粮食。合作社还不同程度地扶持村里的小商贩，帮助他们恢复小本生意，使他们的经营、生活有了保障。此外，合作社积极完成支前任务。1947年，当地政府分派北窖村230双军鞋任务。当时，由于群众经济上比较困难，手里没有现成的做鞋材料（鞋面、鞋底面料和麻线等），合作社得知情况后立即主动派人，冒着危险绕道前往北平，及时采购做鞋子所需要的原材料，提前完成了支前任务。总之，北窖村农民合作社在党和政府领导下，坚持"为解放战争服务、为生产服务、为群众服务"的方针，扭转单纯赢利分红的错误做法，由消费性质的合作转变为供销合作社，在一年的时间内组织全村劳力上千人，开展多种生产经营活动，创造了前所未有的经济成效，获得总收入折合粮食达320000多斤。通过组织合作社不仅实现了"生产自救"，群众的生产生活有了保障，增加了收入，渡过了灾荒，而且有力地支援了解放战争，为解放战争的胜利作出了贡献。同时，合作社自身的经济实力也得到增强，到1947年秋，社员股金由1100万元增加到2300万元，扩大了公积金2216万元。1948年，北窖农民合作社被平西专署授予"合作指南"称号，号召各地学习北窖农民合作社的先进经验。①

---

① 王绍清、侯之扬：《解放战争时期的房良合作社》，《房山文史资料》（第3辑），http：//zx. bjfsh. gov. cn/stopic/s_ bbehgfgfafhfaiab/s_ bbehgfgfeifbfcce/8a2c92bd0bedaa5d010beefef2590004. html.

（二）晋绥边区兴县二区张家湾纺织合作社

1944 年 6 月，张家湾纺织合作社开始建立时，社员入股共 49 股，每股 1000 元，股本资金只有 49000 元。在这 49 股股金中，贫农及雇工 36 股，中农 11 股，富农 2 股。开始只有一架织布机子，以后增加一架机子，秋季反"扫荡"时停止了织布，前后共织布 4 个月，净获利 25000 元，每股分红约 500 元。由于股本收入在 10% 左右，所以能吸引很多群众入股，到 1945 年股本增到 70000 元。由于合作社是为群众服务的，为了增加贫农股本的比例，更多地吸收贫农的股金，合作社对股本资金由原来的 1000 元改为 100 元，因此有更多贫农加入合作社，贫农股金占 37%，中农股金占 51%，富农股金只占 12%。

后来合作社根据工人的意见，对合作社原来的纯利润分配方案进行了改革，实行二八分红，即工人工资分纯利润的 8 成，股东分纯利的 2 成。在股东分红的 2 成中，拿出少数部分作为奖金，奖励那些努力工作的工人。2∶8 的分配红利办法经社员同意实行后，极大地调动了工人生产热情，仅 9 个月就织布 215 匹，每匹布重 2 斤 4 两，织 1 斤布计工资 170 元，每匹布可得工资 382.5 元，9 个月总共赚工资 82237.5 元。

由于加入合作社能增加群众收入，全村 87 个妇女就有 50 个加入纺织合作社，每人一架纺车，一般每人每天能纺 8 支纱 3 两。到 1945 年上半年，全村共纺纱 400 斤，如果每斤以 300 元计价，仅纺纱一项全村收入就达 12 万元。按当时市价每斗米 600 元计算，纺纱工资收入可买米 33 石 7 斗，全村 63 户家庭，平均每户从纺纱获得的收入折米 5 斗 3 升 4 合，这对于当时村民的艰苦生活起了很大改善作用。这个纺织社共有职员 9 人，其中经理 1 人，负责对外联络；会计 1 人，负责合作社计账计工；纺织干事 1 人，负责社内全部责任；纺织女工 6 人，有 1 名小组长。所有合作社的人员，都在自家吃饭，社内无开支。纺织机运转效率很高，天明开工，天黑才歇工，吃饭也不让纺织机停工，轮流吃饭。这些职员工资归家里，奖励归自己。这个合作社不仅解决了本村穿衣难题，增加了群众的收入，而且提高了妇女的社会地位。[①]

（三）哈尔滨企业公司

哈尔滨于 1946 年 4 月 28 日获得解放。哈尔滨是全国第一个解放的大城市，当时是中共中央东北局、东北民主联军司令部、松江省党政机关所在地，也是工业聚集的城市和北满区域市场中心，因此是我党在东北重要的政治、经济、军事、文化、金融中心，也是重要的交通枢纽和战略后方。由于抗战期间整个哈尔滨市经济遭到严重破坏，哈尔滨解放后，全面恢复和发展地方经济以支援解放战争、改善人民生活就成为十分紧迫的任务。我党确定的发展新民主主义经济的方针，首先要大力发展国营经济；其次积极发展合作经济；再次扶植私人工商业经济的发展，繁荣市场经济。哈尔滨市地方政府为贯彻"恢复经济，发展生产，支援前线"的经济建设宗旨，落实"发展生产，繁荣经济，公私兼顾，劳资两利"的新民主主义经济政策，有效推动哈尔滨城市经济的繁荣，哈尔滨市政府决定由新成立的市工商联发起，由市政府投资并吸收工商业者和社会各界人士的闲散资金，组建公私合营的哈尔滨企业公司。经过长时间的充分准备和广泛宣传，公私合营的哈尔滨企业公司于 1948 年 7 月 1 日宣告成立。根据公司章程，公司名称定为"哈尔滨企业公司"，并组建了公司理事会（董事会）、监事会，成员由双方指派和推选。公私双方共同认购股本 3.5 万股，总共募集股金 35 亿元东北流通券。其中，哈尔滨市政府认购 2.2 万股，公股占全部股本金的 51.28%，入股资金由市政府社会局罚没物资款筹集；私人投资入股 1.3 万股，私人股占全部股金的 48.72%，这些股金由当时工商业界经营效益较好的机器、油坊、制粉、皮革、保险、百货、漂染等行业或企业投资。由于筹备工作充分，股金募集、股票发行工作进展顺利，股票委托松花江工

---

① 宋玉、竹邨：《一个纺织合作社的发展》，《晋绥边区财政经济史资料选编》（工业编），山西人民出版社 1986 年版，第 717—719 页。

商银行发行。股票面值 100 万元东北流通券，分 1 股券、10 股券、50 股券三种。股票正面为仿纸币套色印刷，为横式版面，从右至左直印公司理事长、副理事长、监事长、副监事长签名及印章，上面加盖公司方形印章。股票不能流通但可以出让；背面直印股票出让过户签证表格。①

哈尔滨企业公司的经营宗旨是"供应工业原料，组织成品产销，联合私人资本，发展新兴工业"②。公司通过不断吸收私人资本，增加股份，扩大投资范围，经营日用百货、医药化工、农林、五金、印染、运输、制笔、保险等行业，成为拥有 30 多家子公司及直属企业的企业集团，成为哈尔滨市地方经济的一支重要力量。

哈尔滨企业公司章程明确规定了公司宗旨、性质、经营范围和经营业务、利润分配原则和管理体制等问题。公司章程规定，公司产权属于全体股东。公司实行独立经营、自我监督机制。公司理事会或董事会设经理室，负责业务经营管理；监事会设监理室，负责对公司经营业务、财务及账目实行监督，并对理事会进行监督。无论是公方还是私方，都是股东，股东有权通过股东大会、理事会、监事会表达自己对公司经营管理的意见；作为公司业务执行机构的总经理，执行理事会或董事会的决议，同时对全体股东负有经营管理的重大责任。股东持有公司股票，按公司章程规定享有分配利润、参与公司重大问题决策的权利，并以持有的股份金额，对公司债务负有限责任。公司章程对利润分配原则作了明确规定：纯利润的 30% 作为公积金，70% 作为股东红利、员工酬金、理事监事酬劳金、员工奖励金、员工福利金及社会福利金。在提取的70% 的纯利中，作如下分配：70% 作为股东分红；5% 作为员工酬金；5% 为理事监事酬劳金、员工奖励金；10% 为员工福利金；10% 为社会

---

① 崔贵海："中国共产党在哈尔滨发行了我国第一张股票"，《世纪桥》2001 年第 3 期，第30—31 页。

② 陈启慧："从哈尔滨林业公司股票看我国第一个国家资本主义企业集团"，《商业经济》2007 年第 4 期，第 95 页。

福利金。"员工福利金是解决职工生活的基金；社会福利金是职工劳动社会保险基金；职工酬金是每年每人增加一个半月的工资；理事监事酬金每人每年按不超过高级职员酬金的三倍一次领取。"章程还规定，"公股理事监事不领取酬劳金"①。

从 1948 年 7 月成立开始，到 1954 年底我党对资本主义工商业的社会主义改造的完成而中止，哈尔滨企业公司以公私合营和股份制的形式运营了 6 年多的时间，通过国家资本和私人资本的结合，吸纳社会闲散资金，形成一支有利于国计民生的新的经济力量，对于推动解放区经济建设、加快国营经济发展、支援解放战争发挥了重要作用。

四、几种解放战争时期的股票

解放战争时期，解放区内股份制性质的经济有合作社经济和公私合营经济两大类。公私合营的股份制企业普遍发行了股票。各地合作社经济有多种形式，既有消费合作社、生产合作社，又有供销合作社、信用合作社等，还有手工业和商业合作社。在合作社经济中，有的合作社发行了股票，有的合作社没有发行股票。解放战争时期解放区各种经济组织发行的股票，由于经历了残酷的战争岁月和半个多世纪的时代变迁，期间还经历了"文化大革命"动乱，现存于世的实物股票已经实属稀少了。根据我们所掌握的资料，现介绍几种股票如下。

（一）有限责任小纪区农业合作社股票

这是 1946 年 8 月发行的农业合作社股票，竖式版面，结构非常简单。股票正面上方小长方形内从右至左横书"股票"，股票主体部分为一竖式长方形框架，框架内只有 4 行直书文字，右边第一行直书"有限

---

① 崔贵海："中国共产党在哈尔滨发行了我国第一张股票"，《世纪桥》2001 年第 3 期，第 31—32 页。

责任□□□县□□□村□□□合作社"，上面加盖"小纪区农业合作社"条形红色印章。中间第二行直书"合字第□□□□号"，第三行直书"介绍人"并在介绍人下方盖其印章。左边一行直书"中华民国三十五年八月五日填发"。[①]

（二）沁源县王陶村信用合作社股票

1947 年 8 月，沁源县王陶村信用合作社为筹集资金发行了一套股票。本股票共有两联，一联为股票，另一联为存根，股票联和存根联都为竖式版面。从已有股票信息推断，这种股票为记名式股票。股票联顶部为一小等腰梯形边框，下部为一长方形边框。在顶部的梯形边框内，从左至右横书"股票"两字。梯形下面的长方形内，从右至左直书股票的信息：右边第一行直书"王陶信用合作社"、"□□□字□□□号"；第二行直书"今收到□□□住址□□□"；第三行在股票中央稍偏右，直书"六区公所股金洋伍万玖千圆"，上面加盖"王陶村信用合作社股票"椭圆形红色印章；在股票中央，第四行直书"计伍拾玖股"；在股票中央偏左直书"董事"、"经手人"，分别在其下盖有董事和经手人的方形红色印章。左边一行直书募集股金的日期"民国三十六年八月二十六日收"。存根联版面结构与股票联完全相同，除顶部等腰梯形内横书"存根"，与股票联不同外，其余信息与股票联都相同。

1948 年，沁源县王陶村信用合作社再次筹资发行了股票。目前发现了一张名叫杨茂的人购买的股票。本股票为竖式版面，顶部也为一小等腰梯形边框，内从左至右分两行横书"王陶信用合作社"、"股票"。梯形下面为一长方形边框，里面从右至左直书股票信息。从右边第一行开始直书"杨茂自愿投入王陶信用合作社二十股，股金壹拾壹万元"，后面直印"董事"、"经理"、"会计"，并在其下加盖方形印章。左边一

---

①　席建清、赵善荣：《中国老股票》（珍藏本），复旦大学出版社 1999 年版，第 221 页。

行直书募集股金的日期"民国三十七年□月□日"。①

(三)广饶县农业合作社股票

民国三十七年,即解放战争时期的 1948 年,广饶县农业合作社发行了股票,为竖式版面。这张股票有两联,一联为股票,另一联为存根。股票顶部为一等腰梯形边框,内从右至左横书"股票"。股票下部为长方形边框,里面右边直书"广饶县农业合作社□□字第□□号";股票中央直书"兹有□□□依章于□□年□□月□□日入社认购社股计□□圆整,业已如数交清特给股票为凭";后面落款直书"理事主任"、"监事主任"、"会计"。左边一行直书"民国三十七年□□月□□日"。存根联很简单,也为竖式版面,上部为等腰梯形边框结构,里面横书"存根"两字。下面为一长方形边框,边框内右边一行、左边一行都与股票联相同,中间直书"认购社股计□□圆整"。②

(四)1946 年胶东牙前县群力医院股票

1946 年,山东解放区胶东地区牙前县群力医院发行了股票,为记名式股票,共有两联,一联为股票登记表格,一联为股票,都为竖式版面。目前发现的一张群力医院股票,股票联为长方形框架,上部横书"股票";下面长方形框架内右边一行直书"有限责任牙前县徐家村医药合作社";中间直书"合字第贰号"、"介绍人□□□",并加盖其印章;股票左边一行直书"中华民国三十五年五月二十八日填发"。股票盖有牙前县群力医院菱形红色印章。入股登记联上方从右至左横书"社员□□□入股登记",登记栏目的内容为"入股日期"、"入股款数"、"常务理事盖章"、"会计盖章"。在登记联与股票联之间,中间直书"□字第□□号"。③

---

① 席建清、赵善荣:《中国老股票》(珍藏本),复旦大学出版社 1999 年版,第 222 页。
② 中国收藏热线:http://www.7788gpsc.com/18005/auction/51/822349/.
③ 淘宝网:http://item.taobao.com/item.htm? id = 8283760608.

第六章 革命根据地票据管理制度

在中国新民主主义革命时期，各革命根据地发行了各种票据，如粮票、米票、饭票、公债券、股票等等。这些票据的发行、管理是依据哪些制度或法律法规来进行的？通过梳理已有的史料我们发现，不管是在第一次国内革命战争时期、土地革命时期，还是在抗日战争、解放战争时期，虽然没有专门制定关于发行、管理各种票据的法律法规或制度，但并不说明发行、管理各种票据是无章可循的。各种票据的发行、管理、使用都是按照一定的规定进行的，而这些规定一方面分散于各个不同时期党的有关纲领、方针、政策、指示、决议中，另一方面存在于各级政府、经济组织发布的有关决定、章程和条例中。

第一节 革命根据地票据管理制度概述

革命根据地票据管理制度分两个层面，一是中央层面发布的有关经济工作的决定、决议、方针和指示，这些决定、决议或政策实际上是最重要的票据制度；二是各根据地、地方政府关于经济活动的命令、决定、条例、章程，它们中有很多关于票据的管理和规定。

一、中央层面的票据管理制度和规定

这是中央层面包括党中央、中央政府及相关部门发布的有关经济活动的决定、命令、政策等。而这些经济活动如建立消费合作社、信用合作社、生产合作社，为筹集战争、建设经费发行各种公债券，征集军粮等等直接或间接与股票、公债券、粮票等票据管理制度有关。

中国共产党在建党之初就开始关注并主张建立合作社。1922年7月，在党的第二次全国代表大会上通过的《关于工会运动与共产党的议决案》明确指出："工人消费合作社是工人利益自卫的组织，共产党须注意和活动此种组织。"[1] 根据这个议决案的精神建立了第一批我党领导下的以安源路矿消费合作社为代表的合作社，通过发行股票募集资金来发展经济。1925年，在《中国共产党告农民书》和1926年党中央通过的《农民运动议决案》中，都提出要在农村办消费合作社；1927年毛泽东在《湖南农民运动考察报告》中指出，合作社特别是消费、贩卖、信用三种合作社，确是农民所需要的，号召在农村通过"入股"的形式募集资金建立合作社，发展农村经济，改善人民群众生产生活。

1933年3月，中华苏维埃共和国临时中央政府土地人民委员部发布的《关于组织犁牛站的办法》规定："犁牛站的耕牛农具，可以没收豪绅地主及富农多余的耕牛农具为基础，应以分得该耕牛农具的雇农贫农及红军家属等为该犁牛站的基本站员，大家并可再合股购买添置，以发展犁牛站的组织。"并且还规定："非站员的基本农民群众，如要求加入犁牛站，愿出相当的入站基金，应可加入。"[2] 该《办法》明确提出通过"合股"购买添置耕牛，非站员群众通过交纳"相当的入站基

---

[1]　中共中央党校党史教研室：《中共党史参考资料——党的创立时期》，人民出版社1979年版，第355页。

[2]　《中华苏维埃临时中央政府土地人民委员部关于组织犁牛站的办法》，《红色中华》，1933年3月3日。

金"即"入股"，成为基本社员，扩大犁牛社股金，解决根据地犁牛农具不足的问题。1933年4月15日，土地部又发出训令，强调"必须发动群众入股，大家出本钱添买耕牛农器"①。1932年4月，临时中央政府颁布了《合作社暂行组织条例》，该条例第一条规定，"根据苏维埃的经济政策，正式宣布合作社组织为发展苏维埃经济的一个主要方式，是抵制资本家的剥削和怠工，保障工农劳动群众利益的有力武器"；第三条规定，"消费、生产、信用合作社之社员，不仅兼股东，并且是该社的直接消费者、生产者、借贷者，不合此原则者，不得称为合作社"；第五条规定，"每个社员其入股之数目不能超过10股，每股金额不能超过5元，以防止少数人之操纵"。②《中央苏区南部十七县经济建设大会的决议》明确提出"发展合作社"，"改组各级消费合作社"，"发展社员与股金"，中央苏区各县要在3个月内完成发展"五十万粮食合作社社员，五十万消费合作社社员"的任务。1933年9月临时中央政府颁布《生产合作社标准章程》、《消费合作社标准章程》、《信用合作社标准章程》，对入股金额、发行股票、股票转让和挂失等作出明确规定。如《生产合作社标准章程》第九条规定，"本社股金定每股大洋一元，以劳动力为单位，其一个参加生产的劳动力愿入数股者听便"；第十一条规定，"凡交足股金之社员由本社发给股票"；第十二条："本社股票概用记名式，盖上本社图记，由管理委员会主任签名盖章"；第十三条对股票的转让规定，"社员如欲转让其股于继承人时，须该继承人仍愿参加本社生产者，方能许可"；第十四条对遗失股票规定，"股票如有遗失，应先报告管理委员会挂失，一面登报声明作废后，再向本社请求补发新股票。"③《消费合作社标准章程》和《信用合

① 史敬棠等：《中国农业合作化运动史料》（上册），北京三联书店1957年版，第89页。
② 《合作社暂行组织条例》，《革命根据地经济史料选编》（上册），江西人民出版社1986年版，第87—88页。
③ 中国社会科学院经济研究所中国现代经济史组：《革命根据地经济史料选编》（上册），江西人民出版社1986年版，第264—265页。

作社标准章程》，对社员入股、股金标准、股票及其转让和遗失等规定，与《生产合作社标准章程》的相关规定类似，如《消费合作社标准章程》第十条规定，"本社股金定每股大洋壹元，以家为单位，其一家领入数股者听（便）"；"第十二条：凡交足股金之社员，由本社发给股票及购买证。第十三条：本社股票及购买证概用记名式盖以本社图记，由管理委员会主任签名盖章。第十四条：社员有转让其股票于承继人之权，但须得管理委员会之可决。第十五条：股票及购买证如有遗失情事，应先报知管理委员会挂失，一面登报声明作废后再向本社请求补发新股票。"①

　　1932 年 6 月 25 日，临时中央政府专门发出《发行革命战争短期公债券六十万元》的第 9 号布告，指出：为"保证革命战争的继续胜利与发展，特举行募集短期的'革命战争'公债六十万元，专为充裕战争的用费，规定以半年为归还期，到期由政府根据所定利率偿还本息"；并颁布了《发行革命战争短期公债条例》，该条例对发行公债的目的、数量、公债的利率、还本付息日期、债券面值、转让等事宜作出了明确规定。② 1932 年 7 月，中华苏维埃共和国中央执行委员会发布第 14 号训令，决定"在全苏区募集革命战争短期公债六十万元"③。1932 年 10 月 21 日，中央执行委员会颁布了《发行第二期革命战争公债一百二十万元》的第 17 号训令，规定了各地债款的分配数目、公债券的发行和收款日期、款项集中地点及动员群众的办法等等，同时颁布了《发行第二期公债条例》，明确规定了发行公债的定额、利率、还本付息等事项。④ 1933 年 7 月 22 日，《中央执行委员会关于发行经济建设公债的决议》指出："为了有力地进行经济建设工作，中央执行委员会特

---

　　① 中国社会科学院经济研究所中国现代经济史组：《革命根据地经济史料选编》（上册），江西人民出版社 1986 年版，第 336—337 页。

　　② 《革命根据地经济史料选编》（上册），江西人民出版社 1986 年版，第 422—423 页。

　　③ 《中华苏维埃共和国中央执行委员会训令第 14 号》，《革命根据地经济史料选编》（上册），江西人民出版社 1986 年版，第 101 页。

　　④ 《革命根据地经济史料选编》（上册），江西人民出版社 1986 年版，第 422—423 页。

批准瑞金、会昌、胜利、博生、石城、宁化、长汀八县苏维埃工作人员
查田运动大会及八县贫农团代表大会的建议，发行经济建设公债三百万
元，并准购买者以粮食或金钱自由交付。除以一部分供给目前军事用费
外，以最主要的部分用于发展合作社、调剂粮食及扩大对外贸易等方
面。为了确定公债用途及还本付息等项手续起见，特制定发行经济建设
公债条例。"①

总之，上述临时中央政府颁布的决议、办法、条例和章程，就成为
建立合作社的依据，也是发行、管理合作社股票、债券等票据的制度
安排。

二、各根据地或地方政府的票据制度

各根据地或地方政府关于票据的专门规定或制度不多，也是散见于
各种决议、决定、布告中，但有关发行票据的章程或条例有不少。比
如，1930 年 3 月 25 日，闽西第一次工农兵代表大会通过的《经济政策
决议案》明确提出，"粮食缺少的地方，组织办米合作社，向白色区域
买米，米多的地方，要组织贩卖合作社，运米到别处销售，政府对办米
合作社要帮助其进行。"同时要求各地，"普遍发展信用合作社组织，
以吸收乡村存款"；按照以下原则发展合作社组织："一、规定合作社
条例予以保护。二、各处合作社要纠正过去照股分红之错误，要照社员
付与合作社之利益比例分红。三、各地尽量宣传合作社作用，普遍发展
各种合作社的组织。四、有乡合作社地方，要进一步组织区或县合作
社。五、政府经常召集合作社办事人开会，讨论合作社进行方法。"②
1930 年 5 月，闽西苏维埃政府颁布《合作社条例》，该条例对成立合作

---

① 《中央执行委员会关于发行经济建设公债的决议》，《革命根据地经济史料选编》（上册），
江西人民出版社 1986 年版，第 456 页。
② 《经济政策决议案》，《革命根据地经济史料选编》（上册），江西人民出版社 1986 年版，
第 49—50 页。

社条件、盈利分配、合作社登记、办事人员的选举等作出明确规定。如《条例》第一条规定，"有下列条件者，始得称为合作社。（甲）照社员付与合作社之利益比例分红，而非照股本分红者。（乙）社员是自愿加入者。"① 1930年9月29日，闽西苏维埃政府发布《关于合作社问题》的通告第3号，规定："富农份子不准加入合作社，其现加入合作社之富农，即刻取消其股东权，并停止分红，其股金无利息，待一年后归还。"② 1930年9月，闽西苏维埃政府发布《关于设立闽西工农银行》的布告，决定设立闽西工农银行，"银行资本定二十万元，分二十万股股金，以大洋为单位，收现金不收纸币。限期九月内募足。"规定募股办法是："各级政府、各工会、各部队组织募股委员会，……除向工农群众募股外，合作社每资本百元至少应买票十元；粮食调剂局每资本百元至少要买票二十元（先交半数、十二月交清）；各级政府、各工会及各机关工作人员，每人至少应买股票一元。"③ 同时，闽西苏维埃政府颁布了《闽西工农银行章程》，就银行资本金、股票、利息、红利分配等作了明确规定：银行资本金总定额20万元，"分作二十万股，每股大洋一元，一次收清"；银行股票"用无记名式，分一股一张、五股一张、十股一张三种"；红利之支配，"逐年赢利，以百分之二十作公积金，百分之二十奖励工作人员，百分之六十归股东照股摊分。"④ 这些决议、通告、条例中关于合作社、银行、股票的原则、规定就是革命根据地建立合作社、银行并发行股票的重要依据或制度。

　　1931年，湘鄂西省苏维埃政府为筹措水利经费，发行"水利借券"80万元，并颁布了《湘鄂西省苏维埃政府水利借券条例》，该条例规定了发行水利债券的目的、还本付息、推销对象等事宜，是重要的票据管

---

① 《革命根据地经济史料选编》（上册），江西人民出版社1986年版，第297页。

② 《革命根据地经济史料选编》（上册），江西人民出版社1986年版，第307页。

③ 《闽西苏维埃政府布告第7号》，《革命根据地经济史料选编》（上册），江西人民出版社1986年版，第359页。

④ 《关于设立闽西工农银行》，《革命根据地经济史料选编》（上册），江西人民出版社1986年版，第359—360页。

理制度。1933 年 1 月、1933 年 7 月、1933 年 11 月，湘赣省苏维埃政府曾先后三次发行公债，并颁布了《革命战争短期公债条例》、《第二期革命战争短期公债条例》、《补发第二期革命公债条例》，这三个公债条例对发行公债的目的、公债利率、还本付息、购买要求、发行事宜、债券买卖等事项作出了明确规定。1933 年 12 月，湘赣省苏财政部发出了《关于建立公债发行的管理系统》的通知，要求各地加强对发行公债的管理工作。[①] 湘鄂赣省苏维埃政府从 1932 年至 1933 年，先后发行了三期公债，并颁布了《湘鄂赣省短期公债条例》、《湘鄂赣省第二期革命战争公债条例》、《湘鄂赣省经济建设公债条例》，这些条例规定了公债定额、利率、还本日期、买卖抵押、公债面值、公债兑换等事宜。在抗日战争时期，晋察冀边区发行了 300 万元救国公债，并颁布了《晋察冀边区行政委员会救国公债条例》；1941 年 7 月至 12 月，晋冀鲁豫边区发行总额 750 万元生产建设公债，边区政府公布了《晋冀鲁豫边区生产建设公债条例》；1941 年 2 月，陕甘宁边区政府发行建设救国公债 500 万元，实收 618 万元，陕甘宁边区政府颁发了《关于发行建设救国公债的布告》、《陕甘宁边区政府建设救国公债条例》和《陕甘宁边区政府建设救国公债实施细则》，对公债的发行、募收原则与经收机关、经收财物标准与办法、募购公债奖励办法和债券的管理，作出了详尽的规定。其他抗日根据地，如豫鄂边区行政公署发行建国公债 5 万万元至 10 万万元边币并发布了条例，华南各地民主政府发行了生产建设公债和公债条例。解放战争时期，晋察冀边区发行了胜利建设公债 20 亿元边区银行币，冀东行政公署发行了土地债券，苏皖边区政府发行了短期救灾公债 9200 万元，胶东区发行爱国自卫公债本币 20 万万元，淮海区发行粮草公债，哈尔滨市发行了 8000 万元建设复兴公债，东北行政委员会发行了民国三十八年生产建设实物有奖公债 1200 万份。各解放区

---

① 财政部财政科学研究所、国债金融司：《中国革命根据地债券文物集》，中国档案出版社 1999 年版，第 21—27 页。

发行这些公债的同时，都颁布了"公债条例"或发行公债的指示、办法、说明，对发行公债的各个具体环节、公债券的流通管理、兑换、利息和还本付息日期等，都有非常详细的规定。[①] 这些公债条例和发行办法是根据地发行、管理票据的重要制度或"法律"依据，因为各种公债的发行、管理，公债券的兑换、买卖抵押等，必须按照相应的条例进行操作，如果没有这些条例、办法，公债的发行和管理就没有制度框架，公债甚至所有票据体系势必无法运行。

第二节 根据地票据管理制度的运行

如上所述，在不同时期根据地票据都有一些管理制度。这些不同时期的票据制度其实就是票据运行的游戏规则，对票据的发行、运行范围、经济效果起到一个规范、调整的作用。

一、票据发行管理系统的建立及运行

革命根据地票据发行管理制度的运行要通过一定的组织系统才能发挥作用，这个组织系统就是票据发行管理系统。在各个不同的历史时期，革命根据地票据的发行管理首先要建立相应的管理系统，然后通过该管理系统依据一定的制度，对票据发行、兑付实施动态管理。

（一）合作社及股票发行管理系统和运行机制

在新民主主义革命时期，股票主要是通过合作社来发行的。所以

---

① 财政部财政科学研究所、国债金融司：《中国革命根据地债券文物集》，中国档案出版社1999年版，第32—70页。

合作社就成为股票的主要发行管理系统。《中华苏维埃临时中央政府关于合作社暂行组织条例的决议》和《合作社暂行组织条例》规定，"合作社组织为发展苏维埃经济的一个主要方式，是抵制资本家的剥削和怠工，保障工农劳动群众利益的有力武器，苏维埃政府并在各方面（如免税、运输、经济、房屋等）来帮助合作社之发展。"根据《合作社暂行组织条例》的规定，合作社的种类有"消费合作社"、"生产合作社"、"信用合作社"共三种。[①] 成立合作社必须符合《合作社暂行组织条例》的 9 条规定，如第三条关于合作社的建社资格："消费、生产、信用合作社之社员，不仅兼股东，并且是该社的直接消费者、生产者、借贷者，不合此原则者，不得称为合作社"；第五条关于股金："每个社员其入股之数目不能超过 10 股，每股金额不能超过 5 元，以防止少数人之操纵"；第六条关于审核登记："凡工农劳动群众所组织之合作社，须先将章程、股本、社员人数、经营项目，向当地苏维埃政府报告，经审查登记后，领取合作社证书，才能开始营业。"[②]

1933 年 9 月 10 日，临时中央政府颁布了 3 个合作社章程，即《生产合作社标准章程》、《消费合作社标准章程》、《信用合作社标准章程》，这些章程成为根据地建立合作社并开展业务的法律依据。土地革命时期，临时中央政府要求中央革命根据地"每乡建立一个粮食合作社、消费合作社，并各要有社员 50 万人，股金 50 万元"。各县要建立相应的联社，省一级要建立合作社"总的领导计划和管理机关——总社"[③]。这样，合作社就有了一个从上至下的严密的组织和管理系统。在合作社内部，也是一个严密的组织和管理系统。合作社的内部事务、

---

① 《革命根据地经济史料选编》（上册），江西人民出版社 1986 年版，第 87 页。
② 《合作社暂行组织条例》，《革命根据地经济史料选编》（上册），江西人民出版社 1986 年版，第 87—88 页。
③ 《我们在经济战线上的火力》，《革命根据地经济史料选编》（上册），江西人民出版社 1986 年版，第 139—140 页。

业务的开展、股票的发行和管理，就是在合作社这个管理系统的严格控制下开展的。以消费合作社为例。首先看其内部组织机构。合作社内设社员大会、管理委员会、审查委员会。"本社以社员大会为最高组织，由全体社员组织之"；"社员大会须有三分之二社员出席才能开会"。社员大会履行如下职权："（1）选举、罢免或处分管理委员及审查委员；（2）制定或修改本社章程及办事细则；（3）通过或开除社员；（4）审查三个月之营业报告及决算；（5）决定下三个月之营业方针。"① 管理委员会负责合作社的社务和具体业务经营，审查委员会负责审查合作社的帐目及管理委员会的经营行为。其次，看其票据的发行管理。"本社股金定每股大洋壹元，以家为单位，其一家领入数股者听（便）"；"凡交足股金之社员，由本社发给股票及购买证"；"本社股票及购买证概用记名式盖以本社图记，由管理委员会主任及副主任签名盖章"；"社员有转让其股权于承继人之权，但须得管理委员会之可决"；"股票及购买证如有遗失情事，应先报知管理委员会挂失，一面登报声明作废后，再向本社请求补发新股票。"② 由此看出，合作社及股票管理系统比较健全，管理也比较到位有效。

（二）公债发行管理系统

公债的发行和管理是一个复杂庞大的系统工程。各根据地在发行公债时，吸取以往发行公债的教训，依据各地的实际情况，建立起公债发行管理系统，使公债的发行、管理、兑付做到规范、有序、制度化，发挥公债的应有作用。1933 年 12 月，湘赣省苏维埃政府财政部根据湘赣省苏的决定，发出《关于建立公债发行的管理系统》的通知，指出："第一期公债由于没有专门机构负责，群众自动退还的无凭据，被敌人

---

① 《消费合作社标准章程》，《革命根据地经济史料选编》（上册），江西人民出版社 1986 年版，第 337—338 页。

② 《消费合作社标准章程》，《革命根据地经济史料选编》（上册），江西人民出版社 1986 年版，第 336—337 页。

抢去的亦无证明，以致无法清查。到现在还有数千元没有交款，而公债业已兑完，这是国家的一个损失。根据这个经验教训，此次发行第二期革命公债，必须有系统的发行与有系统的管理、有系统的收款。"为此，要求湘赣省各地：一是各级成立相应的发行机构，"省、县、区、乡必须立即组织公债发行委员会"。二是各级专设公债金库，"省公债发行委员会设立省分库，县附设支金库，区附设财政部，乡设苏维埃政府，各县支库，财政部应完全帮助管理发行"。三是完善公债领取手续，"领公债应详细请领公债凭单，乡到区领由乡苏盖公章，乡苏主席盖私章；区到县领由财政部盖公章，区公债发行委员会主任盖私章；县到省领由县支库盖公章，县发行委员会主任盖私章；各群众团体或直属机关应发给公债凭单，由他们自己填写向同级发行委员会领取。"[①] 1941 年 8 月，中共晋冀豫区党委在《关于推销生产建设公债的指示》中指出，由于公债推销工作时间紧、任务艰巨，"必须立即进行踏实而紧张的组织工作。……应有适当的分工，即依靠政府财政系统——边区政府财政厅、专署、县府财政科，派专人或成立专门组织来主持"；要"组织公债推销委员会"，"普遍深入到群众中推销"[②]。抗战时期陕甘宁边区政府发行 500 万元建设救国公债时，规定"领导公债发行经收工作及其他有关事宜者为财政厅"；同时"委托边区银行、光华商店及各分区县合作社、金库为经收机关"；"各分区县合作社经收人选，由各分区县长负责、物色可靠干部担任，遴选后报由财政厅核准备案"[③]。其公债发行管理系统比较完备。1945 年豫鄂边区发行建国公债，《豫鄂行政公署关于推销公债之办法》非常详细地规定了劝销委员会的工作职责、公债券的保管、债券售出时要办理的各种手续、经销人员交债款的

---

① 《建立公债发行管理系统》，湖南省财政厅：《湘赣革命根据地财政经济史料摘编》，湖南人民出版社 1986 年版，第 529 页。

② 财政部财政科学研究所、国债金融司：《中国革命根据地债券文物集》，中国档案出版社 1999 年版，第 35 页。

③ 《陕甘宁边区政府发行建设救国公债实施细则》，《中国革命根据地债券文物集》，中国档案出版社 1999 年版，第 40 页。

时限、公债销售的存根、公债经销人员的调动等等。如劝销办法规定："各行政区县内配的公债券由各该专署县政府负责保管"；"劝销委员或其他人领取债券外出销售时，应签给收据，专署县政府凭收据进行登记"。又如对债券款的规定，"经销人销得之债款，最迟应于15日内连同存根缴交专署（县政府），将原收据领回"；"专署（县政府）收入之债款，应将债款连同存根解缴行政公署不得挪用"；"未销出之公债券，专署（县政府）应连册缴还行政公署。"① 由此可见，对公债的发行管理有一套严密的管理系统，这套系统的运作能够保证公债按预定计划正常发行、推销、回收债款并如期兑付公债。

二、票据的发行要经过一定的审批程序

根据地各种票据的发行，不管是粮票、米票、饭票，还是股票、公债券等都有严格的审批程序，是经过各级苏维埃政府及其部门审批后才发行的。如较早成立的闽西银行及其发行的股票，是经过闽西苏维埃政府大会决定并批准的。1930年9月，闽西苏维埃政府在发布《关于设立闽西工农银行》的布告中指出："大会决定设立闽西工农银行"，"银行资本定20万元，分20万股股金"，每股大洋1元，主要向工农群众募集。② 1931年6月23日，闽西苏维埃政府通知第60号指出，闽西苏维埃政府第三次执委会扩大会议决定"扩大工农银行股金，由各乡再募股二万元"③。由此看出，扩大股金并发行股票，是经过闽西苏维埃政府第三次执委会审批的。又如闽浙赣省苏维埃银行，1933年9月，经全省支部书记联席会议及第一次全省贫农团代表大会批准，添招银行

① 《豫鄂行政公署关于推销公债之办法》，《中国革命根据地债券文物集》，中国档案出版社1999年版，第45—46页。
② 《关于设立闽西工农银行》，《革命根据地经济史料选编》（上册），江西人民出版社1986年版，第359—360页。
③ 《关于扩大工农银行股金》，《革命根据地经济史料选编》（上册），江西人民出版社1986年版，第364页。

股票 10 万元，以扩大银行资金，发展苏区经济。省苏银行按照省苏政府的指示，"实行股票发行和付息的规定，采取群众自愿集股，每股一元，每张一股"①。又如赣东北根据地发行的"红军饭票"同样经过一定审批程序。为解决红军指战员或政府工作人员因公到各地用餐问题，1934 年，"闽浙赣省财政部部长张其德、副部长谢文清商量解决办法，决定使用红军饭票，然后向省苏主席方志敏汇报，被批准了，于是便印制和使用红军饭票"②。

从 1932 年 6 月至 1933 年 7 月，临时中央政府曾三次发行革命战争公债和经济建设公债。为发行 60 万元第一期革命战争短期公债，临时中央政府于 1932 年 6 月 25 日发布第 9 号文告，指出："现本政府为了充裕革命战争的经费，以保障革命战争的继续胜利与发展，特举行募集短期的革命战争公债六十万元，专为充裕战争的用费，规定以半年为归还期，到期由政府根据所定利率偿还本息"③，并发布由临时中央政府主席毛泽东、副主席项英签署的《革命战争短期公债条例》。同年 6 月，临时中央政府执行委员会为发行本期公债，发布了第 13 号训令，对公债的发行办法作了具体规定。1932 年 10 月 21 日，临时中央政府中央执行委员会发布第 17 号训令，决定发行第二期革命战争短期公债 120 万元，并制定了详细的发行办法和发行第二期革命战争短期公债条例。1933 年 7 月 11 日，临时中央政府人民委员会召开第 45 次会议，讨论并作出决定："接受八县区以上查田大会及八县贫农团代表大会的请求，发行经济建设公债 300 万元。"同年 7 月 22 日，临时中央政府执行委员会作出《关于发行经济建设公债的决议》，指出：为了有力地进行经济建设，中央执行委员会特批准八县苏维埃工作人员查田运动大会及

---

① 谢文清：《赣东北苏区的经济建设》，《闽浙皖赣革命根据地》（下册），中共党史出版社 1991 年版，第 74 页。
② 汤勤福："闽浙赣根据地的有价证券研究"，《福建论坛》（文史哲版）1997 年第 5 期，第 13 页。
③ 《红色中华》第 24 期，1932 年 6 月 23 日。

八县贫农团代表大会的建议，"发行经济建设公债三百万元，并准购买者以粮食或金钱自由交付。"① 由以上所述可以看出，临时中央政府发行的三次公债，都相应地发布了布告、决定和决议，这些布告、决定和决议都是经过一系列会议研究后作出的。也就是说，三次公债的发行都经过严格的审批程序，是依法发行的。不仅是临时中央政府发行公债等票据需要经过审批，各地苏维埃政府或民主政权发行票据也要经过严格审批。

湘赣省苏维埃政府从 1932 年 12 月至 1933 年 11 月，先后共发行了三期公债，发行总额为 43 万元。第一、第二期发行总额分别为 8 万元、15 万元，其目的是为了充裕战争经费；第二期公债发行后，后来又补发了 20 万元公债，主要是为了筹集根据地经济建设经费。所以湘赣省实际上发行了三期公债，第三期发行了 20 万元。但有的资料上记载湘赣省苏发行了两期公债，第三期公债看作是第二期的补充，发行总额是一样的，都是 43 万元。但不管是发行了两期还是三期，都是经过中央批准才发行的。据记载，"湘赣省在中央政府批准下，向群众发行了两期（含补发一期）公债，金额为 43 万元。"② 1933 年，闽赣根据地闽北分区苏维埃政府"根据闽赣省革委会决议规定"，"发行经济建设公债20 万元"。③ 在这里，闽北分区"根据闽赣省革委会决议规定"发行经济建设公债，其实就是经过批准才发行。1934 年，闽浙赣省苏维埃政府"根据全省工农群众的热烈请求与省苏二次执委扩大会议的决议"，发行公债 10 万元。抗日战争时期，晋察冀边区行政委员会于 1938 年 5 月作出发行救国公债决定，"并依照国民政府募集救国公债的原则，报请国民政府批准后，在边区各地发行。"《晋察冀边区行政委员会救国

---

① 财政部财政科学研究所、国债金融司：《中国革命根据地债券文物集》，中国档案出版社1999 年版，第 10—14 页。

② 罗开华、罗贤福：《湘赣革命根据地货币史》，中国金融出版社 1992 年版，第 92 页。

③ 财政部财政科学研究所、国债金融司：《中国革命根据地债券文物集》，中国档案出版社1999 年版，第 29 页。

公债条例》第一条也规定了，发行公债须经过国民政府批准，"晋察冀边区行政委员会为鼓励人民集中财力充救国费起见，呈请国民政府发行公债"。1941年7月，晋冀鲁豫边区政府发行生产建设公债，是经晋冀鲁豫边区临时参议会议决定才发行的。这可从中共晋冀豫区党委《关于推销生产建设公债的指示》中找到佐证，"为发展边区各种建设事业，并紧缩冀钞流通，藉以稳定金融，改善人民生活，并密切人民与政府的联系，边区临参会通过发行建设公债600万元，这一措施在今天是万分必要的，全党必须保证它能按期完成"①。解放战争时期，中共粤赣湘区党委《给中央的电报》中指出，"目前克服财粮困难应与消灭敌人，开展地区，放在同等重要地位"，"必须动员全党力量克服这一重大困难，目前办法，主要靠推销公粮债券，决定全区发行十五万担，作为渡过困难的主要办法。"② 经中央批准后，粤赣湘边区发行"公粮债券"。在这期间，中共粤桂边区党委根据华南分局的指示，发行了公粮债券；中共琼崖区党委特请示华南分局同意，以琼崖临时人民政府名义也发行了解放公债。③

综上所述，各根据地票据的发行，基本上都严格地按照一定程序进行审批，是依法发行的。

三、发行票据的章程、条例是最详细、具体的制度规范

在不同时期，各根据地为发行票据所颁布的各种章程、条例，对发行票据的目的、用途、总额、利率、还本付息时间、票面价值、买卖抵押、担保、发行兑付机关等予以明确规定，是管理规范票据的最详细的运行规则或制度。各种票据从发行到兑换结束的整个管理过程，主要是

---

① 财政部财政科学研究所、国债金融司：《中国革命根据地债券文物集》，中国档案出版社1999年版，第30、32、34页。
② 吴平：《华南革命根据地货币史》，中国金融出版社1995年版，第111页。
③ 吴平：《华南革命根据地货币史》，中国金融出版社1995年版，第113、114页。

以相应的章程或条例为依据。如土地革命时期，《湘鄂西省苏维埃政府水利借券条例》规定，"本券是为必要的水利经费，只占整个水利经费的20%"；"本券是无息借券，以明年的土地税作担保"；"本券推销的主要对象，是赤白区的商人和富农，其他热心水利者，可按自己经济力量自愿承销"。水利券与"借粮"性质相同，"能够出售，但不能购买货物"①。《中华苏维埃共和国革命战争短期公债条例》明确规定，"为发展革命战争起见，特募集公债以充裕战争经费"；本次公债发行总额为"国币60万元"；利率定为周年1分，同时规定"半年还本付息"，"届时本利同时兑还"。《条例》还明确规定，"公债完全得以十足作用的完纳商业税、土地税等国家租税，但交纳今年税款则无利息"；"公债准许买卖、抵押及代其他种现款的担保品之用"。② 通过比较土地革命时期各种公债条例发现，大多数公债条例都规定：（1）公债期满后可十足完纳各种租税；（2）准许公债买卖、抵押或作为各种现款的担保；（3）维护公债权威，对破坏公债者明确定罪；（4）公债发行及还本付息、兑换事宜由各级政府财政机关、政府银行及政府委托之机关办理。以维护公债权威条款为例，临时中央政府发行第一、第二期革命战争公债条例第八条规定："如有人故意破坏信用、破坏价格者，以破坏苏维埃与革命战争论罪"；临时中央政府第三期公债条例第十条规定，"如有意破坏本公债信用者，以破坏苏维埃经济论罪"③。而湘赣省苏维埃政府为发行三期公债而颁布的条例中也有类似的规定，第一、第二期公债条例第八条规定与临时中央政府公布的第一、第二期公债条例中的第八条完全相同："如有人故意破坏信用、破坏价格者，以破坏苏维埃与革命战争论罪"；其第三期公债条例第九条规定与临时中央政府颁布

---

① 财政部财政科学研究所、国债金融司：《中国革命根据地债券文物集》，中国档案出版社1999年版，第7页。

② 财政部财政科学研究所、国债金融司：《中国革命根据地债券文物集》，中国档案出版社1999年版，第8页。

③ 财政部财政科学研究所、国债金融司：《中国革命根据地债券文物集》，中国档案出版社1999年版，第8、11、14页。

的第三期公债条例第十条近乎相同："如有意破坏本公债使用者，以破坏苏维埃经济论罪"[①]。湘鄂赣省苏发行的两期公债条例中，也有维护本公债权威的条款规定："如有人破坏本公债信用和价格者，以破坏革命战争论罪"[②]。

土地革命时期根据地发行的粮票、米票，其正面或背面大多数附印有"使用说明"。这些"使用说明"其实具有"章程"性质，具体规定了粮票或米票的发行目的和作用、吃饭兑粮的标准、使用范围、使用期限等。如 1934 年中华苏维埃共和国粮食人民委员部发行的米票，其"使用说明"规定了米票的使用对象："此票是为政府机关、革命团体、工作人员及红色战士出差或巡视工作之用"；上述人员"持此票可按票面米数到各级政府机关、革命团体及红色饭店等处吃饭"，同时强调"油盐菜钱另补"。收到此票后如何兑换粮食？"持此票可向仓库、粮食调剂局、粮食合作社兑取票面米数或谷子（以 68 斤米兑换 100 斤谷计算），如当地仓库、调剂局、合作社谷子缺乏，可向支库按米谷市价领取票面米数的现款"。同时还规定，"此票通用于□□□□境内，不拘政府机关、革命团体、红色部队工农民众均可凭票兑米谷，但兑钱者须有当地粮食部及仓库负责证明"；此票自 1934 年 3 月 1 日起至同年 8 月 31 日止为通用期，过期不适用。"[③]

合作社章程、合作社股票条例也是规范、管理股票的制度安排。如土地革命时期颁布的生产合作社标准章程、消费合作社标准章程和信用合作社标准章程，对社员的入社、股金标准、股票的发行、股票的设计、转让流通、股票分红等都有具体规定。如《信用合作社标准章程》规定，"本社股金定每股大洋一元，以家为单位，其一家愿入数股者听

① 财政部财政科学研究所、国债金融司：《中国革命根据地债券文物集》，中国档案出版社 1999 年版，第 21、23、24 页。

② 财政部财政科学研究所、国债金融司：《中国革命根据地债券文物集》，中国档案出版社 1999 年版，第 28 页。

③ 洪荣昌：《红色票据：中华苏维埃共和国票据文物收藏集锦》，解放军出版社 2009 年版，第 2—36 页。

之"；"凡缴足股金之社员均有选举权、被选举权、表决权。但每一社员（代表一家）不论入股多少均以一权为限。"同时明确对股票的发行、转让、遗失分红等管理规定："凡缴足股金之社员，由本社发给股票"；"本社股票概用记名式，盖以本社图记，由管理委员会主任及副主任签名盖章"。"社员有转让其股权于承继人之权，但须得管理委员会之可否"；"股票如有遗失情事，应先报知管理委员会挂失，一面登报申明作废后，再向本社请求补发新股票。""每期纯利，以百分之五十为公积金，百分之十为管理委员及职员之奖励金，百分之十为办理社员公共事业，百分之三十照社员所付利息额为标准比例分还社员之借款者。"① 又如，1933 年 11 月，联合消费合作总社（即中央消费合作总社）发行第二期股票，面额为 5 角的股票背面印有股票条例。本条例第一条指出了发行本项股票的目的，"为发展苏维埃经济，抵抗奸商富农资本家剥削，扩大本社资本，特发行本社股票。"条例规定了股金定额、股票面值、利率，"本项股金定额为 2500 元"；股票面值"只有 5 角一种"；"股票利率定为周年 5 厘"。同时对股票的流通、转让、遗失等事项明确规定，"本项股票不能当作现金在市面流行"；"股票准许买卖，但须经管委会许可"；"股票如有损坏及遗失时，须立即向总社或分社管委会报告，半月后再行补发"。为了维护本股票的权威性，同时规定，"如有故意破坏本项股票信用及价格者，以破坏苏维埃经济建设论罪"；本股票之"推销及还付利息由总社及各分社分别办理"②。

在票据的发行中，除了上述章程、条例作为调整、规范票据发行、管理的制度外，某些说明、决议、办法等也很详细地规定了票据发行、运行和管理的具体操作细则，也具备章程和条例的性质，是另一种形式

---

① 《信用合作社标准章程》，《革命根据地经济史料选编》（上册），江西人民出版社 1986 年版，第 381—383 页。

② 《联合消费合作总社第二期股票条例》，参见洪荣昌：《红色票据：中华苏维埃共和国票据文物收藏集锦》，解放军出版社 2009 年版，第 141 页。

的票据制度，对票据的发行和管理起重要作用。如解放战争时期，合江省东安地区行政专员公署于 1946 年 10 月发行了建设公债。为规范建设公债的发行，该区行政专员公署颁布了"发行建设公债的说明"，规定了公债发行的目的"旨在建设东安地区，使之成为永久之和平民主根据地"，公债总额为 500 万元；同时规定，"本公债的利息为年利 1 分，原本及利息于民国 38 年 10 月 1 日偿还"；"票面金额为 50 元、100 元、500 元、1000 元四种，为无记名有价证券"，发行时"以票面金额为发行价格"。① 又如冀东行政公署 1947 年向所属地区发布《关于发行土地公债的指示》，该指示详细规定了发行土地债券的具体办法，包括赔偿土地债券的对象、具体经办程序、土地价格、债券面额、利息、偿还时间界限、发行债券的经办部门等。该指示规定："凡被侵犯之中农（包括富裕中农及政治有错误已向群众承认错误的中农在内）土地，除已由群众中直接偿还者不再变动外，均应按此公平赔偿原则发给相当价格的土地债券，被侵中农如系因当敌伪爪牙或贪污取得的土地即不再赔偿，但在其认识改过后，应用救济形式，酌发给一部分债券。"规定土地价格"一般为每亩小米 100 斤至 300 斤，但洼地、水地、不毛之地以及过好的园地等，应按具体情况酌予增减之"。"债券票额为 50 斤、100 斤、200 斤三种，按券面规定年份偿还"，债券利率"按年利 1 分加息偿还"。同时，规定"每年阳历 10 月 1 日到 12 月底为偿还期，可按期持券到政府或指定机关领取粮食或折款，如在征收期间，亦可代交公粮公款"；此债券"不能在市面通流"。②

上述所举各种票据的章程、条例、发行办法、决议或指示，不仅对票据发行目的、范围、数量总额、利率、付息还本时间作出明确规定，并且规定了担保、发行机关、票据流通买卖、抵押、权威性等等

---

① 财政部财政科学研究所、国债金融司：《中国革命根据地债券文物集》，中国档案出版社 1999 年版，第 63 页。

② 财政部财政科学研究所、国债金融司：《中国革命根据地债券文物集》，中国档案出版社 1999 年版，第 52—53 页。

内容条款，同时，还将这些章程、条例、指示、办法等公告天下，广泛宣传动员群众，提高票据发行管理的透明度，最大限度地维护人民群众利益。

四、实行自愿购买原则是票据管理制度的一大特征

各地发行票据实行自愿购买的原则，坚决反对强迫命令、摊派、强加的方式。例如土地革命时期，湘赣省苏维埃政府成立工农银行时，《少共湘赣省委第二次委员扩大会议决议》提出，"加紧宣传鼓动，提高工农群众对工农银行的信用，鼓动群众自动入股，充实银行基金。"1932年9月12日，莲花县苏维埃政府执行委员会《通令》要求，"各区乡须在各种会议中讨论集股工作，并组织宣传队，在夜晚以村为单位召开群众大会，将工农银行集股意义详细告诉群众，使群众自动来集股，反对强迫命令摊派的坏方式。"[①] 1930年5月，闽西苏维埃政府颁布《合作社条例》布告第11号，明确规定"社员是自愿加入者"才称为合作社。[②] 显然，合作社股票的发行，必须遵循群众"自愿购买"原则，否则，合作社得不到苏维埃政府的认可或批准。《消费合作社标准章程》和《信用合作社标准章程》都明确规定"本社社员数量无限制，准许自由陆续加入"[③]，这表明社员加入合作社是自由的，也就是说购买入社股票实行自愿原则。

再以公债的发行为例。无论是土地革命时期，还是抗日战争、解放战争时期，各根据地发行公债也是遵循自愿原则。1932年6月和10月，为发行第一期、第二期公债，临时中央政府执行委员会发布第13、17

---

① 罗开华、罗贤福：《湘赣革命根据地货币史》，中国金融出版社1992年版，第166、164页。

② 《合作社条例》，《革命根据地经济史料选编》（上册），江西人民出版社1986年版，第297页。

③ 《革命根据地经济史料选编》（上册），江西人民出版社1986年版，第336、381页。

号训令指出，各级政府要向广大工农群众宣传鼓动，解释公债的意义，使每个群众都踊跃地来买公债。训令特别强调"用宣传鼓动的方法，来鼓动群众自愿来买公债，切不能用命令强迫"，但对于富农和大中商人，"可以责令购买"。同年 11 月，中央财政人民委员部在第 10 号训令中指出："公债是政府向群众所借之债款，除商人、富农可以指令摊派外，其余中农、贫农及小商人等，概须用鼓动方法，劝人自动购买，绝对不准指派强迫。只有这样，才不致引起群众反感，妨碍公债之销行。"针对个别地方政府采用命令摊派公债的做法，中央财政部严厉指出，"这简直是军阀时代土豪劣绅勒派捐款的办法，是破坏苏维埃信仰，脱离群众的办法，这简直等于断送群众替反革命造成机会的自杀行为"。因此，要求"各级政府以后对于自己阶级群众，无论如何须任人自由购买，不准再有摊派勒迫行为，违者查出严厉处分。"[1] 为更好地完成第三期经济建设公债的推销，1933 年 8 月，中央人民委员会发布了《关于推销公债方法的训令》，对采取正确推销方法并取得极大成绩的地区给予表扬，同时批评了平均主义摊派公债的错误做法。指出摊派命令的做法，"犯了极大错误，把推销公债看作只是财政部的事，没有推动区一级的群众团体作一致的动员，以致在许多乡中发生了平均摊派的极严重现象"，"以致许多地方引起群众不满意，妨碍了公债的推销"。为此，训令指出，"各级政府主席团及乡苏主席，必须严格防止平均摊派的错误，要晓得平均摊派是十足的官僚主义，是阻碍公债推销的极端错误办法"，"以后如再发生平均摊派的事，上级政府须立即纠正，纠正不改必须给以处罚"。训令还强调，"反对平均摊派，就是要鼓动群众自愿地购买公债"。[2] 在某些地方，由于推销公债的方法得当，实行自愿购买的原则，同时开展购买公债的革命竞赛，取得了极大的成

---

① 财政部财政科学研究所、国债金融司：《中国革命根据地债券文物集》，中国档案出版社 1999 年版，第 10—12 页。

② 财政部财政科学研究所、国债金融司：《中国革命根据地债券文物集》，中国档案出版社 1999 年版，第 15—16 页。

绩，这些地方购买公债热情高涨。如瑞金云集区，"全区共认销 40700元，不到三个星期，已推销了 25500 元。其中以洋溪乡的工作做得最好，该乡担任的 4600 余元，业已全数销完。"① 湘赣革命根据地发行第二期公债后，"团和青年群众热烈购买第二期革命公债。在省苏发公债的时候，有些地方运用了革命竞赛的方法去推销。如永新、茶陵有些团支部书记和团员及青年群众买上 40 余元公债，特别要表扬永新城市的青工节省数天工资及零用钱，帮助红军战费及购买公债的热情。"在"省苏召集的九县查田大会上，全体代表热烈要求省苏增发 20 万元革命公债为经济建设公债。"② 以致各地群众再度踊跃购买，如刘林瑞先买了 20 元后又增买 60 元，刘复连先买了 20 元后又买 11 元，尤康成一次就购买 65 元。③ 各根据地在开展购买公债竞赛的同时，中国手艺工人工会筹备会议于 1933 年 2 月 17 日决定，号召会员退还所购买的临时中央政府第二期公债票给政府，不要政府还本息。该筹备会期间，会员退还的公债票共计大洋 50 元；到 1933 年 5 月初，在广大群众热烈拥护下，中央苏区已经退还了第二期革命战争公债票共计 90 余万元。④ 在中央苏区群众退还公债票的带动下，其他革命根据地也出现了退还公债给政府的热潮。在湘赣省委《红五月工作计划》中提出：要开展"退还（一期）三万元公债运动"，"必须把中央苏区群众自动热烈的不要本、不要息、退还政府作为红军战费的事实，在群众中作广泛地鼓动，利用各种会议举行退还公债的竞赛"；同时强调，"退还绝对自愿，退

---

① 《关于推销公债方法的训令》，《中国革命根据地债券文物集》，中国档案出版社 1999 年版，第 15 页。

② 《少共湘赣省委为参加苏维埃经济建设与经济动员给各级团部的指示》，《中国革命根据地债券文物集》，中国档案出版社 1999 年版，第 23 页。

③ 湖南省财政厅：《湘赣革命根据地财政经济史料摘编》，湖南人民出版社 1986 年版，第 512—513 页。

④ 财政部财政科学研究所、国债金融司：《中国革命根据地债券文物集》，中国档案出版社 1999 年版，第 12—13 页。

多少也是绝对自愿的。"① "退还公债，党团员应起积极领导作用。在五月内应达到省委所决定的退还三万元的数目"，"但这是绝对自愿的，退还多少就算多少，决不能强迫命令来退还。"② 到 1933 年 6 月，"永新少队，自动不要本息退还公债供给红军战费"，共计 250 多元。③ 从以上所述可以得出一个结论，那就是：由于公债的发行和退还都实行自愿原则，因此，根据地发行的各种公债，在群众中赢得了极高的信用度。

抗日战争、解放战争时期，公债的发行同样实行"自愿购买"原则。《陕甘宁边区政府发行建设救国公债实施细则》第二条规定，"用政治动员与政府法令相配合征收建设救国公债，须人民自动认购，禁止强迫摊派"。"销售公债，必须自愿。反对带有任何强迫命令的任何方式。"④ 晋察冀边区抗日战争时期发行救国公债 300 万元，"公债之推销，完全采取劝募方式，决不带丝毫强迫"⑤。由于实行自愿认购，不少地方还超额完成预定计划，如冀中区原定推销 100 万元，实际完成了 154 万元。1947 年皖南人民解放军长江纵队发行了一期救国公债，规定"本公债券由地方爱国民主人士自愿承购，不得强迫摊派及转售"⑥。1945 年 8 月，晋察冀边区发行 20 亿元的胜利建设公债，要求"广泛深入地进行宣传发行胜利建设公债的意义，发动广大群众踊跃购买公债的

---

① 湖南省财政厅：《湘赣革命根据地财政经济史料摘编》，湖南人民出版社 1986 年版，第 528 页。

② 《湘赣省军区关于红五月的工作经动员准备长期给养》，《湘赣革命根据地财政经济史料摘编》，湖南人民出版社 1986 年版，第 528 页。

③ 《退还公债》，《湘赣革命根据地财政经济史料摘编》，湖南人民出版社 1986 年版，第 528—529 页。

④ 财政部财政科学研究所、国债金融司：《中国革命根据地债券文物集》，中国档案出版社 1999 年版，第 40—42 页。

⑤ 财政部财政科学研究所、国债金融司：《中国革命根据地债券文物集》，中国档案出版社 1999 年版，第 33 页。

⑥ 财政部财政科学研究所、国债金融司：《中国革命根据地债券文物集》，中国档案出版社 1999 年版，第 57 页。

热情，反对强迫命令、简单的行政摊派方式"①。

虽然在个别地方，在某些时候，也有采取强迫命令的方式，强制群众入股，或者平均摊派发行票据（如公债）的，但这些错误做法最后都得到了纠正。总之，由于各根据地党和政府在票据的发行中实行自愿购买原则，得到群众的积极支持和拥护，各种票据的发行得以顺利完成，有力地支援了革命战争和根据地经济建设。

五、购买票据的形式灵活多样

根据票据发行、管理的有关制度规定，各根据地群众可以用现钞、银元、金银块，也可以用粮食、布匹、棉花等实物购买股票、公债等票据。如土地革命时期，瑞金武阳区石水乡的犁牛合作社，社金的来源"主要的还是靠社员的入社金。交入社金的多少，不以家数或人数计算，而以田面担数计算，决定每担谷田出谷三斤不交钱。"② 这里是以粮食作为入社金。又如，晋察冀三分区农业合作社，"有钱入钱，有物入物，有劳动力入劳动力，折合工率等价作股。邓家店的规定是：（一）入股以成年男子劳动力为标准，算作一股；（二）牲口入股，该村都是驴，同时每个牲口大小强弱上下差不多，所以不作折合，一个顶一股；（三）物股与钱股根据现时情形，一个成年劳动力一天吃的米数和所挣的工资合计，为二斤米十元钱作为一股，一个成年男劳动力与一个驴等价（这是一个时期的折合率，可变动）。这样，使人工与畜工都有了价值。"③ 1949年9月，《中共中央东北局关于农村供销合作社的方针与任务的决议（草稿）》指出，"社员入社，可收一定数量的入社费，

---

① 《晋察冀边区行政委员会关于发行胜利建设公债的指示》，《中国革命根据地债券文物集》，中国档案出版社1999年版，第51页。

② 《瑞金武阳区石水乡的犁牛合作社》，史敬棠等编著：《中国农业合作化运动史料》（上册），北京三联书店1957年版，第123页。

③ 《晋察冀三分区创立劳动互助合作社》，史敬棠等编著：《中国农业合作化运动史料》（上册），北京三联书店1957年版，第413页。

作为合作社的基本基金。此外可根据各地不同的经济情况，规定每股股金若干，一般股金额不要过高，以便于广大农民入股为原则，现款、实物、劳力均可入股。"① 由此可看出，入股的方式多种多样，可以用钱也可以劳动力，还可以有价实物入股。

在新民主主义革命时期各个不同阶段，各根据地发行的公债券，以实物形式购买的占相当大的比例。土地革命时期，临时中央政府发行300万元经济建设公债，关于群众购买本公债的方式，有明文规定："用粮食、用银钱由群众自便"；"并准购买者以粮食或金钱自由交付"。② 又如湘赣省苏维埃政府发行的三期革命公债，其中两期可用金银、粮食等实物购买。1933年6月，中共湘赣党团省委在《关于发行第二期革命公债票的决定》中指出，"为了很迅速将公债票推销完毕，应发动节省运动来购买公债，如机关工作人员实行节省伙食，群众节省谷米，工人节省用费，妇女卖柴挑脚和变卖自己的金银器等购买公债"③。湘赣省第二期革命公债条例第七条规定，"购买本公债者，交银、交谷、棉花听其自便，谷棉价格由当地县政府公布之"④。中共湘赣省委、湘赣省苏主席团在《关于经济动员突击运动月工作大纲》中，号召工农群众踊跃购买公债，"或者拿钱买，或者拿谷子、棉花、豆子、油、猪……各种物品来购买"⑤。抗日战争时期，陕甘宁边区政府发行500万元建设救国公债，规定"凡民间持以银元、白银（元宝）、首饰或公用的货物，购买本公债票者，均准从优作价交换之。"具体来说，"持有下列财物者均可换购公债：①法币；②硬币（即现洋）；③边钞；④生金银或制成品；⑤粮食、干草及边区土产品（盐、皮毛、

---

① 中国社会科学院经济研究所中国现代经济史组：《革命根据地经济史料选编》（下册），江西人民出版社1986年版，第714页。

② 《临时中央政府中央执行委员会关于发行经济建设公债的决议》，《中国革命根据地债券文物集》，中国档案出版社1999年版，第13页。

③ 《中国革命根据地债券文物集》，中国档案出版社1999年版，第22—23页。

④ 《中国革命根据地债券文物集》，中国档案出版社1999年版，第24页。

⑤ 《中国革命根据地债券文物集》，中国档案出版社1999年版，第25页。

药材、蜂糖等）。"① 1945 年豫鄂边区行政公署发行建国公债，公债条例
规定："为避免债券购买人或债券持有人因货币跌价受损失，本公债票
面钱数一律按当地当时谷价折实物，以樊斗计算，还本时付谷或依照还
本时之当地谷价折成钱偿还。"② 其实就是号召群众以实物谷子购买公
债。1945 年 8 月，晋察冀边区发行胜利建设公债 20 亿元，发行办法规
定："不论干部群众，不论个人或团体，均得以边币或金银、布匹、粮
食等购买之。"③ 1949 年，广东省东江人民行政委员会与潮梅人民行政
委员会联合发行胜利公债人民券 1000 万元，规定除了以现钞、外币、
金银购买外，可"按当地市价缴付稻谷、棉纱、布匹、生油、片糖五
种实物"④。解放战争时期发行的公粮债券，大部分是以粮食、布匹、
大豆、棉花等实物形式购买。1949 年 4 月，粤赣湘边区决定向全区发
行"公粮债券"15 万担，"认购者可以现金或其他实物依时价折算"⑤。
解放军滇黔桂边纵队 1949 年 4 月，曾发行云南人民革命公债，"是项公
债规定收受与归还办法，均由各县人民政府统一办理，一律以粮食实物
折合银元市价作基准"。这次公债认购了实物公债稻谷 220 万斤。⑥
1949 年 6 月，粤桂边区发行公粮公债 5 万担；同年 9 月，闽粤赣边区发
行军粮公债米 1750 万斤，债券可自由买卖抵押并准抵缴田赋。⑦ 在湘赣
革命根据地，"这次买公债很方便，现金、谷子、棉花、豆子……各种
生产品都可以"，"大家争先恐后地拿起花边或挑起谷子、豆子、棉花，

① 《中国革命根据地债券文物集》，中国档案出版社 1999 年版，第 39—40 页。
② 《豫鄂边区行政公署建国公债条例》，《中国革命根据地债券文物集》，中国档案出版社
1999 年版，第 45 页。
③ 《晋察冀边区行政委员会关于发行胜利建设公债的指示》，《中国革命根据地债券文物
集》，中国档案出版社 1999 年版，第 51 页。
④ 《1949 年胜利公债发行条例》，《中国革命根据地债券文物集》，中国档案出版社 1999 年
版，第 83 页。
⑤ 《中共粤赣湘边区党委关于发行"公粮债券"致各地委的指示》，《中国革命根据地债券
文物集》，中国档案出版社 1999 年版，第 78 页。
⑥ 《中国革命根据地债券文物集》，中国档案出版社 1999 年版，第 79 页。
⑦ 《中国革命根据地债券文物集》，中国档案出版社 1999 年版，第 80—81、84—85 页。

扛起猪……来缴公债。"①

　　通过以上分析，我们知道，根据地工农群众购买票据形式多种多样，既可以现金、外币、金银购买，还可以实物如粮食、布匹、棉花、豆子等购买。正是由于公债购买形式灵活多样，才确保根据地发行的各种票据基本上如期完成推销任务。

---

　　① 《发行公债》，《湘赣革命根据地财政经济史料摘编》，湖南人民出版社 1986 年版，第521—522 页。

附　录

革命根据地公债券、粮票、股票

第一部分　革命根据地公债券

第二部分　革命根据地粮食票据

第三部分　革命根据地股票

第一部分　革命根据地公债券

一、土地革命战争时期根据地发行的各种公债

（一）中华苏维埃共和国临时中央政府发行的各种公债

中华苏维埃共和国革命战争短期公债

壹圆券（银元，下同）

伍角券

中华苏维埃共和国革命战争短期公债

伍圆券

附印在公债券背面的革命战争短期公债条例

中华苏维埃共和国革命战争短期公债

伍角券（银元，下同）

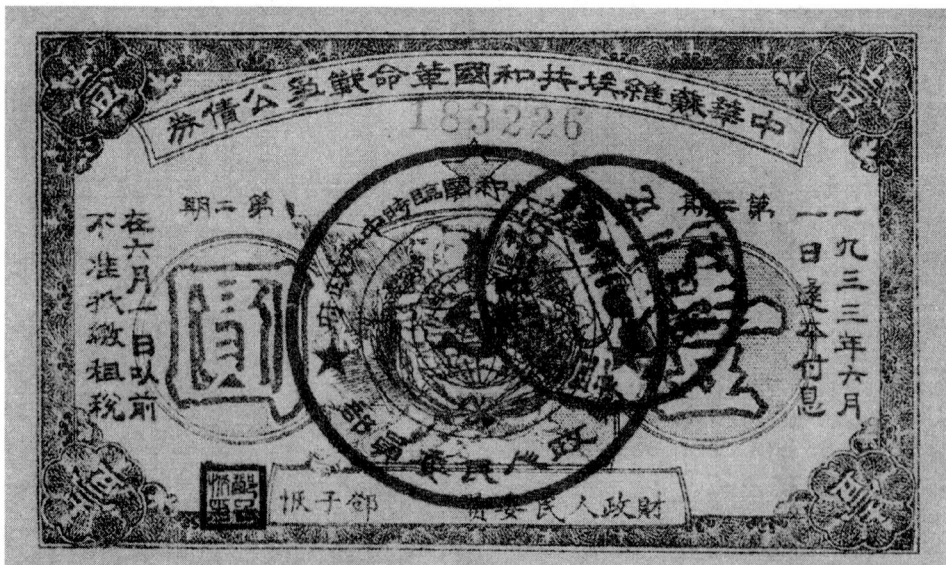

壹圆券

中华苏维埃共和国第二期革命战争公债券

伍圆券

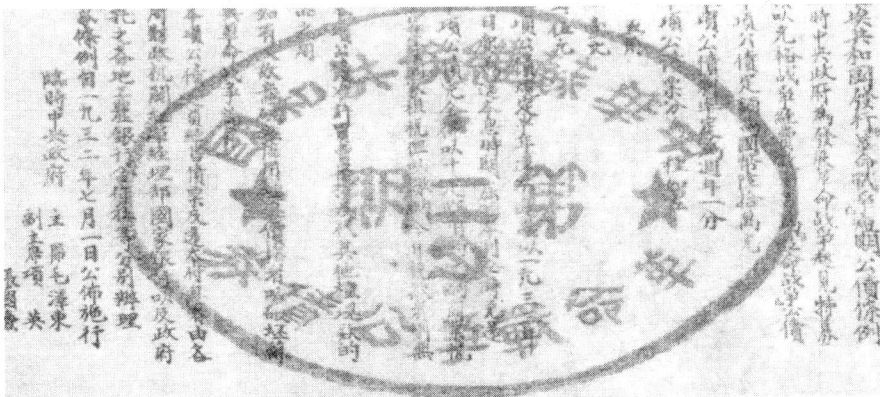

为节省发行费用，将已收回的革命战争短期公债券加盖"中华苏维埃共和国
第二期革命战争公债券"印章后作为第二期革命战争公债券发行

中华苏维埃共和国经济建设公债券

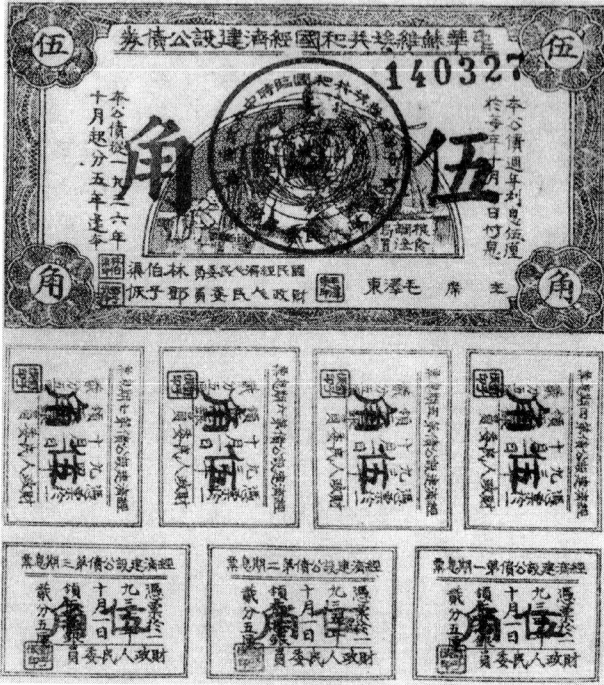

伍角券（银元，下同）

壹圆券

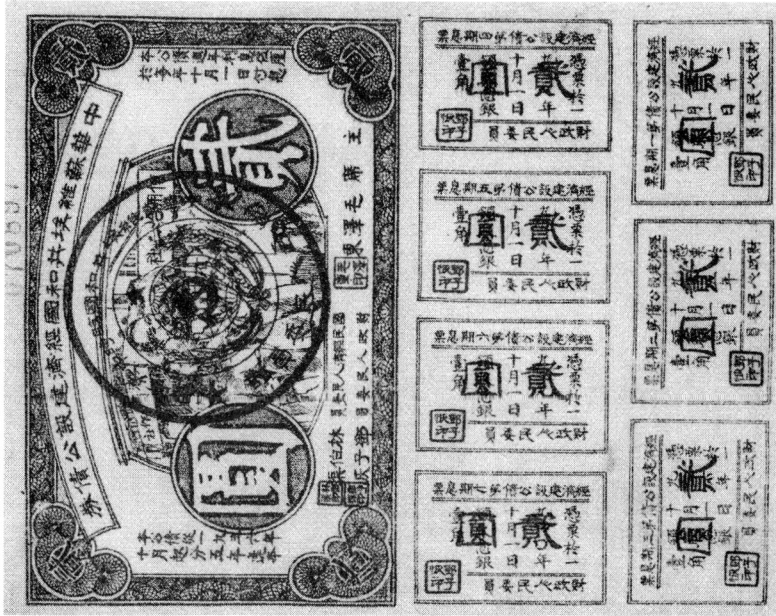

贰圆券

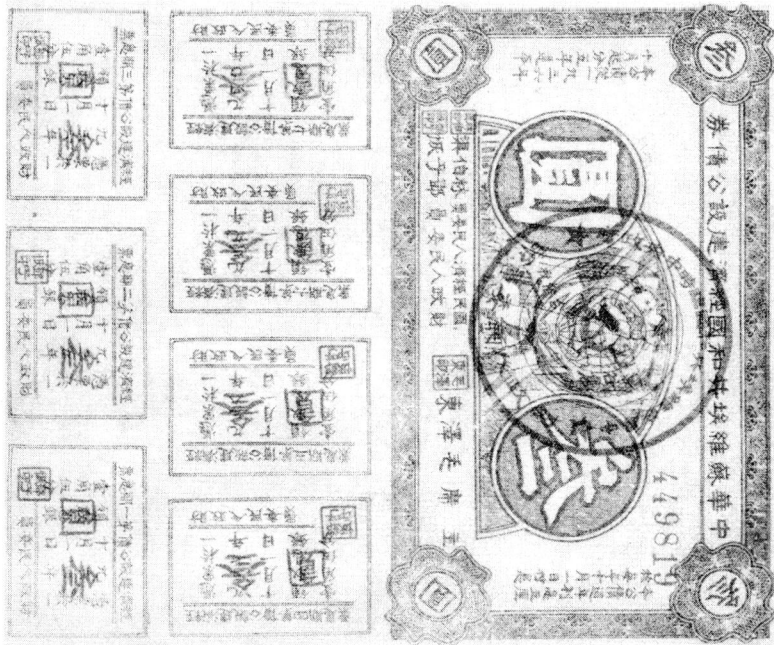

叁圆券

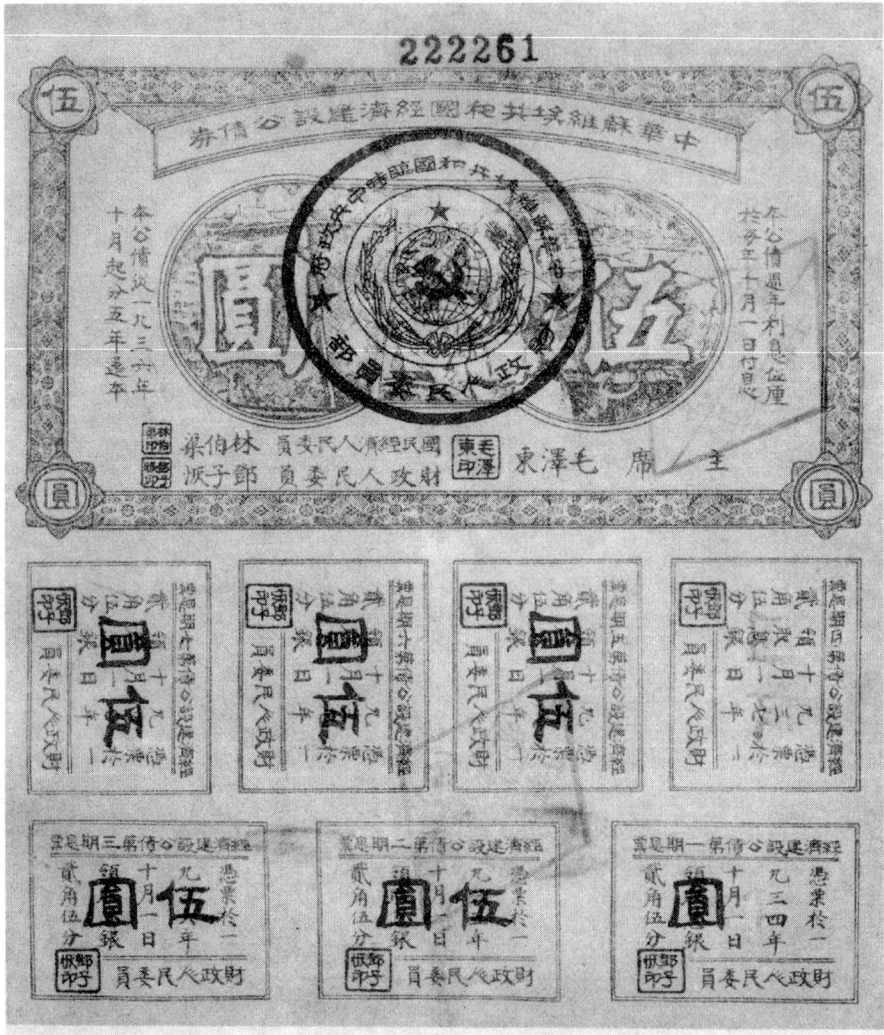

伍圆券

（二）中华苏维埃共和国临时借谷证、借谷票

临时中央政府临时借谷证

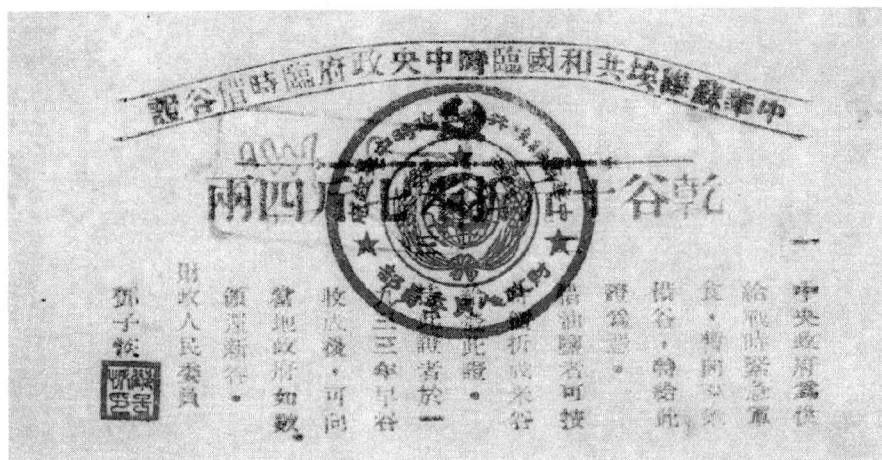

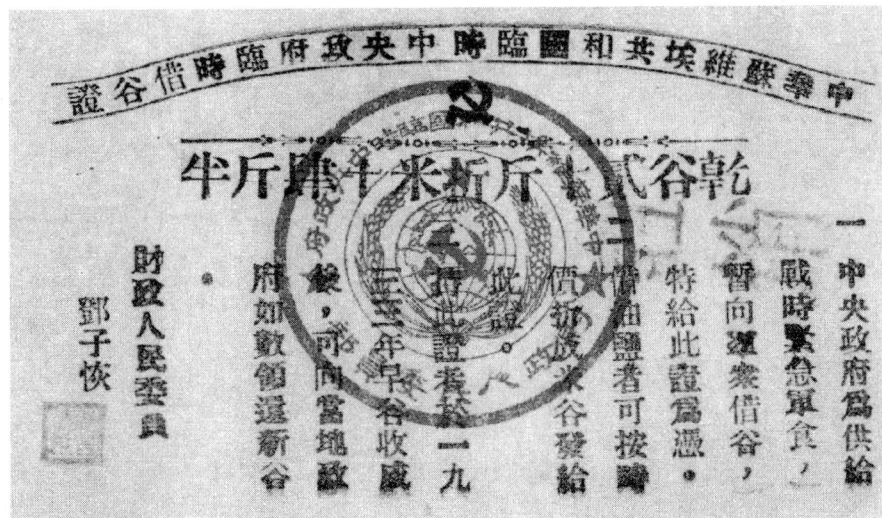

借谷票

伍拾斤借谷票及背后归还说明

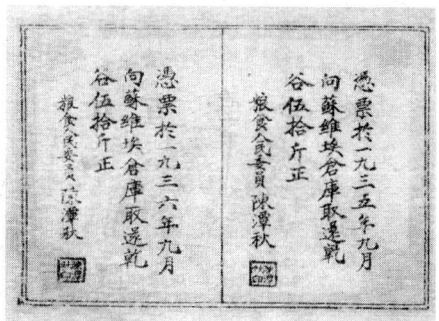

壹百斤借谷票及背后归还说明

红军临时借谷证

原件为 17.8×10.7 厘米

原件为 17.8×10.7 厘米

红军临时借谷证

原件为 17.8×10.7 厘米

红军临时借谷证

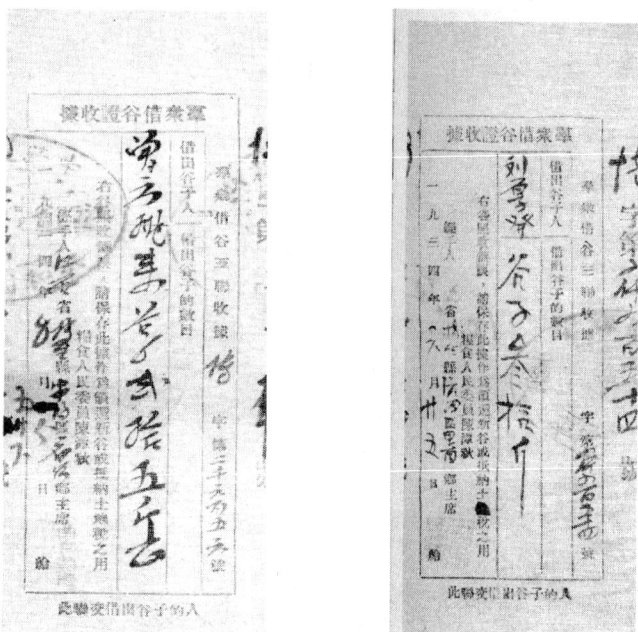

博生县苏维埃政府的借谷证收据

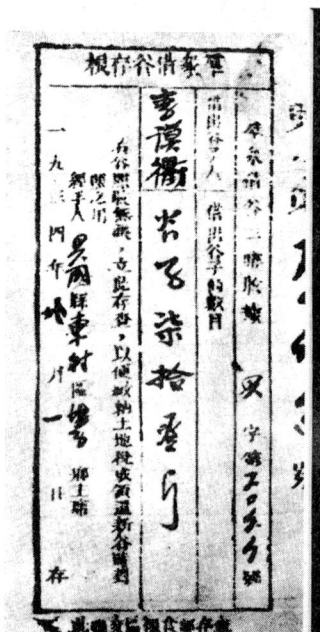

兴国县苏维埃政府借谷收据

（三）湘赣省苏维埃政府发行的各种公债券

湘赣省革命战争公债券

伍角券

壹圆券

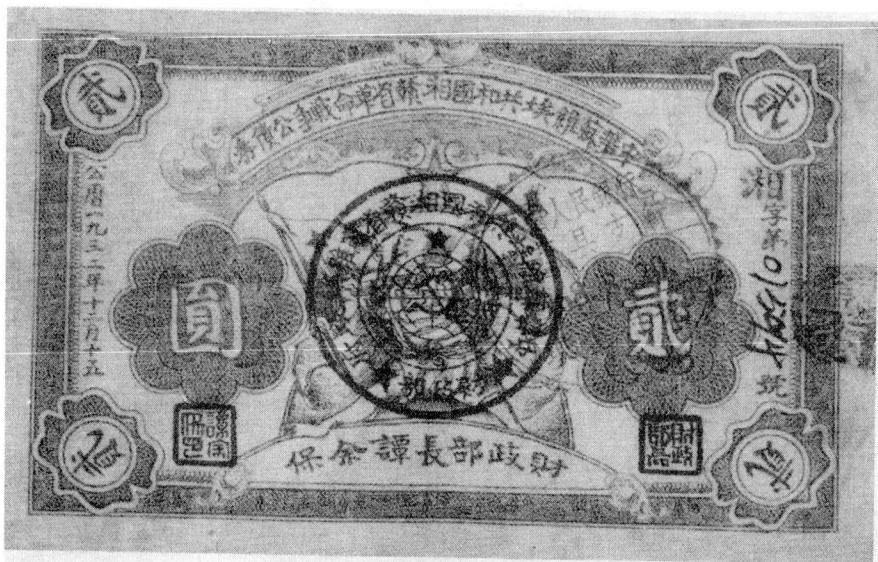

贰圆券

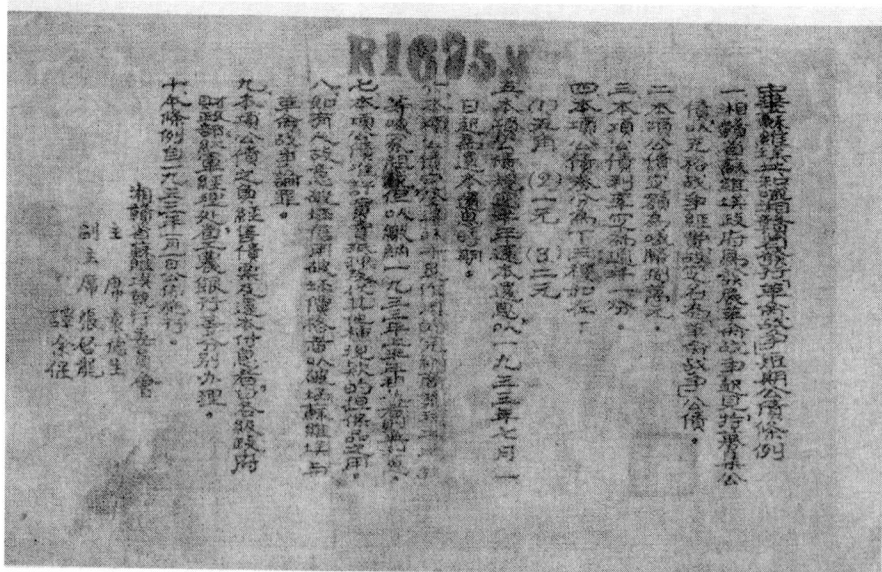

本公债券背面的公债条例全文

湘赣省第二期革命战争公债

壹圆券

伍角券

伍圆券

附印在本公债券背面的公债条例全文

壹圆券

附印在背面的本公债条例全文

伍角券

湘赣省收买谷子期票

（四）湘鄂赣省苏维埃政府发行的各种公债券

湘鄂赣省短期公债券

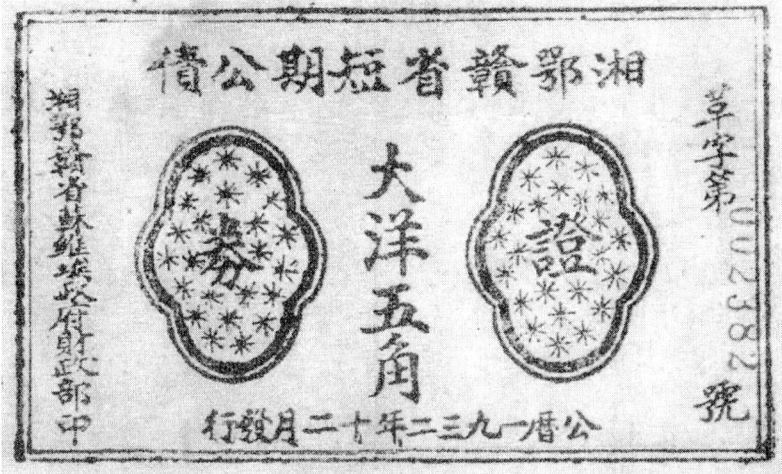

伍角券

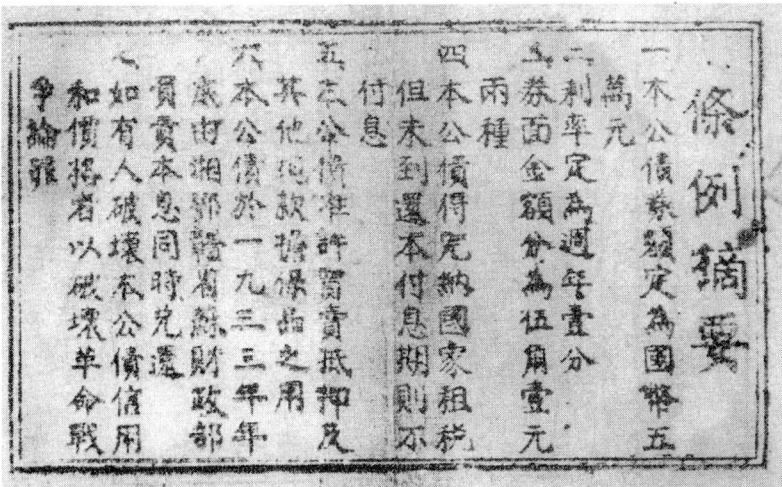

附印在背面的本公债条例摘要

湘鄂赣省第二期革命战争公债券

伍角券（银元，下同）

壹圆券

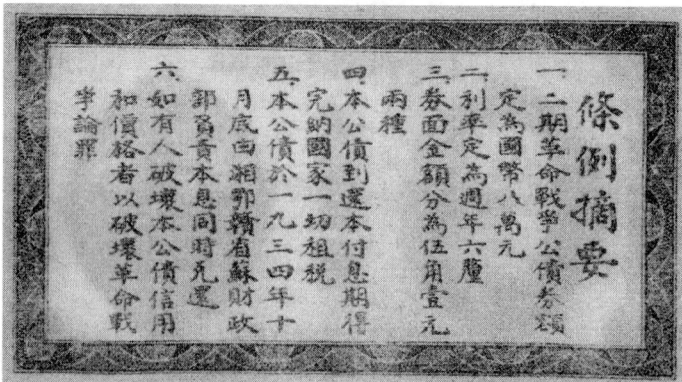

附印在背面的本公债条例摘要

（五）闽浙赣省苏政府粉碎敌人五次围攻决战公债券

壹圆券

附印在背面的本公债条例全文

（六）闽西南军政委员会借款凭票

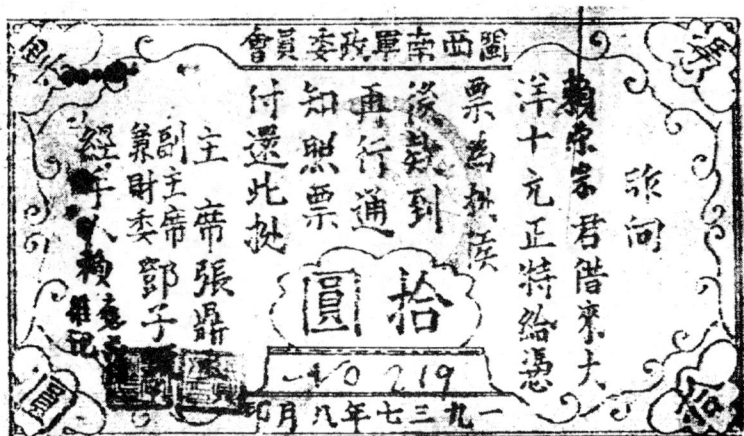

拾圆凭票（法币，下同）

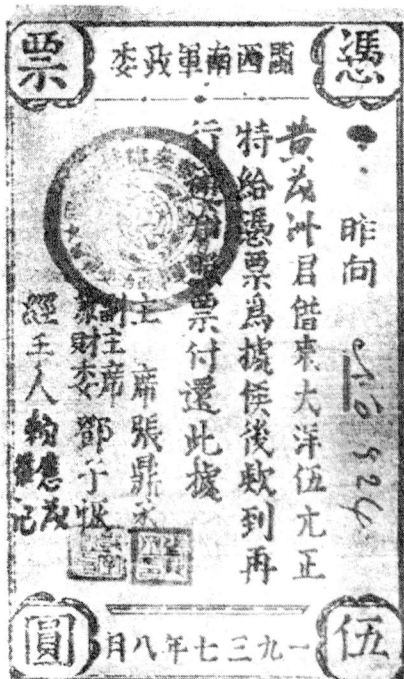

伍圆凭票

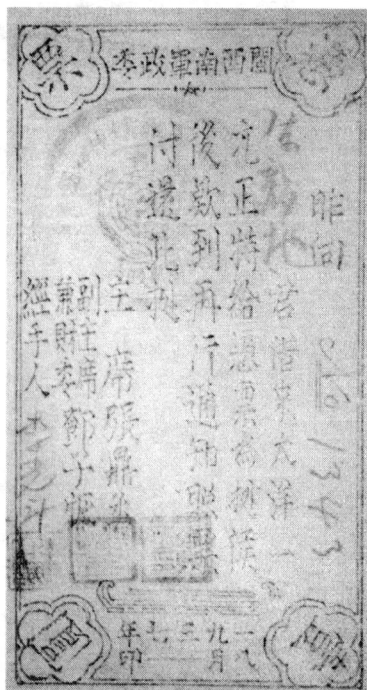

壹圆凭票

（七）湘鄂西省苏维埃政府水利借券

壹圆券（银元）

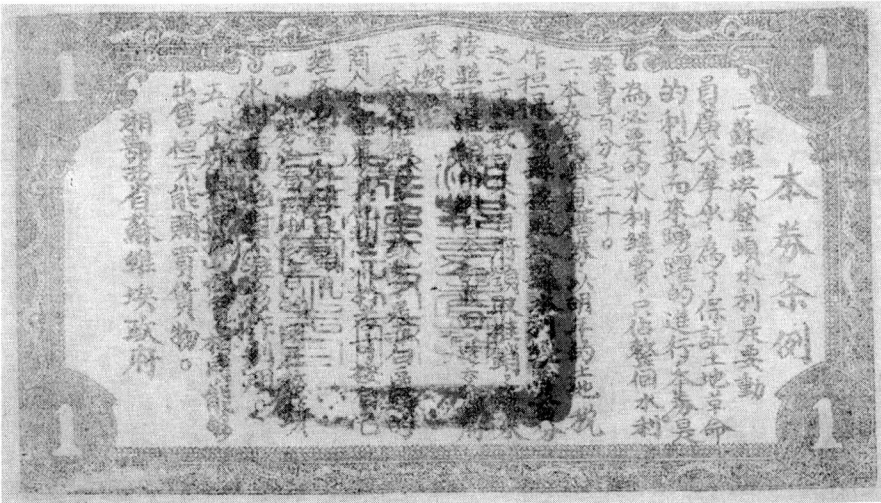

附印在借券背面的本券条例全文

二、抗日战争时期各根据地发行的公债

（一）晋察冀边区救国公债票

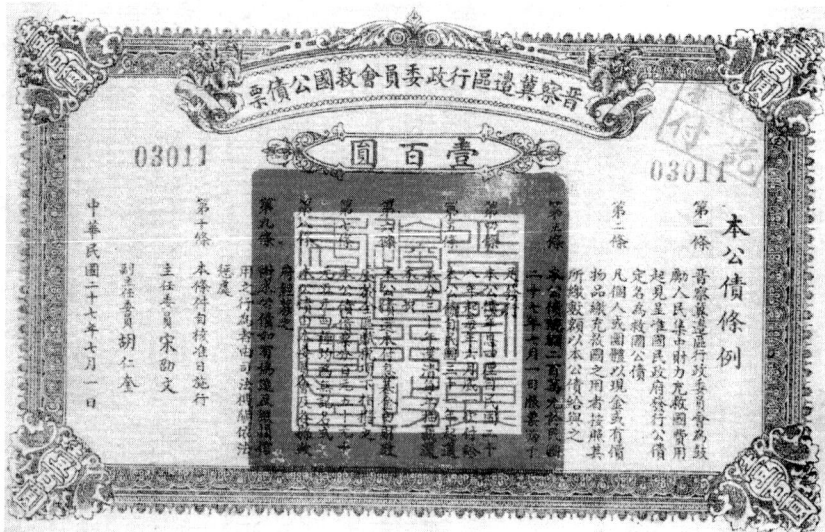

壹百圆票（法币，下同）

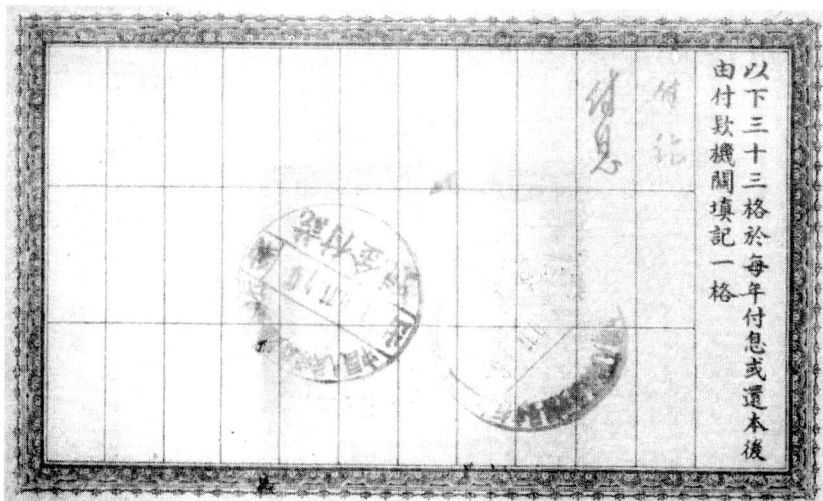

附印在债券背面的还本付息登记表

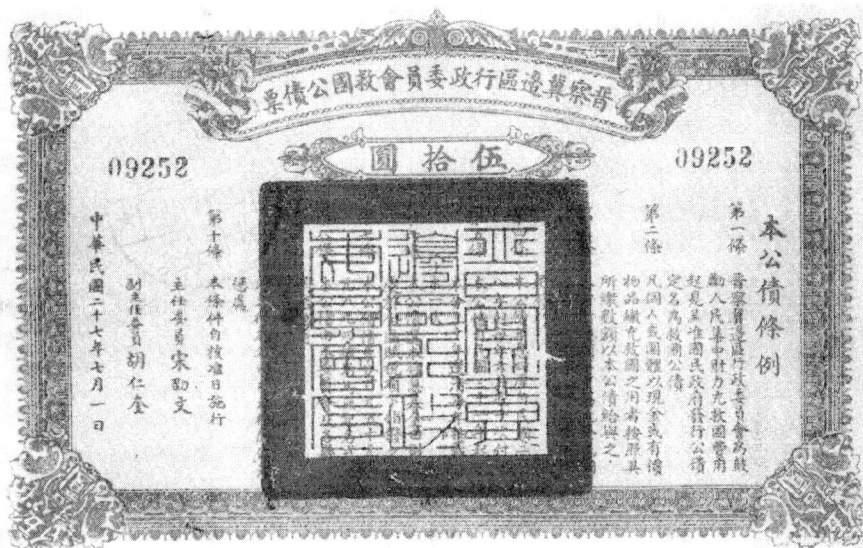

伍拾圆票

拾圆票

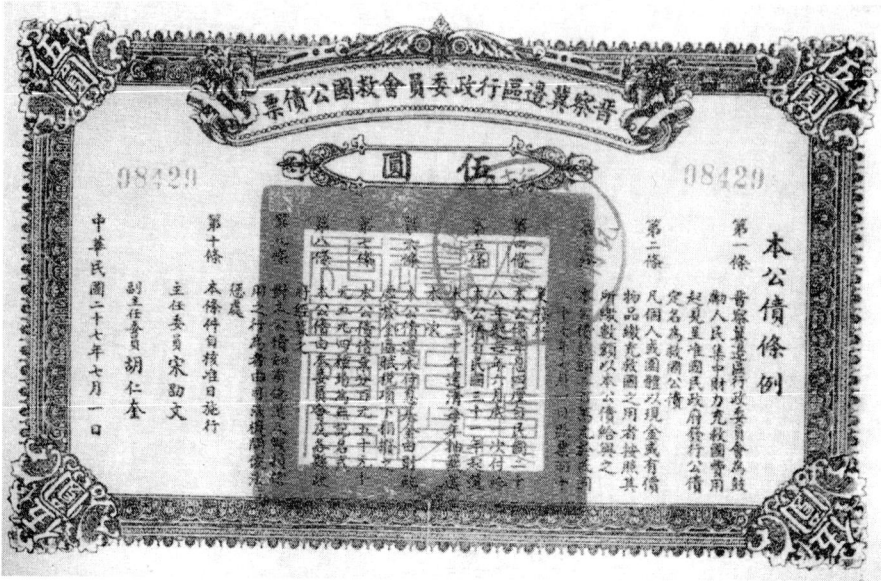

伍圆票

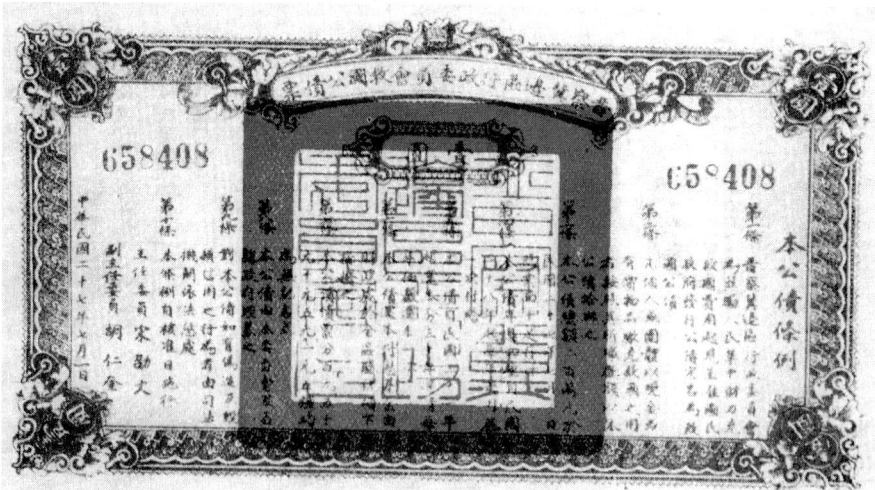

壹圆票

（二）晋冀鲁豫边区发行的公债券

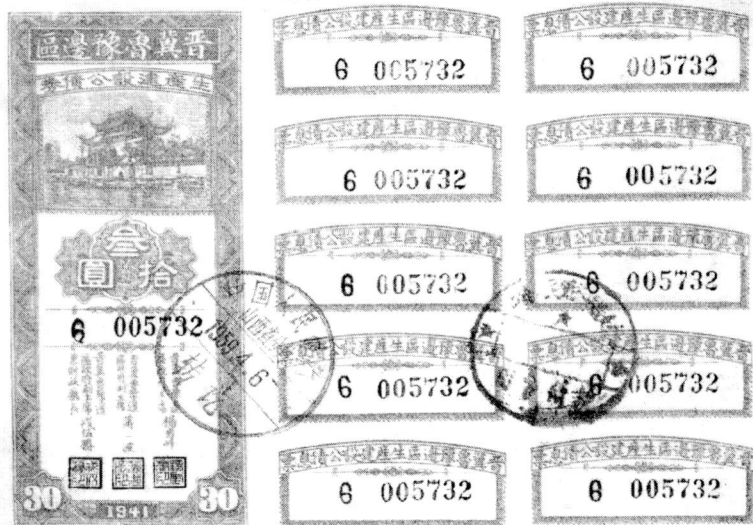

叁拾圆券（冀南银行币，下同）

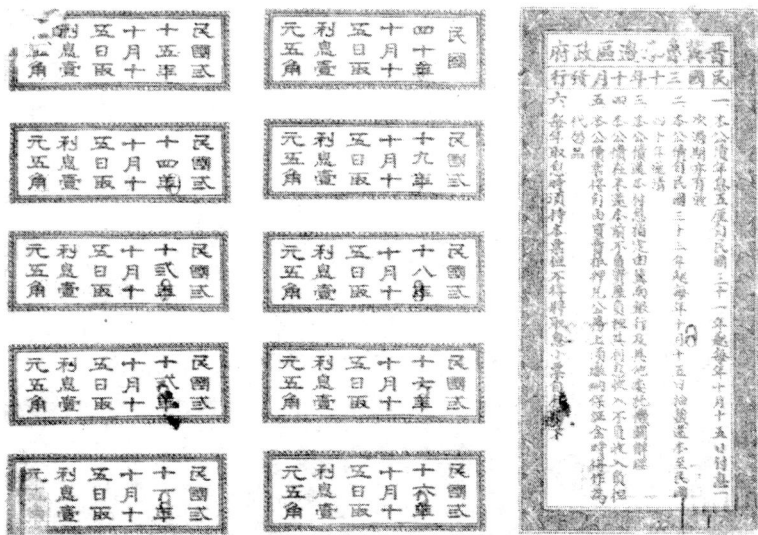

附印在债券背面的付息说明

拾圆券

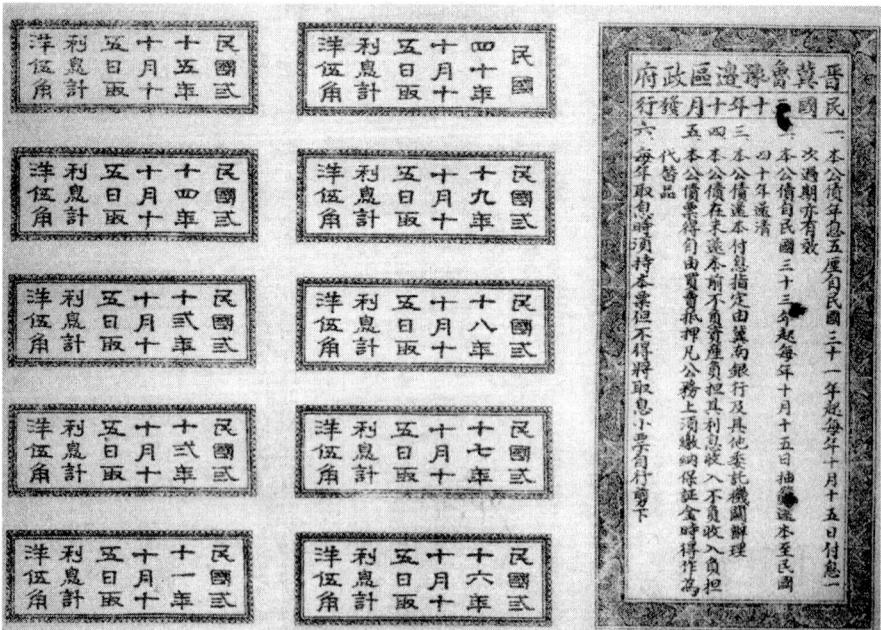

附印在债券背面的付息说明

伍圆券

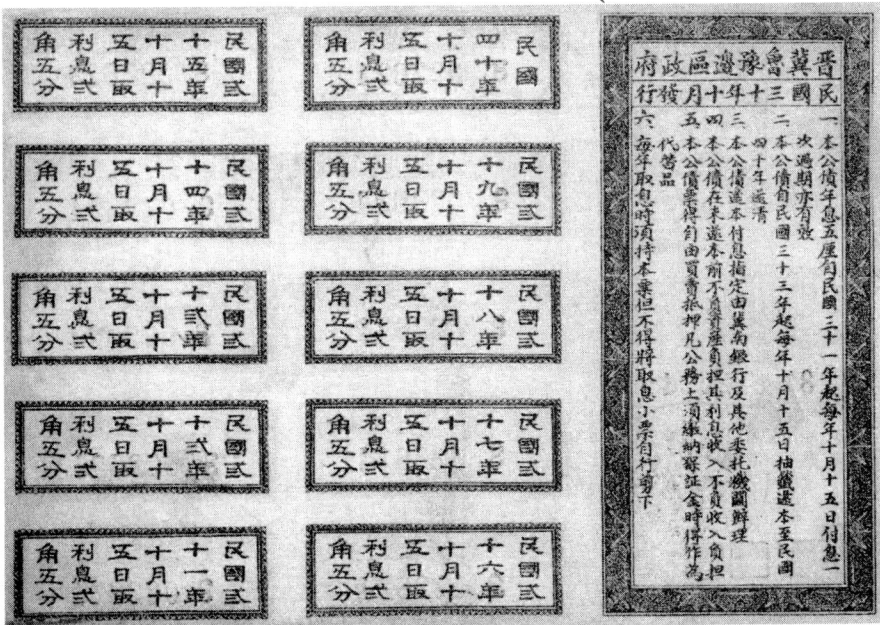

附印在债券背面的付息说明

贰圆券

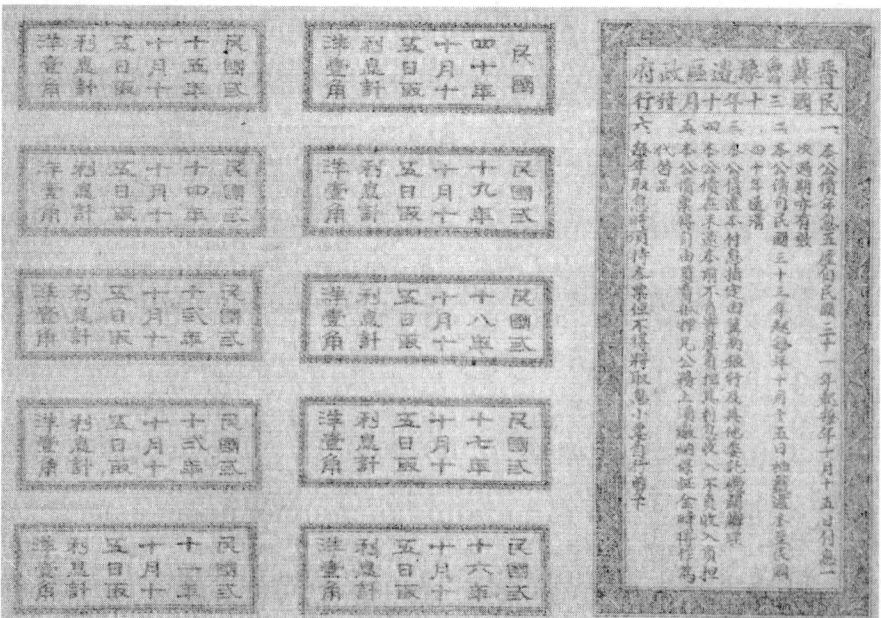

附印在债券背面的付息说明

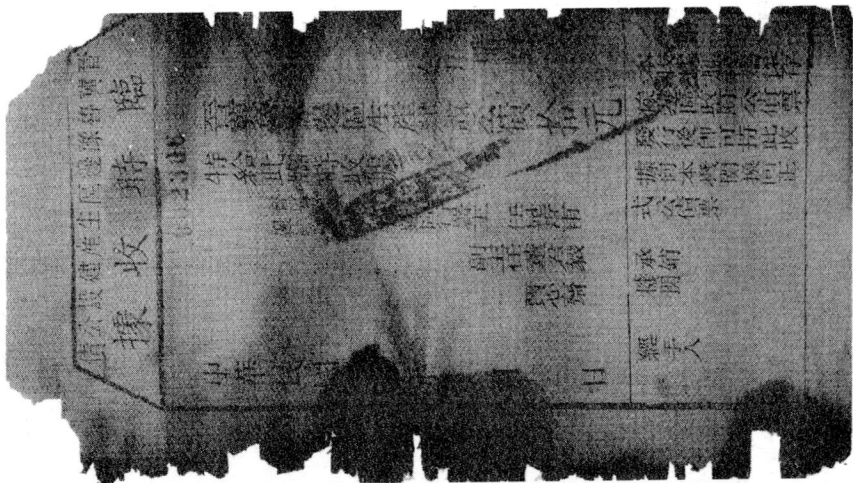

晋冀鲁豫边区生产建设公债临时收据

（三）华中抗日根据地发行的公债券

定凤滁三县赈灾公债

伍圆券（法币）

附印在债券背面的公债条例

阜宁县建设公债券

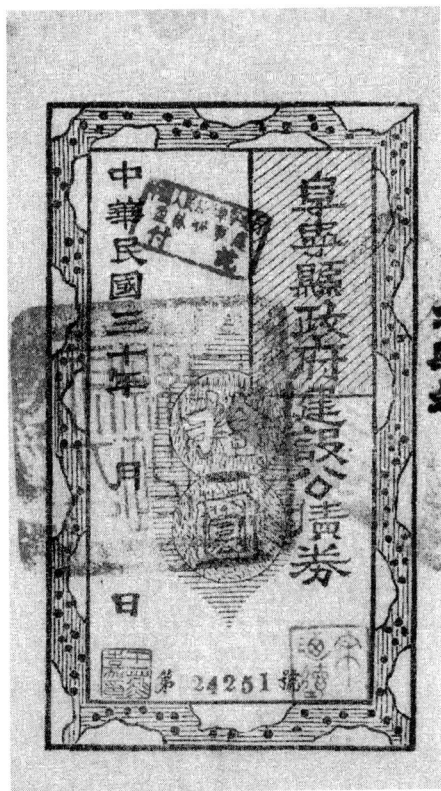

拾圆券（法币）

债券背面图案

湖东行政办事处（民国）三十四年保卫秋收公债券

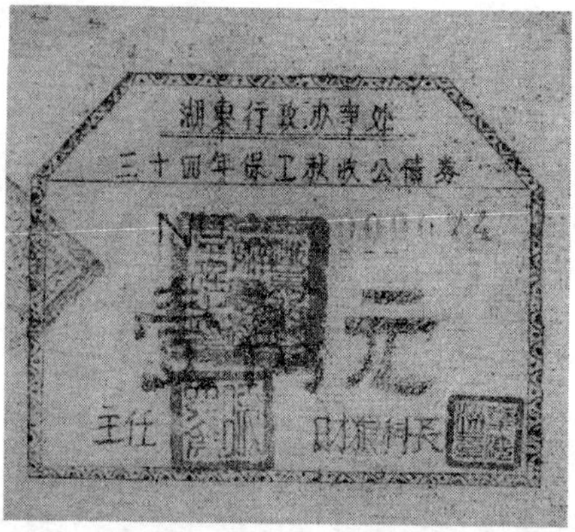

壹万元券（大江银行币）

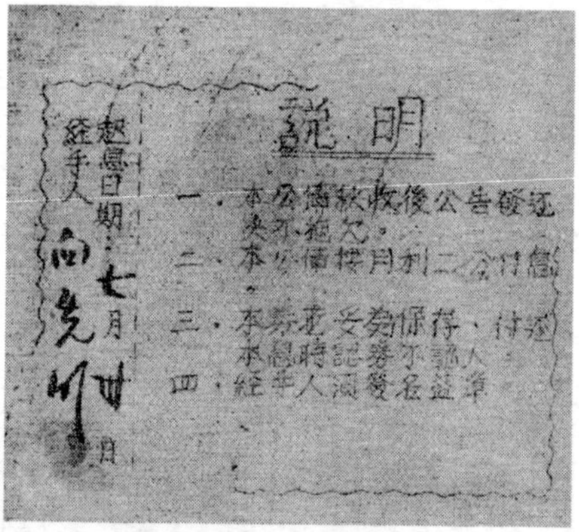

附印在债券背面的说明

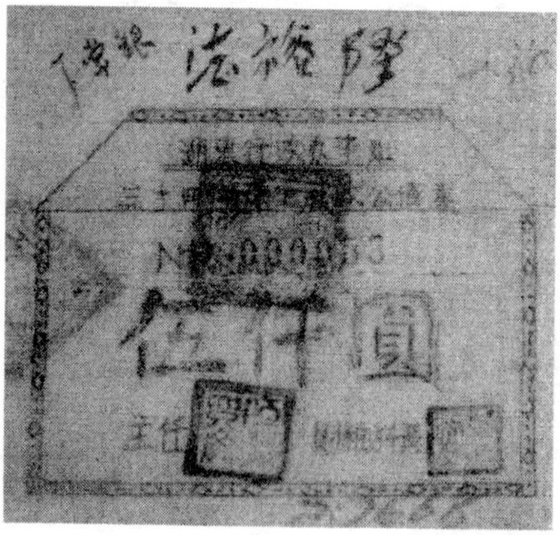

伍仟圆券

叁仟圆券

（四）陕甘宁边区建设救国公债券

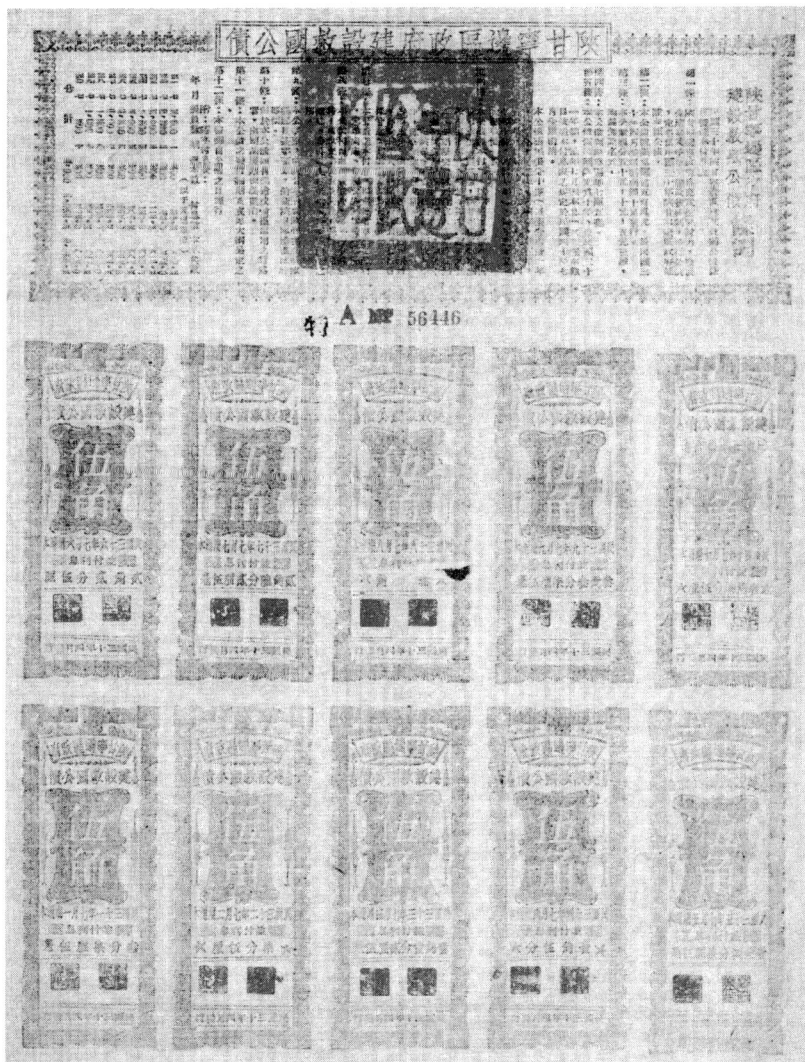

伍圆券（陕甘宁边区银行币）（原件 36.5×27 厘米）

（五）豫鄂边区发行的公债券

豫鄂边区建设公债

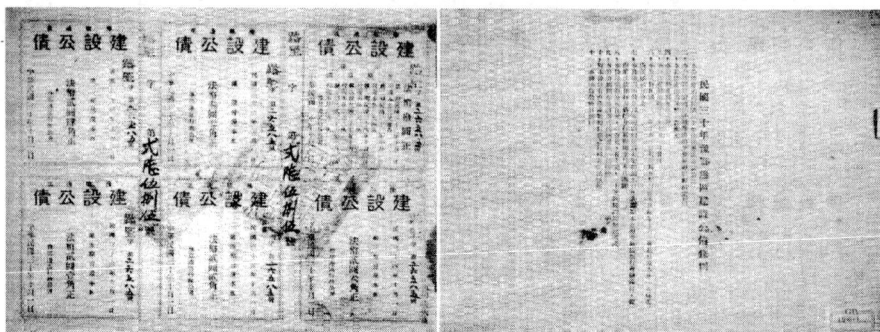

拾圆券（法币）   附印在背面的公债条例

孝感县赈灾公债券

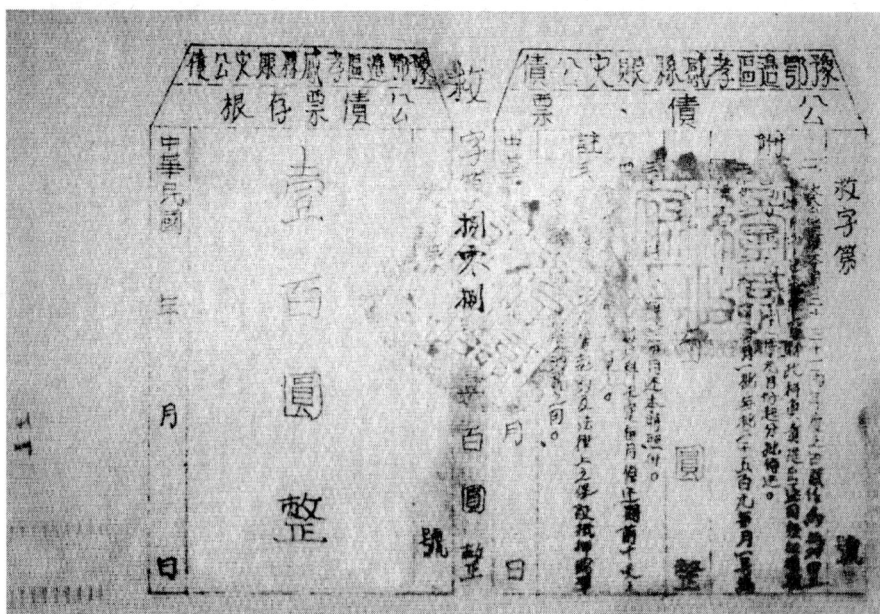

壹百圆券（法币）（原件为 25.8×19.8 厘米）

豫鄂边区行政公署建国公债券

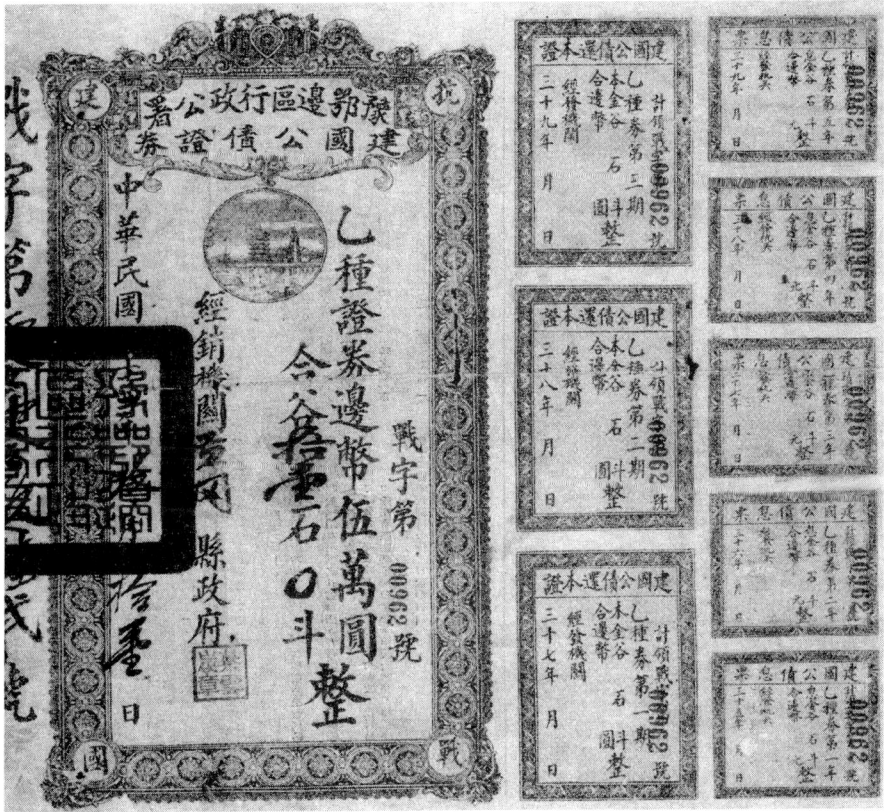

乙种伍万圆券（原件为 23.5×22.8 厘米）

丙种壹万圆券（原件为 23×22.8 厘米）

丁种五仟圆券（蓝色）（原件为22×23厘米）

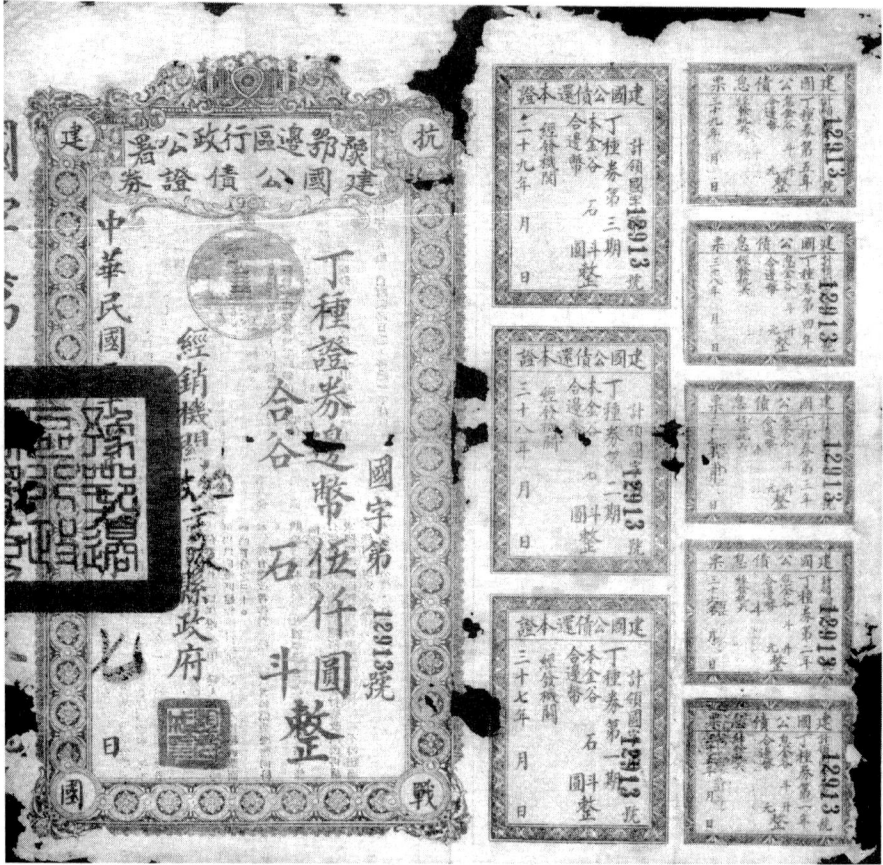

丁种五仟圆券（紫色）（原件为 22×23 厘米）

附印在债券背面的建国公债条例全文

豫鄂邊區行政公署建國公債條例

第一條 本公債就地建設爭取反攻之用……募足國幣……

第二條 ……

第三條 本公債發行數爲邊幣（票面）……

第四條 本公債分……

第五條 ……

第六條 ……

第七條 ……

第八條 ……

第九條 本債券有當作……

第十條 ……

第十一條 ……

第十二條 本辦法自公布之日起施行。

此息票准予抵繳本縣田賦公糧

此息票准予抵繳本縣田賦公糧

此息票准予抵繳本縣田賦公糧

此息票准予抵繳本縣田賦公糧

此息票准予抵繳本縣田賦公糧

原件为 22×23 厘米

（六）华南各抗日根据地发行的公债券

东江纵队生产建设公债券

壹佰圆券（法币，下同）

附印在背面的生产建设公债条例

伍佰圆券

东江纵队第二支队生产建设公债临时收据

文献伟公债券

壹佰圆券

伍拾圆券

拾圆券

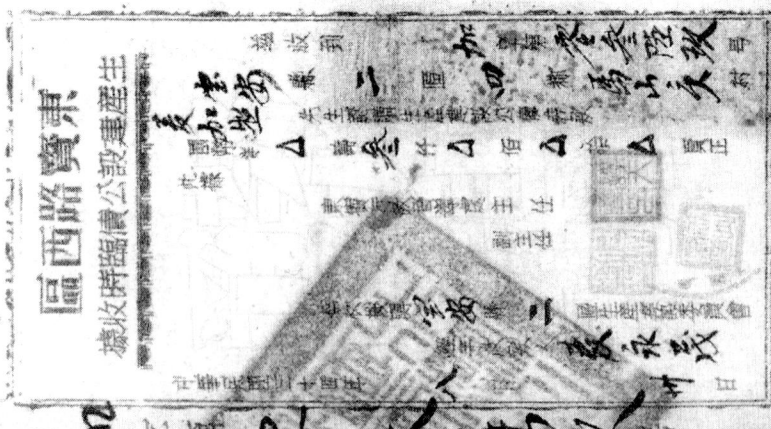

东宝路西区生产建设公债临时收据

（七）晋西北巩固农币公债券

拾圆券（银元，下同）（原件为 24×25.5 厘米）

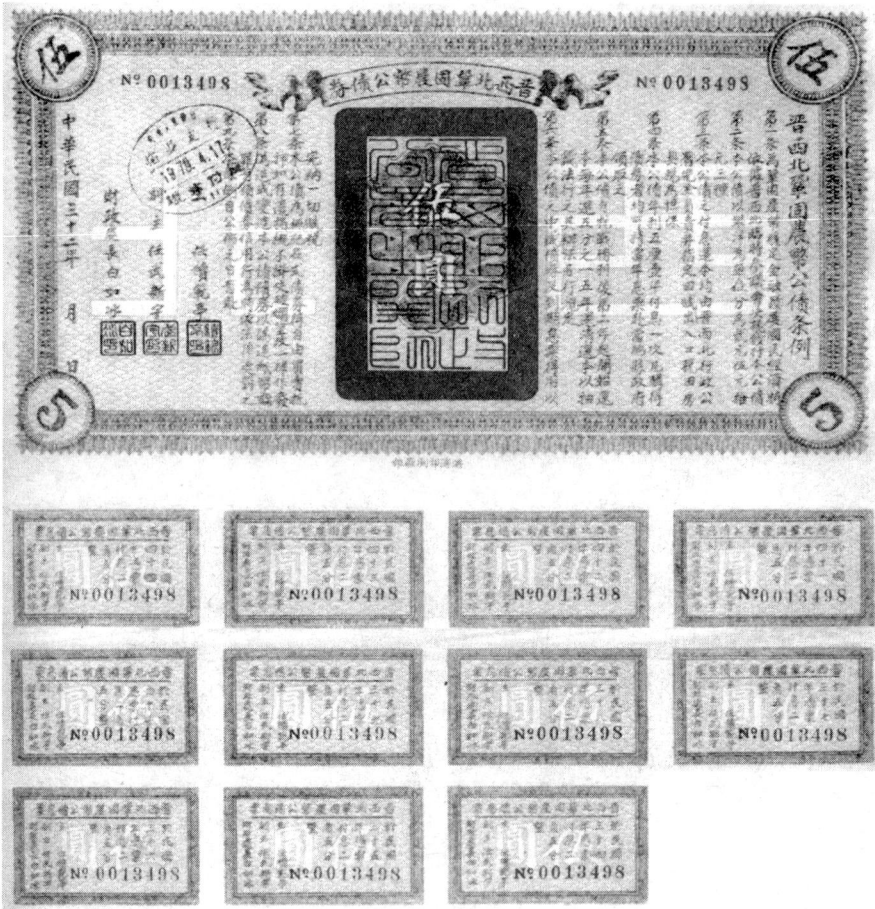

伍圆券（原件为 24×25.5 厘米）

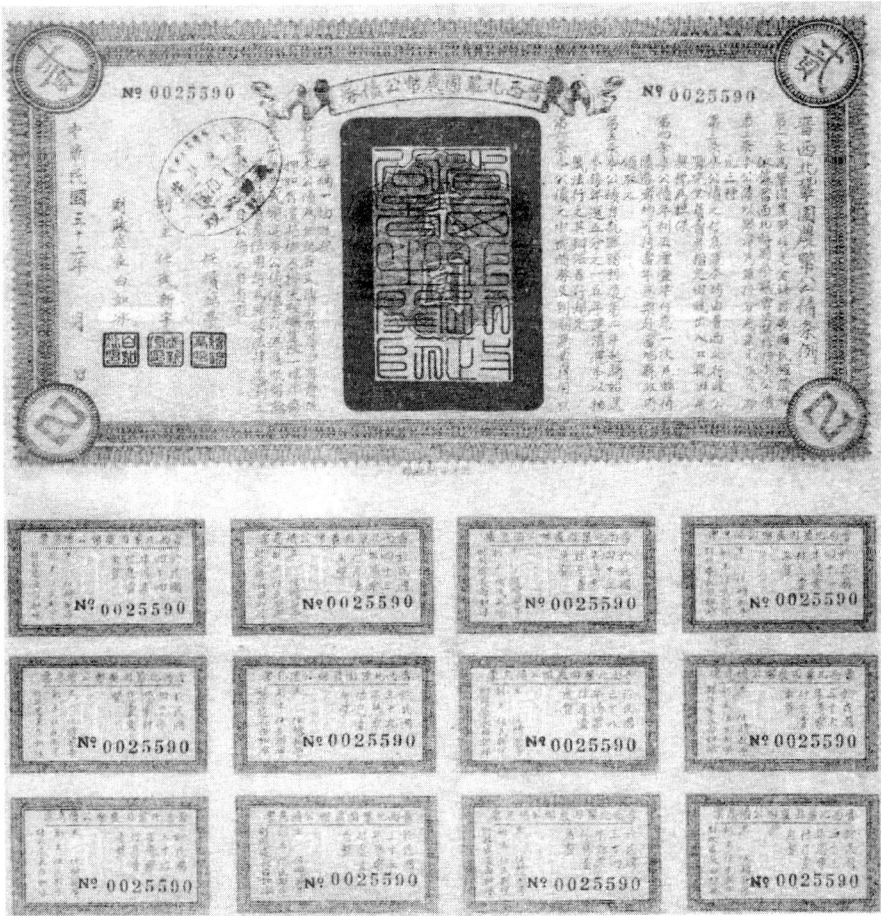

贰圆券（原件为 24×25.5 厘米）

（八）胶东区战时借用物品偿还券

壹百斤券

拾斤券

三、解放战争时期各解放区发行的公债

（一）晋察冀边区胜利建设公债券

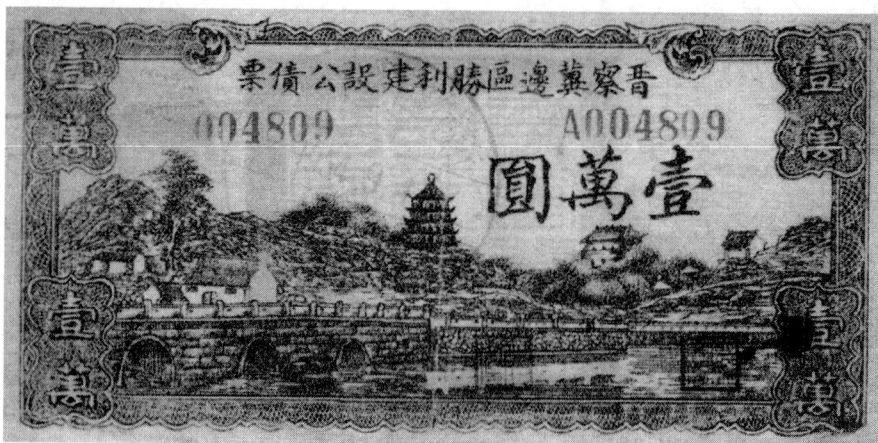

壹万圆券（晋察冀边区银行币，下同）

附印在公债券背面的公债条例全文

伍仟圆券

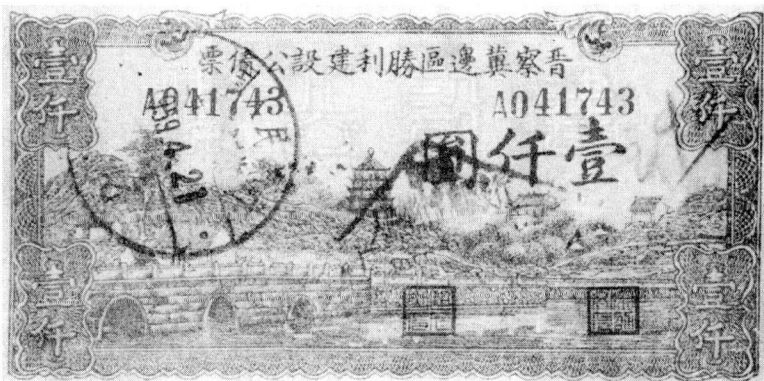

壹仟圆券

伍佰圆券

（二）华东解放区各地发行的公债券

苏皖边区政府救灾公债券

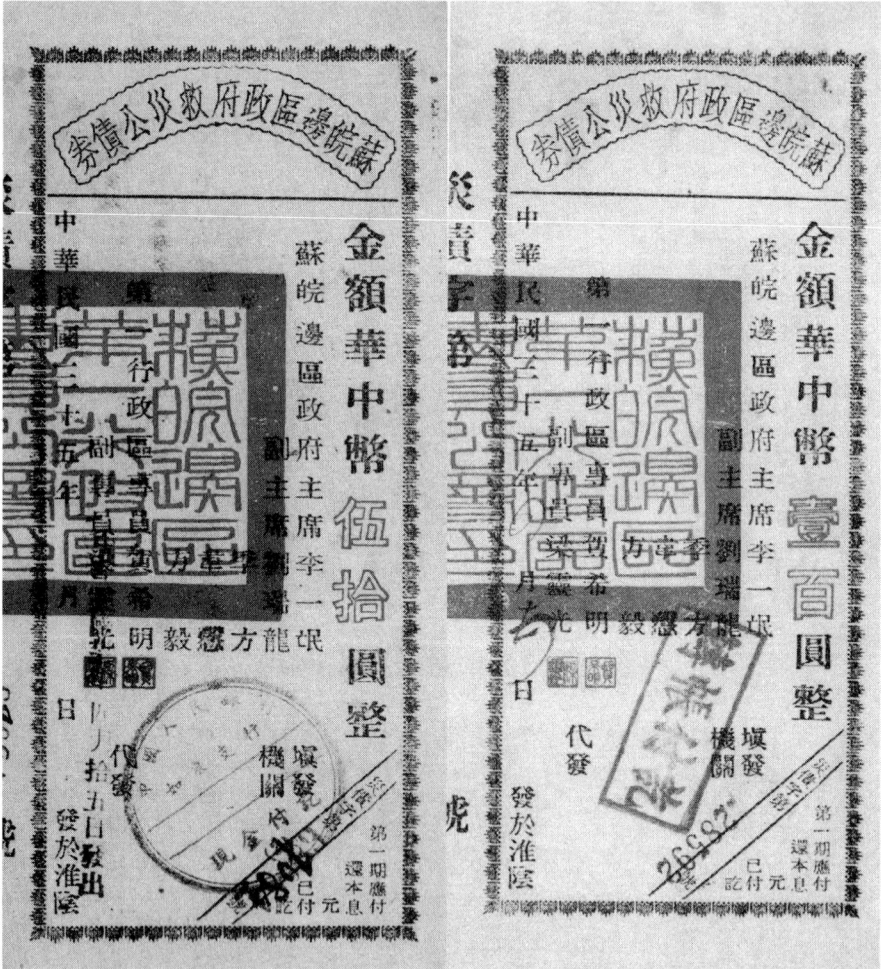

伍拾圆券　　　　　　　　　　　　　壹百圆券

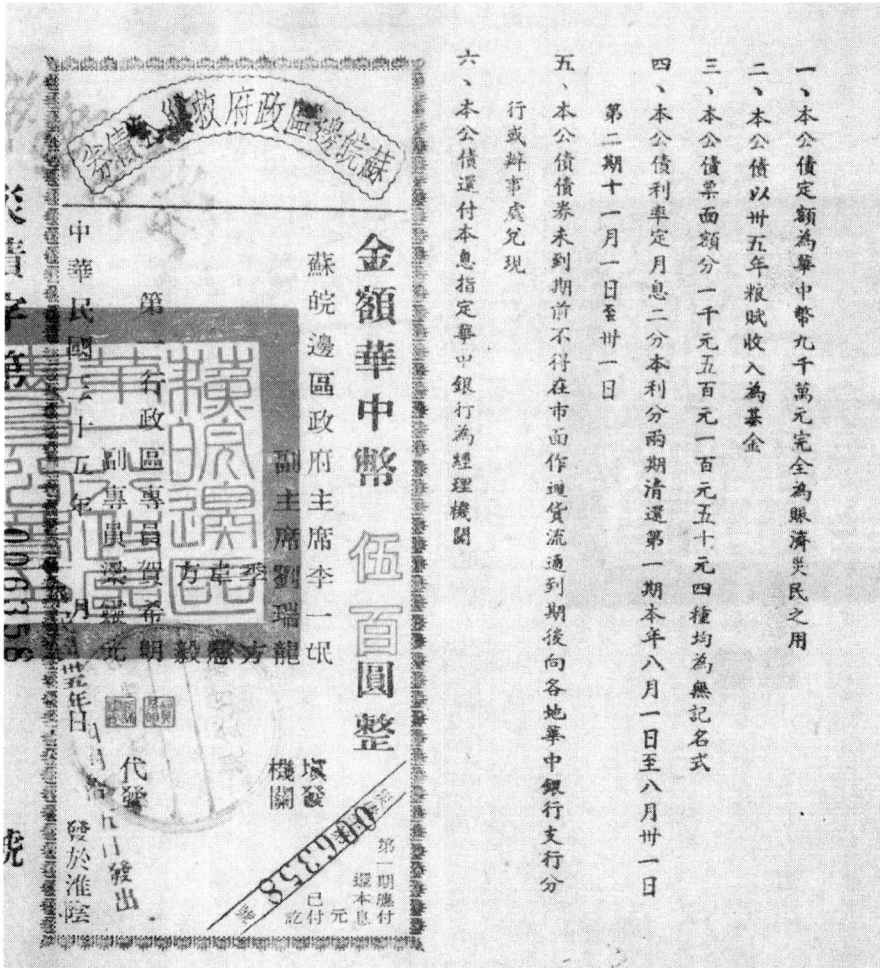

伍百圆券　　　　　　　　附印在债券背面的公债条例全文

一、本公债定额为华中币九千万元完全为赈济灾民之用

二、本公债以卅五年粮赋收入为基金

三、本公债票面额分一千元五百元一百五十元四种均为无记名式

四、本公债利率定月息二分两期清还第一期本年八月一日至八月卅一日第二期十一月一日至卅一日

五、本公债券未到期济不得在市面作通货流通到期后向各地华中银行支行分行或办事处兑现

六、本公债还付本息指定华中银行为经理机关

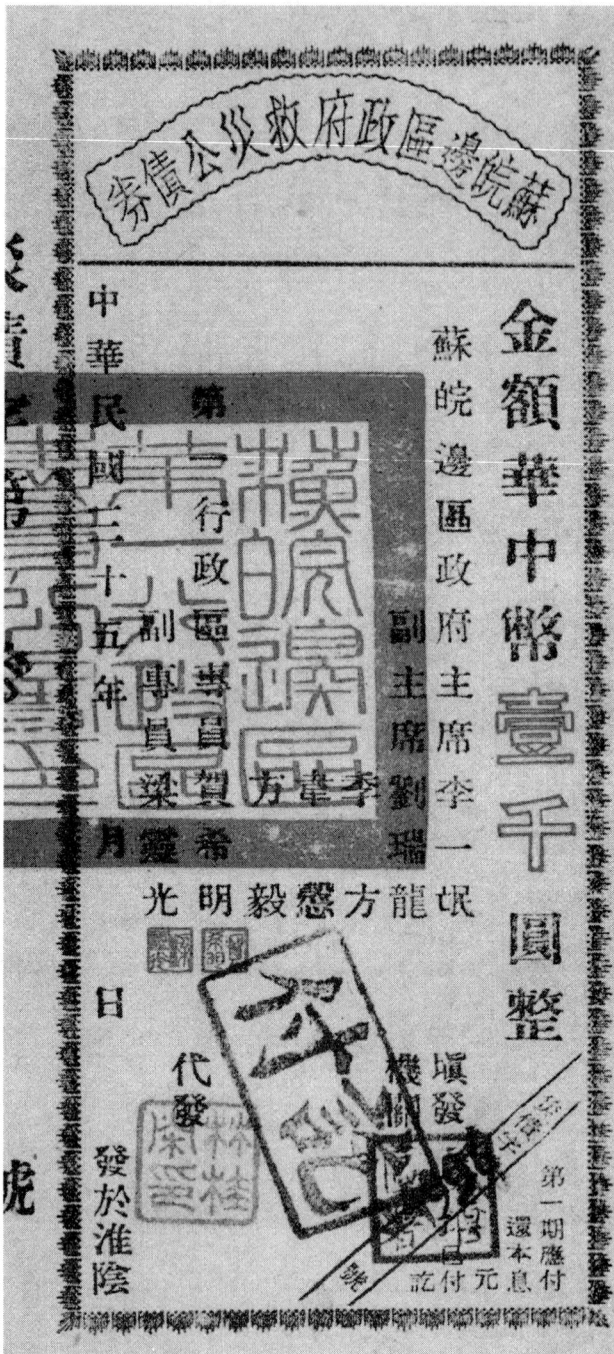

壹千圆券

皖南人民解放军长江纵队救国公债券

壹仟万圆券（法币）

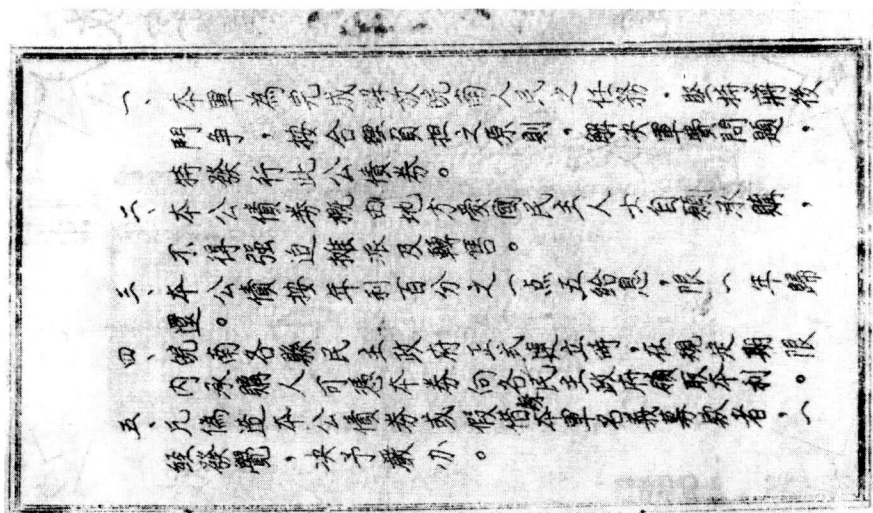

附印在债券背面的有关说明

（三）东北解放区各地发行的公债券

双城县治安保民公债券

壹百圆券（东北银行币）

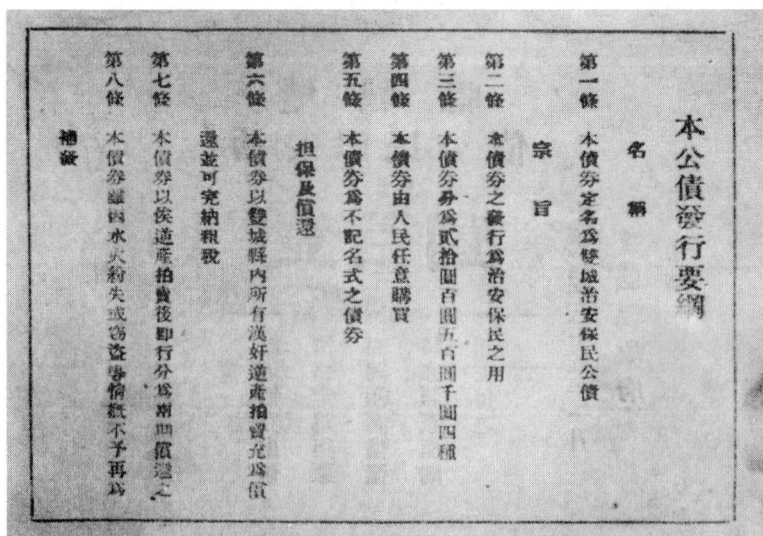

附印在债券背面的公债发行要纲

松江省第一行政区胜利公债券

壹仟圆券（东北银行币）

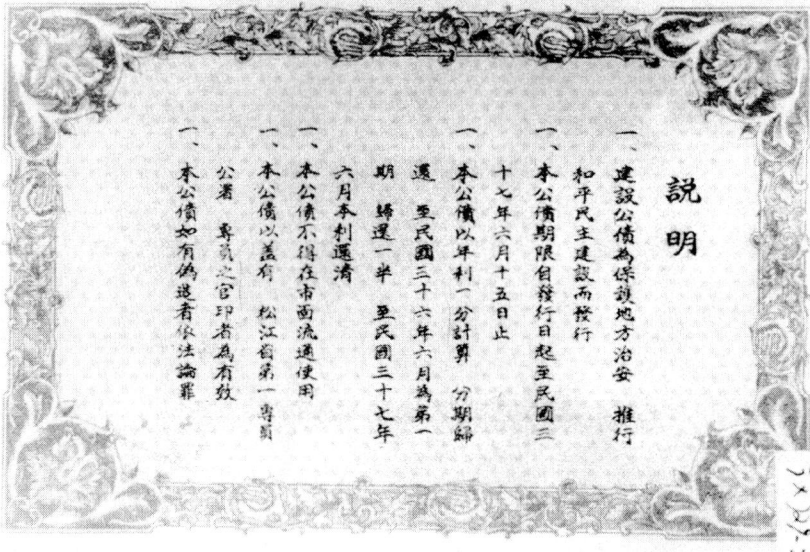

附印在债券背面的发行本债券的说明

哈尔滨市建设复兴公债券

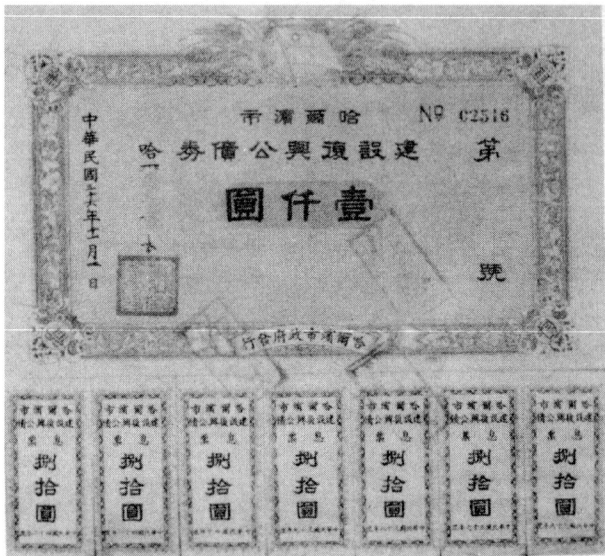

壹仟圆券（东北银行币）（原件为 24.5×26.5 厘米）

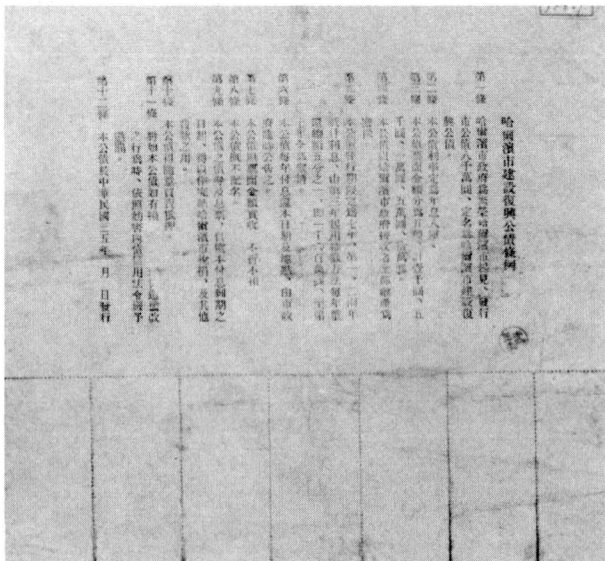

附印在债券背面的本公债条例

齐齐哈尔市市政建设有奖公债券

壹千圆券（嫩江省银行币）

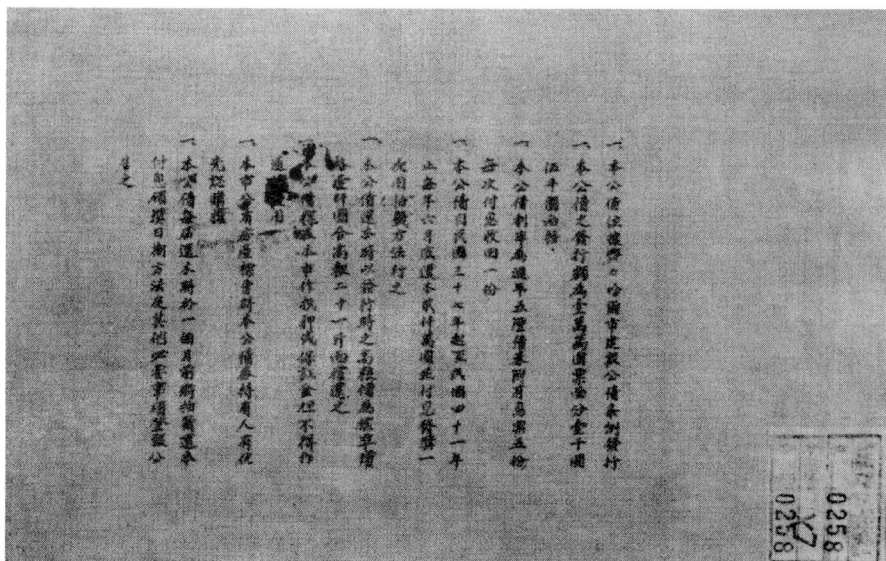

附印在债券背面的关于本公债的说明

东北行政委员会民国三十八年生产建设实物有奖公债券（上期）

伍拾分券

附印在背面的奖金分配表

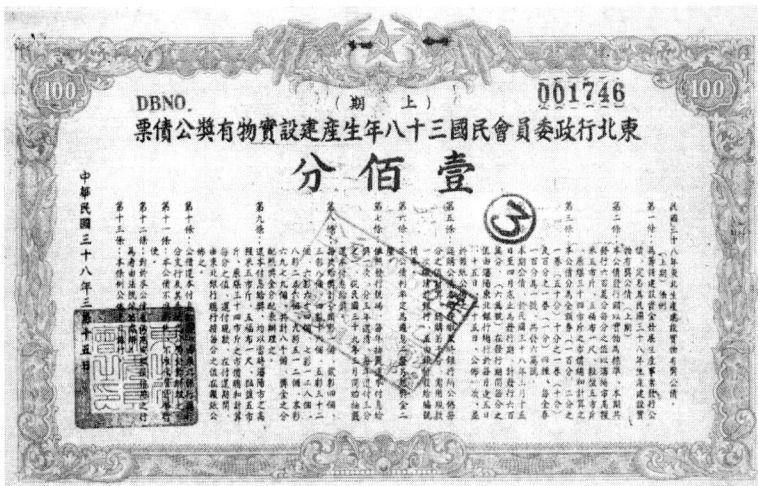

壹佰分券

拾分券

壹分券

413

（四）华南各解放区发行的公债券

粤赣湘边纵队政治部公粮债券

壹担债券

伍担债券

壹担公债券存根

云南人民革命公债券

壹圆券（原件为 20.3×11.7 厘米）

伍圆券（原件为 20.3×11 厘米）

附印在债券背面的发行说明

粤桂边区公粮债券

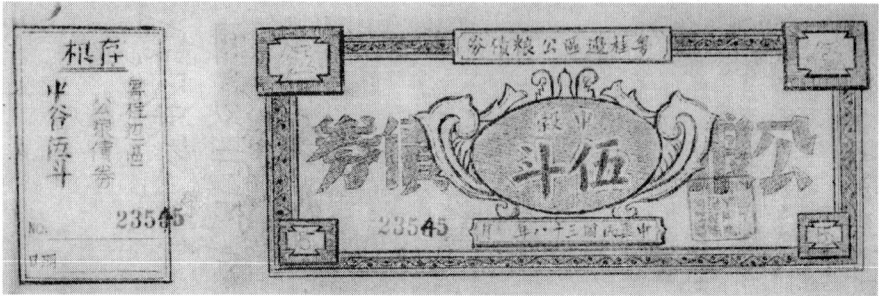

伍斗券（原件为 7.6×24.5 厘米）（下同）

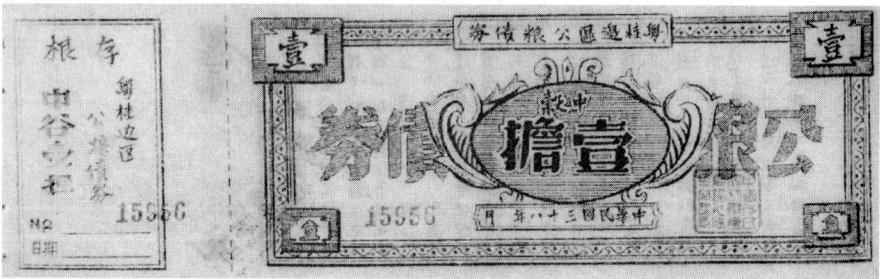

壹担券

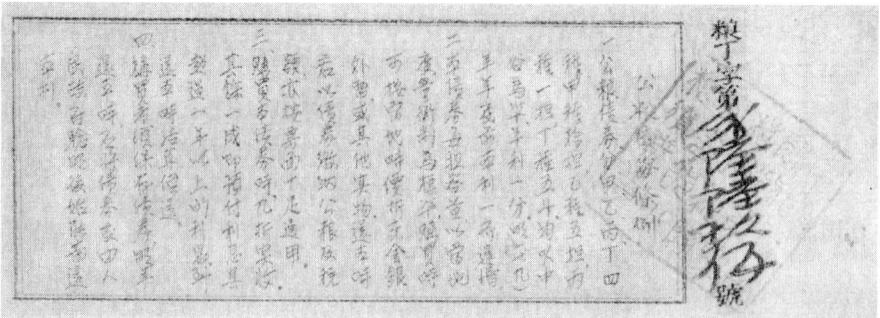

附印在公粮债券背面的债券条例

广东省潮梅、东北江人民行政委员会 1949 年胜利公债临时收据

附印在临时收据背面的胜利公债发行条例

平远县胜利公债临时收据

北江第一支队胜利公债

壹百斤券

伍拾斤券

中共华南分局及各解放区领导人联名发行的胜利公债临时收据

附印在临时收据背面的说明

中国人民解放军闽粤赣边纵队军粮公债券

壹千斤券（四联式）

贰千斤券（四联式）

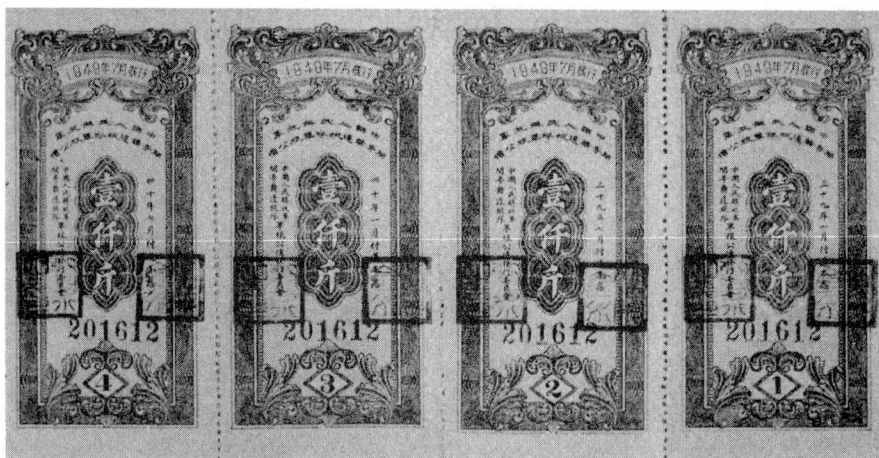

肆千斤券（四联式）

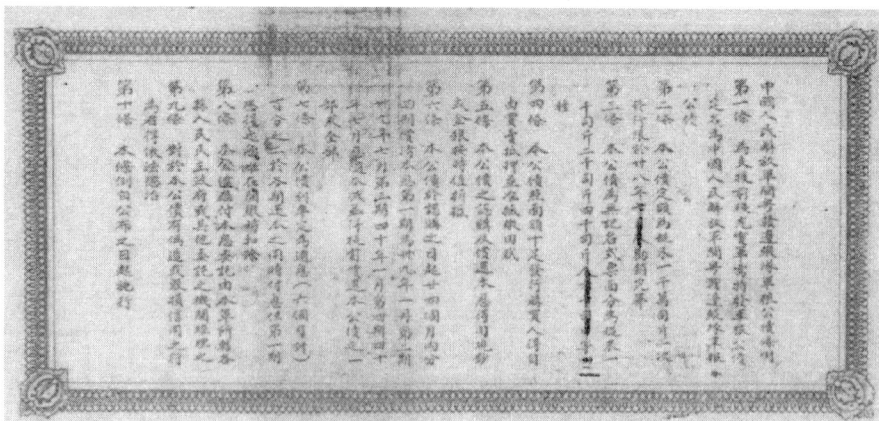

附印在军粮公债券背面的条例

粤桂边区人民解放军第 20、21 团联合发行的胜利公债

贰拾元券

壹佰元券

伍百圆券

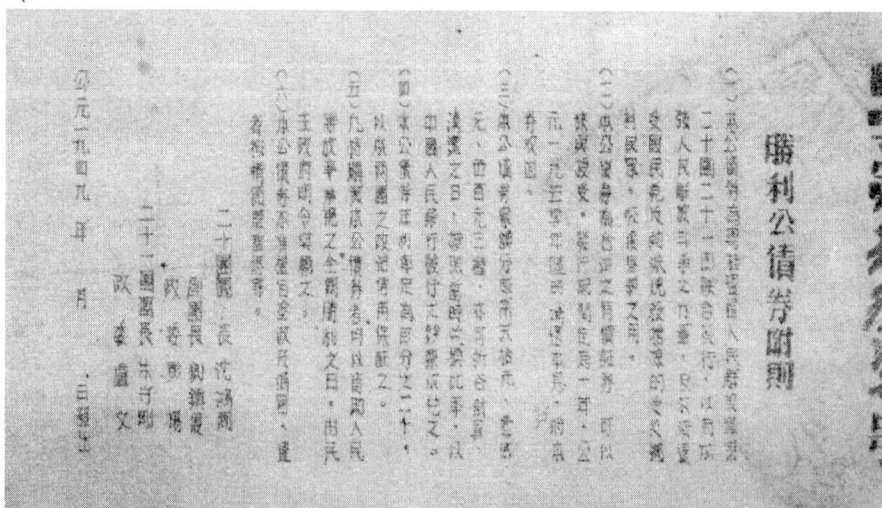

附印在胜利公债券背面的债券附则

琼崖临时民主政府支援前线借粮收据

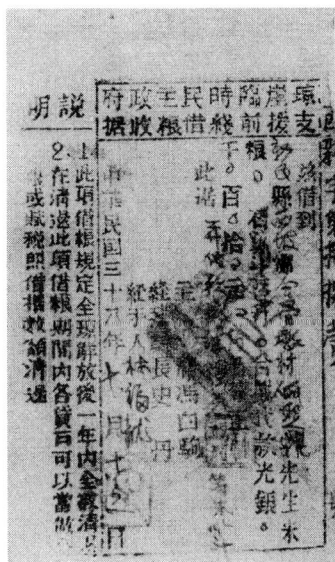

琼崖临时人民政府琼崖人民解放公债券

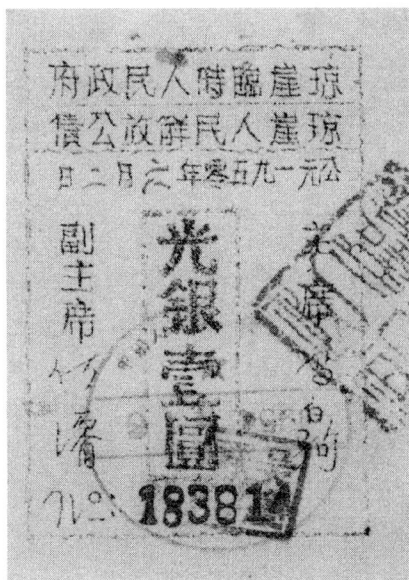

壹圆券

第二部分　革命根据地粮食票据

一、土地革命战争时期根据地发行的粮餐票及粮食借据

（一）中央苏区使用的粮餐票

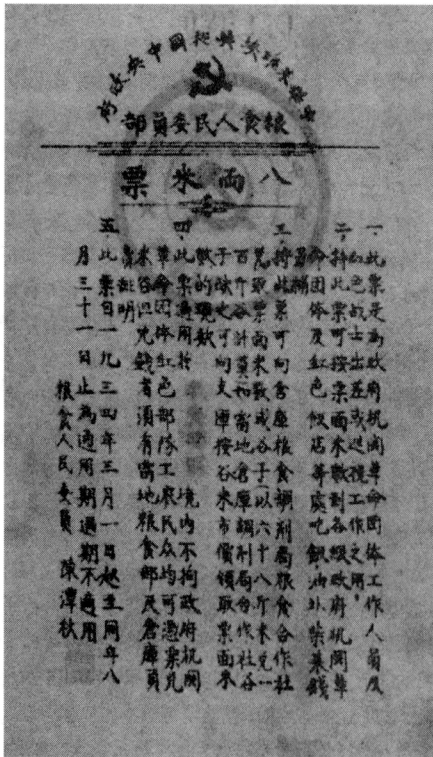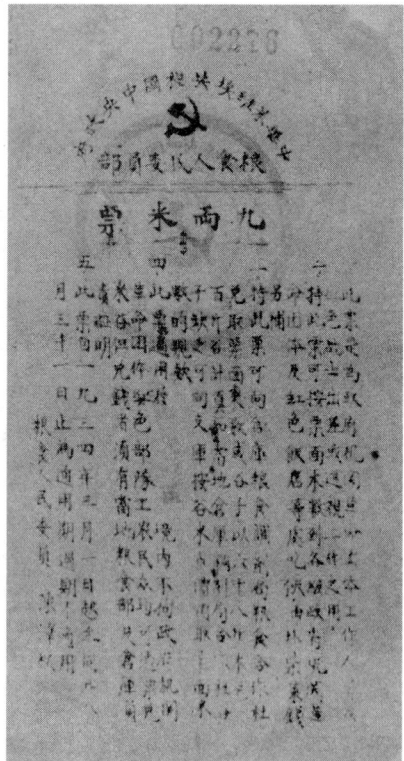

八两米票　　　　　　　　　　　　九两米票

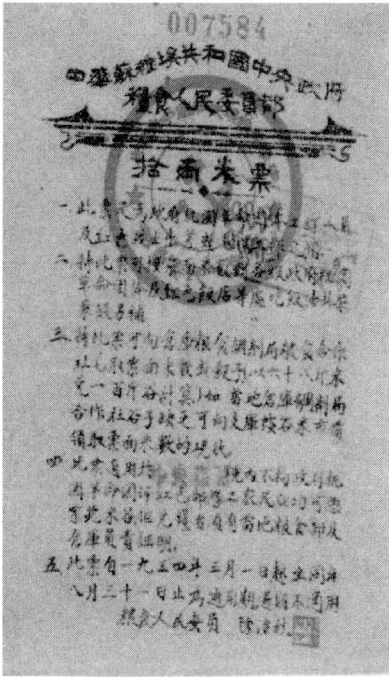

拾两米票

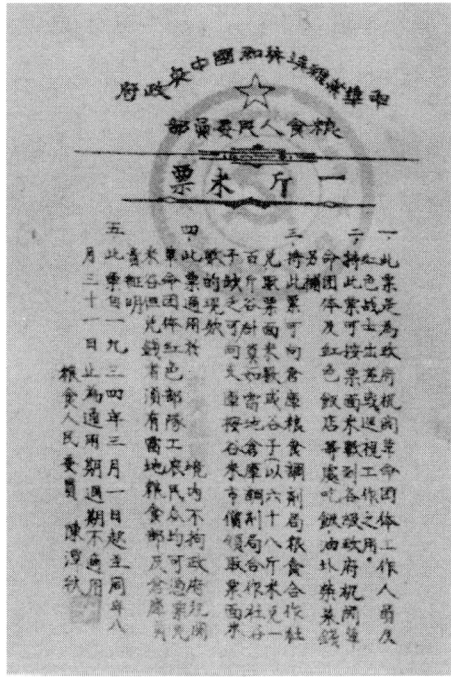

一斤米票

十一两米票

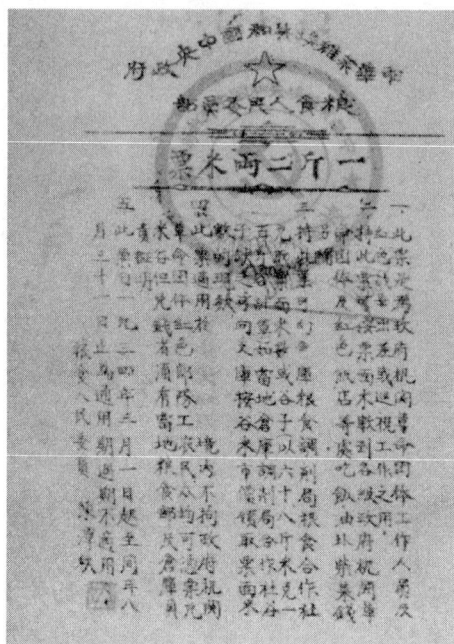

一斤二两米票

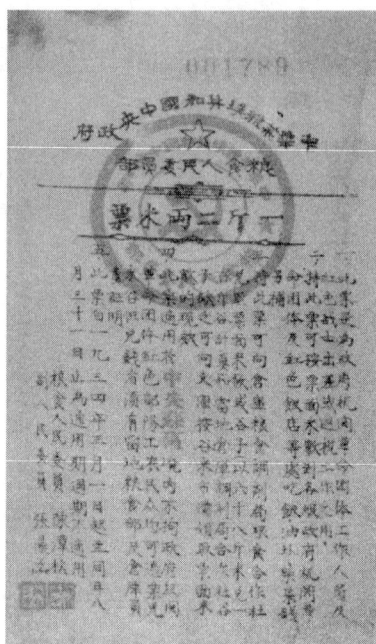

一斤二两米票（双署名）

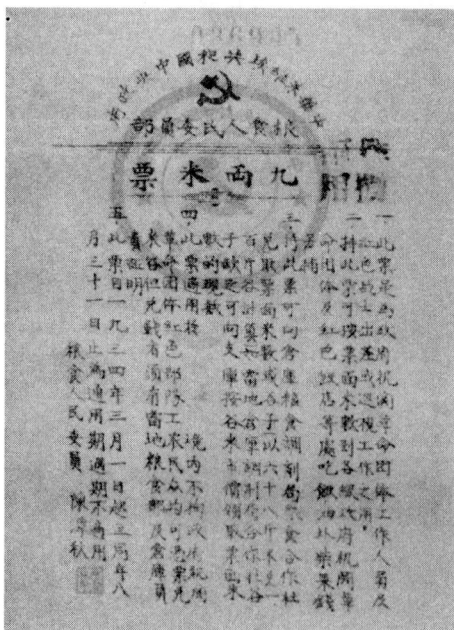

九两改八两米票

九两米票（双署名）

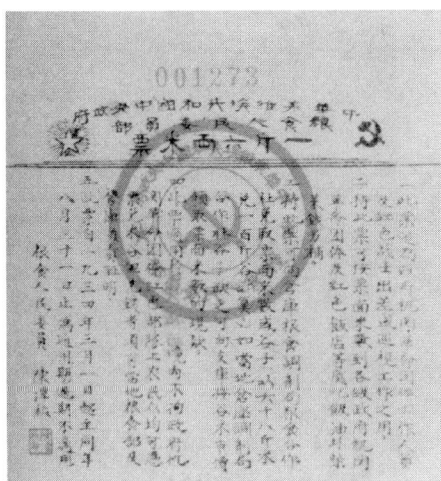

一斤六两米票

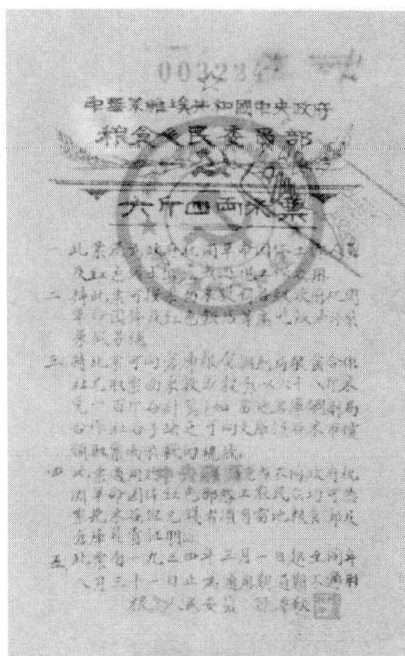

六斤四两米票

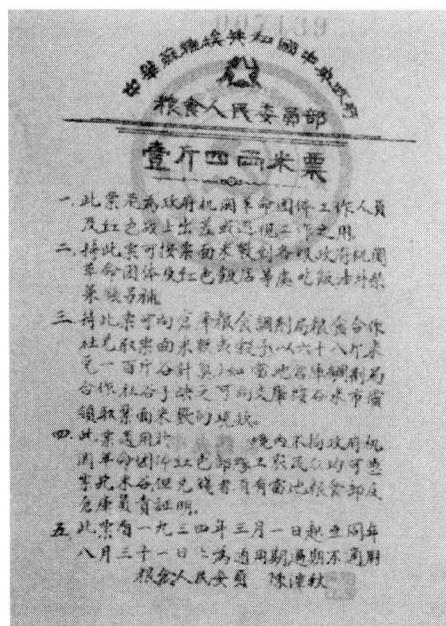

壹斤四两米票

拾两米票（双人署名五条说明版）　　　　　五斤十两米票（双人署名五条说明版）

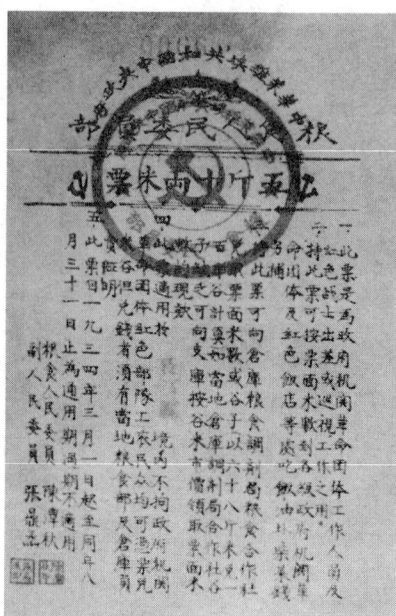

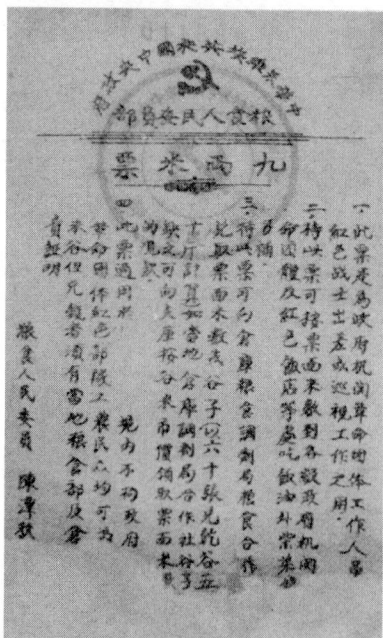

九两米票（四条说明版）　　　　　　　　　一斤二两米票（四条说明版）

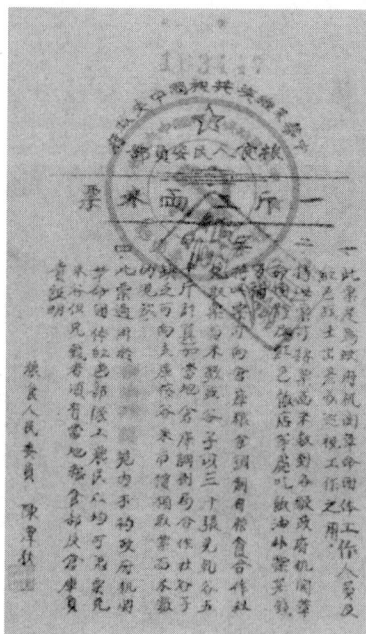

（二）其他省、县使用的粮餐票

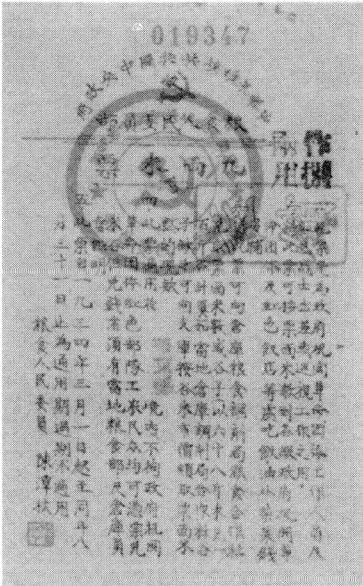

（瑞金县使用）九两改八两米票

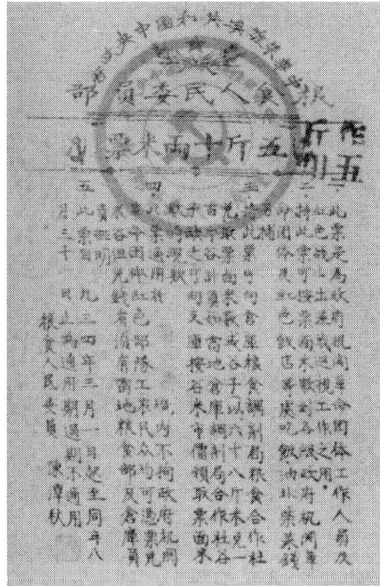

（瑞金县使用）五斤十两改五斤米票

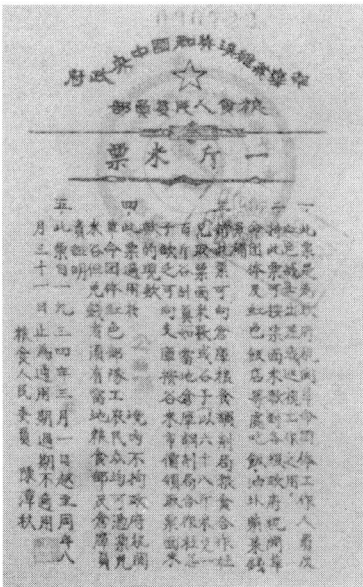

（公略县使用）1斤米票

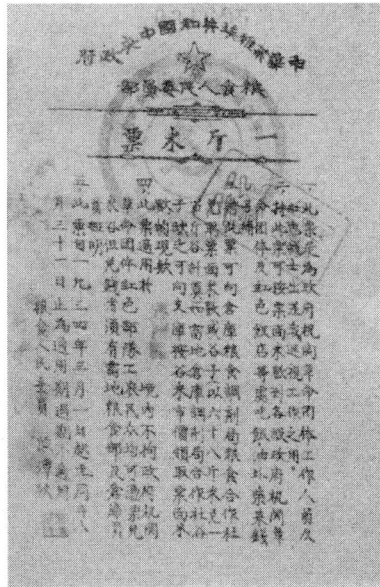

（兴国县使用）一斤米票

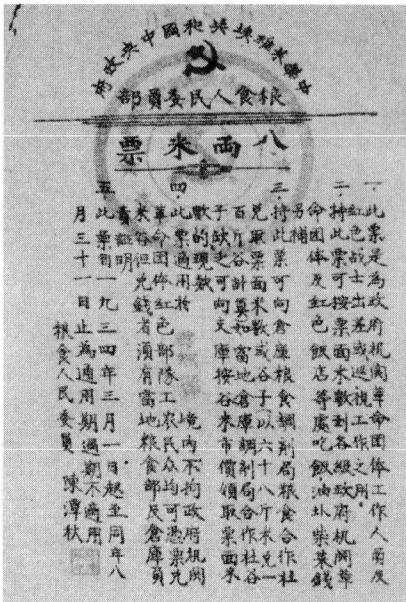

（于都县使用）八两米票

（代英县使用）拾两米票

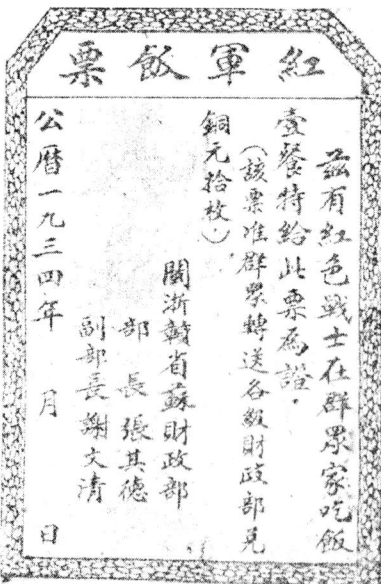

闽浙赣省苏财政部发行的红军饭票

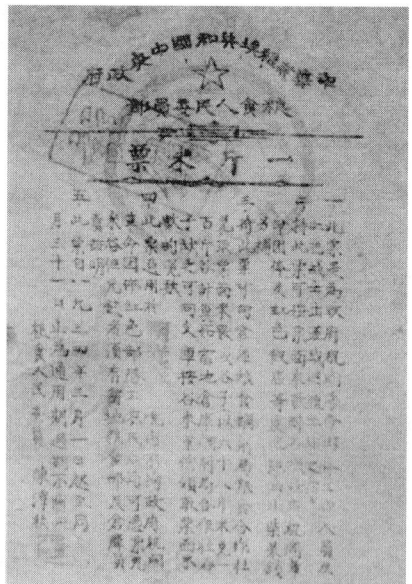

（明光县使用）一斤米票

（三）苏维埃临时借谷证

干谷十斤券

干谷贰十斤券

干谷伍拾斤券

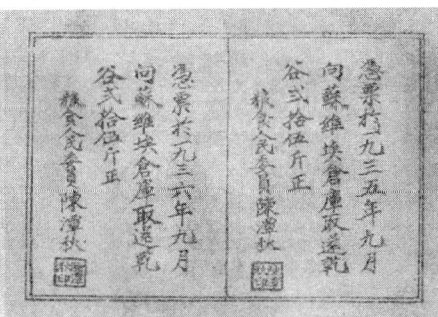

干谷伍拾斤券背面

干谷壹百斤券

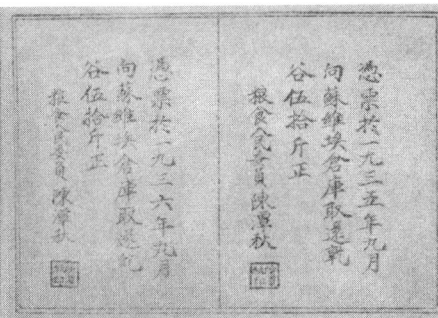

干谷壹百斤券背面

（瑞京县使用）干谷壹百斤　　　　　　　　（瑞京县使用）干谷伍拾斤

（兆征县使用）干谷伍拾斤券　　　　　　　（兆征县使用）干谷壹百斤

（长胜县使用）干谷伍拾斤券　　　　　　　（长胜县使用）干谷壹百斤券

(四) 红军临时借谷证

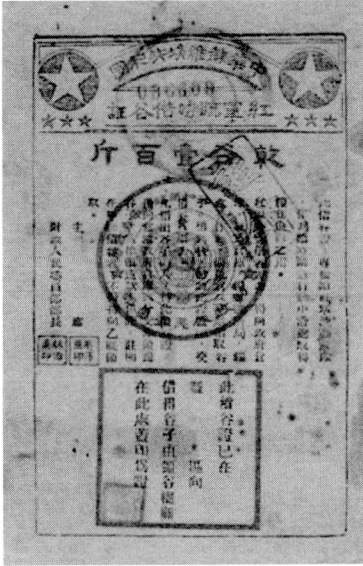

壹百斤券

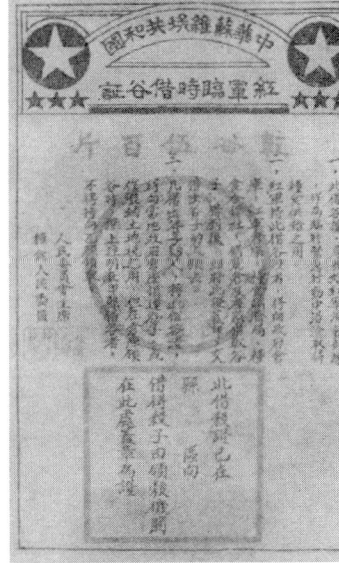

伍百斤券（黑色版）

壹千斤券

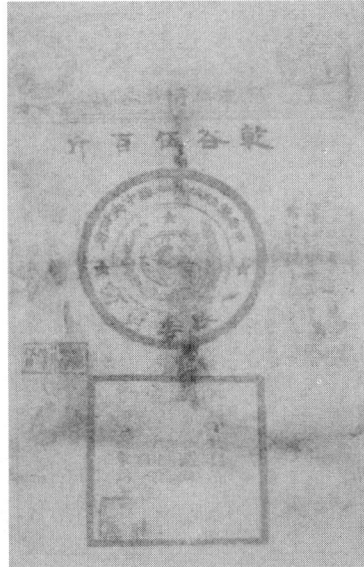

伍百斤券（绿色版）

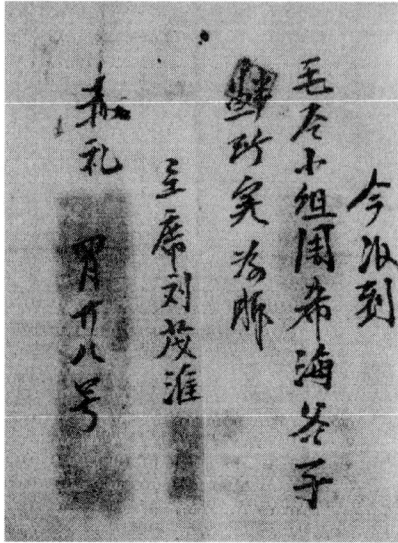

龙岗梅坑区借谷收据

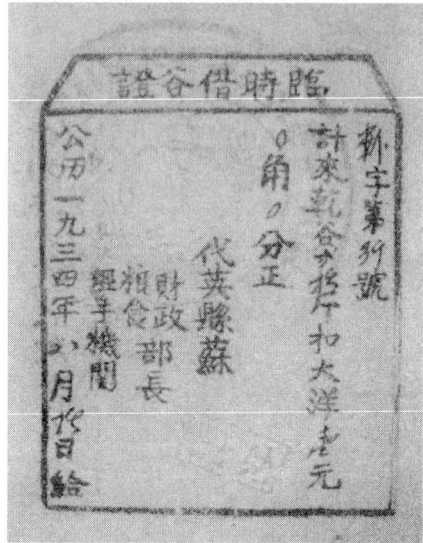

代英县临时借谷证

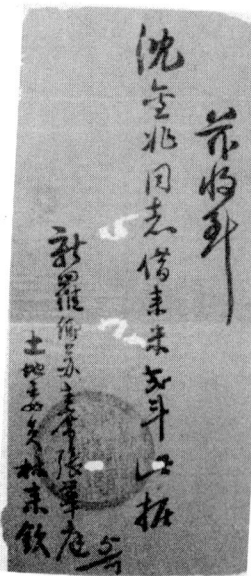

新罗乡借谷收据

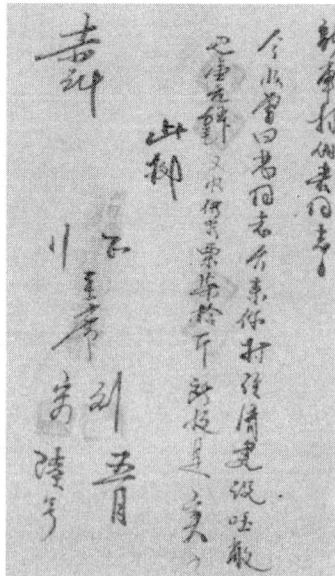

公略县借谷收据

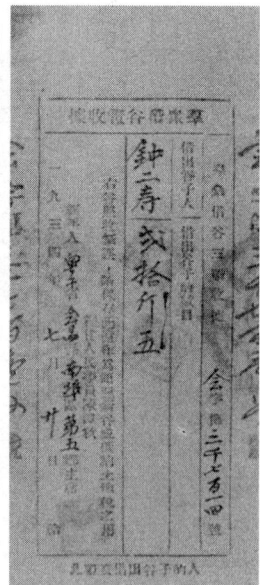

群众借谷证收据

二、抗日战争时期根据地发行的各种粮食票据

（一）晋察冀边区粮票

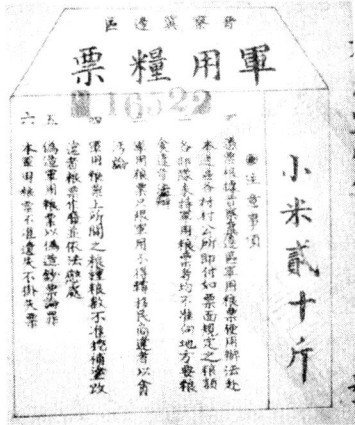

军用粮票贰十斤券

军用粮票伍斤券

晋察冀边区公粮票

小米拾壹两券

小米拾两券

小米壹佰斤券

小米拾壹斤券

（二）晋冀鲁豫边区粮票

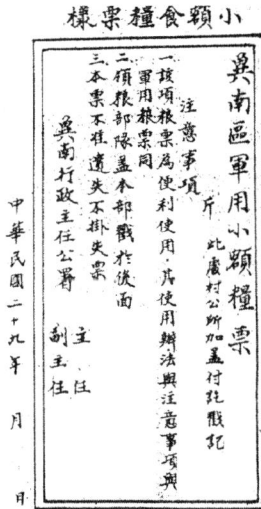

军用粮票票样

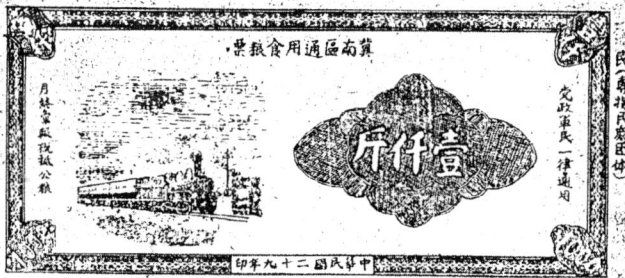

冀南区通用粮票

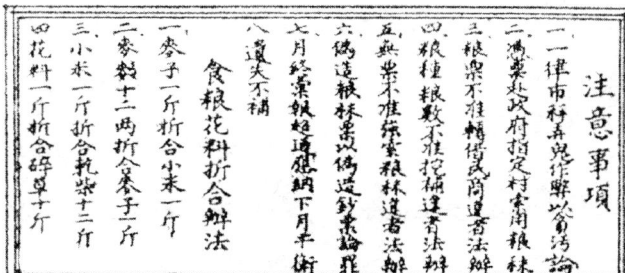

各种通用粮票背面附印注意事项

冀南区通用粮票

晋冀鲁豫边区兑米票

冀鲁豫区米票

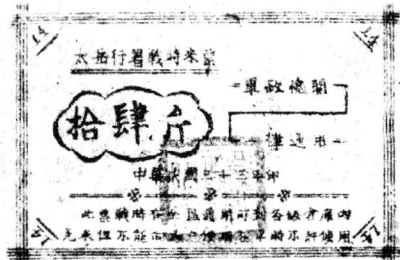

太岳行署米票

（三）山东抗日根据地粮票

山东省粮食总局印发的壹佰斤小麦票

滨海区饭票

贰餐券

附印在饭票背面的使用说明

（四）华中抗日根据地粮票、饭票

浙东抗日根据地粮票

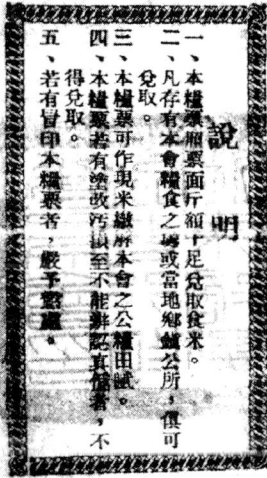

壹佰斤粮票　　　　附印在粮票背面的说明　　　　伍拾斤粮票

苏南行政区饭票

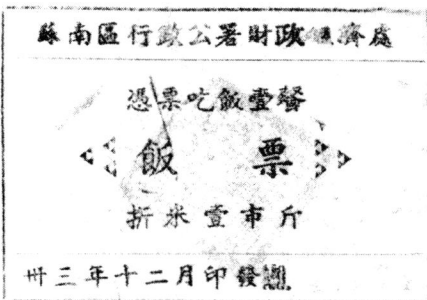

壹餐券　　　　　　　　　　　贰餐券

三、解放战争时期各解放区印发的各种粮食票据

（一）解放军野战部队印发的粮食票据

东北野战军后勤供给部印发的粮草票据

伍拾斤粗粮票

伍佰斤马料票

附印在背面的附注

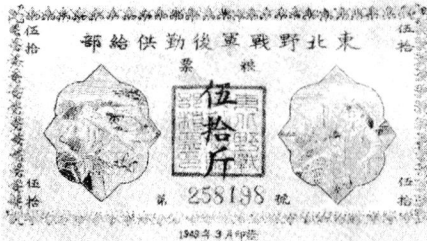

东北野战军后勤部伍拾斤粮票

东北野战军后勤部拾斤米票

解放军第二野战军新区米票壹百斤

附印在壹百斤米票背面的使用规则

解放军第二野战军新区米票拾贰斤

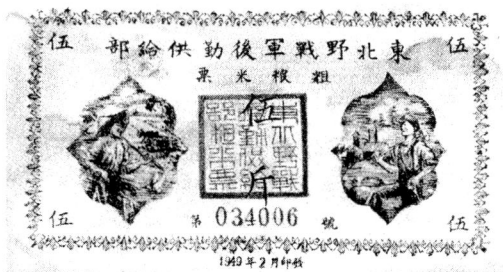

东北野战军后勤部伍斤米票

解放军预借公粮证

伍拾斤大米票

伍佰斤大米票

捌斤马料票

（二）中原解放区粮食票据

大米票拾斤

大米票伍拾斤

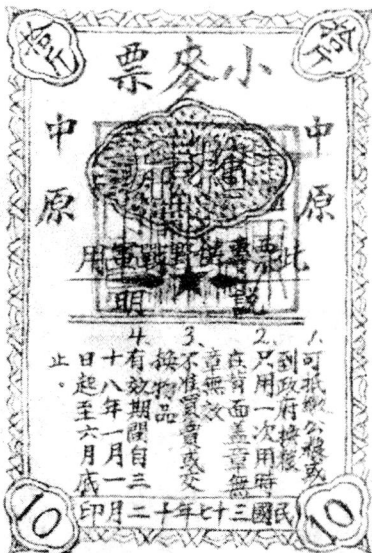

小麦票拾斤

小麦票贰佰斤

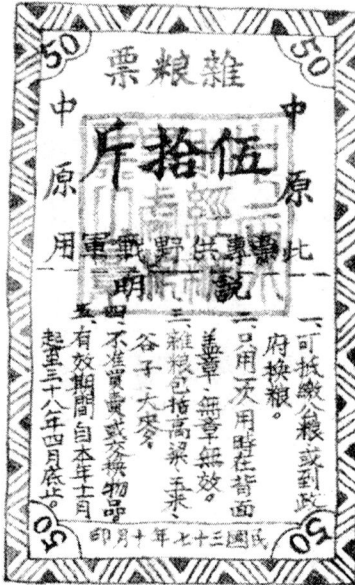

杂粮票伍拾斤

杂粮票壹佰斤

中原区马草票拾贰斤

江汉行署贰斤米票

陕南行署贰斤包谷票

鄂豫行署拾斤米票

江汉行署伍拾斤米票

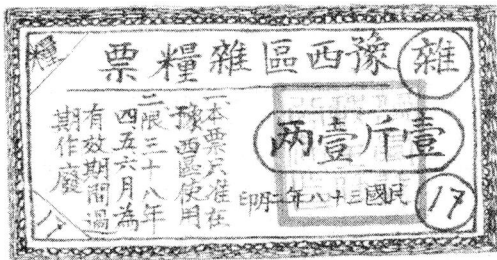

豫西区壹斤壹两杂粮票

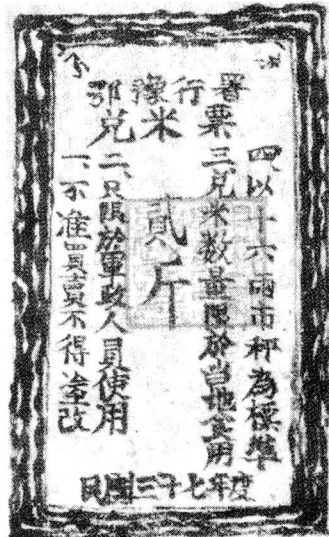

鄂豫行署贰斤米票

（三）华东解放区粮食票据

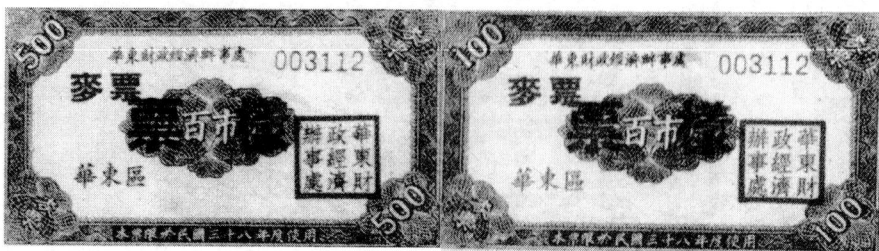

华东财政经济办事处伍百斤麦票　　　　华东财政经济办事处壹百斤麦票

华东财政经济办事处叁百斤麦票

华东财政经济办事处拾斤麦票　　　　华东财政经济办事处伍拾斤麦票

华东财政经济办事处叁百斤米票　　　　华东财政经济办事处伍百斤米票

华东财政经济办事处壹百斤米票

华东财政经济办事处伍拾斤米票

渤海粮食分局柴草票拾斤

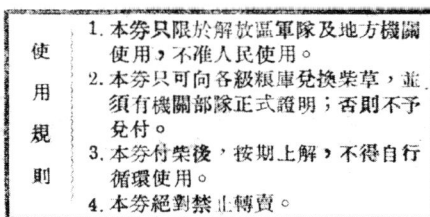

附印在柴草票背面的使用规则

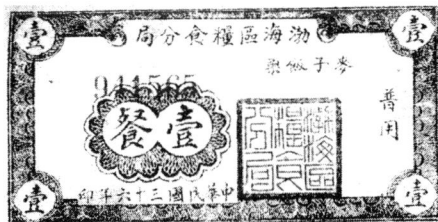

渤海区粮食分局饭票

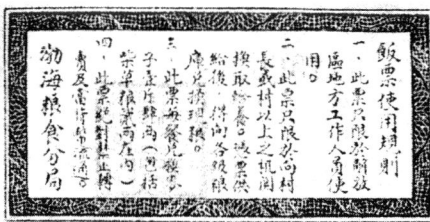

附印在饭票背面的使用规则

华东财经办事处大米票

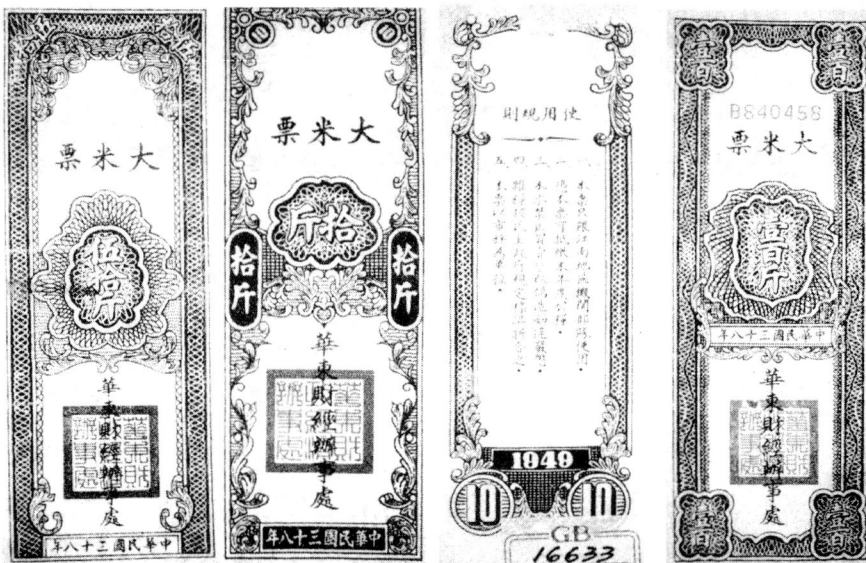

伍拾斤大米票　　　拾斤大米票　　附印在背面的使用规则　　壹百斤大米票

华东财经办事处柴草票

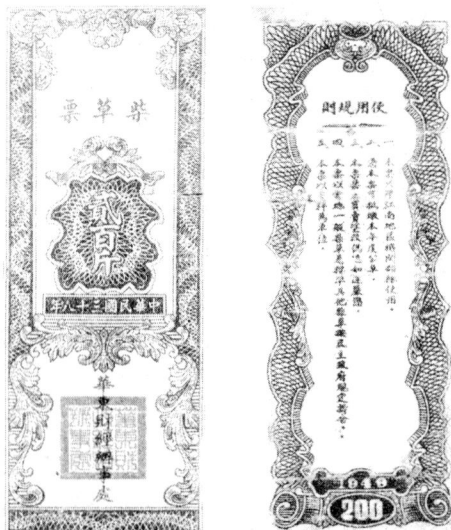

贰百斤票　　　附印在背面的使用规则

452

（四）晋绥边区粮食票据

公用粮票贰仟斤券

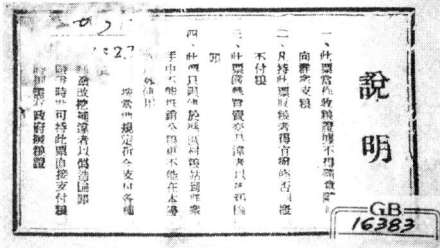

附印在背面的说明

旅途粮票伍斤券

旅途粮票拾壹两券

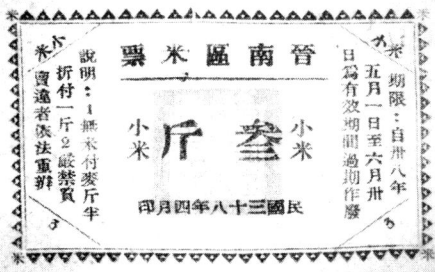

晋南区米票叁斤券

晋绥区旅途草票贰拾斤券

（五）华北解放区各地粮食票

陕甘宁边区粮食票据

旅途粮票拾贰两券

旅途料票壹斤券

军用粮票叁拾斤券

军用料票叁拾斤券

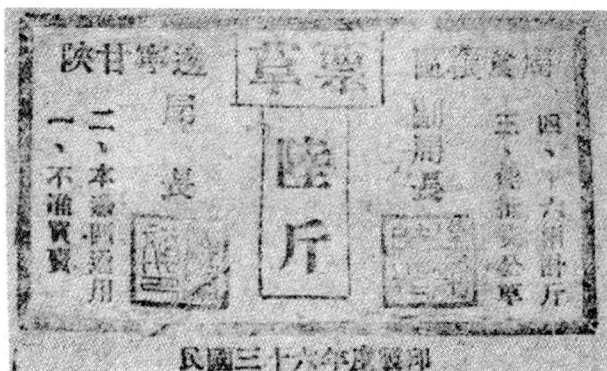

草票陆斤券

晋冀鲁豫边区粮柴票

米票

粮票

柴票

马料票

晋察冀边区粮柴票

饭票

柴票

粮票

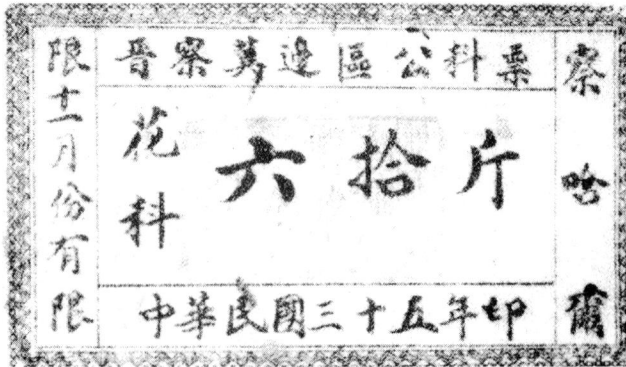

料票

第三部分　革命根据地股票

一、土地革命战争时期根据地股票

（一）合作社股票

闽赣省纸业合作社股票壹元券

闽赣省纸业合作社股票伍角券

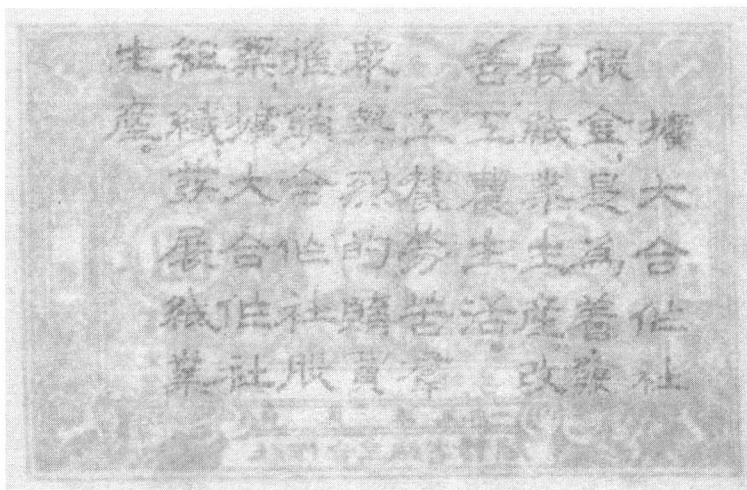

附印在上述股票背面的口号：扩大合作社股金，是为着
发展纸业生产，改善工农生活。工农劳苦群众，热烈的
购买推销合作社股票，扩大合作社组织，发展纸业生产。

457

福建省苦力运输合作社股票壹元券

福建省铁业生产合作社股票壹元券

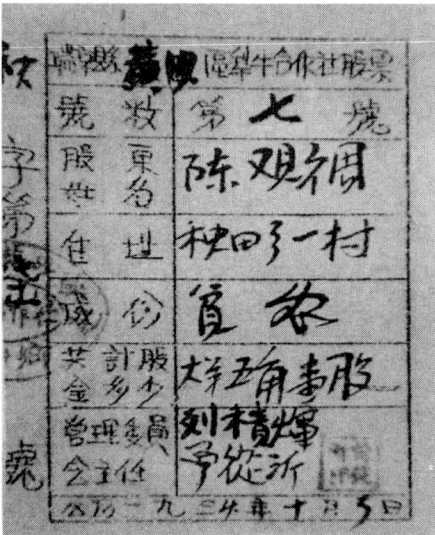

瑞金县犁牛合作社五角壹股

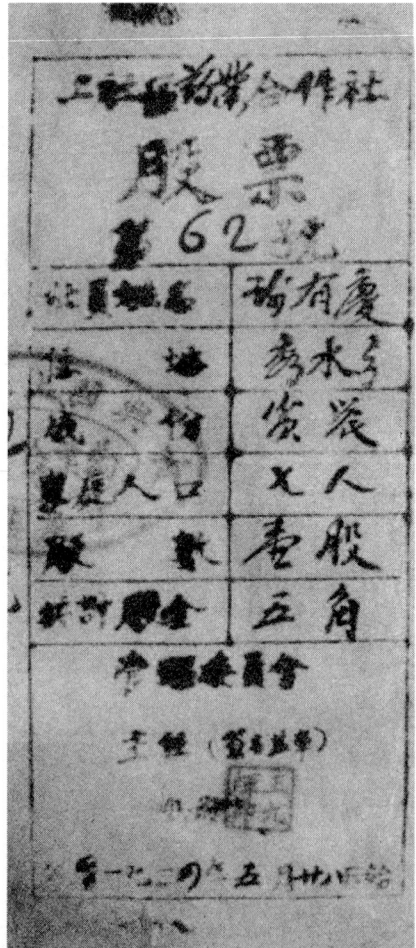

药业合作社股票五角壹股

福建汀州市粮食合作社股票伍角券

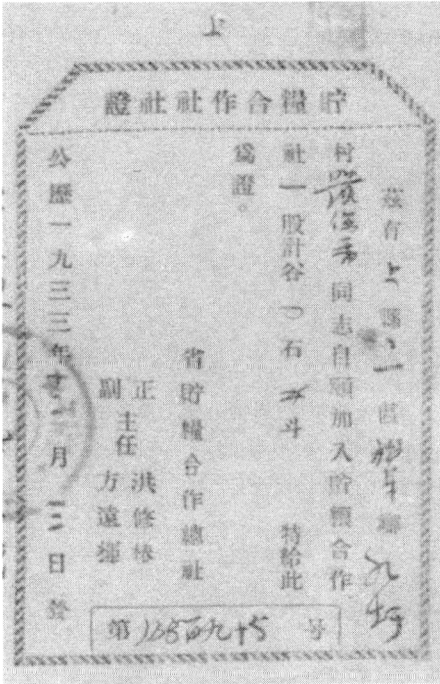

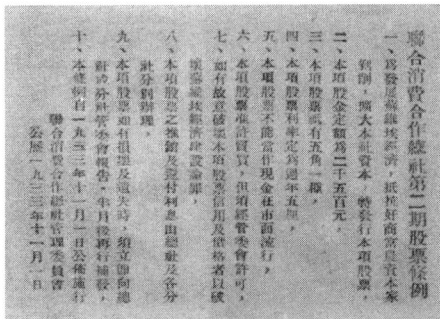

联合消费合作总社股票伍角券
（联合消费合作总社又称中央消费合作总社）

闽浙赣省贮粮合作社社证

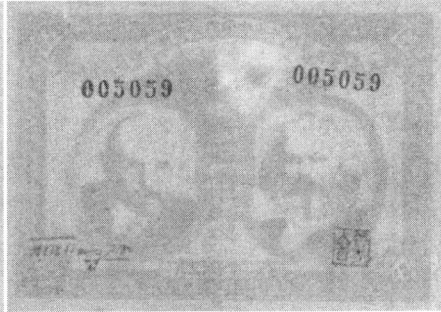

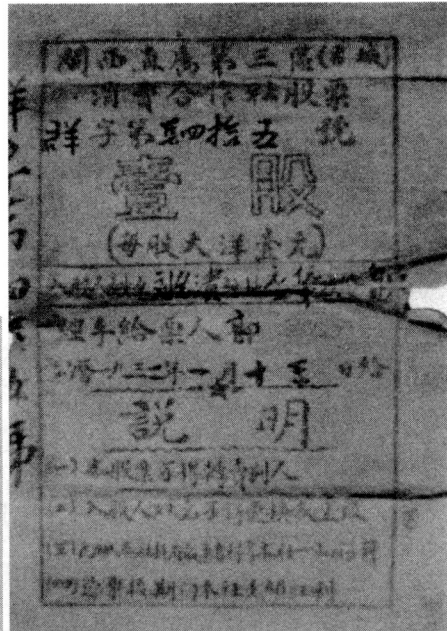

附印在联合消费合作总社股票背面的条例　　闽西第三区消费合作社壹元股票

459

（二）银行股票

闽西工农银行股票壹元券

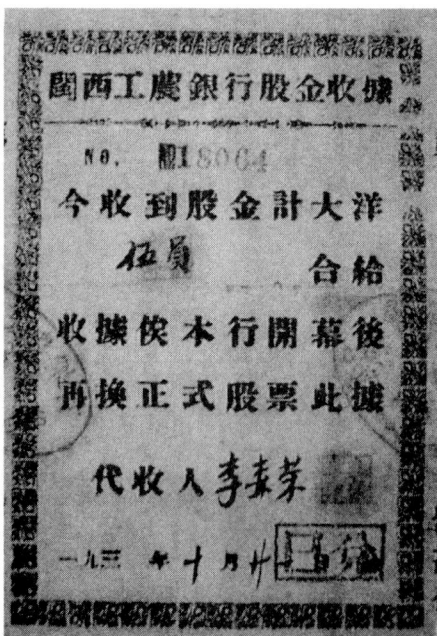

闽西工农银行股金收据（壹元）

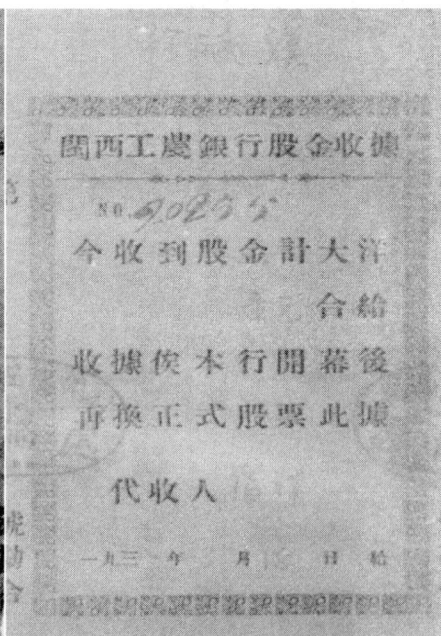

闽西工农银行股金收据（伍元）

闽浙赣省苏维埃银行壹元股票

绿色版　　　　　　　　　蓝色版　　　　　　　　　黑色版

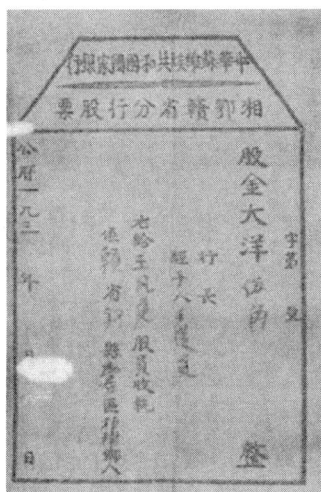 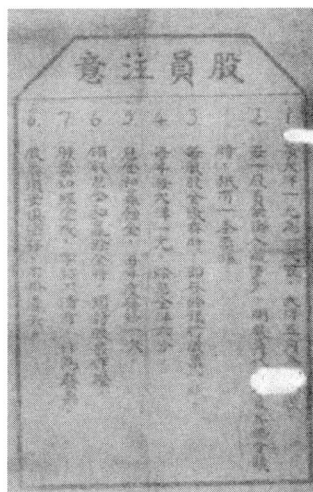

湘鄂赣省分行股票伍角券　　　附印在股票背面的股员注意事项

（三）信用合作社股票

永定县第一区信用合作社股票

兆征县信用合作社股票

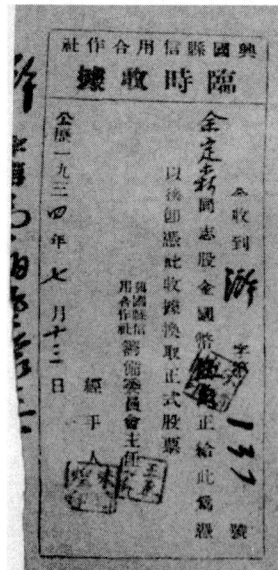

兴国县信用合作社临时收据

二、抗日战争时期和解放战争时期的股票

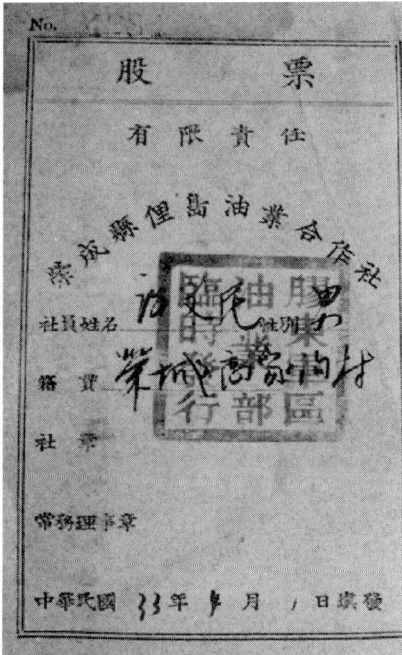

胶东军区油业部临时发行的
油业合作社股票

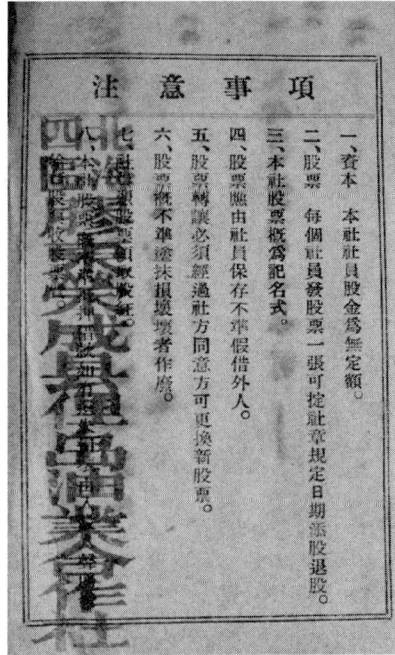

附印在股票背面的注意事项

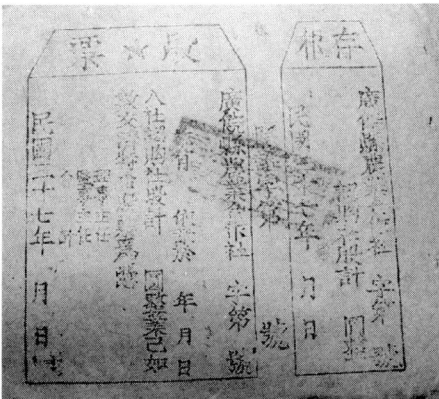

广饶县农业合作社股票

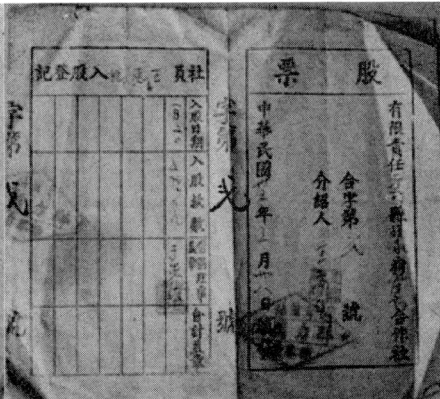

群力医院合作社股票

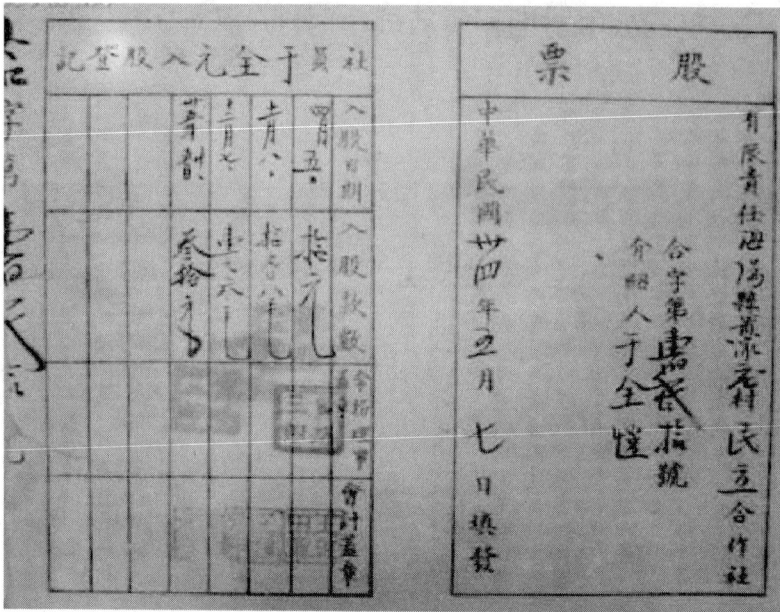

胶东抗日根据地海阳县黄家庄村民立合作社股票

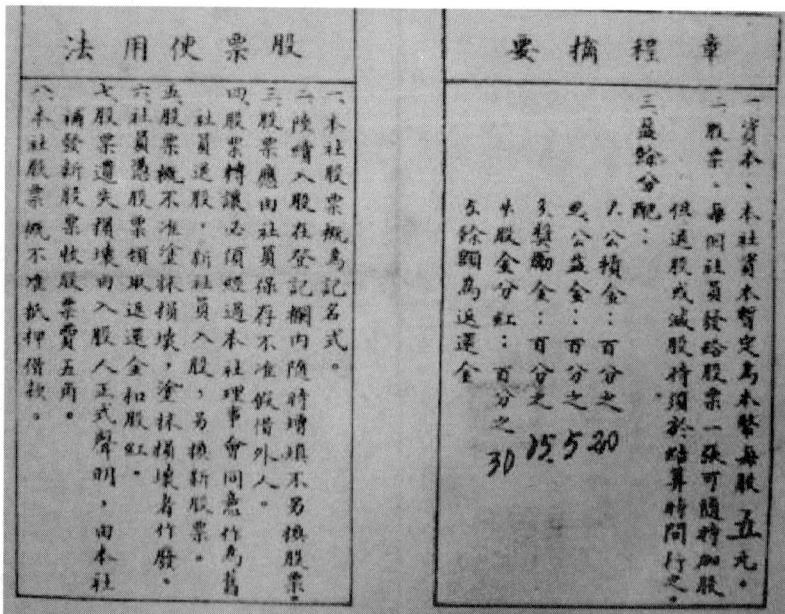

附印在股票背面的使用办法和章程摘要

1946年胶东解放区新华化学制药厂股票

　　本附录所收录的图片，主要来源于三部分：一是来源于贵州财经学院票据博物馆收藏的票据，二是来自于财政部财政科学研究所、财政部国债金融司所编著《中国革命根据地债券文物集》（中国档案出版社，1999年出版），三是来源于洪荣昌编著的《红色票据：中华苏维埃共和国票据文物收藏集锦》（解放军出版社，2009年出版）。在此，谨向各位作者表示最诚挚的谢意！

参考文献

一、文献资料

1. 《毛泽东选集》第一卷、第二卷，人民出版社 1991 年版。

2. 《毛泽东农村调查文集》，人民出版社 1982 年版。

3. 中国人民解放军政治学院训练部图书资料馆编印：《毛泽东同志论经济问题与财政问题》，1960 年内部刊行。

4. 许毅：《中央革命根据地财政经济史长编》，人民出版社 1982 年版。

5. 财政部财政科学研究所、财政部国债金融司：《中国革命根据地债券文物集》，中国档案出版社 1999 年版。

6. 赵增延、赵刚：《中国革命根据地经济大事记（1927—1937）》，中国社会科学出版社 1988 年版。

7. 中国社会科学院经济研究所中国现代经济史组：《中国革命根据地经济大事记（1937—1949）》，中国社会科学出版社 1986 年版。

8. 中国人民银行金融研究所、财政部财政科学研究所编：《中国革命根据地货币》（下册），文物出版社 1982 年版。

9. 史敬棠、张凛、周清和、毕中杰：《中国农业合作化运动史料》，生活、读书、新知三联书店 1957 年版。

10. 《中共中央文件选集》（1934—1935），中共中央党校出版社

466

1993 年版。

11. 中国钱币学会广东分会、海南钱币学会、汕头钱币学会、珠海钱币学会筹备组：《华南革命根据地货币金融史料选编》，1991 年内部刊行。

12. 江苏省财政厅、江苏省档案馆、财政经济史编写组合编：《华中抗日根据地财政经济史料选编》（江苏部分）第一卷，档案出版社 1985 年版。

13. 鄂豫边区财经史编委会、湖北省档案馆、湖北省财政厅：《华中抗日根据地财经史料选编》（鄂豫边区、新四军五师部分），湖北人民出版社 1989 年。

14. 中国社会科学院经济研究所中国现代经济史组：《革命根据地经济史料选编》（上册、中册、下册），江西人民出版社 1986 年版。

15. 魏宏运主编：《晋察冀抗日根据地财政经济史稿》，档案出版社 1990 年版。

16. 革命根据地财政经济史编写组：《革命根据地财政经济史长编》（上、下），1978 年内部刊行。

17. 财政部财政科学研究所：《抗日根据地的财政经济》，中国财政经济出版社 1987 年版。

18. 晋绥边区财政经济史编写组、山西省档案馆：《晋绥边区财政经济史资料选编》，山西人民出版社 1986 年版。

19. 魏宏运主编：《抗日战争时期晋察冀边区财政经济史资料选编》，南开大学出版社 1984 年版。

20. 冯和法：《抗日战争时期陕甘宁边区财政经济史料摘编·农业》（第二编），陕西人民出版社 1981 年版。

21. 冯和法：《抗日战争时期陕甘宁边区财政经济史料摘编·互助合作》（第七编），陕西人民出版社 1981 年版。

22. 江西省档案馆编：《闽浙赣革命根据地史料选编》（上、下），江西人民出版社 1987 年版。

23. 湖南省财政厅：《湘赣革命根据地财政经济史料摘编》，湖南人民出版社 1986 年版。

24. 江西省档案馆：《湘赣革命根据地史料选编》，江西人民出版社 1984 年版。

25. 江西省档案馆：《井冈山革命根据地史料选编》，江西人民出版社 1986 年版。

26.《红色中华》，1932 年—1934 年。

二、著作

1. 罗开华、罗贤福：《湘赣革命根据地货币史》，中国金融出版社 1992 年版。

2. 湘赣革命根据地斗争史编写组编：《湘赣革命根据地斗争史》，江西人民出版社 1982 年版。

3. 王首道、肖克等：《回忆湘赣苏区》，江西人民出版社 1986 年版。

4. 河南省新四军华中抗日根据地历史研究会：《中原抗战论丛》，河南人民出版社 1992 年版。

5. 方志纯：《回首当年》，江西人民出版社 1987 年。

6. 许树信：《中国革命根据地货币史纲》，中国金融出版社 2008 年版。

7. 洪荣昌：《红色票据：中华苏维埃共和国票据文物收藏集锦》，解放军出版社 2009 年版。

8. 于小川：《老证券》，辽宁画报出版社 2002 年版。

9. 于捷、仇振川：《股票收藏》，百花文艺出版社 2001 年版。

10. 席建清、赵善荣：《中国老股票》，复旦大学出版社 1999 年版。

11. 郑振龙等：《中国证券发展简史》，经济科学出版社 2000 年版。

12. 孙林祥：《中国粮票珍品鉴赏》，上海三联书店 2000 年版。

13. 舒龙、谢一彪：《中央苏区贸易史》，中国社会科学出版社2009年版。

14. 赵效民：《中国革命根据地经济史（1927—1937）》，广东人民出版社1983年版。

15. 李占才、张黎：《中国新民主主义经济史》，安徽人民出版社1989年版。

16. 海南财政经济史编写组编著：《琼崖革命根据地财政经济史》，中国财政经济出版社1988年版。

17. 吴平：《华南革命根据地货币史》，中国金融出版社1995年版。

18. 张泰城、刘家桂：《井冈山革命根据地经济建设史》，江西出版集团、江西人民出版社2007年版。

19. 闽浙皖赣党史协作领导组编：《闽浙皖赣革命根据地》（上册、下册），中共党史出版社1991年版。

20. 中共江苏省委党史工作委员会、江苏省档案馆：《苏中抗日根据地》，中共党史资料出版社1990年版。

21. 陈廷煊：《抗日根据地经济史》，社会科学出版社2007年版。

后 记

从 1921 年中国共产党成立到 1949 年 10 月 1 日中华人民共和国宣告成立，中国共产党领导全国各族人民与国内外敌人展开了 28 年的浴血奋战，终于取得了新民主主义革命的胜利。在长期的革命斗争中，中国共产党领导人民在广阔的农村建立了许多革命根据地。敌人的军事围攻和经济封锁，给根据地的经济、党领导的人民军队的给养和人民群众的生产生活造成了极大困难。以根据地为依托进行的各项革命斗争，必须要有相应的经济基础作保障，才能打破封锁，发展根据地的经济和改善生活，筹集资金，支援革命战争，因此，党领导各根据地军民进行了大规模的经济建设，制定了一系列的经济政策和措施。各革命根据地发行的米票、饭票、公债、借谷证、股票、纸币、税票等各种"红色票据"，就是当时采取的经济措施之一。红色票据对发展革命根据地工农业生产、活跃城乡市场、改善根据地军民生活，尤其是打破敌人的军事围剿和经济封锁、巩固和发展根据地革命政权作出了重要贡献。

追溯学术史，以往史学界、经济史学界对中国革命根据地钱币史的研究成果较多，近几年对根据地经济建设的研究也取得一定的进展。但从中国革命根据地红色票据与根据地经济变迁相互关系的视角研究当时的经济社会变迁，尚未见专门的探讨，在目前中国经济史的研究中还较为鲜见。因此，近几年来我阅读和研究的兴趣一直集中在这一领域，本书的出版就是研究的阶段性成果。

　　本书为贵州财经大学经济史研究所《中国信用票据史研究丛书》的第一部。该研究所还计划出版《中国近代信用票据史》、《中国现代信用票据史》、《中国少数民族信用票据研究》等系列丛书。

　　本书的出版得到了许多人士的大力帮助和热情支持，在此，我对他们表示最诚挚的谢意。感谢贵州财经大学的领导、同事，特别是贵州财经大学校长陈厚义教授，是他（们）多年来对我工作、科研上的关心、支持及创造的良好学术氛围成就了我的一点一滴！感谢贵州财经大学经济史研究所的缪坤和教授长期以来给予我的无私帮助和支持，特别在信用票据理论方面给予我不少指导！感谢贵州财经大学经济史学科全体成员（他们是缪坤和教授、常明明教授、梁宏志博士、王敏博士、贺菊莲博士、汤韵旋博士、张晓玲博士、王菲老师、许江红老师）对我的不断鼓励和鞭策！感谢人民出版社姚劲华、车金凤、苏向平三位编辑为本书出版付出的大量辛劳！最后，还要感谢本书在写作过程中所参考、引用的那些文献的作者，本书借鉴了他们的研究成果！

何伟福

2012 年 1 月

图书在版编目（CIP）数据

中国革命根据地票据研究：1927—1949 / 何伟福著 . —北京：人民出版社，2012.2

ISBN 978 – 7 – 01 – 010969 – 5

Ⅰ . ①中⋯　Ⅱ . ①何⋯　Ⅲ①革命根据地 – 票据 – 研究 – 中国 – 1927 ~ 1949　Ⅳ . ①F832.96

中国版本图书馆 CIP 数据核字（2012）第 134056 号

中国革命根据地票据研究（1927—1949）

作　　者	何伟福	
责任编辑	姚劲华　车金凤	
出版发行	人 民 出 版 社	
	（100706　北京朝阳门内大街 166 号）	
网　　址	http：//www. rmsh. ccpph. com. cn	
经　　销	新华书店	
印　　刷	环球印刷（北京）有限公司	
版　　次	2012 年 2 月第 1 版	
	2012 年 2 月北京第 1 次印刷	
开　　本	710 毫米 × 1000 毫米　1/16	
印　　张	30	
字　　数	420 千字	
书　　号	ISBN 978 – 7 – 01 – 010969 – 5	
定　　价	58.00 元	